七十华诞献国礼
海棠花开赴征程

北京第二外国语学院服务保障国庆70周年活动

师生手记

计金标 主编

旅游教育出版社
·北京·

责任编辑：贾东丽

图书在版编目（CIP）数据

七十华诞献国礼 海棠花开赴征程 ：北京第二外国语学院服务保障国庆70周年活动师生手记 / 计金标主编. -- 北京 ：旅游教育出版社，2020.12

ISBN 978-7-5637-4195-3

Ⅰ. ①七… Ⅱ. ①计… Ⅲ. ①大学生－爱国主义教育－中国②国庆日－概况－中国－2019 Ⅳ. ①G641.4 ②D621.6

中国版本图书馆CIP数据核字(2020)第244614号

七十华诞献国礼 海棠花开赴征程

——北京第二外国语学院服务保障国庆70周年活动师生手记

计金标 主编

出版单位	旅游教育出版社
地　　址	北京市朝阳区定福庄南里 1 号
邮　　编	100024
发行电话	（010）65778403 65728372 65767462（传真）
本社网址	www.tepcb.com
E - mail	tepfx@163.com
排版单位	北京旅教文化传播有限公司
印刷单位	唐山玺诚印务有限公司
经销单位	新华书店
开　　本	787毫米×1092毫米 1/16
印　　张	33
字　　数	522 千字
版　　次	2020 年 12 月第 1 版
印　　次	2020 年 12 月第 1 次印刷
定　　价	119.00 元

（图书如有装订差错请与发行部联系）

序　言

七十华诞献国礼　海棠花开赴征程

1949 年 10 月 1 日，中华人民共和国宣告成立，中国人民从此站起来了。中华人民共和国的诞生照亮了民族复兴的崭新征程，一代代优秀中华儿女为民族之复兴而奋斗，全国各族人民凝心聚力奏出了站起来、富起来、强起来的“命运交响曲”。70 年后的 10 月 1 日，中国特色社会主义已进入新时代，我国取得了举世瞩目的伟大成就，以昂扬的姿态屹立于世界民族之林，也终于实现了当年周总理“愿相会于中华腾飞世界时”的愿望。

青春要早为，争作优秀儿。习近平总书记强调“青年一代有理想、有本领、有担当，国家就有前途，民族就有希望”。一代青年有一代青年的历史际遇，在正经历着百年未有之大变局的当今世界，青年一代应志存高远，做爱国担当的“有志、有识、有为”青年，永葆青春之力，做新时代的追梦人，站在前人的肩膀上，继往开来，创造历史，推动民族复兴车轮滚滚向前。

为祖国歌唱，谱写新华章。二外（北京第二外国语学院）作为周总理亲自关怀下成立的高等院校，以服务国家、服务首都重大发展战略为己任，坚持培养具有家国情怀、国际视野的复合型人才。2019 年 10 月 1 日天安门广场上约十万名群众参与国庆游行，共庆祖国华诞，其中便有二外 1076 名师生承担多项任务。广场合唱团 82 人，第 27“体育强国”方阵 43 人，第 32“人类命运共同体”方阵 38 人，第 36“祖国万岁”方阵 913 人。另有幕后负责后勤保障任务的文宣队 63 人。简单的数字，不同的角色与任务，却承载着全体二外师生共同的愿望和强烈的爱国心。二外师生不忘初心、牢记使命，坚持“精精益求精、万万无一失”的态度，历经百余日的努力付出，用脚步丈量十里长街，用青春为祖国歌唱。二外师生向世界宣示：不负青春、不负韶华、不负时代，勇挑重担，无论何时，在最需要的地方绽放青春绚丽之花。

忆峥嵘岁月，筑梦新时代。金秋 10 月，欣逢盛世，二外人迎来建校 55 周年的重要日子，二外师生以实际行动向学校献礼，为 70 周岁的中华人民共和国喝彩。他们写下的 243 篇青春心得，记载着二外师生用朝气、韧劲、力量喜迎新时代，撸起袖子加油干的家国情怀。他们留下的充实、温暖而持久无悔的青春回忆必将成为鲜亮的精神明灯，引领一代代优秀二外学子接过青春的接力棒，逐梦前行，圆梦新时代！

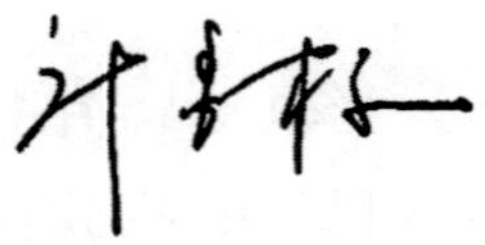

2019 年 10 月

目　录

教师篇

星河璀璨，逐梦十年

“祖国万岁”方阵　第1中队
英语学院　徐晏曦

十年，在时光的隧道里，不过一个小小的片段。

2009年10月1日，中国劳动关系学院涿州校区二号公寓。我们一群十八九岁的孩子挤进宿管阿姨办公室，经过一番拉锯和撒娇，终于获准收看国庆60周年阅兵仪式直播。兴奋至极，我给家人拨通电话宣布：“明天我要去天安门拍照，一定！”

2019年10月1日，天安门广场。“第36方阵，准备——出发！”那一刻，所有积攒、沉淀的情绪瞬间升腾，我们高举国旗和鲜花尽情地跳跃、欢呼！合唱团的歌声传来，字字含情，是激动，是共情，是幸福；跟随载着夺得“十一连冠”的女排队员的花车，每走近一步，是欢愉，是自豪，也是幸福！千言万语化作一声声眼含热泪的“祖国万岁”！那一刻，漫天的彩色气球、和平鸽迎风而上，映衬着碧蓝的天空，心中最美的画面呈现在眼前。那一刻，是瞬间，亦是永恒。

心之所系是家国，情之所归是圆梦。十年，经历了毕业、读研、工作四年后重新调整人生坐标。2019年6月，我终于成为北京第二外国语学院（简称二外）的一名辅导员老师。入职即入队，如此难得的人生际遇，如此幸运地依托着学校，才能亲历这份光荣。我所在的第一中队是由中队长张锋老师以及49名孩子组成的。组队第一天我们就约定，是家人更是战友。当我看到第一中队有的孩子强忍亲人离世的痛苦坚持训练的时候，有的孩子发着高烧也倔强地不肯休息的时候，我为他们骄傲着，也被他们激励着；8月训练，我们在烈日下挥汗如雨。站军姿，1000多人的队伍那么安静，仿佛能听见汗水滴落的声音；片刻的轻松，操场边的酸梅汤是最受欢迎的美味。后勤保障人员每天都在和喝水的同学们“赛跑”，保证水箱里时刻都有酸甜清凉的饮料；披着“点名批评”的外衣、突然而至的集体生日，孩子们笑中带泪，感叹：“二外是什么神仙学校！”渐渐地，他们的面庞变成了小麦色，瘦了、结实了，但眼神愈发坚定、期待！9月演练，我们宛若出征的战士，整装待发。怀柔、金盏、传说中的“月饼村”，冰袖、马扎、道具、证件、手台里不间断的电波通信……每次外出演练都是对整个活动体系的考验，二外必定交出满意的答卷！重要时刻，二外党委书记顾晓园、校长计金标一定会送我们出发、迎接我们回家。终于，千千万万个游行群众相遇了。志愿者们鲜活的笑脸、长安街地面的温度、空气中弥漫的餐包的香味、王府井夜空中的星星、天安门城楼绚丽的灯光……一切都那么难忘、那么浪漫，在记忆中永不褪色。

2019 年 10 月 1 日，礼炮轰鸣、国歌嘹亮。老一辈已故建设者的照片、须发皆白的老兵、气势凌云的人民军队、汶川地震中得救的少年、港警刘 sir、快递小哥……望着身边纵情欢唱的人们，我想，那是因为生活明媚，因为心怀梦想，所以笑得格外动人。前辈们点燃火炬，新一辈的年轻人紧紧跟随。一代又一代人，就这样薪火相传、生生不息。突然间，我似乎理解了何为家国相依。家是国的微缩，每个伟大的时刻都是由无数平凡和渺小组成的；国是家的放大，个人的决心和行动，正是为时代着色、为历史添彩的决定性力量。穿越时光的隧道，所有所有的人，如同你我一样，是最普通的中国人，也是最不凡的中国人；所有所有的人，在祖国羽翼的呵护下生长，而人人擎起一片碧空，勇往直前、接续奋斗，正是凝聚起“九万里风鹏正举”的力量源泉。

历史照亮未来，征程未有穷期。祖国这 10 年、70 年的璀璨星河中，最耀眼的正是我们亿万普通人携手走过的奋斗道路！家国相依，缔造奇迹。感慨发生在自己身边的中国奇迹，每个人都是历史巨变的参与者、推动者和见证者。今天的中国正处在中华民族历史上最好的发展时期，让我们全力奔跑在逐梦的路上吧！在自己所在的地方发光、发热，与时代同行，与祖国共进！

依托“四个抓”做好重大国庆活动全员育人工作

“祖国万岁”方阵　第2中队
英语学院　丁一

从2019年7月的初夏，到10月的中秋，参与到国庆群众游行第36方队的全体师生，以饱满的热情、坚强的毅力参与训练和最终的游行活动，为祖国母亲送上最美好的祝福。海棠花开赴征程，七十华诞献国礼。同学们良好的精神状态和优异的表现，是学校立足国庆游行活动、深入开展全员育人工作的生动体现。

总结经验，只有依托“四个抓”，才能做好全员育人工作，从而保证重大国庆活动顺利组织、协调和开展。

一、抓总体布局，各个部门分工协作

为在训练过程中提升大学生爱国主义热情，提高大学生参训积极性，学校在组织架构上成立总领导小组，以之为统领，分别组建党建思政小组、后勤保障小组、宣传小组、安保应急小组等。各部门分工负责，细化责任，在具体的岗位职责上发挥育人作用。例如，党政领导干部强化“引力”，树立大学生的“家国情怀”；专业任课教师注重“动力”，激发大学生的“爱国热情”；后勤保障人员做到“合力”，夯实大学生的“报国之志”；安全稳定队伍发挥“全力”，助力大学生的“报国之行”。只有做到上下级、内外部联动合作，才能发挥育人的合力。

二、抓具体落实，发挥示范引领作用

学工队伍全员参与到训练及保障工作中，深入到学生实际，了解学生实际需求，掌握学生思想动态，引领学生价值观念，发挥了示范引领作用。学校学工队伍齐上阵，33名院系副书记和辅导员进入训练队伍，主动承担中队长角色，具体开展思想政治工作。通过建立基本台账，强化重点学生关注和深度辅导。通过开展系列思政活动，用大学生喜闻乐见的方式传递正能量。通过开展党支部学习和实践活动，让参训党员积极发挥先锋模范作用。通过辅导员老师和学生们打成一片，和同学们同吃同训，自觉树立标杆意识。通过马克思主义学院部分专业任课教师积极参与到国庆活动，从思政专业角度激发大学生的爱国热情。高级翻译学院辅导员黄丽柏老师为践行“和学生们一起走过长安街”的誓言，不得不离开病重的老父亲，参与到训练一线。她离开小家投身大家，成为学工队伍身体力行引导大学生树立家国情怀的生动写照。

三、抓好精细化，实现引航抓细落小

国庆重大群众活动既是一项政治活动，更是一次育人活动。育人工作既要从总体布局，更要抓细落小，做好思政教育精细化。通过强化安全和保密意识，让大学生知底线、守规矩。通过思想动态调查和加强政审工作，坚守意识形态阵地。通过学工、后勤、安保等各部门老师们的言行，开展感恩教育。从感恩服务的小感恩，到感恩国家的大感恩，从老师们一言一行的合力，到大学生积极参训的合力，感恩教育在细节处内化于心，夯实了大学生的报国之志。通过典型人物和先进事迹的采访、宣传，发挥榜样带头作用。作为“夫妻齐上阵”的马克思主义学院专业课教师贾庆文老师，和丈夫一道深入到参训学生中，将“学起来”和“讲起来”相结合，开展领学和领读活动，起到良好引航效果。

四、抓从严治训，立足于实战化训练

在训练之初立好规矩，将纪律挺在前面，才能教育有效果、训练有成效。在整个训练过程中，二外立足实战化，自始至终做到从严治训，高标准、严要求贯穿到训练的动作、口令、队形、集结、疏散、应急等方方面面。从严治训让全体师生能够在重大活动面前敢于登台，展现自信，同样对今后学校的学风建设起到良好的推动作用，让大学生能严于律己，养成良好的学习习惯。

以身作则，服务参训学生，献礼祖国华诞

“祖国万岁”方阵　第 3 中队
英语学院　郝钰

2019 年暑假，学校组织全校 1000 余名参训师生圆满完成了国庆当日在天安门前的游行及联欢表演任务，为祖国送上最美的祝福，并得到了观众的广泛认可以及来自领导的高度肯定。在这 1000 多名师生中，英语学院以其一贯的高效率、严要求也得到了学校领导的赞赏，这一切不仅源自英语学院全体参训师生两个多月来的刻苦努力，以其坚毅的品格坚持在训练中不掉队、不拖后腿；也归功于全体后勤保障人员及各中队领导团队的辛勤付出和不懈努力，以严格的要求约束自己，以精准的命令组织队伍。本次训练我担任第 3 中队的中队长，对这两个多月的训练生活深有感悟。

时刻准备着

服从组织安排，确保工作开展。学院高度重视此次大型活动，在学校组织开展相关工作部署会议之后，英语学院积极响应，实行由党委副书记张锋牵头，从辅导员到小队长、副小队长到学生的从上至下的管理方式。而我作为第 3 中队的中队长，收到任命后第一时间召集各小队长进行前期信息统计及物资准备工作，在工作中跟各小队长接触、了解，形成良好的认识，接下来定期开展中队全体会议，让小队长跟队员互相熟悉，用最短的时间让所有的队员把组织纪律和团队意识牢记于心，为日后工作开展提供保障。

科学部署，积极动员。接到学院的安排后，我作为一名辅导员，一是通过联系任课老师，借以在课上对班级学生进行动员，二是对接班委，鼓励各年级同学积极参与，同时，作为英语学院分团委的书记，我还负责全体报名成员的政审工作，确保成员来源的可靠性。本着“自愿参加，游行光荣”的原则，英语学院学生积极报名，热情高涨，及时且高效地完成了学校布置的任务，为活动开展打下良好基础。

砥砺奋进着

进队伍，立榜样。活动伊始，学院确定了一批进队辅导员的名单，而我作为其

中一员，最终确定担任第 3 中队的中队长。第 3 中队的成员不只是英语学院的，还有十余名马克思主义学院的成员，在训练过程中就需要做到同等看待，及时通知。为此，我与马克思主义学院的入队老师密切联系，确保工作动态及时更新，同时鼓励各小队长训练之余多交流，保证工作正常开展。训练都有疲惫期，这个时候作为中队长需要及时发现并引导情绪低落的队员，确保其身心健康，正常参训；当然有时候从我的层面可能关注得不够全面，这时候就需要小队长们的协助，双方携手才能更好地管理整个队伍。长期高压的训练间隙也需要娱乐活动来调剂，学校举办的拔河、朗诵、拉歌等活动我都鼓励队员们积极参与，在训练与文娱活动中维持平衡。作为队长，我深知肩上责任之重，身体不舒服时能抗过去的就陪大家一起训练结束再去休息，大家都在看着，我要是垮掉了，他们肯定也会有失落感，所幸大家在整个训练期间都表现良好。11 小队的小队长张晓燕，作为所有中队唯一一名女旗手，每天坚持比所有人更早到达操场，手持队旗为队员指明方位，这一站就是整个暑假。12 小队的冯彧君同学每次训练时都会主动承担起呼号的任务，烈日炎炎下没见他喊过一次苦，休息时间他还会讲一些风趣的小故事，调动气氛让大家放松一下；队里还有好多这样默默付出的同学，他们的付出让整个训练都充满了意义。

加强党团组织建设，共筑坚强政治堡垒。训练不仅仅是训练，更是一场爱国主义教育。在开展此次大型庆祝活动的过程中，学校按照人数配比、人员分布、人员年龄、专业等多种因素，综合考量，科学设置了临时党团支部，定期展开党团支部会议，对成员进行主题教育以提高其思想觉悟。作为中队长，我能做的就是做好监督组织工作，确保成员按时出席，同时积极鼓励参训成员递交入党申请，为组织发展注入新鲜活力。

不断前进着

10 月 1 日当天，凌晨被告知第 36 方阵的花车上是刚刚凯旋的女排时，我的心情跟大家一样激动，那天英语学院全员出席，大家走上长安街的一刻，那份热情是有目共睹的，活动结束，队员们的训练告一段落了，而我们的工作还要继续，后续工作安排仍需要我们以百分之百的投入去处理，这样才算交给所有的参训学生一个满意的答复！

一场伟大生动的爱国主义教育

“祖国万岁”方阵　第4中队
日语学院　叶凌春

“我最亲爱的祖国，你是大海永不干涸，永远给我，碧浪清波，心中的歌……”，盛世华诞，举国欢庆。2019年10月1日中午1点，在深情的歌声中，我作为二外的千分之一，在天安门前欢呼、起舞，周围的学生们仿佛停不下来似的唱啊跳啊。我的眼前全是笑容和激动的泪水。那一刻，我清晰而深刻地感受到庆祝新中国诞辰70周年的庆典是一场如此伟大而生动的爱国主义教育，这欢呼和歌声就是“一刻也不能分割”的爱国主义共鸣。

2019年暑假，学校承担了国庆70周年群众游行第36方阵的部分训练任务。我作为带队老师和日语学院的82名同学一起经历了70天的训练以及国庆当天的游行。对正处于人生“拔节孕穗期”的大学生来说，这次活动犹如一次历史观、民族观、国家观、文化观的集中教育，促使他们心中爱国主义的种子生根发芽。

最是情怀动人心。自然流露的拳拳爱国之情，如何能够内化于心、外化于行？从根本上说，离不开爱国主义教育。习近平总书记在全国教育大会上强调，“要在厚植爱国主义情怀上下功夫，让爱国主义精神在学生心中牢牢扎根”。如何下功夫上好爱国主义这堂人生必修课，在学生内心深处播撒下爱国的种子，使之生根发芽、开花结果，事关“培养什么人”的深刻命题。

有人说：从小接受爱国教育，从心底产生爱国情怀，长大了，就会自觉报效国家。是的，对祖国的热爱，源自一个人的自然情感，但也需要培育和滋养。否则，爱国之“爱”就可能失去温度、消解能量。这是回答“怎样培养人”的问题。

越是深沉的爱国主义精神，越是建构在深刻的现实认知基础上。说这场爱国主义教育伟大，是因为这是中国特色社会主义进入新时代的第一次盛大的国庆庆典。新中国成立70年，有太多举世瞩目的成就，有太多感人至深的奋斗故事，也有太多重大启示和宝贵经验值得记忆。从切身经历的发展变迁中加深对“道路决定命运”的理解，从感人至深的榜样楷模中接受“平凡孕育着伟大”的启迪，从触摸得着的幸福生活中感悟新思想的鲜活力量，从近在眼前的复兴图景中把握“办好中国的事情，关键在党”的重大命题……当人们把思绪集中于新中国走过的革命、建设、改革的光辉岁月，聚焦于新时代中国特色社会主义的生动实践，油然而生的爱国情，因为政治认同的增进和文化认同的深化而倍显强烈。

说这场爱国主义教育生动，是因为它形式多样，体现了丰富的内涵。8月，全国各地纷纷开展歌唱祖国快闪、国旗下宣誓等活动，再到“向祖国告白”“70年，我对中国说”等网络话题吸引数以亿计网友参与。9月29日，国家勋章和国家荣誉称号颁授仪式隆重举行，紧接着是10月1日盛大阅兵仪式和群众游行及联欢活动，一场全民性的国庆盛典，表达出全国人民对伟大祖国的无限依恋，增进了海内外中华儿女的归属感和荣誉感。在学校，训练的同时还配合开展党支部学习、读书、演讲比赛、拉歌等活动，使学生感慨，学校是使900多人紧紧地联系在一起变成一个整体的黏合剂，给了他们无数的感动，也让他们觉得倒不是自己使这次活动变得多么出彩，反而是这次活动教会了他们很多，每个人都或多或少地成长了，学会为自己为集体负起责任，学会团体合作，学会吃苦耐劳，学会敬业爱国……

有清醒的认识，才有政治的坚定，才有爱党、爱国、爱社会主义的融而为一。这场教育是如此的成功，当我们在金盏顶着烈日合练，学生对我说特别想念学校的酸梅汤的时候，当我们中队乘坐的82号车突然出现故障而98车迅速接上全车同学顺利返校的时候，当学生看到书记校长送别和迎接大家禁不住欢呼的时候，这场爱国主义教育的温度已经融化了每一个受教育者。当学生说爱国从爱校开始的时候，他们已经开始向外传递爱国的正能量；当学生说她10月1日身体可能不舒服但是她一定会想办法克服的时候，当处于毕业季的研究生早晚训练白天实习想尽一切办法对抗疲倦的时候，当吃不惯面包的南方学生最后坐在王府井大街消灭掉整个餐包倒头呼呼大睡醒来后笑眯眯地对我说一点也不累的时候，他们已经把深厚的爱国情、高远的强国志落实在踏实的报国行中。

回想起晨曦和夜色中学生们活力四射的身影，我很确定，“00”后已经在课堂内外接力爱国主义的火炬，用自己的实践燃旺爱国的火焰，正书写着属于这一代人的爱国华章。

谁是国庆游行方阵里最酷的人?

"祖国万岁"方阵　第6中队
旅游科学学院　王韶婧

我是第7大队第6中队的中队长，我们乘坐的车号是84号，我有46个可爱的队友，求是楼502室里充满了我们的欢声笑语……距离2019年10月1日过去已经快有一个月了，但是这几个数字还牢牢印在我的脑海里，以至于当这些数字以其他方式出现时，总会牵起我的一些美好回忆。

其实我最初只是第7中队的一名参训教师，临时受命成为第6中队的中队长我是有些担心的，担心的是在高强度的训练下，能不能带领好参训的学生，完成好组织交给的任务，也担心生性冷静内敛的我不能调动起孩子们的积极性。第一次团建时，我的担忧果然成了现实，学生们比我还"冷静"，我卖力地调节气氛但是效果并不很好，我安慰自己，也许我遇到的本就是一群"内敛"的队友，彼此熟悉、信赖是需要时间的，让行动说话吧！当天晚上，我躺在床上思来想去，最终决定这么做：

同行同向换来认同信任。我的右腿曾经受过很严重的伤，医生再三叮嘱不能长时间站立、行走或提重物，激烈运动更是被禁止，在训练开始前我已经14年没有站立超过半个小时了。我想，如果要打造出一支作风优良、不怕吃苦的团队，我自己肯定不能只是每天早晚在操场上出现一下就走，也不能去了之后坐在操场上看着他们在烈日下训练。于是，在每个清晨、傍晚和半夜，操场上除了900人的大部队，总会有一个人站立在旁陪伴，每天至少4个小时。

深度交流引发共情共鸣。每个学生参加群众游行活动的初衷不一、体质情况不一、心理状态不一。我的队友里有一人在寝室怕黑睡不着的，有体重严重超标走几步就喘的，有起床困难重度患者，也有刚刚经历了父亲去世的。于是，我在训练前后，找到他们，在操场的草坪上、合练的棚子里席地而坐，聊他们的表现，也聊他们的学习、生活和未来发展。我本以为和"冷静"的他们谈心会很尴尬，但是我的队友远远比我想象得更容易敞开心扉，他们需要关爱，需要被重视，需要被理解。在一次次的服务、保障后，他们了解了我，也逐渐对我产生了信任感。

思想引领提升育人实效。要想令行禁止，靠松松散散的管理是不可能见成效的。于是，从训练开始，我就认真落实每个要求，促进思想的碰撞和价值的融合。站军姿时，一遍遍地来回巡视、纠正他们的体态；训练不允许携带通信设备，就不厌其烦地强调、提醒；各项活动之前，我们一起在活动室充分准备；党小组学习时，我们认真剖析自我。每一次训练，都是行为习惯与家国情怀的养成；每一次活动，都是团结协作与爱国之情的培育；每一次学习，都是不忘初心使命与坚持理想信念的输出。

我的三个行动最终收到了成效。“冷静”的他们在拔河比赛中，嘴里虽然念叨着随便拔拔，但是手磨破了仍然坚持上场，获得冠军后兴奋得围成一个圆圈，互相搂着齐唱《团结就是力量》；“内敛”的他们在一次次合练时，在炽热的骄阳下、漫长的等待中，没有一个人掉队或是抱怨；群众游行活动结束后，有1名队员成为中共预备党员，5名学生提交了入党申请书；每个学生在写心得感悟时，都提到了一个词——不悔，都写到了一句话——祝福祖国母亲繁荣昌盛！

在一次团建活动中，我安排了“总有个人在悄悄关心你”的游戏，每个人都会有一个关心对象，也会有一个不知名的人在关心自己，活动要求每人要为自己的关心对象至少写一封夸夸信。由于活动规则，我作为活动组织者不能参与其中。但是，训练结束后，我也惊喜地收到了夸夸信。他们说，工作中的我很酷，总能把事情安排得井井有条。我想说，你们最酷，谢谢你们让我有机会为70周年国庆活动做一点小事，也给我留下了这个夏秋最美好的回忆。

北京第二外国学院师生多彩青春点亮国庆活动

"祖国万岁"方阵　第8中队
旅游科学学院　王旭

北京第二外国语学院在国庆70周年群众活动中，承担第36方阵游行、合唱表演、轮滑表演和"人类命运共同体"方阵共四项工作任务，学校通过开展"青春与祖国同行"等系列教育活动教育师生，激发学生爱国情怀，展现出多样青春，为祖国明天的发展汇聚正能量。

压轴方阵以矫健步伐彰显青春朝气盛。北京第二外国语学院所在的第36方阵为群众游行方阵的最后一个方阵，同时，我校师生点位又处在第36方阵的后部，可谓是"压轴"中的"压轴"。为了唱好这出"压轴戏"，学校坚持训教结合，遵循"知情意行"思路，重温历史，开好"历史课"，提升学生对新中国成立的认识，增强学生对于国家发展变化的自信心和荣誉感。在第五分指导检阅汇报中，师生们高举双臂、手舞足蹈、高声呐喊，用矫健的步伐、灿烂的笑容、响亮的口号和饱满的精神状态赢得了市委领导"第36方阵的大学生们最富朝气"的肯定，充分展现了二外人庆祝新中国成立70周年的热情和活力。

"C位"合唱以亮丽歌喉礼赞青春韧劲强。参与合唱的大部分参训同学为初学者，为了尽快实现较好的表演效果，师生牺牲个人时间，每天训练8小时以上，以声乐训练为主，辅以形体、体能、精神面貌训练。在实际训练中，学校先后组织学生观看新中国成立60周年广场合唱、纪念抗日战争暨世界反法西斯战争胜利70周年阅兵合唱等纪录片。在观看过程中，同学们都被现场气氛所深深震撼，为祖国的发展变化点赞，更加明晰自己肩负责任之重大，同时也感觉到了自己与专业演员的差距，一种"不服输、不言败"的精神暗暗在同学们心中生长。82名同学自主开展分组训练，比学赶超，齐头并进，多次在领导视察中受到表扬，最终，二外学子凭借实力在由30多所高校组成的合唱队伍中为自己争取到"C位"的合唱主力位置，用实际行动阐释了青春韧劲的强大力量。

唯一轮滑以潇洒身影展示青春有力量。作为国庆群众活动中唯一的轮滑元素，42名参与轮滑表演的二外同学克服重重困难，从低水平的轮滑新手成长为如今表演动作娴熟、定位协作准确、能迅速适应总指挥对于动作变化要求的轮滑小将。学校参训教师和同学们付出了巨大心力，磨破手臂、擦伤膝盖都是家常便饭，韧带扭伤、膝盖劳损依然不下火线，即使因伤病暂时不能训练，也会到场默默陪伴队友。组里有位小队长的爷爷重病住院，为不影响集体进度，他在坚持训练结束之后晚上回家探望，第二天又匆忙赶回学校继续训练……由于轮滑的特殊性，几乎每位同学都有因长时间穿轮滑鞋导致磨破脚的情况，都有或大或小的肌肉疼痛，但所有人不抛弃、不放弃，每次训练集合都是 42 人，他们收获的是巨大的精神成长。他们不再关注个人的轮滑技术如何出色，而是整个团队的演出效果如何，不再关注是不是能多些休息时间，而只想着练得更好些……在他们潇洒身影的背后，是向时代发出的青春宣言，是向先辈致敬的奋斗不息的精神力量。

国际学生以多语种述说青春无国界。在国庆 70 周年活动中，二外共有 46 名国际学生参与其中，他们来自四大洲 24 个国家，在“人类命运共同体”方阵中送出对新中国成立 70 周年的祝福。这不仅代表着二外国际化战略的追求，更体现了二外以“传承东西文明，促进中外交流”为己任的人才培养理念。来自拉脱维亚的林伊娃说：“通过训练和参与国庆 70 周年这样一个窗口，我们进一步了解感知中国的发展变化和天下大同的时代价值，也感受到了中国人民的热情和蓬勃力量。”通过在二外的学习生活，他们的青春将与中国学生的青春一道在中国舞台、世界舞台上发出耀眼光芒。

习总书记曾说：“人的一生只有一次青春。现在，青春是用来奋斗的；将来，青春是用来回忆的。”北京第二外国语学院的年轻学子们用青春书写梦想，用脚步丈量十里长街，2019 年夏天每个二外人的青春回忆终将汇聚成国家记忆，全体二外人将带着这份朝气、韧劲、力量，携手各种颜色皮肤的朋友投身国家建设的方方面面，为祖国的发展注入无限正能量，共筑中国梦。

心中的歌

“祖国万岁”方阵　第 8 中队
旅游科学学院　周全

第一首歌：《我爱你，中国》

“百灵鸟，从蓝天飞过，我爱你，中国。”

2019 年是中华人民共和国成立 70 周年，作为北京第二外国语学院的师生，我们有幸参与了国庆阅兵群众游行活动。在学校近千人的队伍中，第 8 中队的成员受到同一种情感——爱国——的指引，为了同一个目标——为祖国生日献礼，紧紧地团结在了一起。

我作为中队长，为了让原本来自不同年级和专业的同学们尽快熟络起来，筹备了很多破冰活动，如通过头脑风暴让队员确立中队的口号和队歌，通过趣味问答让队员找到彼此的共同兴趣爱好，通过引导大家每日打卡记录训练心得让队员相互鼓励和学习。这些活动也卓有成效。很快地，中队中的每个小队，小队与小队之间都渐渐地熟络起来。我们一起准备拔河比赛，仔细研究拔河技巧，互相鼓劲加油；我们一起准备拉歌比赛，练习了拉歌单上所有的歌曲，互相热情对唱；我们一起练习训练要求的舞蹈动作，利用休息时间加练，确保动作到位；我们一起严格遵守纪律，全勤训练，军姿坚挺，自始至终没有一人主动提出过退出。通过大家的齐心协力，我们拿到了优秀中队的称号。这就是充满爱国情的既团结严肃又欢愉活泼的第 8 中队。

第二首歌：《不忘初心》

“万水千山不忘来时路，鲜血浇灌出花开的国度，生死相依只为了那一句承诺，报答你是我唯一的倾诉。”

我们在训练时遇到过很多困难，也迎接了许多挑战，不过大家都坚持着参加活动的初心，用顽强的意志、不屈的品格战胜了困难。去基地合练时，我们通常要坐很长时间的车，很疲惫。甚至，有时还要在深夜或凌晨出发，队员们虽然嘴上说着“我太难了”，可大家依旧坚持着，要为祖国献礼的初心从未动摇。训练期间，有同学的脚扭伤了，她缠着绷带继续训练；有同学的亲人去世，家长们仍然让该同学坚持训练，不用回家；还有同学发了高烧，医生都劝其休息，但她硬是坚持训练完才去休息……每一次外出合练，我们都要做很多准备。中队的小队长和党小组成员们主动承担起了为中队收发服装、搬运道具、领取餐包的繁杂事务，有时因事务紧急他们错过了吃饭和休息的时间，他们也很少抱怨，强调说这是自己应该做的。

第三首歌：《我和我的祖国》

“我和我的祖国，一刻也不能分割。无论我走到哪里，都流出一首赞歌。我歌唱每一座高山，我歌唱每一条河。袅袅炊烟，小小村落，路上一道辙……”

我们走在长安街的那一刻，更加深切地感受到，我和我的祖国一刻也不能分割。那种和祖国同呼吸的感觉，让我们永远热泪盈眶。

10 月 1 日当天，我们看到了中国女排，和她们一起组成了“祖国万岁”方阵。我们一同欢呼，一同和长安街两旁的朋友亲切地打招呼，一同接受祖国和人民的检阅。我们看着七万羽和平鸽飞过天安门广场的上空；看着七万个彩色的气球随风升腾，布满蓝色的天空；看着城楼上和我们亲切挥手的习大大；看着现场数以万计的观礼人员；看着这盛世的中国面貌。我们眼含泪水，一遍遍高呼“祖国万岁”！

我们和两旁的军人互致节日问候，我们把自己的道具送给他们作纪念，他们和我们击掌示意。我们的关系是如此亲密，我们就像是家人，像是曾经熟识的老友。我们 8 中队的兄弟姐妹正是用这样的热情与活力贡献着我们的力量。

我们心中一直都有一首深爱着祖国的歌，我们的生命里一直都镌刻着中华，我们的手掌中也一直捧着未来和希望。以后，不论我们走到哪里，心中都流出一首赞歌，带着 8 中队的情谊，带着二外的精神，带着中华儿女的骨气，用青春、用汗水、用生命续写中华人民共和国新时代的华章，用最优美的语言、最动听的旋律唱出我们对祖国的热爱！

“我最亲爱的祖国，你是大海永不干涸，永远给我碧浪清波，心中的歌。”

共迎国庆，献礼祖国

“祖国万岁”方阵　第 9 中队
亚洲学院　高丽涛

2019 年 7 月 25 日，9 中队全体成员克服了自己大大小小的困难相聚翔宇楼前，向祖国报到。这个夏天，酸梅汤和白色训练服是我们的标配，这个夏天缺少了许多年轻人的元素，但是这个夏天锻就了我们刚毅的性格和坚定的信念。

举手投足尽显爱国情怀

国旗上飘扬着国家的尊严，凝聚着的是爱国情怀。我们二外人就是爱护国旗的标杆和榜样，在一举一动中彰显着爱护国旗的大情怀。

终于等到要发放道具的日子，分在我手里的是一面黄旗和一面国旗，令我惊讶的是国旗旗杆上特意缝制了一个套环，相信道具制作也是一个巨大的工程，但是制造商能专门为国旗设计制作一个套环，以防国旗掉落，这样的举动令我感动。道具分发完毕，有三面国旗在运输过程中有些许磨损，比如旗杆略有折损、旗子与旗杆衔接的部分轻微开线，只见团委书记郝青梅老师手里拿着这三面小国旗端详很久，应该在想用什么样的方法修复这几面旗，让每一面国旗的生命力更持久一些，最后她嘱托我回家修补一下那三面小国旗，看着她疼惜的目光，我义不容辞地接下了这个光荣的任务。在训练过程中，大家都很累的时候有人把国旗放在膝盖旁边开始休息，当有人不小心经过即将踩到旗杆的时候，站在我旁边的队员于永浩突然大喊：“不要踩国旗！”相信周围的同学听到都很受触动。

其实，爱国并不抽象、并不遥远，可以体现在我们日常生活举手投足之中的一点一滴、一言一行中，只要每个人都能做到随时随地爱护国旗，就可以让爱国更加生活化、具体化，就可以彰显我们每个人的爱国情怀，值得推崇。

无怨无悔彰显青年本色

平凡岗位方显青年本色，在本次游行活动中，我们每个人都有自己的“点位”，每个人都在自己的“点位”上发挥着光和热。

第 9 中队的同学都知道田昊的大名，不仅仅是因为他总是昂首挺胸地执起队旗立在队首，更是因为在每次搬物资、收发道具、喊号带队这样的体力劳动中，都能看到他忙碌的身影。连他自己都戏称自己是9中队的“御用苦力”。他在训练内外的点点滴滴上，为中队付出了更多。但他并没有任何怨言，反而说自己是幸运的，能够参加这样有意义的活动，并发挥自己的能量，为老师和同学们分担，很开心。他在整个暑期默默地奉献，体现了他的担当和价值，这更是他对祖国热爱的最质朴的表达方式。

43小队小队长线一凡同学身体比较瘦弱，在拔河过程中他使出浑身的力量在拔、声嘶力竭地喊着“一二拉、一二拉”，手和胳膊都被磨破了皮，漏出青一块紫一块让女生不忍直视的淤青，但是在进入决赛时他毅然决定再次为9中队荣誉而战，又一次站在拉绳的一端。后来他因突发性气胸而无法继续后期的训练，在跟他沟通过程中，他依旧很坚决地说自己一定能上，虽然最后确实无法克服身体因素，但他嘱咐我9中队需要他帮忙的时候“请务必告知我”。

现在是和平年代，生活富裕，社会安定，作为普通人，我们的爱国情怀不可能都以轰轰烈烈的方式表现出来，很多时候，爱国不再需要抛头颅、洒热血那样的英雄壮举。但是，当国家和集体需要我们时，我们能义无反顾地去做力所能及的事，就是一位青年大学生对爱国最好的诠释。

齐心协力接受祖国检阅

2019年夏天，68天，1076名参训师生，大大小小15次的合练，我们一起并肩作战忍受辛苦，我们一起苦中作乐享受幸福。“菜园果园动物园”“狼人杀”“红魔法”等游戏中，输了的同学被罚唱歌时也不由自主地唱起了《我和我的祖国》，不起眼的游戏让我们变得更加亲密。我们一起迎过朝霞，送过晚霞；一起忍耐烈日炎炎，一起躲避暴雨袭击；一起见证长安街的灯火辉煌，一起喝过冰凉可口的酸梅汤；一起享受“快乐体育”的酸爽，一起从天安门前走过；一起为祖国自豪，一起为盛世欢歌。在这短短的时间内，我们与自己的战友建立了深厚的友谊。我们组成真真正正、整整齐齐的9中队。

激动人心的那一刻就要到来，9中队的不少成员自己提前清洗熨烫了衣服，女生们纷纷早起画好妆，有的男生用了两罐发蜡，大家都盛装出席、兴致勃勃地去参加这个特殊的生日庆典。到核心区的那一刻，我们高呼、我们欢腾，我们淋漓尽致地表达了“自由、欢愉、生动、活泼”。

“祖国万岁”方阵里有我们众多二外人，代表了我们北京第二外国语学院对伟大的中华人民共和国成立70周年的最诚挚的祝福。学校操场上、周围的马路上、机场、王府井大街、天安门前，到处都有我们的脚印。我们的付出不会被埋没，我们的成绩将永远被记住。

国庆过后，在欢腾的朋友圈里，我感受到了些许伤感。第一次团建的笑声、拔河时奋力拼搏的身影、搬运服装的艰辛、讨回旗子的坚决、漫长等待的无奈都刚刚过去。游行活动在期盼中结束了，但9中队就要没有了，这个夏天我们以9的名义付出，以9的名义坚守，希望同学们将9的精神带到日常学习和生活中去，让9的精神可以继续传递下去。日久见人心，感谢56位兄弟姐妹的用心和忠心。以后的日子里希望大家永远记得那年夏天，我们曾一起走过！

七月播种，十月收获

"祖国万岁"方阵　第 10 中队
欧洲学院　杨晓彤

2019 年于我而言是幸运的一年。在茫茫的毕业生浪潮中，二外选中了我，让我有了个落脚地，这很大程度上给了我工作的勇气和热情。而紧接着又有幸加入国庆重大活动中，身上也随之多了一份责任与骄傲！

为了国庆当天的完美呈现，二外群众游行方阵的训练来得更早一些，七月初已经开始从基础的点位着手，整队形、站军姿、走排面和加动作，这里有体育老师耐心认真的指导纠正，这里有学校机关老师台前幕后的服务保障，这里更有士兵教官的辛勤付出……二外的操场突然变成了军训场，一千多名师生在这里留下了绚烂的身影，对我来说，那些身影就像是在播种的人们，种下了希望。

当然，紧张的训练并不是我们这个暑假的全部，思政组的老师也在为如何让这支队伍保持高昂的训练状态出妙招，一系列活跃欢脱的文体活动就这样孕育而生了，如征文演讲比赛、拔河比赛还有每天的优秀中队评选，无形中都给予了每个人充电的机会。这段时光，刚开始每个人都没有在意，觉得还有很久，日子还长，可转眼一看餐券，好像已经消耗了大半，不知不觉，一个暑假的时光悄悄溜走，集中训练的时间已经接近尾声，我也是在这个时候突然开始不舍每一天的集合训练。

七月挥汗如雨，八月开始调整状态，换来了九月的生动欢愉。开学后紧张的学习和工作也开始了，每天没有了以往固定的训练时间，一下子还有些不适应，总觉得少做了些事情……偶尔把训练的队伍集合起来说点事情，大家都变得无比珍惜那短暂的时间，看见先前一起训练的学生或者老师，大家报以微笑点头或是招手，那种感觉和平时的师生关系还不太一样。

从八月下旬开始，合练的次数增多了，我们常常需要集结后去更远的地方和整个大方阵中的人一起训练，有时哪怕是简单地按流程走上两遍，时间就已经过去了几个小时。几千人的队伍由一个教练指挥前进，我真的佩服这个女老师，不厌其烦地一遍遍强调，一遍遍更改……然而人员多，要求高，教练严，难免会有不合拍的地方，但这些几乎都没有妨碍每个人想好好表现的欲望，我看到二外的学生每次合练都很兴奋，我想可能他们在想每次的合练都代表向正式的那天更近了一步，也有可能是因为每次去的路上可以和同车的小伙伴聊有趣的事情，还有一种可能也许就是惦记着那吃不完的餐包吧……

我对每次外出合练都报以极大的热情，可能是天性使然，越是需要体力的地方，我可能越活跃，更何况是要为走上长安街做些准备，除了有时犯困，几乎次次都是兴奋不已，我知道，这样整体出行的次数越来越少，也知道，以后也许就不会有这么舒服的大巴、这么美的景色以及这个味道的卤蛋……只有经历过才知道，这些当时对于你来说习以为常的东西，在后来都是一种不可能再重来的记忆，哪怕后来你也会坐大巴，也会吃同样的东西，但那时的味道已经不复存在。

也是在这样的情感中，我每次会寻思为自己找点事情做，最起码不只是去训练再回来这样一个过程，我也先后几次为司机师傅、摄像师傅领取餐包，在其他老师有事时，担任大巴的车长，这些都是极其细微的事情，但我总想着，如果可以做点什么加深这段难得的经历，那么我愿意为之努力。从和身边的学生不怎么说话，到主动搭话还滔滔不绝，我看到了自己慢慢融入国庆活动的样子。我可能不清楚我会得到什么，但是我知道我该做些什么，这在国庆那天，我好像看到了答案。

九月的尾巴让人激动，因为收获的那一刻就要来临。每次指挥强调最多的就是我们的表情，要求我们以最自由、最生动、最欢愉、最活泼的表现出现在当天的群众游行中，对于训练了两个多月的师生来说，大家难免是有点疲惫了，在操场上的每次表现可能并不完美，但是心照不宣的，大家在心里都铆足了劲，国庆当天，必定全力以赴！

期待的那天来了，没有任何疲惫，没有任何困意，大家从东单地铁站奔向王府井大街的身影我现在想起来都是彩色一片。我的演出服是蓝色的，那种自己穿着不好看，放在人群中却干净澄明的颜色，和那天的颜色一样，蓝蓝的还有些亮亮的。因为前几次彩排时已经看过整齐码放在长安街上的装备，这次我一路小跑到指定位置等待，我们等了近四个小时，这个时间我们看到了空中护旗方队，那一刻所有人都沸腾了，还在旁边补觉的学生也在听到尖叫声后腾身而起随之欢呼，真的，这情景，没有，从来没有，以后也许也不会有。这是有多幸运，我们这支队伍才并肩站到了一起！

当天上场前我们知道女排要来花车上，那真是一个天大的好消息，大家无不拍手叫好，正式上场的时候，大家对着还没有编进队伍的花车不停招手，那时我记得自己是热泪盈眶的……最美的花车，最后的队伍，最棒的女排，我们整个大队伍在一片花海和旗海中不断向前推进，以前经常喊向前压的声音变少了，因为女排的花车就在我们前方，天安门广场上巨大的屏幕上也呈现了习大大慈祥的面庞，我除了尖叫，脚下已经不再是完整的步伐，全程是细碎的小跑，手臂抬得高高的，脸笑得圆圆的，也正是这时被捕捉到了画面中，这张难得的记录我欢愉表情的笑脸照片就这样出现在了学校官网的微博中，我怔怔地开心地一张张保存、备份……这就是我上面所说的答案，我不知会得到什么，但有时事情总是以意想不到的方式呈现给你。

这就是我想说的七月播种、十月收获的故事，可能有不完美的地方，但有什么关系啊，经历了、体会了、收获了，就已经是2019年这个夏天最感人的故事了……

国庆 70 周年群众游行方阵活动中队长开展教育管理服务经验总结

“祖国万岁”方阵　第 11 中队
欧洲学院　刘洋

我很荣幸能够以一名中队长的身份带领中队 58 名同学参与到中华人民共和国成立 70 周年国庆群众游行方阵的活动中来。作为一名中队长，我们应该怎么做，如何管理好中队的每一位队员，如何在训练辛苦时调动学生的积极性等，都是一名中队长需要面对的工作。

首先，我们应该怎么做？作为一名中共党员和一名高校辅导员，我们必须要走进队伍之中，高标准、严格要求自己，用实际行动为身边的学生树立良好的榜样。如此才能体现出一名中共党员和一名高校教师坚定的政治素养和关键时刻能冲在最前列的斗志。

其次，如何管理好中队的每一位队员？我认为要分为如下几个步骤：第一，深刻理解本次活动的重要性和意义。此次活动是中华人民共和国成立 70 周年国庆群众游行活动，其重要性不言而喻，这一点要一直作为我们每一位活动参与者脑中的警钟，中队长要首先跟队员们讲清楚、讲明白。我们作为最后一个方阵出场，是唯一一个在天安门城楼前中途停下表演的方阵，面对党中央领导和全国人民，我们的压力可想而知，收尾成功，任务才算真正成功。第二，深入了解同学们的思想状态和现实状况。由于此前已经给同学们召开过相关会议，同学们已经对本次活动有了较为深入的理解，但这并不代表同学们的思想状态不会出现大的波动和起伏。思想不坚定会直接反映到行动之中。例如，在学习行进间动作的时候，我们中队的几名男生很明显有些应付于事，该做的动作不做，该到位的动作做不到位。作为中队长，一定要有敏锐的洞察力，发现问题并想办法解决问题。在团建之后，我将这几位男生留在教室中向他们了解情况，问询是否是因为身体原因导致无法做到以上动作，几名男生很快就理解了老师的意思，答复说不是，下次会好好地跟着其他同学一起练习。现实情况是，本次活动会占据学生们大部分的暑假时间，炎夏酷暑，训练强度较大，对学生们的身体和心理都提出了很高的要求。因此，偶尔的小抱怨和不情愿都可以理解，关键在于老师要善于观察，强制的命令只会让学生们心生厌烦，作为中队长，一定要设身处地为学生们着想，及时发现问题并想方设法为学生们解决问题。例如，每次团建，我都会抽出半个小时的时间约谈 10 名同学，仔细询问他们的身体状况、有没有什么困难、有没有什么意见和建议要反馈等，在记录后等到教师开工作碰头会时适时反映。如此一来，学生们内心会知道，老师是关心他们的，相互理解以后，工作就更容易开展。

最后，如何在训练辛苦时调动学生们的积极性？在训练的过程中，出现过两次学生们反映比较辛苦的时候。第一次是拍摄宣传片，恰逢那几天一直在下雨，有些同学忘记带雨衣，只能被小雨淋着，偶尔一两天还会排练到晚上 8 点多，因此，有很多同学跑过来跟我反映很累、很苦。作为中队长，在此时我们一定要紧紧地跟同学们站在一起，要充当“后勤保障人员”的角色，站在旁边为同学们加油鼓劲，一个肯定的眼神、一个加油的大拇指、递上一把雨伞等，在此时都将成为学生们心底最好的慰藉。第二次是出去合练，凌晨一两点集合，休息不充足，学生们就会感到疲惫。这个时候，中队长要担任“保姆阿姨”的角色，要多走走、多转转，看到情绪不佳的同学要问一问情况，有身体不舒服的同学要及时联系校医。

总体而言，我们中队的学生们表现十分出色，极少有请假的情况，大家都能吃苦耐劳。作为中队长，我从学生们的身上看到了很多当代大学生身上的优点，他们给予我的要更多。11 中队能够最终顺利完成任务离不开中队每一位同学的付出和奉献。感谢学校的大力支持！感谢学校各个部门的支持和保障！感谢这次活动的历练，让我们收获了成长，收获了心底沉甸甸的爱国情怀！

参加70周年国庆活动有感

“祖国万岁”方阵　第12中队
欧洲学院　霍丽媛

参加国庆70周年庆祝活动，对我自己来说是很荣幸的经历，很难得的体验。作为辅导员老师，更是让我以最直接、最直观的方式，参与到学生思想政治教育的活动中。

一、在活动中走近学生，更深刻地认识学生、了解学生

在此次活动中，我担任第12中队的中队长，和57名同学一起度过了3个月难忘的时光。首先，我深刻地感受到，我们的青年大学生是最爱国、最进步的群体。我看到他们举着鲜花和国旗，在走过天安门时流下热泪；看到很多大四同学面对考研复习、找工作的压力时，毫不犹豫地主动报名参加活动，在个人利益和集体利益面前没有丝毫犹豫；看到活动结束后，他们写的一篇篇感想中，难掩对祖国强大由衷的骄傲和在祖国发展中舍我其谁的豪气、甘愿当好一颗螺丝钉的责任和担当。他们写道——“此生身在中华家，与有荣焉，幸甚至哉”“愿盛世中华，国祚永昌，祖国万岁”。当代大学生对祖国深沉的热爱，深深感染着我。

参加活动的大部分是几近“00后”的同学，他们比我想象得更能吃苦。在从事自己喜爱的活动时，有时候条件艰苦，但他们乐在其中，他们风趣地说自己在王府井大街享受“户外野餐”。只要激发起学生的热爱之情，他们的热情和活力是无穷的。想到我们的国家是由千千万万这样的青年人组成的，更是满怀信心。

只要我们从学生出发，一切为了学生，他们会将心比心地换位思考，充满感恩。他们由衷地钦佩负责训练的老师，真心为幕后做服务保障的每一个工作人员点赞，体谅其中每个人的辛劳和不易。“00后”不只是关注自我，更是善意可爱，心怀感恩。

二、党组织是我们坚强有力的战斗堡垒

通过此次活动，我深刻地意识到，重大活动的开展非常不易，需要很多力量协同配合，共同努力。制订训练计划、做好沟通联络、保障后勤、维护安全，我看到

全校上上下下在党委的带领下团结一心，每个人都在默默付出。在这样的团队中，我自己怎能不努力！我想这都源于我们有共同的理想信念。

队伍中还有很多党员同学，他们吃苦在前，奉献在前，用自己的实际行动，表现出党员的责任与担当，表现出一个党员对国家真挚的热爱。他们刻苦训练，努力读书，对国家和社会的未来充满了希望。我觉得他们是真正的有志青年。

三、将爱国主义教育融入活动的全过程，厚植爱国情

3 个月的训练中，学生从刚开始的按照要求做训练，到逐渐从心底迸发出更深厚的爱国情怀，离不开学校在其中全方位的思想政治教育活动。党团支部集中学习、演讲比赛、拉歌、拔河、观影，在一次次的活动中，我清晰地感受到同学们的爱国情被深深激发，理想信念更加坚定。很多同学在训练中递交了入党申请书。有的同学说，“第一次感到团队的力量这么强大，也第一次感到祖国和我离得这样近”。看到他们在现场欢呼雀跃，看到他们的心得感受中流露出的激动，我想我们的教育是生动活泼的，是有感染力的。

四、教育管理中，对学生宽严相济、以身作则，关心关注每一个个体的成长

在活动中，我们每位老师都有自己的点位，我们每一个老师和学生一起，全程参加训练。烈日下、阴雨中，当我们表现出比学生更乐观的心态、更坚强的意志时，我感到，学生对老师是敬佩的。我们对学生提出严格要求时，学生才会更严格、更乐意遵守。

活动间隙，我们和学生一对一深度辅导谈心谈话，在训练场的聊天和在办公室的谈话是完全不同的，在训练场我们是并肩的战友，是互相支持、彼此关怀的朋友。大家不只谈训练的感受，更分享学习生活中的开心和困扰。我既乐意也享受和他们相处的过程，每一个个体都是鲜活、青春洋溢的，我看到同学们个体的成长。

在这个过程中，一张张生动的笑脸，一个个动人的故事，是我一生宝贵的回忆，从中的学习和体悟，也将是使我永远受益的财富。

小我融入大我，用行动向祖国告白

“祖国万岁”方阵　第 13 中队
高级翻译学院　付琚雯

2019 年 5 月 28 日，休完产假上班的第一天我就听同事说：“琚雯，今年 7 月留给自己，8 月献给祖国。”听完我内心无比激动，想象着走过天安门的情景。参加国庆游行对于我这么一个长在党旗下，活在新时代，从小受正统教育的 90 后来说是一种无上的光荣和荣耀。自此以后，我就天天盼望着国庆游行的消息。

2019 年 6 月 24 日，我帮忙整理报名材料，高高兴兴地将自己的名字上报，与此同时我也在不停地鼓动学生报名。记得那一晚我一直等到 9 点多，生怕漏下一个想参加的同学。傍晚 6 点多时，我父母带着我 6 个月大的宝宝来学校接我，由于陆陆续续有学生来报名，我简单喂奶后就让父母带着孩子回家了。

6 月恰是毕业季，各种事情交错着，7 月初送走了毕业生，学校各项事情也临近尾声。就在学期快结束的时候，又接到合唱训练提前的通知，需要督促学生按时返校训练，已经确定暑假行程的需要沟通更改行程，不愿意提前返校的需要做思想工作。还记得我和学生说得最多的一句话就是：将小我融入大我，用实际行动向祖国告白。最后，我负责的学生全部按时返校参加训练。

7 月中旬，学院的事情相继告一段落，国庆活动的训练即将开启。7 月 18 日上午，我接到校团委书记郝青梅老师电话，学校考虑到我在哺乳期、家里宝宝 6 个月的特殊情况，决定对我在国庆活动中的岗位和任务做一些调整，把我调整到应急组，做我们大队的应急负责人，跟安保集散在一块，张鹏老师会和我做一下工作交接。接到这一通知，有感激有不舍有迷茫也有些许的遗憾。我既十分感激学校对我的照顾和体恤，但又有略微的不舍与遗憾。不舍离开队伍，遗憾未能用脚步丈量十里长安街。除此之外，还有些许的迷茫。应急工作主要做什么？如何做？重难点是什么？这一系列问题在我脑海中闪过。但不得不说这一调整对我、对我的工作以及对我的家庭来说是最合适的。

接到岗位调整的消息后，我立马上网百度了一下应急工作的含义和内容，稍稍做了些功课。第二天带着自己做的功课就去北京市委市政府开会去了。说实话，从 7 月到 9 月这 3 个月中大大小小开了很多会，但这次的会议我印象最深刻。至今我还记得会议的场景和会议的内容。记得其中一位参会领导说："同志们不要畏难，刚开始我们把工作做细了，后面就都好做了。我们风险评估中发现的问题会由刚开始的一大摞到最后只剩下一页纸，这就需要我们刚开始做实做细，不放过任何一个风险点，针对风险点能预防的预防，能控制的控制。"通过这次会议，我对应急工作有了一个系统全面的认识，应急其实在我们辅导员这个岗位上常常存在，以前工作时常这么做，但好像没这么叫过。

为确保"精精益求精，万万无一失"，在这3个月里，常常上午去北京市开会，下午返回学校将会议精神传达给中队长和学生。传达时会发现，有些事情不能一味照搬传达还需要结合自己大队的实际情况，领会会议精神和原则，适当增加、归纳和调整会议内容。尤其到了8月底，开学在即，中队长大多数是辅导员，除了国庆队伍训练外，还需进行迎新、开学的准备以及9月份的综合测评、家庭贫困认定、助学金、奖学金等工作，因此，如何准确、简洁、少折腾地将应急工作要求传达到位是我必须要研究并做到的。这就对我提出了更高的要求，我自己首先要透彻领会每次的工作要求，并对工作要求进行分类整理，用通俗、易记的语言和便捷的方式告诉大家。

回顾这3个月，有接到任务的荣幸，有工作到凌晨的辛苦，有领导理解和前辈指导的幸运，有同事高度配合的默契，有合练回来家人接送的温暖，有与学生共同坚持到最后的喜悦，有没能照顾孩子的遗憾，有自己能在高强度工作下还能坚持母乳喂养的欣慰……10月1日凌晨4点，望着学生和同事远去的背影，我眼中噙着激动的泪水，心中默念着：祖国，我们80周年再见！

“不忘初心、牢记使命”

——和祖国共奋进

“祖国万岁”方阵　第13中队
高级翻译学院　黄丽柏

“由于处于毕业年级，活动结束后有人问我，面临毕业论文和实习以及找工作这么多事情压身，你还参加这个活动，值吗？我回答他们：犹豫过，动摇过，但坚信着热爱着，所以我觉得值。”

——高级翻译学院2018级口译班 高晓彤

“趁着十一假期，我把这些印有“70”的盛夏回忆小心地归整好，踮着脚放进最上面的柜子里。而这个工作，我尝试了三次，每次都以泪眼模糊而告终。”

——高级翻译学院182班 刘东波

“何其有幸在20岁这年见证年满70岁的你，‘用身姿丈量十里长街’，通向你的这段路，我们走了整整两个月。”

——高级翻译学院174班 邓雨彤

根据北京第二外国语学院国庆70周年重大庆祝活动的工作要求，高级翻译学院高度重视国庆70周年相关活动，及时进行了重大活动有关工作的安排和部署，并结合“我和我的祖国”开展了主题教育。高级翻译学院共有50人参加了学校国庆70周年庆祝活动，其中44人为群众游行方阵，2人为轮滑方阵，4人为合唱队。50名师生训练有序，无一人退出，高级翻译学院顺利完成了国庆70周年重大庆祝活动。现对具体做法总结如下。

一、突出党建引领，精心组织实施，推动“迎国庆70周年重大庆祝活动”工作扎实推进

（一）党委高度重视，完善机构组织，工作领导有力

高级翻译学院党委高度重视，根据学校“迎国庆70周年重大庆祝活动”工作的相关安排及精神要求，为保证此次活动的顺利进行以及活动相关工作的有序开展，

高级翻译学院党政联席会、院务会进行多次专题研究部署，统一思想认识，统一工作，成立了高级翻译学院“迎国庆70周年重大庆祝活动”相关工作领导小组，由高级翻译学院党委书记任组长，执行院长、院长任副组长。实行党委统一领导、党政齐抓共管、“迎国庆70周年重大庆祝活动”工作领导小组总体协调的工作机制。活动由党委书记动员部署、党员教师指导协调、学生干部积极参与，从而形成了上下呼应、点面结合、纵向到底、横向到边的工作格局。同时，工作小组结合“不忘初心、牢记使命”主题教育，坚持以政治建设为统领，以党员教育为重点，通过国庆活动上好爱国主义教育课，使师生以思想政治受洗礼、参与活动有收获为落脚点，制定方案、督促学校各项措施、要求落实到位，为“迎国庆70周年重大庆祝活动”工作顺利开展提供了保障。自该工作启动以来，学院累计开会专题研讨10余次，领导小组及学工办先后召开学生大会20余次。

（二）发挥党员教师思想引领作用，保障活动顺利进行

学院多次召开党政联席会、院务会专题研究“迎国庆70周年”工作，并对“迎国庆70周年”活动开展相关自查自评工作，确保国庆70周年工作“落细、落微、落实”。在工作部署期间，学院党政领导班子、教工党支部党员都发挥了积极带头作用。

在“迎国庆70周年”相关工作开展前夕，高级翻译学院党委于2019年5月7日，在46期党校学生中开展“书记讲党课”活动。活动中，党委书记程维结合“服务国庆70周年”活动，引导入党积极分子重新审视自己的入党动机，端正入党态度，在学习、工作等各方面严格地要求自己，充分发挥先锋模范作用，为实现中国梦贡献青春力量。希望积极分子能够积极参加国庆70周年活动，学思践悟知行合一，争取早日成为一名合格的党员。本次活动报名的同学中有46%的同学来自46期积极分子培训班。

同时，高级翻译学院于2019年5月29日召开“我和我的祖国”主题班会。邀请高级翻译学院党委书记程维老师、分团委书记黄丽柏老师、党员教师李晓宇老师以及大三学生孙义青同学在本次主题班会活动中发言。班会使学生们认识到爱国不是空洞的口号和抽象的表达，而是贯穿于青春奋斗的全过程；年轻人积极向上、为祖国建设添砖加瓦，既是我们国家力量的体现、国民凝聚力的体现，也是个人价值的重要体现。班会结束后，我院学生纷纷报名参加暑假的训练活动，实现了学校要求人数的100%。

此外，党员教师在自己班级进行宣讲，鼓励学生积极参加，174班实验班有57%的学生参加了国庆活动。

在7、8月训练期间，高级翻译学院参训党员教师入队与学生一同进行训练，

以便在训练过程中及时掌握训练学生的思想动态及心理变化。学院共召开13中队中队会议20余次，让大家分享参与祖国重大活动的荣誉感、价值感和获得感；也及时解决参训学生训练疲劳、身体心理等各方面问题，由于处理及时，截至活动结束，高级翻译学院参训师生无一人流失，达到了100%报名，100%参训。

参训党员教师还将学生思政工作融入国庆70周年训练中，在训练间隙，两位参训党员教师黄丽柏、薛有成对全体参训学生进行了深度辅导工作，力争与每位同学实现一对一交流。训练期间的谈心谈话，不仅可以根据不同学生的具体情况妥善处理参训学生训练期间的心理波动，还能让学生们在思想上得到教育与升华，同学们对作为新时代的新青年，能够将个人理想融入国家前途命运，与国同行，在实现中国梦的伟大进程中创造人生价值有了更深入的理解。

二、聚焦“党员成长计划”，发挥党员先锋模范作用，保障“迎国庆70周年重大庆祝活动”工作落实

高级翻译学院党委结合“不忘初心、牢记使命”主题教育，聚焦党员学生的成长成才问题，推出“党员成长计划”，为参加国庆70周年庆祝活动的青年党员量身定制成长方案。通过政治理论专项学习、实践能力培养、学生干部管理能力专项提升、职业生涯规划、毕业论文指导等多种方式，提高青年党员学生的政治站位，增强其综合素质，促使他们尽快成长，成为“政治强、底子好”、能够起到“先锋模范带头作用”的学生党员骨干。

高级翻译学院在训练过程中，多次开展党员学习，并组织特色党日活动。通过组织每一位党员围绕学习习近平新时代中国特色社会主义思想，结合自身学习实际，进行深入交流，提高党员对于复杂问题的认识。活动能够提升学生对参加活动的认识，同时以党员学生为点，覆盖到积极分子乃至全体学生。

本次参训学生部分为毕业班学生，高级翻译学院高度重视训练期间参训学生的学习问题。从学院层面为毕业年级的参训学生提供论文指导，并与参训学生导师及时沟通，导师在指导过程中也给予学生很多关心帮助，目前所有参训学生完成开题写作，并顺利参加开题答辩工作；同时，为了保证参训学生假期学习，高级翻译学院开放人文楼754会议室供参训学生休息及学习，充分保障参训期间学生们劳逸结合的学习生活。

高级翻译学院利用“党员先锋服务岗”，在参训期间关注参训人员的生活保障，学院为参训师生提供饮用水、零食等，由党员学生负责服务参训师生；活动期间也发挥党员的先锋模范作用，4位小队长中有2人为党员，2人为入党积极分子，他们在活动中能够以党员的标准要求自己，吃苦在前，为身边的同学排忧解难，乐于

奉献，起到了非常好的示范作用，活动结束后，有12位同学提交了入党申请书。

同时，在学校的保障基础上，高级翻译学院对因为参加训练，无法打工的家庭经济困难学生，通过担任办公室助理的方式进行勤工俭学，给予学生一定的生活补贴，为其解决后顾之忧。

三、抓好成果转化关键点，将“国庆精神”思想价值引领落地落实

（一）开展舆论宣传工作

高级翻译学院将参加国庆70周年重大庆祝活动学生的心得感悟收集为《不忘初心 牢记使命——国庆70周年游行活动随笔集》，由公众号BISU高级翻译学院、高级翻译学院官网持续推送，将思想价值引领贯穿于全院师生的教育教学中的全过程和各环节，为学生提供价值判断和价值导向。同时，让爱国主义精神落地、落实，让思想价值引领走入学生的现实生活，使未参训的师生也感受到朋辈间深入、持久、生动的爱国主义宣传教育，让师生更加坚定理想信念，为实现“两个一百年”奋斗目标、实现中华民族伟大复兴的中国梦贡献力量。

（二）开展主题宣讲工作

高级翻译学院全力以赴做好服务，保障国庆70周年庆祝活动学校参训任务的完成，并与“不忘初心、牢记使命”主题教育相结合，开展主题党日宣讲活动。参与国庆70周年群众活动的师生代表，与高级翻译学院全体党员、积极分子分享亲身经历和真情实感，讲述他们在国庆70周年群众活动中的感动和感悟。他们回忆了自己3个月以来的点滴，展现了高翻学子赤诚的爱国热忱和作为党员的奉献担当，展现了“少年强，则中国强，因为中国强，今日中国少年才能如乳虎啸谷，如鹰隼试翼，心似朝阳，发愤图强，弘我中国荣耀，与国同光！”的高翻学子精神。主题党日活动更加坚定了党员们的理想信念，激发了砥砺奋进的斗志，也促使高级翻译学院全体党员对照“不忘初心、牢记使命”主题教育活动，做“勤学、修德、明辨、笃实”的表率。

我们的样子，就是中国的样子

“祖国万岁”方阵　第 13 中队
高级翻译学院　薛有成

“我和我的祖国，一刻也不能分割，这是我们心里永远的歌。”2019 年 10 月 1 日，1100 多张二外人的笑脸绽放在长安街，1100 多声“祖国万岁”回响在天安门广场。非常骄傲能作为国庆 70 周年群众游行方阵“祖国万岁”的五千分之一，同中国女排们一起走上长安街，走向天安门，接受中国人民和世界朋友的检阅。作为新入职的辅导员老师，何其有幸在入职第一年见证年满 70 岁的中华人民共和国，用步伐丈量十里长街。通向您的这段路，我们一起走了整整两个月。

两个月以来，我扮演着很多个角色。我是学校统筹联络组的骨干力量，是训练队伍中学生们的“暖心大哥哥”，是第 13 中队的带队教师，是队伍 101 排的框子兵，学生们都亲切地称呼我“框老师”……从校操场、昌平、金盏、北京工人体育场到王府井大街、天安门广场，我没有落下任何一次训练。有人经常说“你见过凌晨 4 点的北京吗”？在这段训练期间，我见过一天 24 小时的校操场。在本次训练中，我发现我们全体参训师生的样子，其实就是二外人的样子，更是中国的样子。

今年游行的大主题是“自由、欢愉、生动、活泼”，我们全体师生始终不渝地将这八个字贯穿活动全程，给彼此上了最生动的一堂爱国主义教育课。我带领着学生们，一起唱红歌、一起拔河、一起走向天安门，感动、欢笑、泪水、汗水都一起挥洒在了祖国最中央。小队长、100 排排头兵、呼号员姜开元每次活动都很给力，经常给队内同学鼓劲打气，训练场上总能听到他的一声声呼号、总能看到他的一次次笑容，真好；新疆籍学生热娜在训练期间频频感到不舒服，经常头晕，但每次陪她在队伍外休息时，她都对我说：“老师，我没事，别担心，我要继续训练。”就是这股劲、这腔热血，热娜与我们一起将最美的身姿、将最响亮的“歌唱祖国”留在了 70 周年活动轨迹之中；研究生党支部书记、2018 级笔译专业学生潘欣，经常做同学们的思想动员工作，有的同学在训练期间面临论文、就业的双重压力，她总能开解自己的同伴，用自己乐和的心态感染着身边的每一个人；2017 级翻译专业学生张梦尧，把她从小带到大的姥爷突然离开人世，在家里料理完后事，她第一时间回到学校、投入训练，没有丝毫消极的情绪。她在微信上跟我说：“薛老师，姥爷的最后一面我没有见到，想把后事料理一下。老师，队伍里还有我的位置吗？还需要我准备什么吗？”……我想，这样的学生还有很多，他们从小家到大家，一起凝心聚力迎大庆，成为身体力行培育学生“家国情怀”的生动写照。

训练的这段时间，要特别感谢我们的后勤保障力量。兵马未动，粮草先行。为给参训师生提供高质量服务、保障国庆活动有序进行，学校后勤、财务、资产、审计等部门多措并举，在后勤服务、财务联动、物资供给、审计监察等方面提供了强大的支撑力。一杯杯可口的酸梅汤、一份份沉甸甸的餐包、一声声亲切的问候，后勤保障全体人员服务参训师生，将二外精神内化于标准、外化于行动，将感恩精神寓于实处，用奉献精神灌溉滋养祖国花朵，夯实学生们的报国之志，让二外学子尽情在灿烂舞台绽放个人风采，锤炼奉献品格，勇担职责使命。

2019 年是新中国成立 70 周年，是全面建成小康社会、实现第一个百年奋斗目标的关键之年。当今世界正经历着“百年未有之大变局”，而今日之中国，是亚洲之中国，世界之中国。70 年，是风雨兼程的 70 年，更是风华正茂的 70 年。作为与“中国梦”同向同行的二外青年，你们的样子，就是青春的样子，就是中国的样子。在习近平新时代中国特色社会主义思想的指引下，作为中国青年、世界行者，“二外海棠”要忠于国家，奋力前行，用实际行动讲好中国故事，做一名兼具家国情怀和世界格局的“有为青年”；要忠于理想，青春奋进，以理想和信念，以使命和责任，做一名不负韶光的“宝藏青年”；要重于求真，止于至善，身怀二外气质，肩负时代重任，不做时时都“与你无关”的“佛系青年”，争做事事都为你“打CALL”的“翔宇青年”；要与众同行，共赴征程，走向祖国，走向世界，更坚定地团结在以习近平同志为核心的党中央周围，牢牢树立“天下兴亡，匹夫有责”的责任感和责任心，做一名胸怀祖国、放眼世界的“追梦青年”。

陆止于此，海始于斯。活动虽然已经结束，但是精神和情怀还要继续下去。无论二外师生在哪个角落、从事何种职业，都将会是一朵最青春、最耀眼的海棠花。衷心祝愿我们所有师生，满怀信心，无畏挑战；高峰不浮躁，低谷不敷衍；踏踏实实做人，干干净净做事；以无私的胸怀向祖国问好，以包容的心态向世界拥抱，以实际行动为祖国奋斗，为新中国 70 周年华诞青春献礼。将理想抱负熔铸在脚踏实地的奋斗中，成就属于自己的精彩人生！

凝聚爱国主义的青春力量

"祖国万岁"方阵　第14中队
商学院　潘镜明

2019年10月1日，盛世中华，国之大典。

20余万军民以盛大的阅兵仪式和群众游行欢庆中华人民共和国70华诞，全球瞩目，喝彩不断。今生之荣幸，在这举世瞩目的时刻，我能和我的学生们一起参与此盛世华典，一起为祖国庆生，我相信这是我们这辈子最幸福、最光荣、最美好的时刻之一。

在国庆活动报名时，我们商学院共有85名学生与2名老师报名参与此次活动，其中70名学生和1名老师参与游行方阵，7名学生与1名老师参与合唱方阵，6名学生参与轮滑方阵，2名学生参与文宣队。所有老师与学生都全程参与活动，无一人退出，全部坚持到了10月1日。与报名时不同，我们变得更加团结，更加热爱我们的祖国，更加爱我们的二外。感谢这次活动，能够让我们这么多人的心紧紧地联结在一起，让我们第一次与祖国这么近。

在整个活动中，我们做到了：

一、青春榜样——发挥学生骨干作用，树典型，学先进

在参加学校第一次工作布置会议后，我的内心感觉是忐忑和不确定的，深感任务的艰巨，暑假越来越多的学生已有自己的规划，让他们放弃自己舒适的暑假投入到酷暑中去参加训练，一直到10月1日，这是个有挑战的工作任务。我第一个想到的就是我们的学生骨干，发挥好学生骨干的作用，鼓励他们先参加，并带动其他人一起参加，那么这人数肯定就够了。

点面结合，全面铺开。我们首先召开的就是全院学生干部、党员的动员大会，接着召开了全院学生大会，在两次动员大会之后有53人主动报名，这让我很欣喜，同时，也担心着人数的缺口怎么办。于是，我又分别召开了班委会、分团委学生干部会议，针对一个一个小群体去做思想工作，就这样最终我们85名学生走到了一起。

在训练过程中，我们的党员、学生干部始终发挥着"有事我来，有事我做"的先

锋模范作用，我们的小队长、边框、核心点位都是由这些学生骨干来担任的。训练过程中，领物资、发物资、核对数量、清点人数、搬运道具，每一次任务他们都能认真完成，做好了整个中队的人员后勤保障和安全工作。他们是我的左膀右臂，也是我可以依靠的力量。

二、青春引航——将思想政治建设贯穿全过程

在整个国庆训练活动中，我们采用丰富多彩的形式加强学生们的新时代爱国主义教育，使爱国主义成为同学们的坚定信念、精神力量和自觉行动，激发学生们的幸福感、获得感，激发他们爱党爱国爱社会主义的巨大热情，凝聚青春奋进的磅礴力量。在整个活动中，我们坚持全过程全方位育人，开展演讲比赛、共读一本好书、拍摄献礼祖国的 MV 等生动的学生活动，丰富学生的业余生活，让爱国主义精神在学生心中开花结果。正是一颗爱国心，让她们在酷暑中坚持了下来，85 名学生无一人退出。

在报名动员阶段，我们开展爱国主题教育宣讲活动、爱国海报比赛，渲染氛围。训练期间，我和学生谈心谈话，召开党员学习会议，将自己与学生“打成一片”，关心关爱学生。国庆结束后，收集照片、感想，参访优秀成员，制作宣传展板，让这次“爱国之行”继续发光发热。

三、青春同行——师生齐心，其利断金

在整个训练过程中，我没有请过一天假，每天都和我的学生们在一起，我知道虽然没有我，她们依然能好好参与训练，但是有我的陪伴，她们会更踏实。记得当时我和她们在队列里一起练习时，我旁边的同学问：“潘老师，‘十一’你也和我们一起去天安门吗？”我很坚定地告诉她：“那当然，不然我为什么在这和你们一起训练呢？”学生听后高兴得鼓起了掌。当时着实让我很意外，这是第一次让我感受到她们确实需要我，有老师在她们会更开心。

训练间隙，我和学生们一起聊天，也学会了她们 90 后、00 后的神奇小游戏，这让我们的关系更加亲密。我也从她们的身上学到了很多，有的同学痛经厉害，依然坚持参加训练；有同学崴脚了，依然一瘸一拐地到训练场地，坚持参加训练；这是一个让我不用担心迟到、不用担心缺勤、不用担心早退的群体，因为她们是发自内心地想来参加活动，她们非常担心失去点位，这是她们必须守护的点位。我深深地被她们感动着。我关心她们，她们也关心我，因为这次活动，我们紧紧地联系在了一起。

国庆活动结束后，去操场时，我们还是情不自禁地想看看自己有没有带证件；

听到《我和我的祖国》歌声时，我们忍不住想挥动旗帜、欢快地跳起来；再去到王府井大街、天安门时，我们都多了一份特殊的感情；“祖国万岁”是我们的共同语言。

吾爱吾国！

在重大政治活动中提升学生团队战斗力

"祖国万岁"方阵　第 15 中队
经济学院　郑雪亭

北京第二外国语学院千余名师生参与了国庆 70 周年群众游行，承担了"祖国万岁"群众游行方阵、"命运共同体"方阵、"广场合唱"、"轮滑"等四项任务。我担任"祖国万岁"方阵北京第二外国语学院第 15 中队中队长，在学校统一领导下，对团队进行思想动员、精神激励与日常管理。重大活动的举办离不开强有力的团队，而提升团队战斗力显得尤为重要。

一、厚植爱国主义教育和融入人文关怀

70 周年国庆群众游行活动是对爱国主义教育的一次有力实践，中队在团队成立之初以及后续管理中，有意识融入爱国主题教育与人文教育。

（一）积极把握重大活动契机，因势利导开展学生思想政治教育，激发学生内在动力。通过宣传教育，引导学生从根源上认识到此次重大活动的深刻意义，通过激励学生参与爱国主义演讲比赛、拔河比赛、团队拉歌等活动，激发学生的爱国热情和参与活动的主动性。

（二）培养学生大局意识与团队意识。定期召开中队会议，强调队员着眼于"祖国万岁"方阵的整体性，在数次合练中面对矛盾与问题，展现出积极主动的精神与良好的道德品质与精神风貌。

（三）注重细节，精益求精，彰显人文关怀。除学校统一安排后勤保障之外，15 中队在训练初期"一早 + 一晚"的训练与前期合练中，针对学生容易出现的低血糖、晕车等情况准备糖块、晕车药等，对出现的个别问题第一时间处理；在拔河比赛中为学生准备统一的团队冰袖，细节之处彰显人文关怀与团队凝聚力。

二、建设强有力的管理团队与制度保障

中队在学生日常管理中，注重加强学生的自我管理与自我教育，配备素质过硬的学生管理团队，同时针对日常训练中保证迅速集结完成训练、掌握学生思想动态等方面建立行之有效的制度保障。

（一）团队下设一名团支书，五个小队，均由认真负责、有相关学生工作的同学担任。团支书协助中队长开展团队管理与团队建设，小队长负责本小队的人员管理。

（二）实行小组长负责制、主动汇报制。日常训练中小队长提前五分钟到达训练场地，清点人员统一汇报给中队团支书。几次合练中，在没有手机的情况下，小队长负责在合练当天晚上提前一对一通知到小队同学，确保人员齐备。针对独自在宿舍居住的同学，一对一配备训练伙伴，在不允许携带手机的情况下，确保人员按时到场。

（三）建立谈心谈话制度。在训练过程中，中队长以身作则，全程陪同。利用训练间隙时间与学生谈心谈话，了解学生情况与需求，融入学生中去，建立良好师生关系，关注学生个性化差异。针对本科生与研究生队员的不同，提出更有针对性的不同工作要求。

（四）建立定期总结制度。团队敏锐觉察学生思想动态，定期召开总结会议，针对训练过程中出现的训练要求更改，提前予以通知与安排，针对每次合练前后的效果与团队总体表现，定期总结。

三、对特殊事件迅速做出反应，保证队伍活力与士气

敏锐觉察重大活动中出现的问题对团队活力与士气的影响，并对事件做出迅速反应。第一时间解决问题，确保团队稳定，保证训练正常进行。

（一）训练初期，为处理标齐排面的训练要求和不尽如人意的训练结果之间的矛盾，中队当天紧急召开小队长会议，集思广益提出方法解决问题。最后队员针对以往训练经验，提出 50 人排面中找出训练骨干分别标齐排面，针对个别情况个别提醒的方案，中队提供扩音器等设备，学生骨干带队训练，第二天训练效率显著提升，保证了团队士气与精气神。

（二）针对个别学生出现的问题，及时予以解决。保证训练正常运行的基础是保证队员思想状态。一旦出现问题，需要及时做出反应。团队训练初期，一名同学在雨中前往参与团队建设活动的路上，其 iPad 不慎进水，导致学生在活动过程中情绪激动，影响到其他队员，造成不良影响。我首先安抚学生完成当天的活动，结束后第一时间找到学生了解情况。学生表示自己因参与重大活动造成财产损失，维修费用需要上千元，且自己家庭并不富裕，希望得到学校补偿。我首先安慰学生情绪，第一时间上报学校和该生所在院系；同时将下发的一百元餐券交给学生，帮助其缓解压力和稳定情绪。后在各方协调下，问题顺利解决，该生完成整体训练。

习近平总书记评价 2019 年的国庆庆祝活动“气势恢宏、大度雍容、纲维有序、

礼乐交融”，充分展示了国威军威，极大振奋了民族精神。这背后包含各方的努力，作为重大活动的参训教师，有幸参加此次活动。在学生管理过程中，我也深深被学生的积极主动和深厚情谊所感动，我们会将这笔宝贵财富和宝贵经验延续到今后的工作与生活中，为学校人才培养创造更多的财富。

爱满初心

“祖国万岁”方阵 第 16 中队
校团委 郝青梅

距离 2019 年 10 月 1 号，已经过去 15 天的时间了，在这段时间里，我相信，很多小伙伴一定和我一样，只要“我和我的祖国”旋律响起，就会下意识地握紧拳头，就会不自觉地热血沸腾，脑子里还会想着拿起步话机提醒同学们，这就是“国庆后遗症”吧。

在这段时间里，每当校园里我们一个“队伍里”的人相见，我们会很会心地对视，我们会很亲密地击掌，一起走过天安门的人，一起晒黑了的人……我们可能什么都没说，但我们什么都懂得。这份深沉的懂得来自我们二外人一起为了祖国奋斗的 3 个月。今天，我想讲的就是发生在这段时间里的二外人的事儿。

参与国庆 70 年庆祝活动的工作，是国家交给二外的一项重要的政治任务。共产党人，接受使命，执行任务，没什么可说的！那用什么样的心去完成这个任务呢？我觉得是爱。爱学生，爱学校，爱国家！这就是团队所有人的初心，把爱放在这样的初心里，守住爱的初心，就会愿意，就会乐意，就会执意。

当愿意的时候，就会心甘情愿。

前期组织报名的时候，很多高校都是用了“高招”或者“妙招”的，他们有的是把待军训的学生参加这项活动抵作军训，有的是把暑期小学期的学分和这个活动关联起来。二外没有，没有采用任何“功利性”的“福利”措施，却收获了活动的圆满顺利，收获了学生的全面成长。

我们没有采取那些措施的信心一是来源于学校党委的高度重视。在学校党委的领导下，迅速组建了一支最“走心”的团队。这个团队由顾书记计校长亲自挂帅，张严副校长在前线指挥，学校各职能部门各学院党政班子密切合作，全面开展了学生的思想动员工作。学生处、团委，各学院副书记、教师、辅导员组成的教师团队更是全程在一线和学生们一起同吃同训，体育部全体党员教师全过程参与，二外的老师没问题！二是源于我们对自己的学生的了解和信任。近些年，在国家那么多主场外交活动中，二外志愿者一次又一次彰显担当。我们的学生人均志愿服务时长在北京市高校中名列前茅，仅去年一个“一带一路国际合作高峰论坛”志愿服务项目中，全北京 2400 名学生，总服务时长 9 万小时，二外 87 名志愿者，完成志愿服务时长 3 万小时。这意味着人数不足二百分之一的二外人完成了总工作量的三分之一！二外的学生没问题！当这一切都是发自内心意愿的时候，我们在一起就特别顺利！事实为我们做出了证明，祖国万岁方阵接受任务的点位由 900 人争取到 913 个，体育强国方阵的轮滑队伍的点位由 42 个增加到 43 个，广场合唱的点位由 80 个争取到 82 个。别人家都是越来越少，咱们家是越来越多！

当乐意的时候，就会享受其中。

享受带着 20 辆大巴前往合练场的路上每个中队长从对讲机里传来的整齐有序的回应声；享受因缺水一个小队分享一瓶水时大家互相谦让、互不嫌弃的亲情；享受在 900 人的大厅观摩训练录像时全体师生高呼一个声音、拍手叫好直到拍到手疼；享受夜里集结出发时食堂师傅们送来的热食，享受保卫处的同志们拉着防护线为我们送行……我那天看到学生发朋友圈说“在二外学生们就是被老师们当小孩子来疼”时我觉得学生是享受的，当老师生病时尽管没有告诉大家，中队里的孩子们还是悄悄的争先恐后地去为老师拿药时老师们是享受的……这样的故事很多很多……所以 3 个月时间，很多人说我们辛苦啦，其实当时没觉得辛苦，现在也不觉得！我还想给大家分享几个小视频，这是平日里每天训练结束后大家在操场上的场景，这是合唱团到操场开展体能训练的场景，这是轮滑中队夜里在篮球场训练的场景。大家看到了，有这样的一群人，为了祖国！我们在一起，很享受，很快乐。

当执意的时候，就会精益求精。

在整体工作推进过程中，我们不止一次地对“精精益求精，万万无一失”这个工作理念有所体会。每次同学们外出合练都是经受一次考验，“吃什么？什么时候吃？在哪儿上厕所？手里拿什么？身上带什么？什么时候集合？什么时候登车？什么时候落客？学生现在需要什么？这些活动有没有让他们真的有收获？走心了吗？入脑了吗？……”吃喝拉撒衣食住行什么都有，简单的事，一旦涉及千人，就难。我们粗略统计了下，我们团队一共参加了 55 次指挥部工作专项会，一共组织了 20 次校内工作专班会，22 次中队长会，8 次实地踏勘，15 次外出合练……如果说，工作完成打 60 分，工作做好打 80 分，工作优秀打 90 分，工作精益求精按照 100 分，那我们按照什么标准完成？今天在这里我有信心向我们全体党员同志报告，二外团队组织的每个活动，每次外出，每次训练时都是努力做到 100 分。五分指称赞二外是最让他们“托底”的单位，负责疏散集结工作的张鹏老师被他们称作“最放心”的人，合唱的带队教师林琳被他们称作“最认真”的人。“祖国万岁”方阵的二外师生被上级领导称作“最富朝气”的师生，我们的合唱团队被称作“最发自内心为祖国歌唱”的“标杆”团队，我们的轮滑团队得到了东城区和北京市体育局领导的到校慰问，得到蔡奇书记的亲自指导……这一切都源于我们这个团队，我们所有二外人对这项工作“精精益求精，万万无一失”的执意。

今天，我在这里还想分享两个视频，这是“十一”活动结束回来路上合唱队的一路高歌，这是祖国万岁方阵的学生们在回来的地铁上的情景。在连续奋斗了12个多小时后，大家看到了，也听到了，同学们怀着一份对祖国多么热烈、多么赤诚的情怀。那个时候，作为一个党员，作为一个教育工作者，我感慨万千！

我有幸能和同学们一起经历新中国70年华诞的盛大场景，深感荣耀，我有幸能和二外团队的所有老师一起见证学生们对祖国汇聚起来的热情，我深感幸福！我也会想，作为参加国庆群众游行的十万人中的1000多人，我们有什么不一样的地方？作为那么多参加的高校之一，我们又有什么特别的地方？这个初心是哪儿来的呢？是学生自带的？还是学校根植培养的？还是国庆这件事情本身属性所在？

后来我觉得我找到答案了：

我们的“爱”——爱国情、爱校情、师生情源于二外的建校的“初心”、源于教育工作者育人的“初心”、源于一代又一代二外人传承下来的“初心”，这些“爱的初心”根植于每个二外人的心里，所以我们愿意、乐意、执意。把爱充满我们的初心，“为党育人，为国育才”！

我们有理由相信，怀有深厚家国情怀的、将爱国主义流淌在血脉之中的二外大学生，一定可以成为社会主义的合格建设者和可靠接班人，一定能在改造中国、改造世界的拼搏中迸发出排山倒海的历史伟力！

自由、生动、欢愉、活泼

"祖国万岁"方阵 第16中队
经济学院 刘俊伟

2019年10月1日，中华人民共和国成立70周年的日子。70周年国庆盛典的画面已经定格在历史之中。步履铿锵的人民军队，绚丽多彩的主题方阵，一个个镜头、一幅幅画面，令人心潮澎湃，豪情满怀。

为了这一刻，我等了很久，我和我的学生们期待了许久，也共同经历了许多。我们骄傲，把自己和这一刻链接起来；我们自豪着，在这一幅定格的画面中有自己的身影。"我和我的祖国，一刻也不能分割……"，这几个字此刻已经不再是一句简单的歌词，而是镌刻进骨子里的一片赤诚。

70年的庆典活动让我们深深地沉浸于一堂生动爱国主义实践大课堂中，师生同上一堂课，共同成长进步。"自由、生动、活泼、欢愉"是这堂课最高的活动要求。现在回想起来，确实是一步一步练出来，一步一步走出来，一步一步体验出来的。只有真正完整地经历了整个过程，回头再看看同学们难以抑制的自豪感、幸福感、满足感，才真切体会到，"自由、生动、活泼、欢愉"不是我们演出来的，是我们发自内心流露出来的真情实感。和学生们相比较而言，除了这八个字的表达，作为带队老师我更深刻的感受还有"责任"二字，身上的责任时刻告诉我是要带领自己的学生们上好这堂课。于是，"重大活动中队长"群，"16中队"，"经济学院学工办"这三个小群成了我一个夏天最大的牵挂，也是这个夏天最美好的记忆。

上好这堂课，真情投入、真心付出是唯一的路径。10年前的国庆群众游行活动，我有幸经历，却也遗憾错过。所以内心深处一直有着一个小小的期待，期待下一个10年，期待能为新中国70华诞祝贺！

记得给学生们开动员大会的时候，我几乎是热泪盈眶地对学生说，当你们双脚踏在十里长街炙热的大地上的时候，你们的内心一定是火热的，一定是激情澎湃的。可当时并没有得到学生们热烈的回应，我甚至想，也许00后和70后真的不一样了吧。

但是后来发现，年轻的心真的是一模一样的。每次合练看到他们难以抑制的热情，听到他们发自内心的呼喊和歌唱，深深地被感染，甚至跟他们开玩笑说，你们真能给自己“加戏”。因为“祖国万岁”是最后一个主题方阵，是需要按原路线撤回的，所以有机会见到在东长安街两侧列队的部分受阅官兵，每次合练回来，学生们都高唱着一首首军歌，呼喊着“祖国万岁”向子弟兵致敬，一边是欢腾的大学生，一边是整齐的子弟兵，每一次都唱得我热泪盈眶，嘴里虽然是催促着他们快点别掉队，心里其实甚至想停下来，让他们多唱一会，他们是几乎同龄的一代青年，也许这是他们此刻最好的表达，最真实的“自由、生动、欢愉、活泼”。

历史，总是在一些特殊年份给人们以汲取智慧、继续前行的力量。我和学生们用自己的实际行动圆满完成了群众游行的任务，实现了我们心中的愿望，我们也幸运地汲取到了这力量，70年是新中国披荆斩棘奋斗的历史，70年也是新中国继往开来的新起点，也是我和学生们，我们每个人奋力拼搏、追逐梦想的起点，加油吧！

我与祖国共奋进，我与学生共成长

“祖国万岁”方阵 第 17 中队
文化与传播学院 舒虹

2019 年 10 月 1 日，对于我而言，具有特殊的意义，因为我与 1000 多名二外师生一起参与了国庆 70 周年群众游行活动。作为“祖国万岁”——第 36 方阵的一员，我满怀自豪与激动的心情走过了长安街，走到了天安门城楼前，接受了国家领导和全国人民的检阅。这一份无法言说的感动和激情对于我而言，一定会随着时间的沉淀而愈加珍贵。

从 7 月 26 日返校正式训练一直到 10 月 1 日参加国庆群众游行，这刚刚过去的 75 天，在每一个人的人生长河里，在伟大祖国的历史发展轨迹中，真的不过是沧海一粟，但是对于亲身参与全过程的每一个人而言，却是人生中永远值得珍藏的宝贵经历。在这里，我想用两句话概括我自己的心路历程与感悟，那就是：我与祖国共奋进，我与学生共成长。

一、我与祖国共奋进

我是一名 70 后，是伴随着中国改革开放的历史成长起来的，是祖国伟大历史发展成就的见证者，同时也是国家经济社会发展的受益者。还记得上小学的时候，家长每个月月初都要精打细算，把各种票证仔细整理好，有粮票、油票、肉票等，家长总是说过日子要细水长流，不能寅吃卯粮、超支透支。那一张张票证，一直留在我的童年记忆里，狮子头、炸带鱼、土豆炖牛肉，这些飘散着诱人香气的美食，每个月只能吃上有限的两三回。后来，渐渐地，这些票据从我们的生活中消失了，这些食品不用再凭票购买了，票据也成了家中的收藏品。家里的日子也越来越好，每天餐桌上总是有各种肉食出现。家中的“三大件”从最开始的缝纫机、收音机、自行车，慢慢变成了电视机、洗衣机、电冰箱。

后来，我来到了首都北京，进入了一所大学开始了本科阶段的学习。1997 年 6 月 30 日，作为一名大三学生，我有幸参加了庆祝香港回归祖国的群众广场联欢活动。为了参加这次联合活动，我这个没有一点儿舞蹈基础的门外汉，在大学生艺术团同学的指导下，连续一个多月利用晚上时间参加排练，终于掌握了十几支舞蹈的基本动作。6月30日晚，在灯火通明的天安门广场，我和10万名首都群众一起，载歌载舞，为香港回归祖国这一历史时刻献上祝福；我们一起欢呼雀跃，表达自己对这一时刻的激动兴奋之情。作为一名中国人，真的为自己能见证国家的统一、繁荣富强而无比的自豪。记得当时天安门广场旁边的中国历史博物馆前竖立着一块“中国政府对香港恢复行使主权倒计时牌”，我们通过观看直播倒计时牌时间变化的大屏幕，一起为那个重要的历史时刻倒数着秒数：10、9、8、7、6、5、4、3、2、1！

1997年7月1日，在中国历史博物馆门前的香港回归倒计时牌上，当大大的“0”字出现的那一刻，我们积聚心中的爱国情感喷涌而出，很多人都流下了激动的泪水。那一刻的感人场面，至今深深印刻在我的脑海里。

时隔22年，2019年5月，当我听到要组织二外师生参加国庆70周年群众游行的时候，我脑海中的参加1997年香港回归祖国群众联合活动的重要记忆又被重新唤醒。22年前，我还是一名首都高校的大学生，2019年，我将作为首都高校的教师代表和我的学生们一起参与群众游行。22年后，改变的是身份，不变的是那一颗热爱祖国的赤子之心。我想，作为一名高校从事思想政治教育工作的教师，如何通过自己的一言一行，组织学生积极参与这次重大活动，把我们的爱国之情、报国之心转化为实际行动，向祖国和人民交上一份合格的答卷，是我这次参与活动面临的首要问题。

二、我与学生共成长

校党委学生工作部部长杨敬枫在中队长工作会上曾说：一是通过这次活动塑造一支作风优良的辅导员队伍，二是希望学生们受教育、受洗礼。他希望参训教师能够与学生共成长。

美国的一名中学校长、迪士尼美国教师奖获得者金·比尔登在《学生教我做老师》一书中这样写道：“在这些年中，我很荣幸地教过2000多名学生。每位孩子都教会我一些事情，他们让我了解我自己、认识这个世界，也让我明白，大家都拥有充足的爱、坚韧以及感恩之情。我初任教师的时候，曾天真地认为自己才是那个传道、授业的人，我根本不知道，在我的生命中，这些孩子教给我的，远比我想学的要多。”

作为一名高校思想政治教育工作者，我认为自己不仅仅是那个给学生传道授业解惑的人，同时，我也是一名学习者，在与学生打交道的过程中，我经常学习到他们身上的闪光点，学习到很多书本上无法学到的东西。回首参加国庆群众游行活动的70多个日日夜夜，我发现，我的学生们教会我的，不比我给予他们的少，甚至可能更多。他们就像是一群带着各自光环的可爱天使，与我一起成长，带我一起飞翔。

（一）学生用实际行动教会我，要懂得无私奉献，做一个有担当的人

在参与训练期间，学校根据实际需要，会不定期为参训师生发放一些必要的物资，以确保训练的顺利进行。每次发放物资之前，学生处的负责老师都会要求各中队派出学生代表，提前清点好数量。17 中队的 5 名小队长每次都主动承担起了这个训练之外的任务，他们往往比其他同学来得更早，回去得更晚。在他们的身上，我看到了担当与奉献。

按照学校的要求，我们中队组织开展了“共读一本书”、主题演讲比赛等思政教育活动。我们中队的学生党员主动承担了上述活动的组织落实工作，4 名学生党员分工协作，有的负责活动方案的策划，有的负责活动的宣传报道，有的负责学生提交材料的汇总整理。每名党员还定期与所联系的入党积极分子谈心谈话，协助中队长做好入党积极分子的思想动员与引导工作。在这些活动顺利开展的背后，我看到了学生党员的担当与奉献。

（二）学生用实际行动教会我，要懂得奋勇拼搏，做一个有拼劲的人

在漫长而艰苦的训练之余，学校组织各中队开展了拔河比赛。8 月中旬，北京的气温依旧酷热，但是我们学生的参与热情比温度更高涨。17 中队似乎人手不太够，只有 6 个男生，算上 1 名男生因为伤痛不能参加，只有 5 个男生，我们男生能参加的都参加了，站在自己最能使出全身力气的地方，勇敢地选择奋勇拼搏，哪怕对手有比我们体格更健壮的人，哪怕我们赢的机会很渺茫。经过战术分析和站位调整，比赛一触即发，拔河比赛进行得很快，第一局我们以微弱劣势输了，力气没有往一处使，靠后的没有站稳脚步，加油的声音还不够大。接着我们中队和对手交换了位置，裁判一吹哨，学生们立马绷紧，向后发力拉扯绳索，绳子在一寸寸地挪动，发出吱吱欲裂的低音，脚下的草地仿佛也在撕裂……慢慢地，奇迹发生了，象征着胜利的红绳子向我们一方倾斜，学生们更加用力了，我听到男生们发出了雄狮一样的怒吼，胜局已定，这一次是我们中队赢了！我虽然没有上场，但是真的高兴，真的自豪，几乎流出泪来，为这群可爱的学生们。……虽然我们最后以 1 ∶ 2 输了，但是学生们真的都尽力了。有几名男生下场后默默地走到一边，看着自己的手、胳膊出神，我才发现：男生们有的手掌被绳子勒出了深红色的印记，还有的胳膊被绳子磨破了皮。我有点心疼学生，忙问：要不要去医院上点药？男生们摇了摇头，连连说：老师，这点小伤，没事儿。还有的男生还在为没有赢得比赛而闷闷不乐。我赶紧安慰大家：孩子们，你们刚才在赛场上的拼搏精神，大家都看到了，我们虽败犹荣，因为我们都奋勇拼搏过了！

我们共同期待的 10 月 1 日如期而至。凌晨 4 点我们就提前到达了操场集结点，像以往演练一样，集结、出发、安检，早上 8 点到达王府井等候休息区待命。上午

10点，国庆阅兵式正式开始。虽然现场看不到军队分列式，但当参与阅兵的飞机从头顶掠过时，所有人都在欢呼雀跃，我们的心中充满着兴奋和自豪。

我与祖国共奋进。参加70周年国庆群众游行，我们从天安门前走过，而我仅是浪花中的小小一朵。“我和我的祖国，一刻也不能分割”，祖国万岁！

不忘爱国初心，牢记报国使命

“祖国万岁”方阵　第 18 中队
文化与传播学院　张鹏

我叫张鹏，文化与传播学院辅导员。

我有幸参与国庆 70 周年群众游行活动。我站在此次庆典活动中 36 个群众游行方阵中“压轴”方阵“祖国万岁方阵”的“压轴”排面——第 105 排，是第 18 中队的带队老师，同时我也是整个 5000 人方阵的两个智能终端的值机员之一。

作为党员带队老师，参与这么重大的活动，我的心情是无比激动的。对于刚刚转岗到辅导员仅仅 3 个月的我来说更是意义非凡。

参加国庆游行队列训练，对每一个参加者的意志品质、思想作风都是一种磨炼与考验。

我校参与游行方阵的 38 名党员带队老师深入到学生中间，不仅要参与训练，还要做好各种组织协调的工作。

有的老师说：“6 月份，刚接到参与国庆训练任务时担心家人反对，因为孩子才刚 11 个月，正是需要照顾的时候，但是没有想到，妻子家人全力支持。家人说这是和国庆有缘，自己可以参加 70 周年国庆，还期待着孩子能参加 80 周年 90 周年国庆呢……　每次演练回来，恰至凌晨三四点，正是孩子熟睡的时候，为了避免打扰孩子睡觉，自己总是先到办公室休息会儿，等天亮再回家……”

有的老师说：“以前没有参与过学生工作，这次真正体会到学生工作的艰难，让几个人满意好办，但做到让近 1000 人满意太不容易了，大家一起解决困难的过程中，也学会了很多……”

有的老师说：“国庆游行工作就是一场战役，战役中是困难重重，思想工作，组织工作，信息工作，很多工作往往是时间特别紧，半个小时就要上交材料，并不得有误，一个个困难的解决，一个个成就的取得，都充分体现了我校国庆游行教师团队高水平的战斗力……”

一个暑假，两个多月，全力以赴参与国庆游行工作的付出与辛劳，被大家简短的话语，画上了句号。

俗话说“台上一分钟，台下十年功”，艰苦训练是为了走过天安门的那六分零七秒。

从良乡机场到怀柔训练基地，到传说中的“月饼村”，作为方阵外边框的骨干，18中队105排肩负着更重的任务和使命，集结时卡位，行进中外边框整齐，表演时扩散到位，疏散时带领疏散方向，所以我们需要更多的训练，但是没有一个人有怨言，大家都任劳任怨，目标就是能在天安门前走出整齐的方队。

记得在操场上一遍一遍地行进练习，

记得在大巴上看着同学们憨憨入睡的样子，

记得在闷热的机场跑道上苦苦地训练，

记得学校领导为我们出征送行时的深情嘱托，

记得王府井大街凉风中等待黎明的到来，

这一切的艰苦与辛劳，坚持与汗水，现在看来是那么的微不足道，但又是如此的值得。这80多天的训练成了我和很多老师一生中最珍贵的回忆。

8月4日早上，18中队冯巧媛同学训练时突然晕倒，到了操场边的医疗点一检查，血压还不到50。情况非常危急，我马上向领导汇报，拨打急救电话叫救护车，团委赵磊老师联系后勤，指挥救护车入校。我和另一名同学一起陪她到了医院。还好有惊无险。经过休养她很快恢复了。我建议她多休息几天，但她还是坚持训练。

没想到我人生第一次坐救护车是陪我的学生坐的，学生是好样的，与学生战斗在一起是幸福的。

8月14日岳文君同学的奶奶病重，她的情况比较特殊，奶奶是她最亲近的人，她上午排练完，下午、晚上就去陪床了，十几个小时几乎没有合眼，训练的辛苦，对奶奶病情的担心，所有这些都没有阻挡她归队参训的爱国报国的初心和使命感，第二天上午又在训练场看到她略显疲惫但是更加坚毅的身影。

像这样的例子太多。学工部杨敬枫部长说，与学生共成长，学生在活动中也教育了我们，我深切地体会到他话中的深意。我想我应该靠近杨老师说的“懂我”的要求了。

杨老师参与了60年国庆活动，是国庆后遗症患者，70年国庆来了，他的症状又全面复发。作为学工部的负责人，他希望：一是通过这次活动塑造一支作风优良的辅导员队伍，二是希望学生受教育受洗礼。他的愿望实现了。他是学生好，什么都好，学生不好，就会“起急”的人。

团委书记郝青梅老师，两个娃娃的妈妈，要作为第7大队的大队长支撑起她口中的整个“4+1”：我校师生参与的广场合唱、体育强国方阵、祖国万岁方阵、人类命运共同体方阵，加上36方阵的彩车长，所有的组织和协调。我想象不出她具体付出多少努力才能完成如此复杂的工作。

为国庆活动放弃了数不清的休息日，度过了无数个不眠之夜。虽然工作紧张、劳累，但圆满完成国庆游行任务之后，大家都有说不出的喜悦，感到苦中有甜，累中有乐。

每个参训教师都深深地感到自己肩上的责任重大，任务光荣，为了国家的荣誉，尽自己最大的努力，以最高的工作热情，最强的组织纪律性，最佳的精神状态，全力以赴，一丝不苟，精精益求精，全身心地投入工作，实现了万万无一失的总要求。

我们通过群众游行让世界看到中华民族欣欣向荣、繁荣昌盛的景象。热爱祖国不是一句空话，我们以实际行动向祖国交上一份合格的答卷。这是我们爱国初心的体现，是报国使命的生动实践。

海棠之花，那些闪亮的日子

广场合唱团
商学院　刘晨阳

2009年，国庆60周年，刚刚进入大学的我初到北京，看着学长学姐们意气风发地跟着群众游行队伍走过天安门，心中是满满的羡慕。

2019年，国庆70周年。得知学校将会有国庆庆祝活动的任务，我满怀期待。后来根据学校安排，我被分派到合唱团负责思想政治工作和后勤保障工作。虽然最后没能走过天安门，但是2019年的盛夏到初秋那些闪亮的日子，应该会成为我人生中永恒的记忆。

7月的合唱团是陌生的。当拿到最初92人名单时，我们每一名老师都无从下手。相比于游行队伍按照学院分配中队，合唱团的构成是复杂的。92人来自全校12个学院；有本科生也有研究生；有的同学毫无合唱基础，有的同学甚至还没弄清楚合唱团的任务是什么。但是合唱团的人员名额又是最严格的，一个不能多、一个也不能少，也正是这样，确定最终人员名单，尽快建立起合唱团的运行机制就成为第一要务。我和我的同事，向各学院辅导员进行确认，甚至向同学们本人确认，在第一次训练当天就确定了人员名单，进行了声部、中队、小队的分配，合唱团开始走上正常运行的轨道。人员确定之后，如何开展训练成为下一个要攻克的难关，18首对大家来说都是崭新的歌曲，保密需要，不能带出排练厅的歌谱，参差不齐的合唱基础，长时间站立的体能要求，都成为我们训练中要去解决的难题。面对这样艰巨的任务，没有退路，只有迎难而上。5天之内要掌握全部歌曲，那就抓紧一切时间训练，一天8~10小时的训练量，有的同学打趣说睡觉说梦话都是在唱歌。合唱基础良莠不齐，那就充分发挥传帮带的作用，调动校合唱队、有合唱基础的同学的积极性，划分训练小组，用竞赛，用鼓励，用考核，提高能力，巩固成果。同学们体能较差，刚开始站不到半个小时就感觉很疲惫，那就用充满乐趣的体能训练锻炼大家，热情似火的运动场，跑步中飘扬的歌声，让大家精神振奋！正是紧凑的工作和合理的规划，让合唱团的每一个人从陌生到熟悉，训练厅内的欢声笑语，让我们勇往直前。

8月的合唱团是辛劳的。度过了初学期的新鲜，进入到北京的酷暑，合唱团的训练也进入了瓶颈期。进步开始变得细微，训练有时显得枯燥。很多同学出现倦怠情绪，有些同学觉得现在的自己已经十分完美。我们每一位老师看在眼里、急在心里，因为我们知道，距离“精精益求精，万万无一失”，我们还有很长的路要走！一场场形式多样的主题教育，一次次讨论激烈的查找问题，我们可以是玩在一起共度生日的朋友，我们也可以是互相直指问题的诤友。一个一个音符的精雕细琢，一首一首歌曲的感情推敲，我们让每一首歌变得更加丰满。8 月中旬开始，我们走出学校，开始和方阵的其他学校合练。传媒大学礼堂的悠扬歌声，于海指导的谆谆教诲；传媒大学操场的绵绵细雨，3000 人第一次唱出同一声音；解放军军乐团的管乐齐鸣，燕山脚下弦歌不断。每一次顺利的合练，离不开同学们的全身心投入，也离不开每一次同事们认真总结提炼的规定动作与注意事项，也正是在一次次合练中，我真正明白了什么是“精精益求精，万万无一失”，是对每一个细节的推敲预演，是对每一名同学的关注总结。

9 月的合唱团是奋进的。新学期开始，合唱团很多团员都是学生骨干，他们要完成既定的学业，要组织各类学生活动，更要保证合唱的状态。9 月对于每一名同学、每一名老师都是充实而紧凑的。如何平衡各项工作，科学严谨的日程安排就显得尤为重要。要充分考虑同学们的心理状态，要合理安排日常训练，还要留出充足的精力去应对突发的任务，我们合唱工作组数次修改训练计划，保证能够拿出一份最让人满意也是最有效的方案。初秋的北京，天高气爽，每一次去阅兵村合练，每一次深夜去天安门广场彩排，我都保证自己做到顺顺利利把大家送上车，平平安安接大家回家。我们的合唱团也在这一次次合练与彩排中奋进、奋进、再奋进，做到最好！

10 月 1 日，国之大典，举国欢腾。当在电视机前看到可爱的“番茄炒蛋”，看到一起奋战了三个多月的同学们在天安门广场唱出我们最真挚、最深沉的祝福，我热泪盈眶，满怀激情。还记得那天凌晨把大家送上车，前往天安门广场后，打了 50 分钟车急匆匆赶回家陪家人；还记得电视里大会一结束就急忙赶回学校迎接大家凯旋；还记得我们的合唱团拥有了自己的名字——“海棠之花”时大家的喜悦与满足。2019 年的这三个多月，将会化成我永恒的记忆！多年以后，应该就像那首歌唱的一样“那充满希望灿烂的岁月，你我为了理想历尽了艰苦，我们曾经哭泣也曾共同欢笑。但愿你会记得永远地记着，我们曾经拥有闪亮的日子”。

真情陪伴传递温暖，乘风破浪唱响华章

广场合唱团
文化与传播学院　杨旭伟

师生同心，奋战百日铸就辉煌成绩

2019 年 9 月 2 日，北京第二外国语学院求是楼十层排练厅内，嘹亮的歌声阵阵响起。八十余名学生面带笑容，昂首挺立，目光炯炯有神地注视着前方，指导老师正带领同学们对已经纯熟于心的歌曲进行打磨和加工。环顾排练厅，一幅幅精美的手抄报、一张张记录精彩瞬间的拍立得照片映入眼帘，同学们把排练厅布置得整洁而温馨……这是北二外十月重大活动合唱团训练的日常情景，而这一天同学们的心情又格外不同。在整体大合练前夕，得知关心、支持他们的顾妈妈将要来排练厅看望大家，同学们铆足了劲加紧练习，期待向领导和老师们展示训练两个月以来取得的点滴成绩。同学们口中的“顾妈妈”，便是北二外校党委书记顾晓园。在同学们眼中，这位大家长有深度、有温度、有担当，积极推动学校各项事业发展，十分关心他们的健康成长，为这次国庆重大活动倾注了许多心血。

中午 12 点 40 分，校党委书记顾晓园、副校长张严如约而至，校党委学工部部长杨敬枫、校团委书记郝青梅等老师也一同前来。同学们满怀欣喜，向老师们进行训练成果展示。每一个音符、每一个强弱，同学们都一丝不苟，力求做到最佳。

这是二外师生首次执行国庆合唱任务，责任重大，使命光荣，意义非凡。参训师生坚持思想引领、加强专业训练、注重人文关怀，以高度的责任感和荣誉感，科学训练，携手前行，认真对待每次排练任务。在合唱团，为保证排练时间，有的同学推迟手术日期，有的同学刚从国外交流归来未倒时差便投入训练之中。经受住训练中暴雨的洗礼、烈日的曝晒，没有一位同学在合练场上晕倒、掉队……同学们勤奋、好学、刻苦的态度和精神令人感动。训练期间，合唱团以“我为祖国歌唱”为主题，组织了十余次主题教育活动：集中观摩往届国庆大型活动视频、集体理论学习、读书心得分享；邀请计金标校长、张严副校长亲临同学们的集体生日会，为训练期间过生日的同学集体庆生；与学校执行其他重大活动任务的中队团结协作，相互激励，开展拉歌等交流活动。

从组建之初到走上长安街，近百日的训练中，参训师生以校为家，学校有关部门全力保障，同学之间情同手足，辛苦着、充实着、奋斗者、成长着，训练场上、排练厅内，处处洋溢着家的温暖。

家校携手，顾妈妈带来神秘礼物

在紧张又充实的日子里，参训师生舍小家、顾大家，为了圆满完成训练任务，放弃了暑假与家人团聚的机会。他们以饱满的热情全身心投入到训练中，圆满完成一项又一项任务，优异的表现也得到各界的好评。这些成绩的取得，得益于参训师生的共同努力，也得益于上级领导的关心指导，还离不开学生家长在后方的默默支持。

每一次校领导来慰问，同学们都倍感亲切温暖。在顾晓园书记慰问同学们当天，她也给同学们带来了一份特殊的礼物——学校向家长们征集的祝福家书。

伴随着《回家》的乐曲，一封封家书呈现在大屏幕上。有的家长写道："两个多月，你几乎没回过家，想念自然会有，但更多的是欣慰与骄傲。我欣慰于你能够主动舍弃自己一整个暑假的娱乐休闲时间为祖国歌唱；欣慰于你每天即使再累也会给家里打来电话，给予我们精神上的温暖陪伴。一想到你能够站在天安门广场，身姿挺拔，神采奕奕，放声高歌，我便会不自觉地嘴角上扬，心中涌起无限的骄傲与自豪。你是最棒的！爸爸妈妈会永远在你背后，支持你！""'9·3'阅兵你有幸参与，现在又有机会参与祖国70年华诞的庆典活动，我们为你感到无比骄傲！也非常感谢学校领导及老师，向你们表达深深的敬意和感谢！""亲爱的宝宝，你的表现出乎妈妈的意料，你表现得坚强、独立、吃苦！累得咳血都没偷懒，没叫苦，更没停止训练……值此祖国70华诞之际，宝宝能代表学校为祖国献礼，是宝宝平时表现品学兼优、努力的结果，妈妈为你骄傲和自豪！"还有同学一家三代人都曾参加国庆活动："你的外公参加了1964年的国庆游行，见到了毛主席。1984年我作为在校大学生，光荣地参加了国庆游行和联欢晚会。今天，你同样也参加国庆活动。这是我们家三代人的光荣。希望你不辱使命，让亮丽的青春绽放出绚丽的光彩！铁流滚滚声震寰宇，钢铁长城震古烁今。祝愿祖国的明天更美好！"

誓师出征，长安街绽放最美歌声

纸短情更长，家书抵万金。一段段文字感人至深，承载着家长对孩子的关心、对这项重大活动的支持和对伟大祖国的崇敬与祝福。看到家长们的深情告白，同学们的眼里闪烁着晶莹的泪花。

顾晓园书记也湿润了眼眶，她说："从家长们的留言中，我看到了他们对国家民族的挚爱，对子女成长的期望，我与家长们有着同样的心情。从同学们的身上，我感受到了专业性、专注性和敬业精神，大家不仅具有专业的演唱技巧和大方的仪容仪表，还通过对创作时代、背景的理解，准确诠释出了每首歌曲的爱国之情。”顾书记为同学们的表现深深感动，感动于同学们在训练中的成长进步，感动于同学们在困难面前的坚持不懈。顾书记勉励同学们：大家用努力创造成绩，做到了“有为有位”，希望同学们继续努力，在国庆当天用最美的歌声书写二外的精彩，抒发对祖国的情怀！

一声声叮咛温暖人心，一句句歌词催人奋进，一颗颗心灵被真情滋润，一双双眼眸里闪烁着晶莹的泪光……

家校嘱托，铭记心间；歌声律动，华彩绽放。在国庆群众活动当天，二外合唱团的同学们用一曲曲饱含深情、传递希望、充满力量的歌曲，表达出对学校、家长和伟大祖国的感激与祝福，圆满完成表演任务，在全国人民面前展现出首都大学生的良好形象，唱出了二外人的最美声音，唱响了新时代的青春华章！

海棠花开赴征程，七十华诞献国礼。百日排练，留下难忘记忆。二外人也将以此为新的起点，继续发扬“明德、勤学、求是、竞先”的校训精神，不忘初心，牢记使命，让我们的“中国心”永远和祖国一起蓬勃律动！

十年磨一剑，砺得梅花香

广场合唱团
经济学院　周丽新

2009年，在中华人民共和国成立60周年的庆祝活动中，我作为群众游行“浴血奋斗”方阵中的一员走过天安门。2019年，在庆祝中华人民共和国成立70周年的庆祝活动中，我作为合唱方阵一名保障人员为82名师生做好后勤保障服务。十年的时间，让我再一次为自己参加国庆活动感到骄傲与自豪，在合唱团这个温暖的大家庭中感受到“强之音、爱之音、力之音”。

强之音，感受国之强大

当合唱团成员演绎的一首首歌唱中华民族富强的歌曲响起，每一个在场的人都心潮澎湃，民族自豪感油然而生。这声音唱出了祖国的强大，民族的振兴，唱响了我们中华民族伟大时代的最强音。这种最强音让每一个中国人骄傲和自豪，追寻她不平凡的成长足迹，见证她波澜壮阔的奇迹，并祝福祖国明天更美好。

爱之音，感受家之温暖

70周年庆典活动中在天安门广场，合唱团唱出的不仅有大国情怀，同时还有学校、团队之爱。合唱团是由不同院系组成的团队，从成立之初大家的互不相识到成为温暖有爱的一家。我作为其中一员，时刻感受着爱的点点滴滴。学校书记和校长在百忙之中为大家集体过生日，带来美好的祝福，给大家鼓劲加油，让同学们感受到了学校带来的温暖；老师们对每一位同学殷切问候，对身体不适同学无微不至地关怀，让同学们无比感动。就我个人工作职责而言，是沟通协调同学们所需的用水及药品，尽可能使合唱团成员的嗓子得到最大保护，让同学们感受到老师带来的温暖。合唱团三分之二的成员没有音乐基础，同学们之间的互相学习，鼓劲加油，让彼此感受到了团队的温暖。

力之音，感受责之重大

与十年前相比，70周年的庆祝活动提出了“精精益求精，万万无一失”的高标准的工作要求，作为一名保障人员，深感责任更加重大，任务更加艰巨。团结就是力量，合唱团的同学团结一心，从训练之初便踏实走好每一步，最终赢得了专家一次又一次的好评，成功进入方阵C位，成为我校也成为团队的骄傲。于我而言，找准工作坐标，当好“螺丝钉”，不遗余力，是我对自己的工作要求。后勤保障人员一直工作在幕后，没有光鲜亮丽的外表，但又是不可缺少的一环。物资是学生每次外出训练的基本保障，从餐包、水、马扎、雨衣到服装、工作证件、贴标等重要物资，我们都要亲自上阵，装车卸货。同时每一项工作都要做到细之又细，容不得半点马虎。同时，运输物资基本都是即时任务，放下手头所有工作，及时联系车辆，沟通协调各方，安全放心地把物资交到学生手里，是所有工作的重中之重。

十年磨一剑，砺得梅花香，不忘初心，砥砺前行，我为自己参加庆祝中华人民共和国成立60周年、70周年庆祝活动感到无比骄傲，无比自豪。

脚踏风火轮，二外轮滑魂

“体育强国”方阵
体育部　武林

回首 70 周年国庆，已经过去了一个月，但是当天曾高喊的“祖国你好！祖国万岁！中国加油！”仿佛还在耳边萦绕，不曾淡去。天安门前彩旗飞舞的盛况依旧清晰可见，滑过天安门时脚下颠簸的感觉，依旧在我心中随着我爱国的心脏一同震动着。

与大家分享国庆的经历之前，我想给大家讲个小故事。其实在我成为一名人民教师之前，我是一名运动员，我所从事的运动项目叫作单排轮滑球，是与冰球运动项目相似的一项集体项目，也是众多轮滑项目当中的一种。很荣幸，通过努力的训练，我光荣地成为国家队队员，而我的任务，就是努力拼搏，为国争光，让中国的国旗在其他国家升起，让祖国的同胞为我们骄傲。在此之后，我更加有幸地成为国家队的教练和领队，带领中国队参加国际组织的赛事，我们的战场遍布全球，那时我觉得虽然祖国离我们很遥远，但当上场比赛前，国歌嘹亮奏响时，爱国的火焰充斥我们的胸腔，化作战胜对手的最强大动力，祖国对我们的意义太重要了！

转眼回看，刚接到这项任务的时候，我既兴奋，又惊讶，迟疑片刻后席卷而来的就是压力。27 方阵的名字是体育强国方阵，参与人员当中多多少少都来自带“体”字儿的学校或者组织，只有我们的同学们，43 人均来自北京第二外国语学院，并且学校里女生多，我们队的情况也不例外，39 名女生，4 名男生。除了我以外没有任何人有过相关的专业运动经历，无论是体能还是轮滑专业技术，都与我曾训练的体育专业的运动员有很大的差距。她们当中既有选过轮滑课的学生，也有轮滑社团成员、学校冰球预备队队员以及普通轮滑爱好者。我是专业出身，眼睛里更是揉不得沙子，我开启了对学生们的“魔鬼训练”。无论之前情况如何，你是柔弱的女生也好还是文绉绉的奶油小生也罢，只要是进到我的队伍里来训练，练出来的时候，女生只能是铿锵玫瑰，男生都得是铁骨铮铮的汉子，我的手下没有弱兵。

其他游行群众是走过天安门，而我们是滑过去，要想风风光光滑过去，就得有足够的水平。

训练自然是艰苦的，起初是训练带来的身体劳累和内心的历练，将近一万公里的滑行相信每个队员都牢记在心中，烙在脚上一个个由水泡而变成的老茧上，其他同学或许结束训练了，而我们还在继续。

中期的挑战是队员们的各种伤痛和逐渐损耗殆尽的装备，大面积破皮、磕青了的髋关节、扭伤的膝盖成为我们的专有标志，摔碎的护具，磨得只剩下轮骨的轮子成了我们的特产。

后期，则是不断变化的训练情况，平地、橡胶跑道、沥青路面、水泥路面，你猜今天在哪儿练？方案 A、方案 B、方案 A+B，你猜今后练哪套？上述问题逐个发生，我相信大家会觉得还可以接受，但残酷的是当多种状况同时爆发的时候，你还能坚持下来吗？正当我担心她们的时候，二外的同学们用实际行动坚定了我的信心。

她们不惧怕训练的艰苦，不害怕摔倒的疼痛，裹上纱布，继续练。她们智慧地解决装备问题，将 3 个同学废旧轮滑鞋上的零件卸下来组成一只新的轮滑鞋继续训练，只争朝夕。在这个过程中，我不敢说现在的她们能够与专业运动员水平相同，但我深知同学们超于常人的毅力和为祖国献礼的一颗赤诚之心是与我们所有人一样的。

训练当中不只有苦，还有让同学们感觉弥足珍贵的甜。学校给同学们集体过生日，我们一同在训练中度过的七夕节、中秋节，还有大家为我精心准备的生日惊喜派对；同学们在下雨天里踢瓶子，原汁原味自然生长出来的轮滑球队，在教室里我们共同讨论队列的编排以及拿着笔一起敲打音乐节拍，这都是我们凝心聚力、同甘苦共患难而凝聚出来的团队精神。我们俨然已经是一家人，作为一个小家为着更伟大的大家而奉献着，牺牲着。原本我计划在暑假的时候给我的爱人一个难忘的婚礼，随后带领国家队远赴巴塞罗那参加世界锦标赛，但当我知道自己要承担国庆任务后，我与爱人解释，推迟了我们的婚期，我与中国轮滑协会解释，更换了领队。我并没有因为任务的到来而抱怨，而是感到十分的光荣。学校的顾书记和张岩校长为我和另一名参训老师证婚，祝福我们新婚快乐。我的战场虽然变了，但是身披国旗、精忠报国的志向没有改变。

当年，作为一名运动员，为国争光，这是我的使命。如今，作为一名教师，能够将自己对轮滑项目的热情，将对祖国的满腔热血和爱国精神传递给我的学生们，这是我的新征程。作为一名党员，不仅要发挥自身的先锋模范带头作用，还要讲好党的指导思想和先进理念。共筑举国欢庆之时，首都高校的大学生们是舍我其谁的后备力量，作为党员教师的我更是责无旁贷，为学生们通过这次活动在政治站位和思想觉悟上得到全面提升做好保障。

这是一堂最生动的爱国主义教育实践课程，爱国的含义是什么？或许之前学生们并没有这么深刻的体会，但是当她们经历训练疲惫每多坚持的那几秒时，当她们在轮子磨得哪怕只剩轮骨也不想停止训练时，当她们摔倒不是喊疼而是尽快滚出队伍时，最后当她们张开双臂高举国旗昂首挺胸英姿飒爽滑过天安门前的那一瞬间，爱国的含义已经化作感动的泪水和深刻的回忆，烙印在她们的心中。

脚踏风火轮，二外轮滑魂。如果说轮滑事业是一片原野，那么她们就是点燃燎原之火的纷繁火星；如果说爱国是一片夜空，那么她们就是点亮广阔天空的漫天繁星。不忘初心，牢记使命，砥砺前行，追梦中华，二外人用轮滑运动项目，为祖国献上我们的美好祝福！

上好一堂入脑入心的爱国课

文宣中队
党委学生工作部　黄勇

作为这次国庆活动党建思政组的负责人，我所面对的是一个1000多人的大课堂。党建思政工作怎么做？我认为，就是要上紧脑子里面的弦，激发心坎里的情。今天就向大家汇报一下这份要入脑入心的工作。

国之大典，首先要讲政治意识，要坚持党的领导。

这次活动有134名党员身处一线，有83名党员参与保障。活动筹备之初，我们就率先成立了临时党支部。我担任组织委员，党员脑子里的弦怎么紧？支委会研究了很多次。

我们组织全体党员进行过3次集体学习。记得第一次观看的影片叫《中国队长》，讲述了一名首都国际机场值机经理的真实故事。我在点评时跟大家交流：美国队长是假的，中国队长是真的。面对职责，能不能奉献；面对群众能不能热情；面对同事能不能爱护；面对误解能不能忍耐；面对压力能不能冷静；平凡岗位的平凡党员能做到，参与活动的党员也一定能做到。

说这些是为什么？活动中一定会有中午的烈日、凌晨的冷风、午夜的集结、艰苦的训练、巨大的压力、周遭的误解，共产党员就要带头上、带头干！

党员的先锋模范作用发挥得怎么样？我给大家一组数据：中队长、小队长、呼号员、信息员、安全员70%由党员担任。国庆群众活动筹备期间，党小组出具了240余份表现鉴定，共有126名学生提交了入党申请书，新列发展对象50名，新发展党员26名。

不仅给党员上紧脑子里面的弦，还要激发全体参训师生心坎里的情。

“自由、生动、欢愉、活泼”，这曾经是7月份最让我头疼的八个字。十年前对我们的要求是统一的步长、统一的步速、统一的排面、统一的动作，对了，还有庄严肃穆的表情。现在脚步自由了、表达生动了、表情欢愉了、动作活泼了。

记得第一次合练后，指挥部对大家的点评是：“走得很好，就是太整齐了。”为此，我们工作专班进行过深入讨论：八个字的表述、齐与不齐的变化，是让中国的新时代青年，以一种更加自信的姿态展现在全世界面前。

为了激发自信，我们开展读书活动，用共同撰写的读书笔记把大家联结在一起。一名学生在读了《苦难辉煌》后写道：一个个鲜活的历史人物，仿佛就出现在我面前，为我演绎着中国共产党从无到有、带领中国、从弱小被欺到走向独立自主的过程。

为了激发自信，我们开展“有句话儿和祖国说”主题演讲，留下师生与祖国共同成长的故事。二外的学生，代表36方阵，在5000人面前进行高台演讲，他说：“世界还是那个世界，但中国已经不是那个中国！我爱你，中国！”

心理学有个“储爱槽”理论，放在二外大家庭中，师生们的“储爱槽”充盈，大家就可以带着满满的爱在长安街上尽情释放。我们给师生过集体生日，送上意外惊喜；我们的老师跟学生同吃同训，关怀备至；顾书记为推迟婚期的参训教师举办专属仪式，我相信这是学生处郑天仪老师和体育部武林老师毕生难忘的；我们邮寄定制明信片，承载着二外人自豪与喜悦、盖着三间房邮局10月1日邮戳的信笺飞向祖国各地。

从暑假到10月1日，三个多月，为了能持续激励参训师生，我主持设计了专属徽章，反复修改，几易其稿。

返校报到发放第一枚“人文楼，朝夕相见”；8月1日发放第二枚“万里长城，你我共筑”；训练期间发放第三枚“海棠花开，甘苦与共”；合练开启第四枚“京华情，初心不改”；彩排预演发放第五枚“长街华表，子夜初探”；最后一枚“天安门前，尽展风采”，是载誉而归时计校长亲自为大家佩戴。

六枚徽章组成一片梧桐叶，见证了二外人的翔宇力量！自信满满、爱意满满的二外人，当然有理由在十里长街绽放最亮丽的青春风采！

这是行前动员会上的一段视频，不用彩排，不用演练，“不忘初心、牢记使命”已经镌刻进每一名党员的头脑，“自由、生动、欢愉、活泼”已经融入每一名师生的心灵。围绕国庆活动开展党建思政工作的二外典型、二外做法、二外经验，也获得北京市委教育工作委员会肯定，3份材料收录进《北京教育信息》。

党建思政工作很重要，爱国情、报国志要入脑入心，工作本身却要身居幕后、甘为人梯。每天早出晚归，家人已经习以为常。10月2号一早，我们家两岁的孩子早晨发现我在家，居然说了一句：爸爸没去训练。我二话没说，带上两个宝贝，一大早就去了天安门广场。10月1号因为工作需要不能去，10月2号我一定要去！我告诉他们，爸爸也参加了这场举国盛典，虽然没有留下身影，但我浸润过大家的心灵。

当然，不只我这么拼，工作专班、党建思政组，还有每一名参训师生都这么拼！在北京市第二批主题教育部署会上，蔡奇书记强调，要全力以赴做好国庆筹备和服务保障工作，把它作为最生动最实际的主题教育。二外人就是这么做的！

梧桐院内，二外人用责任使命，全力保障支持；

十里长街，二外人用多彩青春，祝福伟大祖国；

展望未来，二外人必将不忘初心，共促海棠花开！

青春与青春碰撞，信念与坚守同行

文宣中队
党委学生工作部　李明珠

在国庆 70 周年庆祝活动中，我担任着两个角色，一个是学校思政工作专班的成员，一个是 22 中队文宣队的中队长。前一个角色意味着我需要从顶层设计的角度去参与策划训练间隙穿插的主题教育活动；后一个角色则意味着我要像一名在队伍中的中队长一样，带领 38 名学生做文化宣传、训练保障及物资发放工作。宏观与微观交互，抽象与具体交融，理论与实操互验，这既是一场爱国主义主题教育活动，也是一场生动的业务实操培训。

68 天（22 中队成立于 2019 年 6 月 26 日）与学生的朝夕相处，是一场青春与青春的碰撞，充满朝气的大学生与青年辅导员彼此接触、了解、信任、共识、共事；是一场信念与坚守的同行，秉持着爱国心，坚守着爱国情，一个信念支撑了整个夏天。

将心比心，以心换心。6 月 26 号 16：00 参与国庆活动的学生返校集结，上午 11：00 被告知 22 中队的存在，自己要带领这样一支由各个学院学生组成的队伍。忐忑、怀疑、不安、焦虑，为即将面对这样一群来源复杂、入队原因多样的学生而忐忑，为这 38 名学生最终有多少人能够返校而怀疑，为怕学生不能接受学校的安排而不安，为未来这两个月怎样凝聚 22 中队的人心而焦虑。思考过后，我采取一个策略：将心比心，以心换心。我与自己约定、与学生承诺：只要 22 中队学生在学校，我就在学校守护；只要 22 中队在训练场当值，我就出现在训练场；只要 22 中队做物资保障，我就与学生们一起集结。我把自己当成是学生中的一员，与学生们一起战斗，让他们时刻感受到自己是一个有组织的人，让他们彼此之间、他们与老师之间由陌生到熟悉，建立基本的互信，心近了，情到了，事儿也就成了。自 7 月 10 日 22 中队 38 名同学集结完毕，到 10 月 1 日国庆游行活动结束，22 中队无一人流失。

信念入心，与尔同在。这 38 名同学划归 22 中队的原因是多样的，有的是因为身体不适宜参加训练，有的是因为毕业班实习安排，有的是因为是班干部被动员来的，当然也有部分同学确实是因为想“偷懒”。不管何种原因来到 22 中队，我一直给他们灌输一个信念：900 人方阵的训练在操场，22 中队的训练在自己。不同的中队以不同的形式为祖国母亲庆生，900人方阵表现在体力，22中队表现在毅力，十里长安街上二外人的荣耀，是数百人的保障队伍在托举，22中队正是保障队伍的排头兵。8名女生装运了8000瓶水，4名男生保障了115名骨干通宵集结的训练场用水，38名学生共同保障了每一次深夜集结的物资发放与道具收发管理。“我们都是追梦人，我们同筑爱国情”，每一名文宣人都坚守着一份信念，彰显着幕后英雄的英姿。

科学管理，高度自治。在管理22中队的过程中，我一直秉持着一个原则：提要求，重落实，抓大放小。38人设置了男女两名联络员，分成5个小组，小组内自行选举小组长一名，形成稳固的三角形管理团队，每一级管理人员只需管理好本层级的成员，并将任务完成情况依次向上传递即可。对达成目标的手段，在本管理层级内部达成一致意见即可实施，无须向上审批，每一层级高度自治，真正实现学生的自我管理、自我要求、自我服务。在这种机制下，文宣中队总共完成了31篇“爱国情、强国志、壮国行”主题征文，48份“手绘祖国”手抄报，100篇“我是小记者”专访，112次训练保障，12次集结物资保障，无一次缺岗，学生们按照组间排班表、组内自由组合，共同完成了各项任务。

如果说这场国之盛事对每一个参与者来说都是一场生动的爱国主义教育，那么对我来说，它也是一次学生思想政治工作的实操培训与成果检验。做好学生工作，要走出办公室，走近学生，融入学生，与学生对话，了解学生，进而服务学生。做好学生思想政治工作，要与学生共情，以学生的思维去理解他们对问题的看法、他们解决问题的方式，进而提出优化的意见，思想工作是与人大脑有关的工作，强势的外力往往会带来言语的抨击与矛盾，潜移默化的引导与润育教育往往是打开对话的钥匙。与专业背景多样、性格各异的38名文宣同学的相处，不仅让我以自己的形式表达着对祖国的热爱之情，而且让我感受到了学生思想政治工作的重要性与力量。

同心追梦，砥砺前行

文宣中队
党委学生工作部 李荣骏博

2019 年 6 月，我来到北京市庆祝大会活动群众游行指挥部第五分指挥部（简称五分指）工作，任训练保障处（以下简称训练处）干部，主要负责 36 方阵“祖国万岁”5000 人的组织动员、策划指导、训练保障、服装道具等工作，参与了彩车及游行人员集散等专项工作。现将有关工作总结如下。

一、坚定理想信念，把握时代航向

作为一名高校学工干部，我在工作中能做到讲政治，顾大局，坚持把做好庆祝大会群众游行工作作为首要政治任务，充分发挥思想政治教育的基础性、先导性作用，落实立德树人根本任务，以思想政治教育为引领，将主题教育和思想教育融入训练工作的全过程，最大限度调动和激发全体参训人员的积极性、主动性、创造性，将训练工作转化为一场最为生动的思政课，引导全体参训师生不断坚定与新时代发展同心同向的理想信念。

二、勇于担当作为，淬炼政治素养

担当作为，是一种政治信念，是一种发展能力，也是一名党员干部的重要责任。训练处成立伊始只有 3 人，后来增加到 5 人，是五分指所有部门中人员最少，需要对接上下级单位最多，工作内容最为庞杂的一个部门。作为全处最年轻同志，在面临工作中的压力和挑战时，我始终坚持以完成国庆工作任务为重，做到不抱怨、不气馁、不退缩，将压力转换为动力，立即进入良好的工作状态，厘清部门及岗位职责，协助领导迅速与总指挥部游行部、彩车部、集散交通部、音视频部以及导演组建立了通联机制，掌握工作程序。同时，迅速与方阵主责单位——朝阳区教育委员会工作专班建立了互通机制，为训练工作的顺利开展奠定了良好基础，真正做到了把担当作为落实在岗位工作上，在工作中不断提升自己的担当意识和政治素养。

三、脚踏实地，确保工作“精精益求精，万万无一失”

作为36方阵及3所高校总联络员，我全程参与了方阵的组织动员、训练保障、服装道具等专项工作，还参与了“祖国万岁”方阵彩车和人员集散等工作。

（一）人员选拔和组织动员工作

为体现70周年群众游行活动的新特点，我先后20余次深入方阵各成员单位，指导各成员单位做好游行人员选拔工作。在方阵的密切配合下，方阵于6月27日就完成了全部游行群众队伍组建和人员数据统计工作。

（二）训练工作

36方阵是所有方阵中人数最多的一个方阵，全部5000名游行群众及500名替补由朝阳区6所中学、3所大学、4个街乡、区文联及50所学校的老师选拔产生。在结合方阵人员组成情况及表现特点的基础上，我在正式训练工作启动之前就深入方阵专班，指导《训练方案》起草。训练开始后，指导方案不断修订，明确了各方阵训练工作组织体系，结合不同参训群体，确定训练科目，细化训练要求，明确安全事项，根据不同训练阶段有针对性地安排训练任务，确保充分激发参训人员积极、饱满、热情、向上的精神风貌。自6月初至8月中旬，方阵由基础体能训练、人员点位训练、方阵框训练等，逐步过渡到合成训练，7月28日，36方阵全体参训师生在所有方阵中率先完成第一次合成训练，初步掌握了方阵行进的各项指令、配乐起始训练等，取得了阶段性训练成果。

（三）分指验收与合练工作

8月17日至18日，五分指对两方阵进行了验收，我协助领导制定了《方阵验收工作方案》，按指挥部评分指标模拟打分，在训练部分中，对方阵的行进效果、创意表现效果、彩车配合、综合保障等方面进行评估。8月20日，指挥部首先对五分指进行验收。时逢大雨，两方阵冒雨开展合成演练和验收，36方阵最终以92.3分的高分成绩通过验收。验收后，我结合发现的问题，迅速协助领导制定复训整改工作措施，以更高的标准继续加强训练。

（四）彩排和预演工作

进入8月下旬，训练工作的重点由单一方阵的合成训练转移到方阵配合演练，我也根据工作要求，在保障训练工作平稳有序进行的前提下，将工作重心转移到彩车和服装道具等专项工作，并参与集散工作。自分指验收起，我全程参与了9月4日阅兵村整体合练、9月7日第一次长安街核心要素演练、9月12日游行群众与彩车人车合练、9月14日全要素彩排、9月21日全要素预演、9月25日彩车村彩车展演人员人车合练，每次预演前均组织各单位及方阵骨干进行实地踏勘，历时20

余小时，行程百余公里。为保证最佳的演出效果，我始终保持积极向上、艰苦拼搏、攻坚克难的热情，在工作中克服了身体疲劳、组织保障困难等问题，务求精益求精，自我加压，积极协调各项工作。9 月 28 日，36 方阵再次组织全体参训人员到阅兵村演练调整方案，我配合领导协调指挥部和各成员单位，精心组织筹备，顺利完成调整复训演练，精彩出色的演出、精益求精的态度、投入迸发的热情，感染了在场所有人，得到了指挥部领导的高度肯定。

（五）彩车相关工作

36 方阵的“祖国万岁”彩车在群众游行的所有 70 组彩车里具有特殊地位，一是尺寸，此彩车为 11 米 ×30 米 ×15 米，是所有彩车里最大、最高的，驾驶难度最大。二是人车配合，该彩车是唯一要与游行群众在行进过程中完成“动态包夹”的，这要求彩车和周围游行群众的距离和速度要保持精确，这给人车合练工作提出了很大挑战。三是“压轴出场”，彩车行进到核心表演区时，刚刚在女排世界杯获得冠军的中国女子排球队全体成员登上彩车，与全体游行群众共同在核心表演区进行展演，这是唯一一个在天安门广场中间有表演人员上车展演的彩车，同时是唯一一个要准确定点停止在天安门广场中线的彩车。在彩车工作初期，我协助领导完成了彩车内部人员组建、培训等专项工作，参与了朝阳、昌平、怀柔、房山等多个训练场地的“模拟彩车训练”工作，为 9 月 14 日、9 月 21 日两次全要素彩排工作打下了坚实的基础。

（六）服装道具保障工作

五分指所辖 36 方阵由于人数多、服装道具构成复杂，使其服装道具保障工作在所有群众游行方阵中都极为特殊，工作量巨大。

就服装工作而言，36 方阵涉及 40 多种 70 多款 5000 余件不同样式、风格的服装，为实现总指要求的方阵行进过程中能够呈现出丰富多彩的色彩，能够展现出最佳表现效果，我们需要将这 70 款 5000 余件服装，打乱款式和颜色，有计划地分配成“随机”状态。还有 300 名国标舞展演所需的服装由分指保障，需要定制，从设计草案到方案反复修改，加工制作返工多次。

道具分为正式道具和训练道具，从体积上又分为大型道具和小型道具，而 36 方阵的道具就分为 9 款共 20 000 余件，作为服装道具组组长，我全程参与了道具的表现方案设计、发放回收等专项保障工作，进入合成训练阶段以来，我先后赴 36 方阵各成员单位指导和协助解决各项相关工作 20 余次，累计工作时长近 100 小时，以实际行动，确保方阵游行工作“精精益求精，万万无一失”。

（七）集散工作

在全要素预演这一工作阶段，按照五分指总体工作安排，我在保障原有工作平稳有序进行的前提下，参与了集散工作。9月14日及9月21日在长安街的两次演练，我赴36A远端安检点，全程带领游行群众完成远端集结—安检—道具领取—登车出发—近端落客安检—集结区密集—疏散的全流程，各段工作的时间节点精确到分钟，圆满确保了方阵人员能够准时到达规定区域完成游行，活动结束后有序撤离。

四、回顾与展望

“今天是你的生日，我的中国；清晨，我放飞一群白鸽……”“我和我的祖国，一刻也不能分割；无论我走到哪里，都流出一首赞歌……”“五星红旗迎风飘扬，胜利歌声多么响亮，歌唱我们亲爱的祖国，从今走向繁荣富强……”。

伴随着这些熟悉的歌声，曾经的汗水都幻化成笑脸。“十一”活动当天，五分指师生群众热情迸发，全体人员以最饱满的情绪、最热烈的情感、最精彩的表演，圆满完成群众游行各项任务，给现场观众、给全国观众乃至全世界观众留下了充满激情而深刻的印象。回顾4个多月的工作，回想着一个又一个的不眠之夜，也许镜头不会展现我们的身影和笑脸，也少有人关注我们的幕后工作，但此时我能够真切体会到作为一名中国人的幸福感和荣誉感，同时也为自己能够参与这次活动感到骄傲和自豪。

青年要立志做大事，能在新时代下为国庆70周年庆祝大会活动做一份贡献，这就是我的“大事”。作为二外的一名学工干部，我是幸运的，也是自豪的。我要感谢学校和校领导对我的信任，给了我这样一个难得的机会，我还要感谢部门领导和同事对我的帮助、理解和支持，每当我在文件中看见一个个熟悉而亲切的名字，每当我在训练场看着二外家人们拼搏的身影，所有的这些场景和片段最终都汇聚到我的心里，让我时刻能感受到温暖、希望和力量。

通过国庆群众游行活动，以二外人为代表的首都教育师生，作为将来新一代国家建设生力军的代表，经受住了考验，展示了年轻一代积极、饱满、热情、向上的精神风貌，证明了这一代年轻人有能力、有意志、有责任、有担当，他们也必将这些优秀的品质不断传承。作为一名高校学工干部，在未来的工作中，我会继续珍视、延伸、传承群众游行工作成果，努力将其转化为宝贵的精神财富和教育资源，为二外的发展，继续砥砺前行，同心追梦，让平凡的岗位，见证一名共产党员的初心。

与学生同进步，和祖国共成长

文宣中队
党委学生工作部　屈娜

2019 年 7 月 23 日，我从家返回了学校，满怀期待地开始进行新中国成立 70 周年国庆游行训练活动。可当我一切都准备好了以后，训练前的一天，领导告诉我，学生处的男同志参加游行，女同志做好常规工作。期待落空，满怀失落。后来我被安排在物资保障组，心里虽然有失落，但看到一件件 T 恤一枚枚徽章等物资发放在学生手中，顿感自身工作有了价值。之后学校轮滑分队需要一名思政教师，我服从学校安排，去轮滑分队继续开展思想工作和后勤保障工作。

在轮滑中队的日子里，学生们的举动时刻感染着我，我仿佛看到了自己和他们一样的成长。看着轮滑中队的学生们在烈日酷暑下坚持训练，我看到了学生付出的艰辛努力，更加深刻体会到学生们的坚持；看着他们为了适应各种路面，在坚硬的柏油路上训练，摔倒后不顾自身疼痛马上爬起来以免耽误后面同学行进，我看到了学生们对团队的理解；面对训练方案反复修改，学生们一遍又一遍尝试和坚持，我看到了他们精益求精的精神；在大屏幕上看到他们从天安门前滑过的飒爽英姿，那一刻我为学生们感到骄傲和自豪，是不懈的付出和坚持才有了今日的成绩，所有的荣耀他们值得！

总有同事朋友家人问我在哪个方阵，我总是含糊回答，其实我是不好意思回答我是做后勤保障的。有领导说屈老师为 70 年国庆在二外等了 9 年（我是 2010 年入职的），还有同事打趣我等了 9 年也没上场。

从 7 月底一直忙碌到国庆前日，在昨天的游行中未能走过天安门广场，不免有些遗憾，但是我依然荣幸我在背后默默支持着他们在天安门前绽放。我作为轮滑队的服务老师，当有人训练中暑的时候，送他们去医院；在大部队合练时，我会提前准备好餐包和水，保证在他们凌晨出发时递到每一个同学手中；他们在天安门前展现最美的笑容，我们在报告厅里默默守候；他们凯旋时我们早已做好准备迎接“英雄”们的到来……

幕后与台前一样，同样需要辛勤付出，在这次国庆游行中二外不知道有多少像我这样在背后做服务保障的老师们，我们用自己的方式为庆祝新中国 70 岁生日贡献一分力量，这往小了说我们就是完成一次又一次已定和临时交办的各项任务，往大了说我们用自己的方式在诠释着爱国之情。功成不必在我，功成必定有我。我想，如果每个人在自己的岗位上都兢兢业业，祖国必强大，民族必复兴！新中国成立 70 年国庆游行活动，点燃了我和我的学生们的爱国热情，我仿佛和他们一样感受到了走在长安街上作为一名中国人的自豪与幸福，感受到中国人民幸福生活的来之不易，真心祝福祖国，祝福祖国母亲更加强大，更加繁荣昌盛，我爱你中国！

学生篇

第 27 “体育强国”方阵——第 21 中队

属于轮滑的“独家记忆”

高级翻译学院　李添

“祖国你好！祖国万岁！”即使“十一”过后这么多天，那对祖国祝福的欢呼声犹在耳畔，听到《我们都是追梦人》这首歌时，也不由自主地紧张起来。迎接国庆的将近三个月的训练，有汗水也有欢笑，我为此收获了一段珍贵独特的记忆。

暑期训练刚开始的时候，我还是怀着满腔热血的，早上也跟打了鸡血似的，虽然天天早起晚睡，沾枕头就着，但为了这么有意义的事情，付出努力是应该的。但说实话，我也着急过，因为中途来来回回换了好几次队形，就在大家好不容易配合好队形之后，假期训练都快要结束了，却突然又要改新的队形。当时大家也到了一个疲惫期，新的队形拐弯配合难度也很大，所以那时的训练状态都不是很理想，很多同学也都受伤摔倒。我自己心里也很着急，甚至想过，我们要是练不好，会不会把这次机会给别的学校。但那天训练结束后，武林老师一番意味深长的训话把我们的信心又拾起来了，我还记得一向和蔼的林哥那天一脸严肃地跟我们分析了近期态度，探讨了训练的问题，还鼓励我们，之后大家就又打了鸡血似的继续训练。

训练时每天都有很有趣的事情值得记录，我印象最深的还是“可乐冰球队”的成立。那天训练中途突然下起了小雨，大家就在一旁休息等雨停，当时一名同学把可乐瓶往地上一扔，就开始踢，接着我们又有几名同学加入，分成两拨把可乐瓶当球踢，而且当时下着小雨轮滑场光滑得快赶上冰面了，有同学就提议正好前一阵儿要组个冰球队，咱们就组个“可乐冰球队”吧，就这样，训练时的机缘巧合之下，我们的“可乐轮滑球队”就这样成立了。

后期开学后，训练就集中在晚上八点半后。我们白天上课，课后赶紧找时间完成作业、复习、预习，这样既不影响上课也不影响晚上的训练，也让自己休息的时候抓紧时间休息，少玩儿手机了。我还记得有一次合练是晚上 11 点左右出发，第二天凌晨 4 点钟回到学校，睡了 3 个多小时后又继续上 8 点钟的早课。

轮滑既需要技术，也需要身体素质，所以我们每天的训练内容除了队形练习，还有身体素质练习，每天训练前要先跑四圈热身，然后练习腿部力量、基础动作之类的。我们的训练与其他同学不同，不管是时间上还是强度上我们都要更努力，当时几乎每次训练都是操场上 900 人解散后，我们收回自己羡慕的目光继续滑。还有“十一”前一个星期是恢复期，其他方阵都休息调整，但因为轮滑需要我们有那种适应滑行的感觉，所以每天晚上我们还要继续一个小时的训练。

国庆当天的感受就是一个词——震撼，当我们滑过天安门前时，我只觉得之前的一切努力都值了。看到一辆辆载着东风 -41 的车经过，一架架飞机从头顶飞过，我真的无比自豪，为自己是一名中国人，也为自己能参与到这次活动中而自豪，这将是我人生中最珍贵的一场盛会。

学弟学妹们，你可能正埋头于学习，可能正为“专四”“专八”奋笔疾书，可能在找下一部要追的电视剧……大学校园是一个为自己编织美好回忆的地方，学习专业知识的同时，也要参加一些自己喜欢的课外活动，不管是志愿活动还是俱乐部，找到自己喜欢的，认为有意义的活动，投身其中，你所识得的人，遇到的事，都将丰富你的人生阅历，不要轻易放弃自己想坚持的，总有一刻你会感叹“真值”！

老师评语：

李添是我非常引以为傲的学生，优秀的滑行技术、充沛的体能以及品学兼优的成绩和表现，这都是作为老师的我希望看见和追求的教学目标。作为小队长的你任劳任怨地工作，在队里不仅收获了一群好朋友，也替老师分担了很多。你是队里的大活宝，美好的笑容是你最突出的标志，无论训练有多艰苦，你都带着它，让老师和同学们宽慰，或许正是因为这样，最后镜头上呈现的也是你代表咱们队伍的最标志的笑容吧？老师希望你能一直这样开心地笑下去，用优秀和自信继续书写你的人生篇章！

用轮滑献礼祖国

经济学院　富熙然

此时是2019年10月2日的早上7点，我刚刚从连续12小时的睡梦中苏醒。细细品味，昨日的种种仿佛还在眼前，恍然如梦，总有种不真实感。当收到一句句问候，一条条赞扬，一张张照片，一段段视频时，好像才将那个梦境落实，我终于为近70天的努力画上了一个完美的句号，为祖国母亲——中华人民共和国的70岁生日献上了自己的一份薄礼。

7月底至8月初，我管它叫“蹒跚学步”。我，我们，整个中队，每一个人与每一个人之间，每一个人与这个队伍，每个人对这次活动，都是陌生的。没有人知道接下来会发生什么，也没有人知道我们的训练未来该走向何方。其他方阵的训练同学总是心疼我们，说我们太苦，太累。现在想想，真的不算什么，我们都坚持了下来，也都挺了过来。那时候，我们训练的目的只有一个，不断地练扎实我们的技术，让我们的脚下“长根”。曾经还妄想在训练之余可以干些自己的事情，后来发现每天早训结束以后真的只想吃饭睡觉，也只能爬回宿舍，爬回床上放松一下自己的肌肉，让它们得以坚持住下午的晚训。那时，我看着很多队友，真的是一种心疼，也是一种自豪与骄傲。我人生中第一次感受到了一个团队如此强烈的团结一心与互帮互助。我记得一次我肌肉拉伤了，训练时强行坚持着没有跟别人说，生怕拉了大家后腿。训练结束后，便有同学注意到我的不同，便在中队群里四处帮我问药。最后一位男同学把药直接送到了我的餐桌上。说不感动是假的。

8月中旬到开学前的日子，大概是最难熬的。我们开始了密集的大型合练，也经历了各种“魔鬼地面”。摔倒，受伤，展示效果不好，队友被送去医院，不被领导认可。一个又一个打击扑面而来，无数个揪心又难以入眠的夜晚真的是让我辗转反侧。那段时间，每个人心里都堵着一口气。训练时可以感觉得到大家带着一股“杀气”。每个人在这时都是一名战士，不为与其他人去对抗，而是为了战胜自己。功夫不负有心人吧，最后我们拿着能让所有人闭嘴的技术，走过一次又一次演练，赢得了“靓仔”的称号。

当9月来临时，总感觉胜利的曙光就在眼前，却也有黎明前的黑暗。当学业与活动开始冲突时，我不止一次经历过彻夜训练后大巴一到学校就赶去教室上课的经历。那段时间是真的苦不堪言，却也乐在其中。队友们在大巴上，合练场地里，各显身手地补觉。伴随着的，是方案的一次次改动。每个人的灵活应变，收获的是天安门前演练的一次比一次进步，是领导们一次又一次的肯定。

10月1日到来的这一天，我仿佛一直处在梦境中。从走出地铁站时第一次看到的白天情景，到坐在长安街两侧时所有人围着志愿者手中为数不多的手机观看直播。从全体起立对着坦克大炮唱国歌，到习大大经过时的庄严肃立。一点一点把我拉回到现实中。我，终于，即将站上长安街。

当空中的飞机拉过彩烟时，我在长安街上留下了最为弥足珍贵的一张照片。当从天安门前滑过时，我不知道有几架摄影机记录下了我的笑脸。但，这一天，这一刻，我想我会把它永远记录在我心底的位置。

当坐在疏散大巴上，队友们集体歌唱《我和我的祖国》时，我流下了五味杂陈的泪水。我真的讲不清那一瞬间心里的感受，甚至现在想起那个瞬间都会鼻子泛酸，但我知道，那一行眼泪中，一定有一滴属于喜悦，一滴属于自豪。

老师评语：

熙然是这个队伍里最负责也是技术水平最好的一名队员，有的时候我听同学们说，你就是我的助教，我认为这一点也不为过，有时我外出开会，训练就交给了你，而这点我十分放心。或许因为你原来轮滑的经历，不仅让你成为在队里技术水平最好的队员，也成为最了解我的队员，在队伍训练和行事风格上，我们总能产生很多的共鸣。你的洒脱和你的那股冲劲儿，让我感觉到在你的身上，有我的影子，或许正是因为这点，我对你的夸奖并不是很多，但是要求却是最严格的，当然信任也是最大的。将一队第一名队员的位置交给了你，你顶住了压力，也成就了你。你是我骄傲的学生，希望你能将对轮滑的热情一直燃烧下去，轮滑的事业需要你的参与！

和陈先生一起的夏天

经济学院　周天琪

距离2019年10月1日的重大活动已经过去6天了，4天的厦门行都是在陈先生的20首红歌中度过的，轮滑和合唱的群里每天都还是有新消息，好像我们的筹备活动还没结束，这个夏天，我们很舍不得。要开始讲述故事的时候，还是很难和陈先生脱离开来，是一起走过的，很艰难很甜蜜很有意义的夏天。

紧张的新手

大二的轮滑选修课是早早起床满满激动地选的，记得当时我是第二个学生。但这一年的每一次课都是被陈先生拖着去的，要上轮滑课的每一个早上都被恐惧压迫，都是要赖床的，直至期末考试的战场上腿依旧发抖。

学了一年轮滑的“新手”，在武林老师的引导下，当初报轮滑课的小魄力还在，十月活动重大任务，我选择轮滑，要克服恐惧，来吧！

加入合唱团是哥哥的心愿，有基础但大学一直没有实践的哥哥也作为“新手”加入合唱队伍。

我和陈先生的夏日原计划——7月17日—20日的海南之行，刚好与合唱的开训日期重合。期末考试周我们在知行楼道里商量后，决定放弃订好的机票和一经预订不得取消的酒店，全力准备十月活动。

紧张又贫穷的两位新手开始了夏天的故事。

珍贵的站位

训练开始了两天，导演开始有了最初的队形排列。43人要分为两队，一队是最靠近天安门城楼的一侧，二队是与群众挥手的一侧。为保证万万无一失，一队轮滑基础稍好。林哥交代完后，开始挑选队员，我倒数第三个被选入一队，开心得心脏怦怦跳又觉难当重任。每天留下来加练，希望不辜负这样的位置。

陈先生成了仅有的8个男高音之一，最初的声音他不是很满意，每天和我吃完早饭后用跑步来增加肺活量。

拄拐了

训练开始时的基础性训练和体能训练是很艰难的，8 月的夏天，轮滑场虽然每天被轮子狠狠磨损，也有 43 人用汗水为它解暑。这个充满故事的轮滑场也承载着我们的伤痛。

穿上轮滑鞋都是帅帅的，大家也都较着劲儿地提高技术，受伤后“滚”出队伍，爬起来后重新加入。我在一次“滚”出队伍后被栏杆卡住了，被哥哥背到医院后拥有了两只长长的拐杖，难以忘记被中医正筋时的疼痛，拉着姑姑哭的场景。

第一次拄着拐杖出现在地坛体育馆的操场，和摔了屁股的翠翠、膝盖疼痛的丹扬一起坐在椅子上看着大家合练，心里喊着加油。

当天队友查汗摔了肋骨，晚上杨敬枫老师、郝青梅老师和众多参训老师在学校的 BISU 牌子下摆好一排排酸奶迎接我们，说到让大家哽咽，这个团队里不能缺少任何一个人。

扔掉拐杖

拄拐的我很担心和十月活动就此擦肩而过，陈先生每天拉着我去做理疗，林哥说时间还早，不用担心，每天都有大汗淋漓的队友给坐着的我倒水喝。

13 天后，幸运的我可以行走自如。再次穿上轮滑鞋，我觉得无比幸福，终于不再只是梦里穿鞋了。一年来没能克服的恐惧也在这个假期用魔力消除了，不只是跌倒后可以站起来，拄拐后也可以扔掉后继续滑行。

认真地准备

9 月的二外是不分昼夜的，参训学生，老师，楼妈，保安哥哥，食堂叔叔，为十月活动的筹备，不舍昼夜。敬我们曾拼搏过的往日时光，敬我们曾奋斗过的不灭梦想！

和每一个 70 合影

厦门真是一个富有情怀的城市，每一个商铺前都挂着国旗和 70 周年标识，忍不住和每一面国旗、每一个 70 合影，火车上听到小朋友唱《我和我的祖国》也是感动满满，我爱你中国！

我爱这个充满情义的夏天！

老师评语：

小周同学对待每次的训练都非常认真，在自己受伤之后并没有脱离训练，而是拄着拐继续去承担力所能及的任务，去服务其他参训的同学，重伤之下依旧不下火线的精神以及关心队友乐于助人的一份热诚值得表扬！

重走来时轮滑路

旅游科学学院　吴嘉璇

我是二外轮滑中队的团支书，吴嘉璇。是的，就在 20 多个小时前，我和我的 42 名战友一起滑过了天安门。

直到现在我仍然不敢相信这段时光的结束——这也可能是因为从昨天下午 3 点回到学校开始到今天下午，我已经迷迷糊糊地睡了三觉吧。

醒来以后，我很想活动一下身子，便下床去人文楼西门取我的自行车。上一次见到它，还是大庆前一天来送走我们的装备的时候呢。那天也是在这儿装的车，人文楼西门，我们这两个多月以来的“老地方”——每次在体育部集合完毕后，我们都在这儿上车、出征。往南骑一点，是连接着体育部的小路。右手边的路灯，每一个都挂着红色的方旗，上面写着“我的二外我的国”，旗面迎风鼓起，透着一股自信张扬。昨天的昨天，我在此地用双手捧着密封好的我的全部装备——红色流线型头盔、可以给关节保暖到冒汗的护具以及最重要的那双“厉害了，我的国”轮滑鞋！雪藏了那么久，磨砺了那么那么久，我们和它们终于要向世人亮相……捧着它走向负责押送轮滑装备的大巴，我感到手上要移交的是一千斤的希望、一千斤的不想出错和一千斤的祝福。

再往南继续前进，在路口右拐——挺拔的绿墙、平整的灰砖陡然出现在眼前，那是我们的大本营，是我们的小天地。我的视线透过围栏的小孔：光秃秃的栏杆上，突然放上一只带轮的鞋，然后跟多米诺骨牌似的一整排带轮的鞋搭在了栏杆上；空荡荡的灰砖上，渐渐地响起轮子和地面的碰撞声和摩擦声；绿墙上开始回响着“一队先压腿、二队先滑圈”的声音，每一个画面都是鲜活的。“再练一遍，这遍没问题我们就玩一个游戏。”所以我们那一遍练得特别好，于是就有了四个小队当“网”、林哥一个人当“鱼”的刺激版网鱼游戏。“MV 拍摄到此结束！”所以那次雨后天晴我们显得异常兴奋，于是就有了在仍有积水的轮滑场里穿轮滑鞋踢可乐瓶、COLA 队横空出世的传说。《追梦人》的曲调在回忆里也是响彻云霄，它飘啊飘啊，往东走，又往北右转，飘到了第一次为我们拉起警戒线的操场南门。

“武林啊，你让学生们都小心点啊！”一位体育老师望着在南门窄路上绕圈训练的我们，隔着铁网和林哥嘱咐道。那是我们专门用来解决那个危险的转弯动作的一条柏油路，它比平滑地面更接近我们要面对的真实的路面。但是追梦人总是不知道辛苦，一圈又一圈的训练因为自己吼出来的歌声和队友间的击掌而变得难忘。那天的合影林哥站在我们背后的高楼楼顶——当然这是后期修图小能手给了他站得那么高的能力的。

重心朝一边倒、转弯、加速，我骑回小车棚，落脚刹车。这一系列动作真是熟悉，因为轮滑也是这样转弯的。亲爱的读者，谢谢你读到此处。我还没有写每次合练时那些羡慕的眼光和高声的“带我飞”“你们好帅”或者是“注意安全”，我还没有写每次都用慷慨的话语和拥抱给我们鼓励的老师和同学，我还没有写路过天安门我含着眼泪在内心呐喊的那一句“从无到有、从有到强，我们（祖国）做得到、做得到！”

轮滑，让没有翅膀的我们飞翔了一个夏天。我知道梦，还会继续。

老师评语：

嘉璇是我们队的团支书，也是老师身边最得力的助手。学校在国庆期间很多的统计和材料整理工作中总是不乏你的身影，你的心思是所有人中最细腻的，也正是因为这样，老师才能放心地把这些工作委托给你，相信这样的经历定会令你成长。老师希望你能一直坚持自己的追求，严格要求自己，优秀和成功都会属于你！

我和我的祖国

旅游科学学院　徐桐雨

我是旅游科学学院旅游管理专业旅管 172 的徐桐雨，是新中国成立 70 周年国庆群众游行活动中第 27 方阵第一大队轮滑中队南侧的一名队员，位列第四位，举第一面冬季残奥会会旗。

到今天，游行结束已经两天了，我依旧沉浸在整个活动背景音乐的单曲循环中，总感觉今天晚上好像还有训练，距离正式上场还有一段日子，然而摆在我面前的日历告诉我，已经结束了，以后再没有训练了。那么请让我从头讲起，用文字记录下这段经历，免得以后因时间的流逝冲淡了这份感情与心情。

事情发生在 2019 年 6 月份，最初看到武林老师在“周二轮滑大队”（我们大二选的轮滑体育课微信群）中征集队员的消息，我没有报名，可能是因为懒惰不愿吃苦、有一个暑期实践活动、国家和我没有什么太大关系等原因。中午 11 点左右老师找我劝我参加，当时或者是被老师劝动了，又或者是不好意思拒绝，我糊里糊涂地就进了群（就是后来的 21 中队），到后来我也确实放弃了所有的事情，一切以轮滑中队为重。

我们 7 月 25 日返校训练，之前所有人都进行了体能特训，都完成得特别好。返校当日下午，我们进行了第一次训练，当时下着雨，轮滑基本训练恢复，老师要求我们跑 3000 米（操场 7 圈半），就在 900 人跑回宿舍躲雨的时候，我们轮滑队还在淋雨跑步。这或许就奠定了“我们轮滑会很累”的基础吧。

之后的一段时间，我们早 7：00—9：30、晚 5：30—8：00 进行训练。因为轮滑技术不到位，本身过于死板，经常出错，我经常挨老师骂，可能我是整个队里挨骂最多的人（笑），在这里给老师道歉，让您费心了。感觉别人轻松做到的事情，我总是学不会的样子，既羡慕也着急，所以 8 月份我经常加练，上午下午都会比其他人多练 1 个小时左右（虽然这样，那个抬腿像小天鹅的动作，那堆单脚支撑的动作我还是不会）。现在想，当时为什么要加练，可能是因为老师对我的信任，对自己能力的不甘心，既然来了就要尽力做到最好的执念吧。很感谢第一小队队长富熙然，我一开始真的太差了，是“技术困难户”头号选手，谢谢你手把手地带我练习。本来是休息的时间，你每天都来得最早，走得最晚，比我们都勤。另外还要谢谢令仪、璇子、小添、婧哥、查汗、琛琛、晓晨、嘉仪、古丽等很多人，他们都给了我一些指导和启发，途中还认识了很多可爱的小伙伴（这里省略21中队所有的小可爱）。

由于方案的调整，降低了难度，我们这些“技术困难户”的水平最终也都跟上了大部队，可喜可贺。各种天气（暴晒、下雨、刮风），各种地面（阅兵村，飞机场，天安门前）都有我们努力的印记。我们一路互帮互助，走到了现在。不管我们走到哪里，周围都是一片欢呼：哇！这是什么！好帅！太帅了！

“十一”当天，我看到了第一个“致敬方阵”，里面有很多中华人民共和国的缔造者，很多老兵都举着牺牲或过世的战友们的黑白照片，当时我就流下了眼泪，若不是之后需要欢愉，保持微笑，我可能就停不下来了。又想到周总理曾说，“飞机不够我们就飞两遍”。如今70周年庆典上，我们已经有飞不完的飞机了，再也不用飞两遍了。这盛世，真的如他们所愿。

从包夹彩车到结束，我们的游行很顺利，往回滑行的途中，后背是凉飕飕的，心却是热烘烘的，兴奋，真的想再来一次。

“如果你觉得很幸福，那是因为有人在爱着你；如果很多人觉得很幸福，那是因为这个国家在爱着你。”

当然以后还会有阅兵，可能还有机会，但是在20岁穿着轮滑鞋参加70周年国庆阅兵，对我而言，一辈子就一次，因为我实在想不到还有什么比穿着轮滑鞋接受检阅还要酷的阅兵，也再回不到20岁。或许我所有的感情都藏在心里，但我永远记得你们的名字，永远记得我们共同奋斗的夏天，谢谢轮滑21（爱你）中队！祖国万岁！

老师评语：

桐雨是我们队里最努力的一名队员，其实最初挑选队员的时候你也有过担心，我也曾动摇过，因为你的运动天赋确实不是很优秀。但是后来每天的训练以及课后自己的练习，你逐渐打消了我的顾虑。每当我经过轮滑场的时候，都能看见你在练习，一遍又一遍。你知道自己并不是天赋过人，所以你就用最大的努力浇灌自己，也正是因为这样，赢得了我对你的信心，让我看见了你的可能性，也教育了我，让我更加坚信，努力，就是自己给自己最大的天赋！

有付出，就有收获

欧洲学院　张诗郁

我的训练感悟就是——有付出就一定有收获。听起来有点俗气，但是这就是我这两个月以来所有的故事，一个从没有机会到成功的故事。

我和天安门的缘分，按理来说，在暑假接到老师的消息“你被调到文宣中队”时就已经结束了。但是在机缘巧合之下，我又重新穿上了轮滑鞋，重新加入了轮滑中队的训练。只不过那时候我还只是一个连姓名都不配拥有的陪练而已，和其他注定要上场的队员不一样，我一开始就注定了徒劳无果。但是没关系，我还是很开心地每天坚持训练，因为我喜欢轮滑中队里每一个人都拼命努力的样子，看着他们认真的脸庞，我就觉得自己也不能随便放弃。

暑假整整一个月时间，我和大家一起走过。一起流过汗，一起挨过骂，一起压过腿，一起喝过水。大家从来没有因为我是文宣中队的而对我“另眼相看”，尤其是武林老师对我的严厉程度和其他队员一模一样，丝毫不因为我“身兼数职”而对我放松要求。当然，我是该谢谢他的，要不是他的一视同仁我也不会有最终上场的机会。

如果一定要说我为什么心这么大，明明知道自己最后去不了天安门还愿意天天“浪费”时间训练，那真的只能“归罪”于我的队友们了。我在训练间隙，在其他队员接受采访的时候，听到一位队员这么说：“刚开始我没想着好好练习，就想着马马虎虎会就行了。但是后来我看到自己身边的同学受了伤还坚持训练，每天比我还认真，我就觉得自己不能这样敷衍，我不说我对得起祖国母亲，对得起人民的检阅，但最起码我要对得起他们的付出。”我觉得这也是我的原因，是我从来轮滑队“玩”，到和大家一起为了最后的表演奋斗的原因。也许谈为了祖国的荣耀有点太过遥远，谈为了代表学校也有点不切实际，但是我每一天的训练都要对得起和我一起挥洒汗水的队友，我要对得起受伤后风轻云淡的“没关系”，对得起跌倒后第一反应不是摔得好疼而是立刻“滚离”队伍不影响后面的人滑行的大胸怀，对得起拄着拐发了烧，就算坐着也要在轮滑场边看着大家的所有目光。我要对得起每一滴流下的汗水，每一滴强忍的泪水，每一个奔跑的身影。最起码，我要对得起他们，我不能让这些努力全都白费。这就是我所有坚持下去的动力，所有向前滑行的能量。

后来开学了，我被告知成为一名替补队员，也就是说我有了那么一丝去天安门的机会。这是我的机会，也代表了我新的责任。成为替补，意味着我有可能出现在任何位置上，轮滑队里，大家每个人都有自己固定的位置，都有自己固定的节拍和动作。这就意味着我要掌握每个人的动作。我讨厌自己没有固定的位置，我讨厌因为自己而影响整个队伍的表演效果，我讨厌当替补。我真的很讨厌，对我自己很讨厌。那段时间的我，每一次摔倒后心里都是满满的怨气，怪天怪地怪老师怪地面，就是没想过自己的问题。我上场，心里想的是，新的位置，又要摔跤了；不上场，心里想的是，连个位置都没有，白坐着浪费时间，还不如回去学习。

我带着满腔的怨气，直到有一次合练，我和另外一个队员一起摔倒。他摔倒后腿蹭破了皮，但是他一句话都没说，站起来立刻追上队伍。我什么事都没有，却开始流眼泪。那一刻，我一下子就明白了老师之前不停说给我听的，“你该长大了”。

那个队员没哭是因为觉得错在自己，他应该努力去避免错误的再次发生。而我哭是因为我觉得我摔倒全怪老师给我安排的位置不好，全怪我是替补。

这就是长大的人和没长大的人的最大区别，一个知道从自己找问题，改变自己才能改变世界；而另外一个，心里只有对客观因素的埋怨。这个道理是随处可见的大道理，可是那一刻，我切身体会到了它的意义。我第一次质问自己，你什么时候才能长大?

后来就是“最烂俗的电影”，在我不知道的地方，老师使出浑身解数帮我争取到了机会，我终于转正。我知道这个来之不易的机会是老师希望我坚信的最后一个大道理：坚持就一定会成功。但是我觉得我已经收获了一辈子都难以忘记的美好回忆。这个夏天，谢谢你们陪我度过。

老师评语：

你是被老师磨炼最久也是最苦的一个，是你的热爱和坚持成就了你正式表演队员的机会，跟你有相同经历的同学没能坚持住，而你却不屑名义上的小委屈，在知道自己是替补队员的情况下依然严格地要求自己，将自己看作一名正式队员，用相同的标准在要求自己。虽然在这个过程中你吃了不少的苦，但老师都看在眼里。正是你的这份无畏和坚持，让你成为最后一名正式演员，与我们一同迎接光荣的时刻。希望你能在以后也发扬这样的精神，即便困难，也要咬定青山不放松，做最坚强的铿锵玫瑰！

在轮滑中收获感动

商学院 郭宇豪

从 7 月 26 号到现在，经历了两个多月的训练，我们终于正式登上了属于我们的舞台。这两个月，我们作为一支特殊的轮滑元素，所经历的也注定不平凡。从步履蹒跚到健步如飞，从幼稚到成熟，从弱小到强大。如果说我们经历了什么，可能要说上几天几夜。

如果说这次这个活动对我来说意味着什么，我想说在踏上十里长街的那一刻，那是我一生中离祖国最近的时刻。当我们接受习主席的检阅，接受人民的检阅，将中国新时代青年的风采展现给世人时，心中冉冉升起的，是强烈的民族自豪感。我为中华上下五千年所创造的悠久文化而自豪，为新中国成立后共产主义力量的蓬勃发展而自豪。我知道我的祖国已经不再是被人欺压的半封建半殖民地国家了，我们已经是在世界上拥有举足轻重地位的大国了。

这两个月来，我收获的更是一群无话不说、携手与共的战友。武林老师说过，这两个月你们在一起的时间，应该是除了在宿舍睡觉的时间以外最长的了。我们一起训练，一起打球，一起吃饭。记得开始参加训练的时候，彼此还不熟悉，之间没有什么交流，只顾自己的训练。但通过一次次的合作，彼此了解越来越深，用老师的话说："慢慢地，你们看背影就知道他是谁，知道你的兄弟早上起来穿什么颜色的袜子。"后来好像我们真的做到了，队友的一举一动都知道，甚至通过表情我们就知道他或她身体哪里不舒服，然后主动上前询问、关心。

而这两个月来，对我、对这个团队帮助最大的就是武林老师了。在我们情绪低落的时候，他第一个站出来给我们安慰。当我们心情浮躁的时候，他会立马出现在我们面前严厉批评，把我们的错误扼杀在摇篮里。训练的时候，他是教练，是一位严师；而在私下里，我们就像同龄人一样无所不谈，毫无年龄之间的代沟，毕竟他也没比我们大多少。而在我们看不到的地方，他付出了更多。为了让我们安全训练，他同上级无数次商讨方案变动。每次我们出现问题的时候，他整夜整夜地睡不着觉。肉眼可见的是，20 多岁的他已经零星地长了白发，可见他为我们操碎了心。

最后更要感谢学校以及东城区的领导们为我们提供的后勤保障。在炎热的夏日，我们可以喝上凉爽的酸梅汤；我们走到哪里，保卫处的哥哥们就跟到哪里为我们的训练拉起警戒线；保障训练，领导为我们提供的物资，让我们在天安门走过时脚下有根。在活动前，我很害怕失误。经过了两个月的训练，我内心就已经确定，我不可能会失误，因为所有的动作已经是我的下意识动作了。

经历了这次活动，我爱上了轮滑，我爱上了我的团队。愿祖国繁荣昌盛。

老师评语：

宇豪，眼看着你成长，从一个零基础的滑者逐渐成长为队里的骨干，这让我十分欣慰。在队里我从没有给你多少的褒奖，相反总是让你干活，甚至会因为你做事的细节批评你，对你，我是足够的严格。但是你谦虚地接受，默默地付出，从来没有因为这些磨灭了你的积极性。老师希望你能知道，男生，就应该这样成长，知敬畏，懂尊重，心胸宽广，有容乃大，肩挑日月，手磨乾坤。在队里给你的打磨，终会让你在未来的岗位上开花结果。

不负坚持，不负选择

商学院　郑婷芝

从天安门回来之后睡了一觉，醒来还是有点没缓过来，原来都已经结束了。从2019年7月6号开完会到现在，两个多月的时间，却仿佛过了很久很久了。

暑假前我的脚腕意外扭伤了，医生跟我说至少休息一个月才能恢复。我当时很紧张，担心会被移除队伍，无法参加这次重大活动。我怀着忐忑的心情发微信给武林老师说明了这个情况，他语重心长地问我自己觉得两个星期的暑假能不能恢复。我跟老师说我有信心恢复，真的特别想参加这次国庆群众游行活动，说了很多心里话。武林老师也很感动，跟我说了一些鼓励的话。暑假的体能训练没能跟上大家的步伐，这让我感到很愧疚。回校之后，我片刻不敢耽搁，跟着大家投入紧张密集的训练。每次训练前都会绕着操场跑两圈热身，虽然是一瘸一拐地跑，但一次也没有落下。

我记得第一天下午训练的时候突然下雨了，别的中队同学们都跑回宿舍了，武林老师却让我们绕着操场跑四公里。当时其实最担心的是自己能不能完成这次训练，我怀着忐忑的心情淋着雨，一瘸一拐开始跑。武林老师跟我说，要是不行就别跑了，身体要紧。我说我可以。其实当时脚腕已经很疼了，但是我一直在跟自己说再忍忍，再忍忍。我跑得很慢，后来就变成最后一个了。有同学没跑够四公里就回去了，招呼我一起，但是我的良心跟我说我不能这么做。其实这也是自己心里的一个坎，我跟自己说你要是这四公里能跑下来，你跟大家就是一样的，你不会因为暑假体能训练落下了就比别人差。后来大家都跑完了，在那看着我跑完最后半圈。跑完的我是自豪的，是感动的，因为我觉得我做到了，这是我迈出的第一步。

当我穿上了轮滑鞋，脚腕都不觉得痛了，但脱下轮滑鞋之后都是一瘸一拐走回宿舍。或许这双轮滑鞋有神奇的魔力，像是一剂止痛针，让我完成一次次艰难的训练。我知道自己体能还是没有跟上大家，滑行能力也还不够优秀，所以每次规定训练时间结束后我都会留下来加练一个小时左右，想让自己的脚抬得更高一点，动作更优美一点。后来轮滑鞋的轮子只剩下了轮骨，武林老师说看得出来你很努力了。当时有种很自豪的感觉。这几个轮子我一直不舍得扔，觉得是我这段时间努力的印记。

后来我们去地坛体育中心进行第一次合练，因为地面问题，大家都没能展示出前段时间的训练成果。当时得到的是领导负面的反馈，心里真的是很难过，不过也让我们接下来一段时间的训练更加努力和勤奋。我记得有一次早上训练效果不是很好，武林老师让我们集体留下来加练。当时让我们大八字滑行，每次滑十圈，一共六组。当时觉得自己体力完全耗尽了，但是不想因为一次偷懒掉队，靠意志力坚持继续滑。但是身体确实有点承受不住，摔了很多次跤。他们跟我说累了就休息会儿吧，我说没事，把眼角的泪水擦掉爬起来继续滑（有时候自己也会被自己感动到，哈哈）。

这次活动中我还结识了一位很好的朋友，感觉彼此特别合得来，在没有手机的休息时间我们有聊不完的话题，讲不完的笑话，现在的笑声都是一样的。感觉自己很幸运，在这次活动中还能收获一位知己。

今天走完后歆森号啕大哭，我说你笑死我了，其实自己心里也五味杂陈。有时候会觉得武林老师对我们太严格了，但是谢谢他对我们的严格。

小轮车大哥们说，80 周年见。其实大家都清楚，很多回忆到这里就结束了。

我知道轮滑中队有很多人以后都再也不会相见，但是很感谢这段时间遇见了他们。谢谢我们一起坚持了下来。

文字和照片是个好东西。总是能记录美好，供人怀念。

在回校的路上，杨悦说，我好想再走一遍。很多回忆到这里就结束了。以后我在生活里可能也很难再接触轮滑。但是这段时间真的很美好。谢谢自己的坚持，谢谢我们的选择。

老师评语：

每个参与国庆群众游行活动的同学都在身心上留下了这个夏天里最独特的印记，婷芝也不例外，之前上轮滑课的时候就已经受过伤，现在来参加训练，旧伤依旧没有放过你。但是你没有跟我喊过一次疼，叫过一次苦，轮子坏了也不曾停止训练，这种坚毅的品性十分难得，希望未来无论遇到什么样的困难和挑战，你依然能够坚持自己的初心，这样才是郑婷芝！

一个值得被铭记的夏天

文化与传播学院　张令仪

2019年的夏天就这样过去了，而我在10月2号早上凌晨5点，才清晰地意识到这一点。昨日发生的一切都好像在做梦一样，充满了不真实的感觉。犹记得，这个夏天刚开始的时候，我在家休息了10天，与发小们才度过了一天开心的时光就不得不踏上去往北京的火车，心里充满了不舍和眷恋。

7月26号，训练开始了。这之后的每天，我们与烈日酷暑为友，与饥饿疲惫为伴，偶尔也伴随着感冒和伤痛，我们在学校的轮滑场上训练动作，也在校园的水泥地上训练体能，在地坛软绵绵的操场跑道上与摩擦力斗争，也在天安门坑坑洼洼的地面上与砖缝抗争到底，在轮滑场上摔到过尾椎骨，也在大兴的训练基地摔破过手肘和膝盖，走路的时候也膝盖酸痛。我们见过深夜一两点的北京，宽阔的街道上只有车辆来来去去，也见过凌晨四五点的北京，凉风和静默各占二分之一。睡眠不足的我们很困，有时我们躺在地坛的操场上睡，有时睡在体育馆的凳子上，有时躺在大兴训练基地的草垛里，有时睡在良乡机场的道路两旁，有时睡在阅兵村的水泥地上，有时在长安街上睡，但大部分时间都是在车上睡，U型枕成了我们的睡觉神器，可以让我们在坐着睡觉的时候脖子不那么酸痛。其实训练强度这么大，按理来说应该是得瘦的，但我还是没瘦，甚至还胖了。因为伙食很好，就我吃货本性来说，每天吃得都很棒，训练基地发的盒饭有鱼肉有鸡腿有土豆牛肉，还有我最爱的虾，餐包里有面包牛奶八宝粥，有鸭蛋榨菜火腿肠，有饼干纸巾矿泉水，有酸奶泡面士力架，凌晨去天安门加练的时候领导甚至还专门为我们准备了麦当劳的炸鸡可乐汉堡包，训练之余我们也会聚餐，学校的聚德楼、蜀园、清真食堂以及一食堂的蒸蒸日上都是我们常常去的地方，偶尔还去武林老师家蹭饭撸猫（他家的小七也太可爱了！）。火锅炸鸡可乐啤酒一样没少，简直就是幸福得要发胖，哈哈哈！在这个夏天里，最最难能可贵的应该就是遇到了一群特别特别可爱的朋友，我们同过甘共过苦，一起欢笑一起流泪，一起刻苦训练渡过难关，一起为武林老师准备生日惊喜，为彼此庆祝生日，一起在宿舍楼聚会，约炸鸡局啤酒局电影局聊天局学习局，总是想待在一起，在这个集体里，我从未感觉到孤单，也许可以说我们成就了彼此吧。

参加这次活动之前，爱国对我来说，只是一个书面上的词语，参加完之后，我真正体会到，原来爱国真的是具体的，它体现在每个人做的每一件事，说的每一句话上。朋友圈里的每个人都在艾特微信官方说，请给我一面国旗，身上披着国旗的同学，都小心翼翼地把国旗捧在手里，有个别同学忘了，其他同学也会善意提醒；在长安街两旁等待彩车包夹的时候，装甲车和坦克一辆辆经过，天上呈现清晰的“70”字样的飞机伴随着巨大的轰鸣声飞过时，身边的大叔自发地一一为我们讲解，这是我们国家的后勤部队、这是火箭军制作的东风系列的核导弹……前 26 个方阵的彩车路过时，看着彩车上的国家功勋人物和奥运冠军们，我情不自禁地流下了泪水，我的国家站起来富起来强起来，真的非常非常伟大。那个时候，我的心里只有一句话：“厉害了！我的国！”生在这么好的时代，我真的非常幸运！

新中国诞生于 1949 年，我出生于 1999 年，新中国的 70 岁，我的 20 岁，20 岁有幸参与庆祝新中国的 70 周年华诞，我感到自豪和光荣！付出的一切都非常非常值得！一次受阅，终身光荣，我永远也不会忘记 2019 年的夏天！

老师评语：

令仪一直是我们轮滑中队的技术力量支柱，表演的内容对你来说不在话下，除了自己能做好以外，作为小队长的你还承担了助教的工作，帮助同学们在训练和课余开展练习，提高大家的技术水平，是老师的坚实后盾。希望你在以后也能坚持这份热爱，继续用你的能量感染身边的人，将我们的梧桐之子轮滑队精神继续发扬壮大！

从“小白”到“独家”

政党外交学院　古丽娜尔·肉孜

我们终于完成了使命！！！内心里难以言表的喜悦只能用连续的三个感叹号来表示。记得1号凌晨1点的时候发了一个朋友圈“第二十七方阵轮滑队员出发”，结束后写了“轮滑队员已经圆满完成使命”，其中的酸甜苦辣只有我们自己知道。

其实真的没有想到自己会完整地走下来，一天不差，虽然很多时候身体会出现各种各样的症状，就比如我说脚踝疼膝盖疼脚趾头疼，直到表演前最后一个星期我还摔到了尾椎骨，尾椎骨现在还疼……我从来没想到过自己会坚持下来，记得第一次在人文楼边上滑的时候被小坑绊了一跟头，我直接摔飞了，膝盖挂了彩，我居然忘记了疼痛。说实话，真的没感觉有多疼，站起来就继续滑了，回宿舍后还给伤口边上画了小花，第二天被医生嘲笑然后搓洗伤口给我包扎，那叫一个疼！过了两天我又摔了膝盖同一个地方，直到8月底我才带了护具。现在想想自己真是够坚强，一直想的是自己水平不行，绝对不能落队，等真正表演的时候绝对不能出错，我想是这个信念让我坚持到最后一刻完美地完成了任务。

其次，我觉得自己真的特别幸运，居然能赶上新中国成立70周年华诞并且加入群众游行队伍进行表演，这是无比荣耀、无比难忘的回忆，通俗地讲就是吹牛能吹一辈子的。从一个技术“小白”练到能够顺畅地做表演动作，用老师的话说就是：“古丽，刚学轮滑不到一年就上了大场面。”

我觉得自己能在天安门前进行轮滑表演，更大部分原因是遇到了一个好老师！真的，特别感谢老师当初让我入队，因为最初我还是个“小白”，虽然现在没好到哪儿去，不过当时是真的“菜鸟”一只，再后来遇到各种问题，老师都细心教导我。记得在安定练习的时候，我的鞋子穿着不舒服，脚疼得都要哭了，问老师能不能休息，老师说，老师希望你坚持一下，我坚持下来了，最后鞋子也磨合好了，滑着也顺畅了，真的是太不容易了。一开始我感受不到拿到新鞋子的愉悦，反而感觉脚被上了酷刑，是真的难受。我当时想，我要是磨合好这双鞋，那应该就没什么事做不到！结果我还真磨合好了，太神奇了。后来发了第二双轮滑鞋，第二双也是同样的码数，但是穿着居然特别舒服，那一刻我才知道我已经磨合好了。热爱轮滑一万年，轮滑使我的人生到达了巅峰，使我收获了友谊，让我拥有了一生难以忘怀的回忆！

这个夏天真的是不可思议，当滑过天安门时竟然泪崩了，喜极而泣地跟队友击掌拥抱。7月留给自己，8月献给祖国，9月持续训练！我们做到了！二外轮滑，牛！

老师评语：

训练前你还在问我能否完成任务，打过退堂鼓，每天的训练究竟能否将你们打造出来，你曾有过疑惑和顾虑，但一切的心结，都在最后一次训练的时候解开了，自信勇敢地去完成这项光荣的任务，能把你带出来，是老师的光荣。对轮滑这项运动，你从一开始接触时的害怕到后来的疑惑，最后发现了自己新的可能并深深地喜欢上这项运动，老师的付出得到了回报，你就是最好的答案！

第32“人类命运共同体”方阵

中国，加油！

［赤道几内亚］　安吉

我叫 Jesús Ángel Saka Kawan，我的中文名字是安吉，来自赤道几内亚。下面我想与大家分享我参加 2019 年 10 月 1 日中华人民共和国成立 70 周年庆典的经历。

庆祝中华人民共和国成立 70 周年的活动于 2019 年 10 月 1 日在北京举行，我很高兴能够参加这次活动，有很多外国人在中国，他们愿意参加大型的庆祝活动，还有很多外国人在中国学习或工作，但没有享受这个机会，我相信他们中的许多人都想参加，这就是为什么我感到很荣幸的原因。

10 月 1 日早上 4：00，我们从学校出发，与我的同学一起去天安门代表我们的大学参加活动，游行方阵里一共有 1800 多名中外学生。

我参加的方阵，还有不少外交使节及国际商人代表。

游行期间可以观察到对中国发展做出贡献的人物以及中国已经或正在为世界做出贡献的人和影响世界的事物。比如建筑物、环境、农业、畜牧业，电信、互联网和 5G，火箭，您还可以看到第一位进入太空的中国公民的形象等，非常壮观。

我们从早上 4：00 到那里，直到下午 4：00 才返回，整整 12 个小时，虽然很累，但是非常值得，正如我上面所说的，这是很多人都想参加的活动，但并不是每个人都有这个机会，我很珍惜它。

最后，我要感谢这次活动的组织者，中国政府邀请外国友人参加见证中国的改革和发展。

老师评语：

安吉同学在二外已经学习了六年，现在攻读 MBA 硕士专业。该生入校以来学习努力，团结同学，积极参加学校组织的各项活动。安吉同学在本次国际大队中是国际学生骨干，协助中队长做好考勤及训练组织工作，受到老师和同学们的一致认可。

Ánimo China

Equatorial Guinea　Jesús Ángel Saka Kawan

Hola，mi nombre es Jesús Ángel Saka Kawan de la República de Guinea Ecuatorial. Hoy me gustaría compartir con ustedes mi experiencia sobre mi participación en la celebración del 70 aniversario de la República Popular China el mes de octubre de 2019.

El evento del día de la celebración del 70 aniversario de la República Popular China celebrado en Beijing el día 1 de octubre de 2019，fue uno de los eventos más importantes en los que he participado durante mis seis（6）años en China y estoy muy agradecido de haber podido participar en este evento，hay muchísimos extranjeros que están en China y que les hubieran gustado participar en la celebración de un evento de gran índole，también hay muchos extranjeros que han estudiado o trabajado en China y que tampoco han gozado de esta oportunidad，estoy seguro que a muchos de ellos les hubiera gustado participar，es por eso me siento muy honrado.

Sobre el evento，fueron las 4：00 de la mañana cuando salimos desde nuestra universidad "Beijing International Studies University (BISU)" con mis compañeros para ir a representar nuestra universidad，una de las que fueron invitadas a participar en este gran evento de índole internacional，representando así a más de 1800 estudiantes repartidos entre estudiantes Chinos y extranjeros，la experiencia fue bastante buena，ahí pude ver el desfile donde se mostraba todo el crecimiento y desarrollo que China ha podido lograr desde el 1 de Octubre de 1949.

En el evento hubo desfiles militares，también desfilaron empresarios internacionales o diplomáticos，hubo desfiles a nivel de regiones o provincias y con sus respectivos ecosistemas como son Tianjin，Guangdong，Liaoning，Heilongjiang，Shandong，Shanxi，Shaanxi，Beijing，Chongqin，Shanghai，Fujian，Sichuan，etc.

Entre el desfile se pudo observar todas las cosas que han contribuido al desarrollo de China y cosas que China ha y/o está aportando al mundo. Como son las construcciones，el medio ambiente，la agricultura y la ganadería，la tele comunicación，el internet y el 5G，los cohete y se pudo ver la imagen del primer ciudadano Chino que fue al espacio，etc.

Estuvimos ahí desde las 4：00 de la mañana en que salimos de la universidad hasta las 4 de la tarde cuando regresamos，fue un día muy cansado pero que valió la pena por la dimensión del evento，como dije arriba fue un evento que a muchos les hubiese gustado participar pero que no todos tuvieron esta oportunidad，ya que era un evento especial a nivel mundial.

En el día de mañana cuando se hable de esta actividad，podré decir yo estuve ahí en primera fila.

Para terminar me gustaría agradecer a los organizadores de este evento，a la universidad y al gobierno de China por invitar a la comunidad extranjera，en los que me incluyo a participar en la celebración del 70 aniversario de la República Popular China.

Abajo adjunto una foto que tomé con mis compañeros a la 4 de la mañana esperando el transporte para ir a la celebración.

Comentarios:

El estudiante Jesús Ángel 安 吉，lleva estudiando en la Universidad de Estudios Internacionales de Pekín desde el 2013 y ahora está haciendo la Maestría en Administración de Empresas.

Desde la llegada de 安吉 en la universidad ha trabajado mucho con sus estudios y hasta la fecha ha estado participando activamente en las actividades de la universidad.

A día de hoy podemos afirmar que 安吉 es la columna vertebral de los estudiantes en este departamento internacional，Ayuda al líder del escuadrón a hacer un buen trabajo de asistencia y organización de capacitación，reconocido por unanimidad por maestros y estudiantes.

中国万岁!

［卢旺达］ 方达

初次来到中国时，我对中国并不了解，于是我开始阅读有关中国的书籍，我想了解中国是如何成为一个伟大的国家的。后来我偶然发现了一本叫《中国梦》的书。我开始读这本书，里面有中国成功的路线图，当我读这本书时，我意识到中国是如何被外国列强压迫的，但中国人从未停止过为独立而斗争。当我读这本书的时候，有一些人启发了我，比如林则徐、魏源、龚自珍、周恩来、毛泽东和邓小平。上述人物都为中国的价值观、尊严和中国的主权而斗争过。我知道如果他们在这里，他们会非常自豪地看到这些梦想成为现实。

2019 年 10 月 1 日，当我参加中华人民共和国成立 70 周年庆祝游行活动时，我的梦想变成了现实。我的脑海中浮现出中国从何而来以及它在工业发展、国防、农业科技等诸多领域如何发展的景象。对于我个人来说，这就是我要告诉我的孩子们的故事，因为中国的榜样力量对于其他仍在实现梦想的国家来说应该是非凡的。在阅兵式上，我遇到了许多外国学生，我了解到中国如何通过向发展中国家和发达国家学生提供奖学金，为与世界其他国家分享更好的教育付出了太多的努力。我不能忘记我是如何结交中国朋友的，我和说汉语的中国学生交谈，语言作为我们交流的手段，我感到非常棒，这一切都说明了中国在国际关系中投入了很大的精力。我看到很多来自不同国家的外交官，这是中国和平发展的一个标志。

最后，我想说，中华人民共和国成立以来，同非洲、美洲、亚洲、大洋洲等全世界许多国家建立了友谊。如果回顾历史，你可以看到中国因为殖民帝国主义而遭受了多少苦难，但他们心中、头脑和灵魂中从未停止过爱国。他们坚持不懈、纪律严明、坚定不移地为民族独立和复兴而斗争。现在中国的成功在世界上引起广泛关注，尽管还有很多事情要做，但是每个人都在问自己，中国是如何做到的。中国万岁。

老师评语：

方达同学来自卢旺达，是获中国政府奖学金学生，该生入校以来学习认真，出于对中国文化的兴趣，大量阅读了中国历史文化的有关书籍。他积极响应习近平总书记关于构建人类命运共同体的倡议，接到通知第一时间积极报名参加了本次国庆

70周年群众游行活动。方达在游行中表现出色，获得老师和同学的一致认可。活动结束，方达受邀参加经济学院2019年度表彰典礼，分享自己在70周年群众游行中的所感所悟，获得强烈反响。

Imyaka 70 ubushinwa bumaze bwijyenze

Rwanda　Mutijima Emma

Bwambere njyera mubushinwa nagize amatsiko yo kubumenyaho，ntagira gusoma ibitabo bivuga kumateka yabashinwa nigihugu cyabo，nashakaga kureba aho ubushinwa bwavuye kugirango bujyere aho bujyeze nk'igihugu cyigihanganjye.

Ubwo ntaje kubona igitabo kitwa inzozi zubushinwa（china dream）ntangira kugisoma mbona igishushanyo mbonera cy'inzira igoye abashinwa baciyemo kugirango bijyenge. Ubwo nasomaga icyi gitabo nabonye uburyo baribarazahajwe nampatse ibihugu yabikoze no muri Africa iwacu，ariko ibibyose baciyemo nibyabaciye intege zoguharanira kwijyenga. Muriki gitabo harabagabo nasanze bari urugero rwiza barabaye kwisonga mubarwaniye kwishyira ukizana by'abashinwa abo harimo linzexiu，weiyuan，gongzizhen，zhouenlai，maozedong na deng xiaoping，iyo barikuba bajyihari barikunezezwa naho ubushinwa barwaniye bujyeze.

Tariki yambere y'ukwakira nagize amahirwe mba mubari mu karasisi k'imyaka 70 igihugu cy'ubushinwa cyimaze cyigenze，turimukarasisi ishusho nakuye mubitabo yerekana ubushinwa bwakera yagumaga inza mu mutwe，ndeba kure bavuye ubu bakaba barateye imbere muri sectors zose nk'inganda，igisirikare，ubuhinzi，ikoranabuhanga na science nibindi byinshi .byaranejeje abashinwa nabanyamahanga badefila，babyina，baririmba indirimbo zo kwibohora bazunguza amabendera bishimiye umunsi w'bwijyenjye bw'abashinwa. Iyi ninkura tuzabwira abana bacu ndetse bikwiriye kubera urugera ibindi bihugu bikirimunzira igana kunzozi Zabyo. Ubwo twari mukarasisi nahuye nabanyeshuri bava mubihugu byinshi，ibibyose byerekana ubushake ubushinwa bufite muguteza uburezi imbere aho butanga scholarships kubanyeshuri mu b'ihugu byateye imbere ndetse nibiri munzira y'amajyambere.muri iki kirori nahahuriye nabanyeshuri babashinwa batangazwa nokubona tuganira m'ururimi rwabo，ibi byose bigaragaza imbaraga abashinwa bashyize mu bubanyi namahanga，bikaba.

Nikimenyetso kiterambere ry'amahiro.

Ndasoza mvuga y'uko isabukuru y'imyaka 70 ubushinwa bumaze bwijyenze yerekana ikirango cy'ubushuti n'ibihugu byi migabane yose，Africa，America，Asia na Australia . Usubiye mumateka wabona uko abashinwa bavukijwe uburenganzira bwabo n'bagashaka buhake ariko ntibateshutse gukunda igihugu cyabo mu mitima，roho n'ibitekerezo byabo.

Bakomeje guharanira uberengazirabwa bo kandi bafutite indaga gaciro，umurava no guhozaho.ubu ibikorwa byabo birihose kw'Isi n'ubwo hakiri byinshi byo gukora ariko abenshi barakibaza uko ubushinwa bwabijyezeho mugihe gito.

Emma Mutijima n'umunyarwanda wahawe igihembo cyo kwiga mubushinwa agihabwa na leta y 'ubushinwa，kuva yajyera mubu shinwa yashyize umuhate，n'umurava mumasomo yiga arushaho no kugenda asoma ibitabo bivuga kumateka n'umuco wabashinwa. Yavuze no kuri Perezida Xi jinping uburyo yagize uruhare mukubaka ubushinwa akaba akinakomeje kubaka ubushinwa bubereye abashinwa . Mutijima akaba yaritabiriye，akanajyira uruhare m'umuhango wo kwizihiza imyaka 70 ubushinwa bumaze bwijyenze Bikaba byarashimije abarimu be nabanyeshuri bigana. Nyuma yaho Mutijima yaje gutumirwa m'umuhango wo gutanga ibihembo mwishami ry'ubukungu muri 2019，asangiza abaraho uko by'aribimeze m'umuhango w'imyaka 70 ubushinwa bumaze bw'ijyenze binezeza abayobozi nabanyeshuri bari bitabiriye umuhango wo gutanga ibihembo mw'ishami ry'ubukungu.

大国风范

［韩国］ 李恩芝

2019年是新中国成立70周年。与此同时，我今年是二外本科大四学生，因为下学期就要毕业了，所以这一年比较忙。即便如此，为了热烈庆祝这个伟大的日子，作为一名游行群众，我很幸运地参加了庆祝中华人民共和国建国70周年的国庆节活动，经历了我人生中前所未有的体验。

不光是我们国际学生，很多大学的中国学生和很多团体也来参加了这次活动。国际学生的任务比较简单，就是从东单到西单挥着手“健步走游行”。由于这个距离很远，而且我们都熬夜排练，从凌晨3点开始准备游行，腰酸背疼，疲惫不堪。但是开始游行的时候，大家都尽力而为。

数千群众游行时，大家各司其职，有些群众穿着很正式的服装，有些戴着五颜六色的行头，这些都更衬托出游行的隆重。还有几十辆游行彩车，代表中国各个省的特色。天上喷气式飞机一架接着一架，在天空中盘旋，为国庆增光添彩。我觉得这都是因为是中国，是大国才能做到的事，是大国风光。2019年10月1日，这一天在我的留学生活中留下满满的回忆，这件事，我终生难忘。

活动当中，让我感动的一瞬间就是大街上和胡同里的中国人都给我们热烈加油。他们向我们鼓掌并欢呼：“加油！你们很厉害！谢谢祝贺国庆！”听到他们的鼓励，我心中涌起一股力量。我感受到了中国人的热情好客，参与这次活动，我颇觉荣幸。这真是一次有价值的体验，这个活动留给我很多收获，让我开了眼界，扩大了视野，拥有了很宝贵的经历。我很期待今后所有的中国活动，有机会我还想参加庆祝中华人民共和国成立100周年。再次感谢学校能让我参加活动，给我的留学生活留下了很宝贵的记忆。

老师评语：

李恩芝同学来自韩国，在二外学习汉语言本科专业。该生入校以来学习认真，尊敬师长，团结同学，积极参加学校组织的各项活动如亚洲文明嘉年华以及本次国庆70周年群众游行活动。在国庆游行中李恩芝同学表现出色，获得老师和同学的一致认可。

대국의 풍격

제 32 번 인류운명공동체

한국 이은지

2019 년은 중국의 건립 70 주년 기념해 입니다. 그리고 저는 올해 얼와이 본과 4 학년입니다. 다음 학기가 바로 졸업이기 때문에 바쁘게 학교생활을 보내고 있습니다. 그럼에도, 이 중국의 위대한 날을 축하하기 위해 저는 운 좋게 퍼레이드 관객으로서 중국 건국 70 주년을 축하하는 국경절 행사에 참석하게 되었고, 제 인생에서 가장 특별한 경험을 했습니다.

유학생들뿐만 아니라 각 대학의 중국 학생들과 많은 단체 사람들이 와서 이 활동에 참여했습니다. 우리 유학생들의 임무는 손을 흔들며 힘찬 걸음으로 행진하는 것이었습니다. 동단에서.

서단까지 걷게 되었는데 가까운 거리가 아니기도 하고, 밤을 새며 리허설 하며, 새벽 3 시부터 행진 준비를 하면서 발과 다리가 아프고 다들 피곤함에 지쳤지만, 행진이 시작되고서는 모두 진지하게 최선을 다하였습니다.

수 천명의 행군이 행진할 때, 모두 각자의 임무에 따라 의상과 퍼레이드 소품이 달랐어요. 어떤 행군은 정식적인 복장을 갖춰 입었고, 어떤 팀은 알록달록한 의상을 입었는데 이것들이 퍼레이드의 위엄을 돋보이게 해줬다고 생각합니다. 그리고 퍼레이드카도 수 십대 있었는데, 각각 중국의 각 성들의 특색을 살려 디자인되었어요. 하늘에는 수 십대의 제트기가 열에 맞춰 날아다니며 국경절을 더욱 영예롭게 만들었던 것 같아요. 저는 이 모든 게 중국이기 때문에 가능한 일이라고 생각합니다. 2019 년 10 월 1 일은 저의 유학 생활 중 평생 잊지 못할 기억으로 남게 되었습니다.

활동 중에 길거리와 골목의 중국인들이 우리가 행진하는 모습을 보면서 힘내라고 응원해주었는데 이게 저에게 가장 감동적인 순간이었습니다. 우릴 향해 박수치면서 "힘내! 너네 대단하다! 우리의 국경일을 축하해줘서 고마워!" 라고 응원해주었는데, 그 소리를 들었을 때는 중국인들의 따뜻함도 느낄 수 있음에 정말 힘이 났던 것 같아요. 이 활동을 참가하게 된 건 정말 영광스러운 일입니다. 정말 가치 있는 경험이었고, 이 활동을 통해 많은 것도 얻었고, 시야도 넓어졌고, 정말 소중한 경험을 갖도록 해 주었습니다. 이제는 중국에서 열리는 앞으로의 모든 행사들이 기대돼요, 특히 건국 100 주년 기념을 볼 수 있다면 얼마나 좋을까요! 다시 한 번 이 활동을 참여할 수 있도록 해주고, 소중한 경험을 하게 해준 저희 학교에게 감사드립니다!

평가:

위 학생은 한국 유학생으로, 북경 제 2 외국어 대학 한어원본과생 입니다. 입학 이후, 성적이 우수하며, 선생님들을 존경하고, 학우들과 잘 어울리며, 아시아문명카니발이나 건국 70 주년 경축행사 등 학교 활동에 적극적으로 참여하였습니다. 본 행사에서 좋은 활약을 해 내었으며, 선생님들과 학우들에게 인정받았습니다.

令人难忘的回忆

[缅甸] 夏成康

首先我要感谢学校推荐我参加这次活动。这次的活动给我留下了难忘的回忆。

在活动中我亲眼看到中国这些年来是如何发展起来的。虽然我们排练时间不是很长，但我们还是有了如此美好的经历，并且交了很多新朋友。更重要的是我们亲眼看到中国的强大和精彩，这真超出了我的想象。带领我们参加活动的老师非常友好，对活动的过程说明非常详细也很幽默。在活动中一切都很安全，让我们感觉很舒服。活动的过程中，我们有很多美好的记忆，其中之一就是我们在午夜聊天、玩游戏和唱歌。我觉得这是很浪漫的感觉，因为我们在北京市中心过的午夜。

评语：

夏成康同学来自缅甸，在二外学习旅游管理本科专业。该生入校以来学习认真，尊敬师长，团结同学，积极参加学校组织的各项活动如亚洲文明嘉年华以及本次国庆70周年群众游行活动。夏成康同学在国庆游行中表现出色，获得老师和同学的一致认可。

中国，我为你自豪！

［马里］ 张衣笙

我叫 KOMANI MAYENTAO（张衣笙），是马里人。现在我在政党外交学院学习国际事务与国际关系本科专业。我很荣幸受邀参加这次纪念中华人民共和国成立 70 周年的阅兵仪式，同时有机会对这个难忘的活动说出心中的感受。

当我看到国际学生办公室公布招募志愿者的消息时，我立即报名参加。 我参加国庆节活动的主要原因之一是，中国邀请我们参加活动是想向我们表示其对在此留学或居住的外国人的热情，同时展示了中国与世界其他国家之间的友谊关系。从筹备活动的开始，我们就可以感受到中国人民经过 70 年的长途跋涉的不易，70 年来中国人民不断向前迈进，没有任何障碍可以动摇他们，正如中华人民共和国主席习近平在讲话中所强调的那样。

2019 年 10 月 1 日，中国政府在天安门广场隆重集会，庆祝中华人民共和国成立 70 周年。我们国际学生所在的群众方阵是“人类命运共同体”，气氛很棒。我和我的中国兄弟姐妹在天安门广场上载歌载舞。70 年前，正是在这个充满历史和记忆的地方，毛泽东主席宣布了中华人民共和国成立。参加活动的人员很多，有所有行业所有代表，包括商人、工人、护士、学生等。在空中，160 架直升机和战斗机写了“ 70”，并释放出彩色烟雾。群众游行结束时放飞了 7 万只鸽子，象征着和平。到了晚上，烟火表演后庆典最终结束了。

在中国学习的最后 3 年中，我的老师教给我很多有关中国的文化和历史知识。中国是一个非常安全的国家，中国领导人优先考虑社会稳定，其口号是“把稳定放在首位”。 这表明中国领导人坚信，没有稳定的社会，政府将无法实现目标。此外，中国在维护世界和平与稳定中的作用越来越重要，它是联合国维和行动预算的第二大捐款国。

在中国的 3 年中，我深刻地感受到中国共产党的执政水平。这体现在领导能力、执着目标的坚韧性和执行计划的决心上。 各行各业的人们所表现出的希望和非凡的活力也使我感到震惊。

中国语言、文化和神话般的文明让我惊叹不已，而这仍然是许多思想家研究的主题。中华文明是世界最古老的文明之一，其历史可追溯到大约 5000 年前。除了所有这些有形的发展之外，最让我印象深刻的是中国人意识到他们每个人在实现中国梦中所扮演的角色。

1949年10月1日至2019年10月1日，中华人民共和国已经70岁了。70年的奋斗，70年的发展，70年的繁荣与希望。

这种记忆将永远铭刻在我的记忆中，很多年后我会自豪地告诉人们我参加过中华人民共和国70周年庆祝典礼。

老师评语：

张衣笙同学是获中国政府奖学金学生，该生入校以来学习认真，乐于助人，积极参加学校组织的各项活动如亚洲文明嘉年华以及本次国庆70周年群众游行活动。张衣笙同学非常热爱中国，在本次国际大队中是国际学生骨干，协助中队长做好考勤及训练组织工作，受到老师和同学们的一致认可。

La Chine, je suis fier de toi!

32e «communauté pour le destin commun de l'humanité»

Mali　Zhang Yisheng

Je m'appelle KOMANI MAYENTAO（Zhang Yisheng）. Je suis Malien. J'étudie les relations internationales à l'Université des Etudes Internationales de Beijing. J'ai été honoré non seulement d'être parmi les étudiants internationaux qui ont pris part à la vaste cérémonie marquant la soixante dixième anniversaire de la République populaire de Chine mais aussi d'avoir l'occasion d'exprimer mes sentiments au sujet de cet événement inoubliable.

Lorsque j'ai vu l'annonce de recherche des volontaires par le bureau des étudiants internationaux je me suis immédiatement inscrit. L'une des principales raisons pour lesquelles j'ai participé à la célébration de la Fête nationale était que la Chine nous a invités pour nous montrer son enthousiasme pour les étrangers qui étudient ou vivent ici ; et pour démontrer l'amitié entre la Chine et le reste du monde. Dès le début des préparatifs de l'évènement，on pouvait sentir les vibrations，l'ampleur et le souffle du peuple chinois unis et fier après une longue marche de soixante-dix ans. Une marche vers de l'avant qui continue et qu'aucun obstacle ne pourra ébranler，comme l'a si bien souligné son excellence Monsieur Xi Jinping，Président de la République Populaire de Chine，dans son discours.

Le 1er octobre 2019, le gouvernement chinois a tenu un grand rassemblement sur la place Tiananmen pour célébrer le 70e anniversaire de la fondation de la République populaire de Chine. Lors des parades, nous portions le numéro 32 et notre groupe s'appelait《人类命运共同体》qui peut être traduit par《communauté pour le destin commun de l'humanité》. L'ambiance était splendide. Nous chantions, dansions et crions sur la place TIANANMEN avec nos frères et sœurs chinois. Soixante-dix avant, c'était dans ce même lieu, plein d'histoire et de remémoration que le peuple chinois était rassemblé devant le Président Mao Zedong lors de son discours de déclaration de la fondation de la République Populaire de Chine. Tous les métiers étaient représentés: entrepreneurs, ouvriers, infirmiers, écolier ; mais c'est la présence de livreurs de repas à domicile qui fit sourire la nation entière. Dans le ciel, 160 hélicoptères et avions de chasse formaient le chiffre «70» et lâchaient des fumigènes de couleur. Le défilé de masse se clôturait par un lâcher de 70 000 colombes, symbolisant la paix.

Au cours des trois dernières années d'études en Chine, mes professeurs m'ont beaucoup appris sur la culture et l'histoire chinoises. J'ai aussi admiré le dégrée de stabilité et de sécurité en Chine. Les dirigeants chinois ont donné la priorité à la stabilité sociale avec un slogan « mettre la stabilité au-dessus de tout». Ceci montre la conviction ferme des dirigeants Chinois que sans une société stable, le gouvernement ne sera pas en mesure d'atteindre ses objectifs. En outre, le rôle de la Chine dans le maintien de la paix et de la stabilité mondiale devient de plus en plus important, et il est le deuxième contributeur en importance au budget des opérations de maintien de la paix des Nations Unies.

Durant ces trois dernières années que j'ai séjournées en Chine, j'ai personnellement été émerveillé par le caractère du Parti qui se reflète profondément dans la nation. Cela se manifeste dans la fermeté du leadership, sa ténacité et sa détermination à mener à bien les programmes. J'ai également été surpris par l'espoir et l'énergie extraordinaire manifestée par les gens de tous les horizons de la vie.

La Chine m'a toujours impressionné de par sa culture, sa langue et sa civilisation fabuleuse qui fait toujours l'objet de recherche de nombreux penseurs. Elle abrite l'une des plus anciennes civilisations dans l'histoire du monde datant d'environs 5000 ans. Au-delà de tous ces développements tangibles, ce qui m'impressionne le plus, c'est le caractère de la nation qui anime le peuple chinois; leur prise de conscience individuelle du rôle que chacun d'entre eux a à jouer pour la réalisation du rêve chinois.

Du 1er octobre 1949 au 1er octobre 2019, la République populaire de Chine a 70 ans. 70 ans de lutte，70 ans de développement，70 ans de prospérité et d'espoir.

Ce souvenir restera toujours gravé dans ma mémoire，et des années durant，je dirai fièrement aux gens que j'ai participé à la célébration du 70e anniversaire de la République populaire de Chine.

Commentaire:

Zhang Yisheng est un étudiant boursier du gouvernement chinois. Il est serviable et étudie très sérieusement tout en participant activement aux différentes activités organisées par l'université telles que le Carnaval de la civilisation asiatique et le 70e anniversaire des activités de défilé de masse de la fête nationale. Zhang Yisheng aime beaucoup la Chine. Dans cette équipe internationale，il était la colonne vertébrale des étudiants internationaux，pour aider le professeur à faire un bon travail dans les préparatifs et l'organisation de l'évènement. C'est ainsi qu'il a été unanimement approuvé par ses professeurs et les autres étudiants.

中国，生日快乐

［英国］　朱莉

我叫 Juliet Duret，中文名字叫朱莉。我是来自英国的研究生，在北京第二外国语学院学习旅游管理专业。2019 年 10 月 1 日我和我的同学们有幸参加庆祝中华人民共和国成立 70 周年的活动。这是一次独一无二、永生难忘的机会。为此，在这里，我想对所有帮助过我和我的同学们的人表示衷心的感谢。

虽然我们排练了很多次，但是参加这么大型的活动，心里还是格外紧张。国庆的安保和管理工作令人印象十分深刻，禁止携带手机，途中换乘两次，为确保现场秩序，警察、路障随处可见，等等。但因为参观人数实在太多，这一切都很有必要。从我们下车到抵达天安门广场，一切都安排得完美无缺。

战斗机在低空飞过头顶、飞机在天空中留下彩色的字、阅兵、舞蹈、合唱等让阅兵游行的过程更加震撼人心。军队方阵声势浩大，群众方阵兴奋激昂。我们外国人能直观感受到中国人民的自豪感和爱国心，能和他们一起祝福中国也让我们格外兴奋和感动。

活动结束后精疲力尽的我们走回大巴，路上又遇到很多热情的中国人，他们向我们表示祝贺，让我们意识到刚刚参加了一个非常重要的活动。

再次感谢学校给我们这次宝贵的机会。祝中国生日快乐。

老师评语：

朱莉同学自入校以来，学习认真，团结同学，热爱中国文化，积极参加学校组织的各项活动。在训练过程中朱莉同学严于律己，认真完成每一项任务。朱莉同学代表学校参加了北京市外事办公室举办的国庆 70 周年群众游行总结大会并在会上发言。

Happy Brirthday，China

UK　Juliet Duret

I am Julie Duret，from U.K. and I’m a student doing the master degree in tourism sciences in Beijing International Studies University. I'm here today to thank the people who made it possible for my fellow BISU students and me to participate in such an event. On October 1st, we had the honor of being invited to parade to celebrate the 70th anniversary of the founding of the People's Republic of China. It was a really unique experience, and I've never seen anything like this before.

We had a few weeks of rehearsals but nothing could have prepared us to the magnitude of the event. The security and organization were more than impressive. No phones allowed, we had to change buses twice, there were barricades, police everywhere keeping crowds at bay. But it was necessary because of the number of people attending. Everything was really well coordinated from the time we stepped out from the bus to the time we walked in front of Tianamen Square.

The parade was just mesmerizing because of the fighter jets who flew low overhead, the colorful messages left in the sky by the planes, the military parades, the dancing, the singing etc. The number of military men and woman was spectacular. Chinese citizens in the parade were really excited and motivated. We could see how proud they were of their country and to be part of the event. It made us feel really excited and proud to be part among them.

At the end of the day, we went back to the bus exhausted, but on the way met a lot of local people who were so happy to see us. They were congratulating us and it made us realize that we just took part to something really big.

Thank BISU again for this amazing opportunity.

Happy birthday, China.

Comment:

Ever since entering the school, Julie has studied hard, become a core member of her class, loved Chinese culture, and actively participated in various activities organized by the school. During the training, she did a wonderful job and carefully completed each task given to her. On behalf of BISU, Julie participated in the 70th National Day Parade Conference held by the Beijing Municipal Foreign Affairs Office where she made a speech.

以青春之名，向祖国献礼

旅游科学学院　陈硕

得到报名参加70周年国庆阅兵活动的消息，距离考研还有不到半年的时间，身边很多朋友都对此有所纠结。一边是在70周年国庆当天走过天安门广场，一边是考研的紧张复习。我对此也想了很久，最后只凭着自己的一种感觉"不去后悔"，压缩了考研的复习计划，每天早起一点，总能复习完的。就这样，从小便学习管乐的我一听到"千人管乐团，千人合唱团"便下定决心，我一定要加入合唱团！

在70周年国庆当天，能在千人合唱团里为祖国母亲送上生日献礼是一种多么辉煌的体验。

参加国庆活动，我从没有后悔过，而且为此无比骄傲。第一次有这种感觉是在国旗班的集训出征仪式上。当黄勇老师问到，国旗班有多少人参加了国庆活动时，几乎所有队员都举起了手。即使没有报名的同学，也是将在这个假期，在其他祖国需要的岗位上无私奉献。2019年7月8日，正当所有同学怀着"七月留给自己，八月献给祖国"的热情准备迎接仅有的几天假期的时候，国旗护卫队队员开始了2019年暑期集训。大家用实际行动践行着当初入队宣誓的初心和铮铮誓言。集训结束后，队员中最长的休息了9天，最短的仅有两天就回到学校开始了国庆的训练活动。今天放假回家，明天向祖国报到。这就是国旗班的精神所在。

训练并不像想象得那么简单。乐器需要熟练程度，而合唱不仅需要熟练还需要音准。无伴奏四声部、双声部、大跳音、高音，这些在管乐中不那么难的技术在合唱里变得异常困难。那个时候，我们发现，运动之后，高音会好唱一些，为了唱出高音，所有男高声部的队员一天要做近百个俯卧撑，唱不上去就先做20个。就这样，大家不仅练出了演唱时的默契，还练出了一身肌肉。

那一天如期而至。国庆当天，所有人都无比兴奋，早早地就准备好踏上为祖国庆生的征途。阅兵开始，所有人都用自己最饱满的热情唱出对祖国最美好的祝愿。当最后的"歌唱祖国"响起后，大家再也抑制不住热泪，在那一刻，我们对祖国的爱迎着气球、和平鸽以及14亿中国人的目光迸发出去。在回去的车上，大家依旧不嫌累，一首接一首地唱着演出曲目。

3个月，88天，85个人，一个暑假。大家都放弃了很多，但也收获了很多，所有人都在默默努力着、拼搏着，不知道以后还有没有机会把这些歌曲尽情地唱一遍。国庆结束了，大家又开始了紧张的学习生活，但是，我们这些人的身上似乎又多了点什么，朋友圈里多了一些精美的图册，胸前多了国庆纪念徽章，身边多了很多一起拼搏的朋友，心里多了一份“精精益求精，万万无一失”的精神。

老师评语：

作为一名高年级学生，陈硕同学以积极饱满的热情、不怕吃苦的精神坚持参加合唱训练，认真完成每一次排练、合练任务。他经常主动帮助老师整理物资，为同学们提供力所能及的帮助，全情投入活动的每个环节中，用实际行动为学弟学妹们树立了榜样，为他点赞！海棠花开，华彩绽放，愿参训同学将这个夏天难忘的回忆、真挚的爱国之情化为前进的动力，在未来的学习生活中传承二外精神，用更加优异的成绩为祖国的建设、民族的复兴贡献新时代青年的力量！

歌声中的爱国情怀

文化与传播学院　于海琪

2019 年 7 月，1000 多名二外师生因为一个特殊的机遇走到一起，共同组成了 4 支特殊的团队，承担起了 90 后、00 后一群青年人应有的责任与使命。很幸运也很自豪我是众多人中不可缺少的一员，能够在国庆当天站在天安门广场为祖国而歌唱。

加入合唱，是意外的邂逅，更是这个夏天最美好的遇见。求是楼 10 层排练厅承载着我们太多的汗水与泪水，每个人都克服着或大或小的困难而努力地唱好每一首歌，也正是团队里每一个二外人的努力，让我们能够站在广场中心为祖国歌唱。广场上呈现的歌声与我们拿到歌谱开始练习时的歌声音准与音色的差异简直是惊人的。88 天的准备，53 次训练，16 次大合练，1 次正式演出。老师同学们之间从素不相识到最终成为无话不说的好朋友，训练过程中的苦与甜，只有经历过，才能笑着回忆。

3 个月的时间转瞬即逝，回想从排练到演出的日子，最想说的还是“感动”与“感恩”。

“感动”于自己从一个合唱“小白”成长为歌唱方法、状态俱佳的合唱表演者；“感恩”于一路帮助过我的专业老师以及小伙伴们。

“感动”于每次在团建中收获爱国情怀与快乐体验的我们；“感恩”于老师每次提前为我们精心准备的训练之余的小惊喜。

“感动”于无论凌晨还是夜晚接送我们上下车的辅导员老师们的身影，“感恩”于老师在为我们走上合唱表演区而在背后默默的付出。

“感动”于我们能通过许多的文字形象资料回忆这令人刻骨铭心的大事件，“感恩”于这些为活动奔波的摄影师及幕后工作者。

“感动”于在 70 周年国庆这一天在天安门热泪盈眶的我们，“感恩”于为新中国 70 周年庆典而付出努力的每一个人，更“感恩”于祖国母亲的繁荣昌盛……

在感动与感恩之余，我们也在这次活动中潜移默化地接受着最好的爱国主义教育。以前爱国总是嘴上说说，而此次通过切身参与国庆活动，爱国主义的痕迹在我们心底留下了永远的烙印。我们了解着共和国 70 年的光辉岁月，在老英雄的起立敬礼中体会着新中国成立的来之不易，在各行各业的蓬勃发展中感受着新中国的美好，在“女排精神”的引领下践行着新时代中国青年人的奋斗精神。

“没有共产党，就没有新中国……”

“我和我的祖国，一刻也不能分割……”

“歌唱我们亲爱的祖国，从今走向繁荣富强……”

歌声依旧在我耳边回荡，2019 年这个夏天，一起为新中国庆祝 70 岁生日的日子，令 20 岁的我终生难忘。我爱你，中国！

老师评语：

于海琪是文化与传播学院学生会主席，她积极参与本次国庆活动，参加了合唱表演队伍。一个从来没有花这么长时间唱歌的女孩，一个原本与唱歌无缘的女孩，这件事确实为难她了。

但她确实很努力，补习声乐知识，从音准到节拍，到咬字发音，再到整个人唱歌的表情状态，她一点一点努力与我们靠拢。

这样一个“音乐小白”，在打击和磨炼中渐渐找到了最好的状态。合唱团里还有很多很多个“于海琪”，他们都在默默地努力着、进步着。他们的努力成就最美的模样。

国庆印象

中东学院　田科旭

《歌唱祖国》的前奏响起的时候，眼眶还在挽留眼泪，而进入结尾的时候，最后一句歌词伴着漫天的气球，伴着如鼓的心跳，伴着无限的留恋和不舍，甚至伴着一点点怅然若失，脸颊上有滚烫的热泪滑下。“结束了。”我想。我听见我们在鼓掌，在欢呼，在重新歌唱《歌唱祖国》。之后打开通道，军乐团的兵哥哥们开始拍合照，大家起哄、笑闹。然后我们解散，走在去停车场的路上，看到马路对面的部队、武警以及各种兵种的兵哥哥和兵姐姐，看到对面的游行方阵和他们快乐地打招呼。

右边是金黄色的飘带一样的合唱队，左边是带着满满青春气息的游行队伍，中间还夹杂着安保队伍和部队，这是国庆活动结束后留在我印象中的长安街。我们奋斗了近 3 个月的重要活动，落幕了。古人讲“乐极生悲”，其实本意便是如此，极乐之事过后，剩下的余韵和惘然，便是各种之“悲”，这个“悲”不伤，不痛，不难过，是满足之余，对美好事物的留恋和不舍。

回想着近 3 个月的时光，是最初得知假期只有 6 天，不能陪家人的寂寞；是后来遭遇瓶颈时的茫然和焦急，是最初验收时的卖命歌唱、热血沸腾和孤注一掷；是验收时大放光彩后的满足快乐；是后来“点位守护战”时的无措和焦虑；更是最后在天安门前留下的近乎完美的微笑和歌声。仔细想啊，竟是每一步都走得各有滋味。80 多个人，后来走成了一支队伍；天安门广场上金灿灿的 3000 多号人，后来唱成了一个集体。我们叫“大阅兵合唱团”！

我还记得，我们在军乐团驻地的第一次大合练，那天下过雨，我们在雨后的晚上继续排练。那天，天空黑得一点都不纯粹，里面缠绕着雨天特有的雾霭蓝和营地里隐隐约约的光束。那天是我们第一次见到军乐团，第一次觉得伴奏弱爆了，听着现场版的我们，脉搏都和鼓点走成一致。我们越唱越激昂，军乐团的指挥似是发现了什么开关，他先是让军乐团冲着我们演奏，之后又让军乐团面对我们一字排开演奏。那天夜里，黛色的天边有橙黄的闪电不停地把天空打碎，而我们，一直唱到那橙黄的闪电从天边打到眼前。那是一团橙黄色的光球，像极了那晚我们的歌声。那夜十分浪漫，有我听过最好听唱过最满意的《歌唱祖国》，还有光影，来自营地的、天空闪电的、军人眼里的和我们心里的。那夜又十分辉煌，那不是一场演出，我们在没有观众的情况下，好像真的在那首歌里奉献了自己，歌唱了祖国。那夜的眼泪成分一定和最后天安门前的一样，因为无论是在野外的驻地，还是宽阔的天安门广场上，我们歌唱者心中，都住了一句话，叫“我爱你，中国”。

这是我这次活动最大的收获：嘴里是一首首群众游行歌曲，而心里的每一句歌词都可以翻译成“我爱你，中国”！

老师评语：

田科旭同学积极参加合唱训练及各项活动，她和张明曌同学总是坐在一起，两个人常常利用训练间隙探讨声乐演唱技巧，揣摩歌曲感情，反复琢磨，共同进步。宝剑锋从磨砺出，梅花香自苦寒来。他们都是刻苦训练、积极参训、团结互助的榜样！愿他们带着在本次活动中收获的成长与感动，传承海棠之花精神，将这个夏天最美好的回忆、真挚的爱国之情化为前进的动力，在未来的学习生活中，用更加优异的成绩为祖国的建设、民族的复兴贡献新时代青年的力量！

我爱你中国

日语学院　董瑞梓

在中华人民共和国即将迎来70周年纪念日之际，我的学校得到了参与国庆群众游行的机会。这对我们来说是一次宝贵的机会，但也意味着要牺牲一个假期的时间。

我的父亲是一名退役军人，他在我犹豫不决时跟我说了一句话：你能参与国家的阅兵是你的荣幸，这是你不可多得的机会，你必须去。所以，我幸运地成了群众游行中合唱方阵的一员。

训练是艰苦的、乏味的，但更多的是幸运和甜蜜。现在仍然记得训练时的三次流眼泪，让我更加深刻地明白了我们在做着何等有意义的事。

训练期间第一次流眼泪。那天，我一直找不到发声状态，于是在吃了几口饭之后就去排练厅找老师帮忙练习。老师一边弹琴，一边用手压着我的小腹帮我找位置。我收紧小腹，背部靠紧了墙站直了唱。我就这么一直站着，一首歌一首歌找状态、找感觉，不知不觉就已经快十点了，站了近两个小时的我满头大汗。当身体松懈下来的瞬间头晕眼花，那一刻觉得自己真的很累，甚至内心会发出疑问："我为什么要来参加这个活动？为什么此刻不能像大多数同学一样躺在家里度过快乐的闲暇时光？"那一刻内心是纠结的，眼眶湿润了，或许是因为内心的小委屈和不平衡，但我始终没有哭出来。

第二次眼泪是在副校长探望我们合唱团时流下的。张严副校长来了，一切都按照老师们安排的进行，后来开始唱歌，我们一动不动地直直地站着，脸上是老师规定的标准的笑容，提眉亮眼，刚开口的一刹那，眼睛又湿润了，我看到副校长脸上认真的微笑，他的眼里都是安慰与鼓励。在那一刹那我心里开始有些明白了我们唱歌的意义，我们不仅仅只是站在那里唱首歌而已，我们代表的是学校，是国家。在那一刻我们不仅仅是个人，我们代表的更是一种精神，一种荣誉。那一刻心中的自豪感油然而生。

第三次眼泪是在中国传媒大学合练时流下的眼泪。那是我们的第一次大型合练，有许多声乐专家来做检查和指导。我们怀着紧张和激动的心情等待着，检查的老师走进了排练厅，他看起来文质彬彬、饱读诗书的样子，听了其他老师的介绍才知道，原来这位老师就是去年的阅兵活动总策划于海老师，这让我们更加紧张了。当唱到《我爱你中国》这个曲目时，我的眼眶不禁泛起了眼泪。歌词一字字地滑过，脑海里是于海老师每一次大庆站在指挥台上丝毫不敢懈怠的模样，感动和敬佩之情油然而生。我们国家正是因为有着这些“于海老师”而日渐强大。想到这里，眼泪又顺着脸颊流下。

三次的泪水一次比一次深刻，一次比一次更有意义，一次比一次更加让我明白我们站在天安门前唱歌的意义——是我们在为祖国献礼。

老师评语：

作为国庆合唱团的一员，董瑞梓同学积极参加合唱训练，以积极的状态、认真的态度、不怕吃苦的精神，认真对待每一次校内训练、校外合练，在天安门广场唱响了二外学子的最美声音，向祖国报到，为华诞献礼。海棠花开，华彩绽放，愿参训同学将这个夏天最美好的回忆、浓烈的爱国之情化为前进的动力，在学习生活中传承二外精神，为祖国的建设贡献自己的力量！

70周年国庆活动感想

经济学院　李紫香

时间过得飞快，我的生物钟好像已经适应了训练时的那种黑白颠倒的生活，停滞不前，总是睡得很晚，也总是会回想起那段时光。那个时候的我们伴着繁星点点的夜空和弯弯的月亮一遍遍地唱，伴着发出明亮黄色的闪电和绵绵细雨一遍遍地练，再伴着暖暖阳光进入梦乡。那将近三个月的时光，就是这样循环往复。

老师最后总结的时候告诉我们，我们一共参加了53次各类训练，大小合练16次。这三个月就好像一场梦，一下子就过去了，如果可以，我还想再训练几遍，再多训练几遍。

让我印象最深的还是最后的几次合练。在天安门的那最后几次合练，虽然都是在凌晨，但是一点都不觉得困倦、疲惫。那是我第一次站在离天安门那么近的地方，万籁俱寂之下夜色阑珊的长安街真的别有一番美感，还有限定版的夜间游行和花车的炫酷灯光，那所有的一切无一不深深地触动着我，只怪自己文学底蕴太过单薄，不能用华丽的辞藻来形容我所见的一切，只得将一切深深地刻在自己的心里面。

最难忘的还是10月1日的那天，我站在天安门对面的那条街，看着蓝天白云下的华灯与城楼，还有观礼台上挥动的小小国旗和张张笑脸，一切都是那么清晰。军乐团金灿灿的乐器也好像可以传出带有魔法的乐声，让人不自觉地眼中泛起点点泪花。鸣礼炮、升国旗，虽然遗憾的是我们不能回过头，欣赏仪仗队的风姿，但从他们的脚步声中溢出的坚定就足以让我们感到振奋。音乐间隙，思绪翩然，这三个月里，没有假期、没有休息，所有时间被不间断的合唱训练、不敢松懈的体能训练充满着，见过12点还依旧车水马龙的街也见过凌晨4点便微亮的晨曦；之前所有的辛苦、所有的疲惫，在那一刻，所有经历的一切的一切都通通化为了简简单单的两个字，那就是——值得！从未这么近距离地感受过祖国的繁荣富强，从未有任何一刻让我，像那一刻，那么骄傲和自豪，何其有幸能够成为合唱这3000人中的一员，何其有幸能够在现场感受祖国70周年大庆的激昂澎湃。现在回想起来，那每一分每一秒发生的事情好像还是犹在眼前。

国庆活动结束之后，我们坐着返程的大巴穿梭在大街小巷，路上的行人看到了我们，就露出笑脸，向我们用力地挥着手；我们在车上，一遍又一遍地唱着《我爱你中国》，一遍又一遍地唱着《不忘初心》……

我相信这段时光一定会镌刻在我的心底，也一定会成为我所有回忆里最闪闪发光的一段。

我想，报名参加70周年国庆活动这个决定，是我做过的最正确的决定，谢谢那时候足够坚定的自己。最后想说的就是，我爱我的祖国，生日快乐，最好的中国。

老师评语：

作为国庆合唱团的一员，李紫香同学积极参加合唱训练，以踏实认真的态度对待每一次校内训练、校外合练，在天安门广场唱响了当代青年的最美声音，向祖国献礼。在训练中，李紫香同学克服困难，不怕吃苦，自始至终保持着乐观积极且向上的态度。愿她始终保持这种精神，在未来的学习生活中，用更加优异的成绩为祖国的建设、民族的复兴贡献新时代青年的力量！

海棠花开赴征程，七十华诞献国礼

文化与传播学院　李偲钰

2019年9月30日晚上，我躺在床上，脑海里开始回顾3个月来的点点滴滴，无数段熟悉的旋律在耳畔响起，无数个瞬间像放电影般循环播放，难以入眠。

一起为祖国庆生的还有我的两个舍友。今天加油！我们互相鼓励着，准备出发。凌晨3点的北京，毫无困意的我们，向天安门进发的车队，难得一见的国庆夜景……我们准备好了！

2019年10月1日，这一天永生难忘。这是我第一次亲历国家如此宏大的场面，当我站在天安门城楼的对面，和全国乃至全世界的人一起屏气静待10点的钟声响起时，我能清晰地听到自己每一次心跳的声音。

“庆祝中华人民共和国成立70周年大会正式开始！”此时此刻，我知道，我与国家的距离很近。我脚下的这块土地，头顶的这片蓝天，眼前的这场盛典，所处的当今盛世，都是我热爱的。此时此刻，我与对面城楼的国家领导人之间只有一条长安街之隔，我就站在北京最中心的位置，准备为祖国歌唱。

我们是一个很特殊的群体，是一个临时组建的3000人合唱团。在两个多月的不断磨合中，3000个人逐渐成了一个不能分割的集体。我们在无数个日夜一起打磨声音的质量，无数次分组练习找问题，无数次在排练中找共鸣和位置。从7月初开始排练，我们总共学了20首歌，甚至在国庆前20天，我们还接到了要学习一首绝密级别新歌的指令。但这些在为祖国母亲庆生面前都不算什么，我们最终在不断磨合中成了广场中最引人注目的那一抹“西红柿炒蛋”。

即使在之前经历了整场全要素彩排，但真正到了这一天的时候还是会热泪盈眶。我们生在和平年代本就是不易的事，能见证国家盛世更是一件极其幸运的事。我想，当每一个中国人看到中国军队以矫健的姿态走过长安街，各种先进的武器装备亮相世界，飞机从蓝天飞过而不用飞第二遍的时候，心中的爱国热情一定会达到顶峰。这是中国人70年奋斗的结果，这盛世，足以告慰2000万英烈。

这些日子一生可能只有一次了。当全场响起《歌唱祖国》歌声的时刻，7万只白鸽飞向蓝天。抬头仰望天空的那一刻，泪水夺眶而出。3个月的辛苦努力在这一刻得到了彰显，所有情绪迸发而出。就像当初如梦一般的开始，现在又像梦一样结束了。我们跟着前方的军乐团和指挥完成了全场最后的歌唱，而那一刻，我们却都不愿离场。我们所站的地方，正是我们这么多天一起努力过的地方，而现在，我们用3个月的努力见证并书写了新的历史。

如今，我的一个“使命”也完成了。身为国庆宣传队的一员，长达3个月的记录，到现在已经累计记录了13000多字的日记。这里面记录着属于我们合唱团的故事，记载着每一个人3个月以来的成长和变化。这些弥足珍贵的宝藏日子，一定要记录下来，并永远保存下去的。

十里长安街，我们用歌声为祖国献礼。

有关这些岁月的一切，永远也不会忘记。

老师评语：

李偲钰同学是来自文化与传播学院新闻学专业的一名本科生党员。她积极参与合唱排练，发挥自己在钢琴伴奏、声乐演唱方面的特长，热心帮助同学，积极协助老师，发挥着“一个党员一面旗”的先锋模范作用。作为一名宣传员，她用心记录合唱中的点滴感动，留下了弥足珍贵的回忆。愿她带着在这次国庆群众活动中收获的成长和感动，不忘初心，继续努力，坚定前行。

我和我的红色祖国

文化与传播学院　由百惠

“我和我的祖国，一刻也不能分割，无论我走到哪里，都流出一首赞歌……”一首我从小听到大，张嘴就唱熟的不能再熟的歌曲，在这个暑假变得不一样了。

当申请表拿到手里的那一刻，当我真的坐在排练厅里，当我真的与3000人一起合唱的时候，我才意识到，我在做一件多么值得骄傲与珍惜的事情啊。作为校合唱团团长，心中的使命感驱使着我带领所有同学一同完成好这项任务，我们日夜训练，分组合排，每一首歌曲都要做到精益求精，不是为了上级的检查，而是我们希望能给全国全世界的人们呈现一个最完美的礼物。

长达一个半月的封闭训练，我哭过，笑过，累过，但我们从未放弃过。

祖国的力量，将我们85个人紧紧地拧成一股绳。我们一直向前跑，路途很艰辛，有高山、有丘陵、有沼泽也有悬崖，但我们都挺过来了。还记得最初不识五线谱的同学们，一个音一个音地摸索，多少同学牺牲自己的午休时间去找老师单独辅导；又有多少同学悄悄在别的教室练习，一遍又一遍，那一遍一遍反复唱的歌曲又拥有了新的生机。太多的感人片段，回忆起又不禁眼眶湿润，这样的爱国精神是值得所有人尊敬的。

十几首短小精悍的歌曲包含的都是一个时代的故事，每一句歌词抒发的都是时代的召唤与呐喊。排练进入后半个时期，我们开始注重歌曲的情感处理，记得当时在处理《希望的田野上》时，我们组的每一个成员都介绍了自己的家乡，在河南、在重庆、在延庆……当同学们描述家乡的田野时，好像可以从他们的眼睛里看到那一片片玉米地，一片片冬麦，一片片温馨而充满着烟火气息的家乡。有些情感无法用言语表达，那就用歌声传达吧，不知道国庆当天站在天安门城楼的人们抑或是电视机前的人们能否一同感受到从音乐中流露的真情实感呢？

每每翻阅20世纪乃至19世纪那段沉痛厚重的历史，我都心痛不已，为祖国母亲哀叹，对你倍加疼惜。如今，你拨开云雾，扭转乾坤，一跃成为世界第二大经济体。企业家们怀揣家国梦，冲破封锁和壁垒，沿着“一带一路”，带领第三世界国家，和你一道共享发展成果。科技创新进程中，你自立自强，后来居上。科学家们怀着一腔爱国热忱，屡攻难关，勇攀科学高峰，令你成为一些领域的风向标……你

70 年来的惊世成就让世界瞩目，让神州惊叹，让儿女们自豪。

从呱呱坠地到如今为祖国庆生，这 19 年我见证祖国一步步强大崛起，一步步繁荣昌盛，中国声音孔武有力，东方巨星冉冉升起。且以深情诉衷肠，我愿始终坚守初心，脚踏实地，努力读书，奉献青春，与祖国共成长，与时代同命运。愿祖国之树屹立不倒，祖国之花永不凋谢，祖国之水万古长流，愿祖国母亲繁荣昌盛!

老师评语：

在我校的此次合唱任务中，校合唱团团长由百惠同学积极承担各项任务，协助老师组织日常训练。有同学感动于百惠同学的付出，说道：“她会为我们的训练状况而感到焦虑，会为我们的成就无比欣喜，会在队伍里和我们打成一片，会在台上情绪饱满地为我们指挥。我想，不能仅仅用有勇气来形容她，她向我们展示了一个当代青年人该有的精神面貌……”海棠之花，绚丽绽放，愿这种团结互助、热心奉献的二外合唱精神在校园中飘香四溢，传递不息。

为祖国歌唱

欧洲学院　曹世博

2019 年是中华人民共和国的 70 华诞，我有幸报名参加了国庆当天的庆祝大会，这次活动让我更加深爱我的祖国。

我生在 21 世纪的开端，在我生命的 19 年间，我有幸见到了中国社会飞一般的发展，以及国际地位的不断上升。我知道自己现在的生活是十分幸福的，这来自先辈们的奉献和当下祖国儿女的建设与保卫，因此我十分感激祖国为我带来的幸福生活。

2019 年夏天，我主动报名参加到了 70 周年国庆的活动中去，为了可以更好更直接地为祖国庆生。从上个学期的期末考试结束后，我们的合唱队便开始了第一次训练，我们从每一首歌的每一个音符学起，熟悉歌词音准后又开始加入感情。在这两个月的训练当中，在一次又一次的歌唱当中，我一遍又一遍地品味歌词，品味作词作曲家们的情感，慢慢地，每当唱起这些歌曲，我仿佛看到了五星红旗在空中飘扬，仿佛看到了革命先辈们义无反顾地将身躯抛向敌阵，仿佛看到了祖国神州大地的万里山河春秋冬夏。

中国的一切成就我们都看在眼里，我们都为此自豪；如此成就离不开中华儿女前赴后继地为祖国各方面建设的献身。曾经的我太过年少，能做的还只有努力学习，努力成长，为将来打基础；而如今我已成为中国当代的青年大学生，现在的我正值青春，正处于朝气蓬勃的阶段，我已经有机会且有一定能力去报效国家，这次的国庆活动便是机会。中华人民共和国诞生 70 周年，而我幸运地能在 10 月 1 日当天站在天安门广场上，为祖国歌唱，亲眼见证这一伟大的盛典，那一天，我便可以将自己对祖国的自豪与热爱、感激与祝福通过歌声献给祖国。

进入大学后，我想在未来根据自己的专业进入中国外交部，而我也已经递交了入党申请书，这样我就可以更加直接地为国家的外交做出贡献，以一名光荣的中国共产党员的身份为祖国发光发热。因此我从现在起就要开始不断努力，除了刻苦学习自己的专业知识，锻炼自己的专业能力，还要关注国家的情况，关注国际局势的变化。现在的我也不再只代表着我自己，更代表着中国大学生，代表着中国青年，代表着中国！

我的祖国和我，就像大海和浪花一朵，我们构成了祖国，祖国是我们的依托。

我感激祖国，我热爱祖国，我属于祖国。在70周年庆典上，我要放声歌唱，歌唱祖国的大好山河，歌唱祖国的繁荣昌盛，歌唱我们伟大的红色祖国！

老师评语：

作为国庆合唱团的一员，曹世博同学积极参加合唱训练，以积极的状态、认真的态度、不怕吃苦的精神，在声乐演唱方面取得了很大的进步，“十一”当天在天安门广场唱响了二外学子的最美声音，向祖国报到，为华诞献礼。作为合唱团为数不多的男生，曹世博冲锋在前，他不仅担任小队长的工作，还热心协助老师完成物资发放等力所能及的任务。从他的身上我们看到了二外好男儿的责任担当，看到了新时代青年的精神风貌，为曹世博点赞！

不后悔的夏天

文化与传播学院　张铭洋

在我成长的18年间，我于祖国而言，都只是那微不足道的一粟，我的热爱总是挂在嘴上。而在2019年夏天，我终于切切实实地为祖国尽了自己的一份绵薄之力，那就是参加国庆70周年的献礼，在天安门城楼前接受检阅。这种自豪与激动是无论付出多少辛苦和劳累都值得的，是一生可能只会拥有一次并且终生难忘的独特感受。

领导说，这个由各个高校组成的3000人左右的合唱方阵，向世界展现的是北京大学生的合唱水平和音乐水平。从7月到9月，从传媒大学到军营再到阅兵村，从80余人到2000余人再到全要素合练，一次次训练难度的升级都充满了挑战与汗水，但是“不后悔”是始终坚守在心中的三个字。“不后悔”只为最后站在天安门城楼前的那一刻向祖国当面表达我热烈的爱国之情。

这种特殊的体会，是只有亲历才能获得的。实话讲，我的泪点不高，从训练开始到现在我已经经历了许多热泪盈眶的时刻。第一次热泪盈眶是在四个学校合唱联排的时候，当时为了展现我们多天来的训练成果，为了表现最好的二外风貌，大家都在这首次的外校亮相中唱得格外卖力，也笑得格外灿烂。于海总指挥当场表扬了二外，他说看我们唱他都觉得感动，这句话说进了我们的心坎里。从那以后，在合唱方阵中，二外一直被作为一个示范和标杆。我们兴奋于自己的努力没有白费，但我们的努力也并没有因此停滞，反而更加努力，希望配得上这份肯定与赞美。

第二次热泪盈眶是在第一次与联合军乐团一起合练的时候，当几百人的乐团站在我们面前现场演奏时，那紧凑的鼓点声一响起，便足以让人心潮澎湃了。所有乐器的声音都是那么整齐与和谐，浑厚的声音坚定有力，清脆的声音柔和灵巧，将歌曲中细腻的情感都包容其中，而乐曲强弱的变化、节奏紧张和舒缓的拿捏也都十分准确，给了我们一场绝佳的视听盛宴。在这样的伴奏下演唱的我们，毫无疑问地，刚开口便已经哽咽了。那时的我们想把对祖国的热爱全部歌唱出来，而这份集体的情感与凝聚的热情使我热泪盈眶。

第三次热泪盈眶是在全要素合练的时候。这一次我目睹了曾经在电视上广为流传的阅兵式，亲眼见识了兵哥哥兵姐姐挺拔的身姿和统一的步伐，也目睹了展示中国强大军事实力的军事装备。当他们统一面向主席台敬礼的时候，那份“请领导检阅”的严肃认真，那份承担着责任与使命的担当与忠诚，那份对强盛祖国的信任与自豪使我热泪盈眶。

“一人受阅，全家光荣；一次受阅，终生光荣。”参加国庆活动，给予我光荣与自豪，而训练的过程，则给予我温暖与感动。在10月1日当天，当和平鸽放飞的时候，当成千上万个彩色气球放飞的时候，我们同样在放飞理想与热爱！我爱你，中国！

老师评语：

作为国庆合唱团的一员，张铭洋同学积极参加合唱训练，努力克服自身的问题，认真完成每一次校内训练和校外合练。在参训期间她从未请假缺勤，在坚持完成每天固定的练习内容后也会向其他优秀的同学请教合唱的技巧和方法并继续练习。在训练之外，她还将此次国庆活动的难忘瞬间记录下来，参与了校内国庆征文活动并获得奖项。愿她把此次国庆活动的宝贵记忆珍藏于心，也将在此期间收获的合唱技能、难忘经历和动人精神铭记并讲述。在未来的学习生活中，希望张铭同学能够继续传承“海棠之花”合唱团精神，在学习生活的方方面面都可以葆有积极向上、团结进取和甘于奉献的精神。

倾情告白我的祖国

文化与传播学院　马雅雯

我从未想过自己有一天能参与到祖国的庆生之中，但就是这般巧妙，缘分真的就来了。所以，当它来到的时候，我毫不犹豫地奉献出自己的假期，奉献出自己的这份热情。

自幼“爱国”这两个字便一直反复出现在我的生活中，出现在小时候的教科书上，出现在电视上……而长大后我才明白，爱国，不仅仅是重大举动上的表现，更是内在有一颗真正爱国的心，所作所为不在大小，我们每一个人做好自己的工作，做好本分的事情，这也算爱国。所以，爱国更是一种事无巨细的热爱与包容。这两字说来轻轻松松的，但若想真正做到却是难上加难的事情。

早在活动排练之初，我便听到很多相关的言语：排练会十分辛苦、会通宵合练……受3个月的苦值得吗？我问过自己，也徘徊过。但，当60周年大庆的纪念视频出来的时候，那种震撼感直逼人心，一直潜藏在心底的那份激情终于让我看清自己对于那些问题的回答。不，这些都值得。为了我的祖国都值得。

很多时候在提到国庆合唱团时，换来的都是迷茫的表情或者一句“这是合唱团唱出来的？难道不是放的录音吗？”很没有存在感的方阵，但总指挥老师却告诉我们：合唱团是整个阅兵仪式的暴风眼，游行方阵需要踩点来安排展示进度，看似无用却有很大的用处，希望你们能圆满完成任务。因为重要，排练上的强度自然很大，一星期内就要识谱，背会众多的歌曲，还需要注重歌唱仪态，为了保持我们的歌唱状态还不能长时间地休息，一旦放松下来，歌唱状态就会自然而然地下滑。戒辣戒油腻，早九晚九的魔鬼训练……我们一直努力着，拼搏着。学校聘请了专业老师，也开始制订科学性的方案，加上我们每日不停歇的训练，效果出乎意料的好，不仅得到了学校老师领导的夸赞，也得到了市级领导的夸赞与看重。3个月来的辛苦终是没有白付出。

当军乐团气势磅礴又优美动听的歌曲在广场上响起来的那一刻，当众多军队精神抖擞地向我们走来之时，当装载先进武器的车辆威风凛凛地驶过之时，泪水情不自禁地涌出眼眶。这让我深刻地感受到了祖国的强大，祖国的繁荣，这一切归功于每一个中国人的努力，每一个人的爱国之心。我哽咽着唱完18首曲目，心中激昂的情绪久久都不能平息，彩球和和平鸽越过天安门广场，飞向远方、飞向神州大地，让全世界都知道中国的强大，我骄傲！我是中国人！

今天为振兴中华而勤奋学习，明天为创造祖国辉煌未来贡献自己的力量！现在我会静下心来，认真倾听心中的渴望，等待着下一次机会的到来，等待国家更加繁荣昌盛的局面。我相信，那一天不远了。

老师评语：

作为国庆合唱团的一员，马雅雯同学积极参加合唱训练，以积极进取的精神，认真对待每一次校内训练、校外合练。在训练中，马雅雯同学能够保持求学精神，在训练中遇到问题能虚心向老师、同学们请教，找到有效的解决办法。纵观整个训练前后，马雅雯同学取得了较大的进步。即使在周末白天上辅修课、晚上去天安门排练、连轴转休息不足的情况下，她也能保持热情，为祖国母亲庆生。希望她能将这个夏天最美好的回忆、浓浓的爱国之情化为前进的动力，在未来的学习生活中传承二外精神，用更加优异的成绩报答社会、报效祖国，实现自己的人生价值。

意义非凡的暑假

商学院　段辉

2019 年的暑假对于我来说是一个意义非凡的暑假，甚至对很多的大学生来说都是一次终生难忘的暑假。在这个暑假中，很幸运的我因为各种机缘巧合加入了国庆的合唱方阵，也就是因为这个机缘巧合让我拥有了一种更加不一样的活动体验。作为一个毫无合唱基础与底蕴的同学，努力把每首歌曲唱好，这就是我当时心里想的。虽然刚开始的时候，因为没有基础经常唱错音我不敢开口，但这里的同学和老师们都非常热情有耐心。因此我结交了一群有趣的小伙伴，现在我经常在想如果没有参加这次活动我就不可能认识他们，如果当时去走队列，那我就错过了这么一群有趣而可爱的人了，现在想想真是为每个当初自己做过的决定感到庆幸。其中我们不仅同学们关系很好，同学们和我们的带队老师们的关系也是相当融洽，在这里我们看到的不再是课堂上那种让人一看到就产生紧张感的人，而是让我们看到了老师们可爱的一面。特别要提一下我们的林琳老师，她真的对每件事情都尽心尽力，甚至有些时候都会让人觉得认真得有些过了。但我们都能理解，因为她太重视这件事情了，毕竟是为国家歌唱，哪个人敢有丝毫的懈怠呢，更别说她是我们的负责老师呢。

在合唱团不仅老师和同学们很有意思，就连唱的歌曲也很有意思。此次活动为国庆重大活动，那唱的歌曲肯定也都是一些红歌老歌，年轻人基本不会天天听的。但是经过几个月的反复练习，加上对每首歌的情感剖析，这些歌曲不仅印在了我的脑子里更印在了我的心里我的血脉里，这是那些流行歌曲所无法比拟的。后来，当我们再唱这些歌曲的时候，它们已经不仅仅是红歌了，而是我们为祖国歌唱的情歌，尤其是那首《我爱你中国》唱出了多少中国人民的真挚感情。就算现在活动结束了，那些歌曲依然回荡在耳边，不时地还会哼上一曲。

还记得刚开始参加训练时，真的是辛苦，每天长时间训练，而且几乎没有休息，很多同学的嗓子都开始有些不适了。但是我并没有看到有哪位同学放弃的，这真是令人感动。在后期开始与其他学校合练时，我感受到了合唱团的气势磅礴，也感觉到这几个月的付出是值得的。尤其是 10 月 1 日当天，全场肃静，我们唱出那句“我们祝福你的生日，我的中国”那一刻，我无比自豪，热泪盈眶。

这次活动最让我动容的一点就是所有的方阵团体都为同一件事情在奋斗在努力，几乎所有的参加人员都放弃了暑假这个陪陪自己的家人和朋友的难得机会，而是选择在这里为我们的国家做奉献。尤其是当你也身处那个团体中那个环境中的时候，你也会被这种团结感带动着，感觉自己充满了力量。

老师评语：

国庆合唱训练，让段辉从合唱的“小白”变成了“高手”。这其中有指导老师的悉心指导，有朋友间的互帮互助，但更离不开的是他自己的初心与坚持。音乐的力量，让人充满斗志；家国的情怀，让人激情澎湃，我们的合唱团中有太多像段辉一样的同学，通过训练，经历盛典，坚定初心，牢记使命。

合·心之声，唱·国之愿

亚洲学院　田淏元

7月留给自己，8月献给祖国，9月蓄势待发，终在“十一”圆满落幕。从小学到高中就一直作为合唱团的钢琴伴奏，但很遗憾的是，自己并没有站在舞台上跟大家合唱过一首作品，这次没想到梦圆天安门广场。

合唱队的训练要比游行队伍开始训练的时间早很多，训练紧张而又有规律，从7月18日开始，每天近8个小时的高强度训练，十几首作品整个全唱下来，嗓子真的快冒烟了，渐渐地有了红肿发炎的迹象，金嗓子喉宝一盒接着一盒，但是却没有一个人叫苦叫累。平时的训练除了练习发声，对于气息、音准、节奏、强弱、情感、表情等方面都要进行全方位、全要素、细致的练习，刚开始训练结束回寝室时，曲子的旋律经常在脑子里挥之不去，回到寝室也在反复地回忆当天所学过的曲子。老师们把大家分成几个小组，通过一对一的训练，我和小组的同学嘴上叼着笔，面对着镜子，不断地练习微笑与站姿，在完成任务的同时，也会帮助同组的同学练习发声，矫正音准。作为小组的负责人，发现有的同学音准总是找不好，有时候我会在晚上打电话请教身边学习声乐专业的同学，询问如何解决找不到音准的难题，而且在训练之余我也会弹奏一些耳熟能详的曲子，让大家放松心情。

来到二外作为研究生的一年时间里，由于平时课业重，任务多，除了每天的日常学习和阅读论文之外，其实并没有其他的业余活动，通过这次活动，我发现其实00后的后辈们一样有很多值得我学习的地方。记得有几次训练时，因为团里的大部分同学都是零基础，没有受到过专业合唱训练，所以在混声合唱时，总是找不到音准，为了克服这一难题，我就给同学们先用钢琴录音，由于作品的保密性，他们只能自己回去偷偷反复地练习，有时还会练到深夜12点，给我发微信让我听一下是否正确，这种锲而不舍、刻苦钻研、忘我的精神当时让我感动不已。

“生性不喜热闹的我，能碰到让自己热闹起来的人我会格外珍惜。”3个月的时间里，收获的不仅仅是有关于声乐的专业知识，还结识了一群喜欢音乐、执着、有冲劲儿的小伙伴，更重要的是感受到了大家的爱国情怀，对于生活的热爱，这让我渐渐懂得了，其实合唱不仅仅是一种艺术表现形式，更是一种人生态度的展现，合唱要求我们音要唱准确，感情要饱满热情，生活也是如此，堂堂正正地做人、踏踏实实地做事。作为青年共产党员、学生干部，自己有义务、有能力在国庆70周年之际向祖国母亲献上自己的祝福，在热爱音乐、热爱生活的道路上砥砺前行！

老师评语：

淏元可以说是我们合唱团的“宝藏男孩”，帅气的面庞，超出常人的音感，更难得的是他踏实认真的态度和作为一个研究生的担当。在前期的训练中，他因为一些事务缺席了训练，后来很多成员都在讲，假如没有淏元，合唱团的第一钢琴伴奏该由谁来担任呢？从文字间也看到了淏元的成长，这也是合唱团的特别之处，大家来自不同学院、年级、专业，但我们也组成了其乐融融的合唱团大家庭！

用歌声为祖国献礼

旅游科学学院　王国权

当漫天的七彩气球与和平之鸽飞过头顶之际，泪水模糊了我的双眼，两个多月的付出与扎根内心的爱国之情交融在一起，那一刻我为祖国自豪，为自己骄傲！

回顾这一路走来，有过欢笑与泪水，也有过迷茫和笃定，从未想到自己会是坚持到最后的那个人。6月，在学校和院里纷纷动员大家参加活动的时候，我思考了很久，犹豫不决。作为一名即将升入二年级的研究生，学业压力与日常事务已让我略显疲惫，再参加国庆活动，我能否坚持下来？那几天，我感受到了班内同学参与国庆阅兵活动的高涨热情，加上辅导员老师的殷切鼓励，让我颇受鼓舞，毅然加入了二外的广场合唱队伍。

训练篇——我们都是追梦人

暑期训练是最让我印象深刻的一段日子。我是一个音乐基础很差的人，当我第一次推开大门的时候，看见老师在教大家唱新歌。跟我设想的不一样，合唱的训练非常专业，必须是先把五线谱上的每一个音符发准确后才可以进入歌词练习环节，这对于我是一个不小的挑战。还记得刚开始训练的时候非常不在状态，觉得自己完全不适应这种专业的长时间训练，几次想打退堂鼓。但是，负责合唱的几位老师一直在训练之余开导我、鼓励我，让我重拾继续训练的勇气和决心。

合练篇——乘风破浪再出发

在即将合练之际，意外不幸发生。在一次合唱训练后，我在打篮球时，与同学碰撞导致了自己双侧鼻骨骨折。当我听到医生说两周内必须手术而且要住院一周的时候，我怔住了。我急切地询问医生：“手术后我还可以唱歌吗？”医生肯定的答复稍稍缓解了我内心的紧张。但那是即将确定点位时，我好怕自己失去点位。在传媒合唱的第二天，我拒绝了当天入院。之后，领队林老师知道了我的情况，告诉我点位的事情暂时延后，先专心住院治疗，让我内心顿时宽慰起来。我永远记得自己出院归队的那一刻，学弟学妹们开心地跑到我面前对我说：“学长，手术挺成功的，鼻子挺好看的嘛。”

阅兵篇——我和我的祖国

在经过十几次大大小小的合练之后，真正的检阅时刻如约而至。那天的阅兵是我见过的最为壮观和令人激奋的。广场合唱团与军乐团配合默契，把对祖国深深的祝福传送到十里长街，传送到每一个中国人的心底。“十一”晚上，我带上平时合练坐的马扎跳上了回家的火车，坐在马扎上回忆着两个多月来的过往，内心充满了幸福。回家后，遇到的每一位亲朋好友都对我竖起了大拇指。在电影院看了《我和我的祖国》，当片尾曲响起的时候，我再也克制不住眼眶的泪水，轻声跟着低吟，我和我的祖国，记得深，爱得深。

老师评语：

王国权同学是我们合唱团中为数不多的既是研究生又是男生的同学。三个多月的训练，看到的是他从踟蹰到努力再到奋进的样子。他勇于担当，他克服困难，他彰显了二外研究生的使命与担当。训练的辛苦也不会延误他对专业研究的投入，训练的间隙他会一头扎进实验室，专业与训练的平衡，也代表着他能力最好的提升。

歌唱祖国

英语学院　于欣彤

从 1949 年到 2019 年，新中国即将迎接它的 70 岁生日。70 年前一声“中华人民共和国中央人民政府成立了”宣告新中国的成立，那时的中国是一个贫穷落后的国家，如今发展成了世界第二大经济强国，成了最大的发展中国家。70 年前中国百废待兴，70 年后的中国百业昌盛！

70 年的风风雨雨，跌宕起伏，波澜壮阔。随着年龄的增长，我越来越了解“中国”两个字的意义，学习了它曾经的屈辱，因此也更骄傲它如今的强盛。作为一名二外学子，我更要不负周恩来总理建校的初衷，用自己的力量报效国家。在国庆之际，我志愿加入了庆祝大会的合唱方阵，牺牲了整个暑假的休息时间，每天坚持排练。听着一首首婉转动听的爱国歌曲或是让人斗志昂扬的军歌，从我口中，从合唱团的每一位同学口中唱出，我每次都心潮澎湃。从金黄的季节走来，我们没有理由不为那沉甸甸的丰收歌唱；从那镰刀斧头光芒指引的大道上走来，我们没有理由不为那风风火火的视野歌唱。那南湖游船，井冈翠竹，皑皑雪山，光辉延安，在我们的梦想中越来越近，那北国飘香的麦穗，南国早春的莺花，东部城乡的繁忙，西部沃土的苏醒，燃烧起我们所有的激情和欢乐。在这两个月的训练中，一些同学的嗓子发炎肿胀仍坚持训练，有同学鼻子骨折但为了大部队的合练推迟了手术时间，我们在仅两个月的时间里让全部歌曲烂熟于心，是为了让自己安心，给二外争光，为祖国庆生。青春是用来奋斗的，新时代亦是奋斗者的时代。在祖国强盛的今天，作为新时代大学生，作为二外的学子，我们更是应该志存高远，努力学习。

自古英雄出少年。梁启超曾高瞻远瞩地抛出“少年强则国强；少年富则国富”的掷地之声。在当今世界的残酷竞争中，中国青少年能否肩负起民族振兴的重任，直接关系到中国将来的命运。我们已经逐渐摆脱幼稚走向成熟，不再藏到父母的羽翼后避风躲雨，而是如那高贵的海燕，渴望暴风雨，敢于战斗。我们虽然无须面对国土的沦丧，无须承受战火硝烟，但有天灾人祸，有科技复兴，有环境污染，有文化传承；钓鱼岛，南海，“台独”“港独”，贸易战……无数人时刻都在对中国的和平昌盛虎视眈眈。青年是国家的新生力量，从来都是中流砥柱，都需明白自己肩头的责任，任重而道远。

我最亲爱的祖国，在你生日之际，我为你歌唱，每一个中国人都为你自豪。此生不悔入华夏，来世愿在种花家！

老师评语：

《左传》有“国之大事，在祀与戎”之语，新中国建立70周年的庆祝活动有盛大的阅兵式，多种新武器装备亮相；有致敬花车方阵，携老一辈革命家的照片走过天安门，这都是这场国之大事、之盛典最好的体现。《毛诗序》有“嗟叹之不足故咏歌之”之语，国庆合唱中我们动听的歌声就是对祖国最生动的祝福！

我和我的祖国

英语学院　仲由晏

新中国的70周年华诞来势热烈而庄重，像是破晓时从云层中腾飞而出的金龙，又像是清晨山丘上吹起的一声嘹亮的冲锋号，所有人的喜悦与欣慰随着国庆的临近愈发浓烈，无法按捺。

我也是其中一员，有着无数的话语与层层的心意想要表露给祖国。

第一句，我想对祖国说：谢谢

第一次接受专业声乐训练克服五音不全，第一次强逼着自己认五线谱，第一次在众人面前大声唱歌，第一次参加千人合唱……虽然把大部分暑假时间留给了此次活动，但我并不后悔。这些都是我从未经历过，也是无法凭空想象的。在最青春热血的年华邂逅新中国的70周年华诞，我被赋予了太多的新奇体验与别样的感动，让我用不断的提升、学习，与大家并驾齐驱，共同迈进。如此宝贵而值得珍藏的点点滴滴，让我无比感激。

所以，我衷心地对祖国道一句感谢。感谢你的守护与包容，感谢你的安定与强盛。

第二句，我想对祖国说：我与你同在

合唱训练有时在夜里，伴随着蹑手蹑脚的起床与慌里慌张的洗漱。多次的练习与集体的团结和默契让一整套流程静默而快速。每个人身着的不只是演出服，我们身上背负着使命与责任，也肩担亲人好友对自己的期盼与寄托。每当在颠簸的路上额头抵撞着车窗玻璃醒来的时候，率先映入眼帘的便是初升的朝阳。一想到国庆当天也是在这样的朝阳下为祖国、为人民放声歌唱时，我便又觉出干劲十足。

过程中有劳累，也有焦虑和烦躁，但不变的是我与祖国的羁绊。

正如歌中所唱，“我和我的祖国，一刻也不能分割……”不只是感情，家国命运也和个人命运紧紧相连。我将会长久地记得，“港独”暴徒在香港为非作歹的那段时间，我们坐在排练室的地板上，看着触目惊心而意味深长的共青团中央宣传片。片中提到，“我们能够做到的，就是认真做好自己手头的事，用这份个人贡献共同捍卫祖国统一”，那一刻我被点醒了，也备受鼓舞。每次的努力和辛劳都不是白费的，因为我也是为祖国和谐统一做出贡献的一分子。因而我想对祖国说，“我与你同在”，共经风雨，同甘共苦，哪怕是千百遍的重复也不会厌倦。

第三句，我想对祖国说：生日快乐

我希望你骄傲而张扬地度过每一个诞辰，带着劳动人民用汗水浇灌的芬芳花朵，含笑朗读每一位学者为你而作的诗篇，用心倾听每一位作曲家为你谱写的华美壮丽乐章。让世界仰视你的品格、你的气度，让所有人不断对你刷新认识——不再是什么东方睡狮，而是庄严肃穆的东方巨龙。

我爱你，我的祖国！

老师评语：

仲由晏同学富有文采、激情洋溢的文字，是对我们走向世界舞台中央的祖国的敬礼，是对伟大人民历史功绩的致敬，更是对美好生活的礼赞。在合唱训练中的点点滴滴，是每一次合练的辛勤付出，是对一首歌从陌生到熟悉的收获，我与祖国共成长，我为祖国歌唱，东方巨龙的腾飞，广场合唱的欢愉，都是最好的记忆！

我的祖国

政党外交学院　李欣芷

每当《我的祖国》这庄严的旋律响起，我都会激动不已。这是一首带给华夏儿女希望的歌，也代表着我对祖国的感情。2019 年 10 月 1 日，这个日子将使我铭记一生。

“一二三四一二三四像首歌，绿色军营绿色军营教会我……”这首军歌总能唤起我的童年记忆。每天下午六点，一听到大喇叭传来的讯号，我就飞奔下楼，迎接下班的爸爸妈妈。他们果然准时往回走了，橙红色的夕阳为他们身上橄榄绿色的军装镶上了一道耀眼的金边。每每看到这幅情景，我的心脏就禁不住怦怦直跳。一股孩子气的、异常强烈的自豪之情像滚水一样翻涌上来，在心头冒着兴奋的泡泡。后来我才知道，那时的爸爸妈妈之所以与众不同，是因为他们正以一种特别的方式将青春和热血献给脚下这片深爱的土地。我也一直在期待着这样的一个机会，一个能将自己与祖国紧紧相连的机会。

当得知有机会参与到 70 周年国庆活动中时，我意识到这样的机会来了。我毫不犹豫地推掉假期的所有安排，迅速填表报名。我喜欢唱歌，所以申请加入了合唱方阵。国庆那天，我们的歌声将穿过长安街，跨过金水桥，飞上蓝天，让全国人民都听到中国大学生的声音，让全世界都感受到新时代中国青年的朝气与活力！带着这样的憧憬，来自不同院系的我们集结起来，一起投入到如火如荼的暑期排练中。

老师说，联合合唱团是“暴风眼中的暴风眼”，二外合唱方阵居于“C 位”，更是要精益求精。我们苛求每一个音符、每一句歌词、每一个表情，终于在出征前夕，用近乎完美的歌声赢得全场雷动的、经久不息的掌声。

10 月 1 日上午 9 点，穿着金黄色演出服的我们准时肃立在祖国的心脏，准备接受时代的检阅。今天的天安门广场是世界瞩目的中心，今天的中国正前所未有地靠近世界舞台的中心。今天的我终于体会到了爸爸妈妈当年的心情，激动、自豪。

随着阅兵仪式的推进，我们饱含深情地唱响每一首歌。每一句歌词，都是我们的心声。“不忘初心，继续前进，万水千山最美中国道路……”一切向前都不能忘记走过的路，走得再远，走到再光辉的未来，也不能忘记为什么出发。“我们都是追梦人，千山万水奔向天地跑道，你追我赶风起云涌春潮，海阔天空，敞开温暖怀抱……”我们都是追梦人，一个崭新的时代，正从我们手中诞生，中华民族伟大复兴的中国梦，正由我们去实现！

当典礼结束，数万只和平鸽从我们头顶展翅飞过时，我和旁边的小伙伴一起偷偷地抹了抹眼泪。苦乐参半就是，你意识到自己将会永远怀念某一瞬间，而此刻正是这一瞬间。这一刻，千言万语都融化在广场上数千人激动的泪眼中。

老师评语：

欣芷出生于军人家庭，在训练中也看到了她身上坚韧不拔的军人品质。记得欣芷为了训练，多次推迟牙齿的治疗；记得在集体的生日会上，欣芷那段鼓舞人心的发言；也记得欣芷父母那感人至深的短信。“为什么我的眼里常含泪水？因为我对这土地爱得深沉”，诗人艾青的这句诗，是对欣芷最好的评价！

参加国庆 70 周年活动感想

商学院　毛越

海棠花开赴征程，七十华诞献国礼。这个暑假我选择留在学校，为参加庆祝中华人民共和国成立 70 周年群众游行活动做准备。我所在的合唱方阵在此次活动中将唱响祖国之歌。

7 月留给自己，8 月献给祖国，9 月在繁忙的学习生活中抽出时间进行训练，合唱团全体 82 位老师和同学，终于在金秋十月的第一天，唱响祝福祖国之歌。

作为合唱团中的一员，我的暑假只有 10 天属于自己的时间。7 月 18 日我们便投入了紧张的训练当中。作为一名唱歌小白，从识谱到发声，再到节奏、背词，这些对于我来说都是挑战。幸运的是，合唱团的艺术指导老师谷允嘉老师、林琳老师不遗余力地帮助我们，从音乐的专业角度教授我们演唱技巧，在第一次合练领导检查中，我们北京第二外国语学院凭借超高的音乐水准和专注的演唱姿态受到了领导和老师们的一致好评。领导们的鼓励是我们前进的又一大动力，我们在第一次点位分配中被分配到了所在区“C 位”，然而大家并没有松懈，在以后的训练中更是使出了百分之一百二十的努力，想要留住“C 位”，想要把二外人的姿态展示到世界人民面前。

100 多天的训练时间，80 多位老师和同学的辛勤付出，我在合唱团中，看到的是合唱团的各位同学的努力付出，是同学们咽下一杯杯菊花茶和胖大海后的坚持精神；我看到的，是各位小队长与老师一次次地开会商讨训练技巧，是某位小队长急切间流下的泪水；我看到的，是刘晨阳老师、杨旭伟老师、周丽新老师日日夜夜的陪伴，他们做好后勤工作保障合唱团正常训练的努力，是谷允嘉老师、林琳老师利用休息时间给同学们的单独辅导，从专业的角度为我们提供最有力的支持。令我印象深刻的，也是我们合唱团的同学们在一次次的外出合练中表现出的极高的组织性和纪律性以及演唱的专业性，一个个餐包、一瓶瓶水与功能饮料，见证的是我们共同奋斗的时光。

10 月 1 日，当我们站在天安门广场的点位中时，当军乐团奏响第一个音符时，当我们开口唱出第一个音调时，当整个典礼结束，和平鸽和气球在天空中飞翔时，这一个暑假的训练的点点滴滴在我的脑海中不断闪现，在最后我们的欢呼和掌声中变成值得，变成热泪盈眶，变成这一生永恒的记忆。

老师评语：

毛越同学作为学生党员，在合唱训练的过程中，充分发挥了党员先锋模范作用。在同学中，创先争优，虽然合唱基础有些薄弱，但是她通过刻苦的训练迎头赶上。在老师身边，她发挥学生干部的作用，成为沟通的桥梁。海棠花开赴征程，七十华诞献国礼，以毛越同学为代表的学生党员、学生干部在训练中发挥了不可忽视的作用。

歌声献给祖国

经济学院　朱芗苑

“我和我的祖国，一刻也不能分割”，这首《我和我的祖国》，完美地诠释了我对祖国的感情，抒发了我对祖国的热爱。

作为合唱团中一员的我刚一放假就投入到训练当中去了。对一个以前从来没有过合唱基础的人来说，这无疑是一个非常巨大的挑战，识谱，发音，找调，音准，每一项对我来说都是一道难关。与此同时，队里的其他人也面临着几乎一样的问题。音准，音准，音准，这仿佛一道难以逾越的天堑横亘在我们的面前，怎么办？无数次，我看到往常爱笑的姑娘在角落偷偷哭泣；无数次，我看到组长们聚在一起，讨论着修改过无数次的训练方案；无数次，我听到深夜里传来的隐约歌声。这个刚建立不到两个月的团队，被国庆牢牢地系在了一起，无数人的力量，汇聚成了一股勇往直前的力，无数人的意念，拧成了一股无坚不摧的绳。这，就是国家的凝聚力，这就是国家的号召力。

时光如白驹过隙，短短几十天的日子中，我们的音乐素养确实有了非同一般的提高。尽管声音还不可以和专业院校相比拟，但却已经开始向他们的方向靠拢了。在此期间，领导们也曾下校检查每个学校的情况，在领导讲话的时候，于海指挥的发言给予了我莫大的鼓励。于海指挥的一生都与国家庆典结缘，他多次参与国庆的活动，可以说，他与国家共成长，他分享了 2015 年“9.3”大阅兵时他训练毫无经验的解放军的经历，也曾多次提及国庆时的真声演唱是多么优秀。在听过这些，又回看当年的庆典实录后，我马上又有了一种不一样的感觉，他们的表现鼓励了我，但同时也给了我莫大的压力“我真的能做好吗？”我心里不禁产生了疑问，但很快，忙碌的生活让我将这个疑问抛之脑后了。随着时间的推移，国庆的脚步正一点一点逼近，我们也在不断地成长，在一次一次的合练中，我们的水平又有了更大的进步，听到表扬的我们，浑身又充满了干劲，每一次都是信心满满地去，收获满满地回。与军乐团合练的日子里，我们一次次被歌曲中一个个鼓点，一次次转折所吸引，与听伴奏合练不同，我们跟着鼓点，唱出了更加有力、更加激昂的篇章。

“我和我的祖国，一刻也不能分割”，半夜梦回，我又想到这首《我和我的祖国》，不由得心生感慨。尽管还没有走遍祖国的大好河山，但我会用我的歌声歌唱每一条河、每一座山，祖国母亲就像大海，我就像浪花，永远依偎在祖国的心窝，歌唱出祖国的声音。

老师评语：

“我歌唱每一座高山，我歌唱每一条河”，鲜活的文字，动听的歌声。小朱的文字让我们看到了她的成长与收获。这其中有能力的从无到有，有情怀的大大深化。祖国的大好河山，我们的动人歌声，这就是我的家与我的国！

向祖国报到

文化与传播学院　韩佳颖

“强国复兴，有我担当，胜利召唤我，勇猛向前方。”这是我 10 月 1 日当天唱的第一句话。

我看到了，当飞机拉出的彩烟划过长空，当坦克驶过天安门广场，当兵哥哥齐刷刷地看向习总书记看向毛主席的画像，我在天安门广场向祖国报到。

在二外，还有一群向祖国报到的人，翔宇新闻社二外电视台的跟训“小记者们”。在暑假国庆活动训练期间，总是有一些人扛着摄像机，端着单反相机，举着话筒奔波在训练场上。从训练开始第一天他们就开始跟训，跟我们一起训练不说，训练结束之后还要看多达几百个 G 的素材，几乎每一个人对二外国庆活动的每一个细节都了如指掌。轮滑训练场上他们在，合唱排练厅他们在，当然群众游行方阵在操场上训练时他们也在，每次半夜出发合练的时候他们在，国庆假期的后期剪辑室里他们也一直在。

校电视台负责人马宪超老师说：“就这几个跟训的姑娘和小伙子，整个国庆假期一天都没有休息。我就十月六号一天没有看手机，晚上电视台国庆的讨论群里就有上千条消息！这几个姑娘都已经把剪辑室当宿舍住了，三个椅子拼在一起当作床倒下就睡，剪片子剪到瓶颈边哭边剪，现在眼睛都还肿着。台里唯一一个参加了国庆视频拍摄录制的李陆，连着三天，一天出一个片子。”前几天我看到了二外官微的一篇推送：《长安街外的参训者 | 最暖心的守护 最动人的告白》，推送中的视频就是校电视台的程门立雪和唐文清两个人拍摄、剪辑完成的。推送的文案中说：“无声的英雄（后勤工作者），托起台前的荣光。”但在我看来，这些用视频和文字记录这次国庆活动的人是无声英雄背后的英雄。

最后我想用校电视台的“国庆电视台 106 日志”里的一句话，结束这篇文章。“这个夏天，他们作为长安街外的参训者，他们把对祖国的热爱，化为每一次凌晨的守候。”

回想起来 10 月 1 日当天夜里，一个学姐右手持着相机，左手跟我们挥手，身边用三脚架支着一个摄像机，画面好像定格在了那一秒。

致敬，在长安街外向祖国报到的他们。

老师评语：

佳颖同学是合唱团中的“开心果”，她热情洋溢，快言快语。在合唱团里她的热情感染了大家，让大家在最辛苦的那段训练中收获笑容和力量。佳颖同学也是一名新闻专业的本科生，她发挥专业优势，将合唱的收获与风貌，通过我们二外的新闻渠道传播，让更多人知晓二外合唱团，让更多人知道我们为新中国 70 岁生日是如何讲起来、唱起来、做起来的！

写给你，我亲爱的祖国

欧洲学院　刘佳睿

每一次国歌响起，都是一次细细揣摩的过程，我想象着你在革命英雄们的英勇战斗中一点点成长起来，回想着从小到大看到主席们在电视屏幕上坚定不移地反复提起你的名字、无数人让你变得强大而努力，期待着唱完国歌，你可以更加美好富强……

第一次认识你的时候，我坐在爷爷腿上，他拿着自己红皮的参军证，粗糙的手指着上面的每一个字读给我听。那种兴奋激动的眼神，我至今都记得清清楚楚。“中华人民共和国中央人民政府成立了！”这是毛主席在开国大典上庄严的宣布词。当我看到1949年开国大典的视频的时候，毛主席的这句话、说这句话时候的表情都深深地印在了我的脑海里。2008年，对于你我来说，都是特殊的一年。5月12日，汶川地震，震后的废墟掩埋了无数生命。电视上，胡锦涛总书记指挥着救灾人员，他说："任何困难都难不倒英雄的中国人民！”抢险队在灾区不懈地救灾，没想过放弃任何一个人，那时候我们的速度、我们的救灾能力，都让所有中国人和世界为之感动与钦佩。绚烂的烟花在鸟巢上空展现，我们终于在那一刻成了第29届奥林匹克运动会的东道主。那是历史性的时刻，代表着中国体育的崛起，更代表着中国在世界上的崛起。在初中的音乐课上，我听到了七子之歌，“我离开你太久了母亲”“你依然保管我内心的灵魂”，每一句都深深地戳在我心坎里。你不再是那个受八国联军压迫的懦弱不堪一击的中国，你已经可以和英国和葡萄牙谈判，向世界证明主权。

今年，你70岁了，我打心眼儿里为你高兴。刚接到报名国庆活动的通知的时候，我特别激动。我还记得是班长来到寝室通知，听到通知我直接从床上蹿了起来，从那一刻开始我就坚定地想要加入国庆的队伍，直到班长说和家长商量我才从恍惚间从精神世界回到现实。毋庸置疑，父母和我一样期待着那一天，极力支持我参与你的“生日会”。从7月初，我们就开始为你的生日做准备。和你成长的路径一样，我们从对于乐理知识一窍不通开始，先是一点点识谱、打节奏，然后一遍又一遍地听旋律、记歌词，再去练习气息、调整感情……每天八个小时的训练，真的很辛苦，有时候我甚至想问问自己，这么难，我是怎么坚持下来的？仔细回想每一次训练，自己好像都充满了热情，想象着期待着你的生日，自己就好像有了努力的理由。接近游行方阵结尾的时候，我看到了有群众举着全国各地省份的牌子经过的环节，看见了黑龙江，我又忍不住了。

我还要再努力努力，因为我希望最后唱给你的歌可以是我最完美的展现，我希望那一天你可以看到这个在你的爱里成长起来的我把自己对你的一腔热忱挥洒出来。我爱你，亲爱的祖国！

老师评语：

刘佳睿同学从自己的成长经历中寻找家国记忆，饱含家国情怀。这就是最生动的“我与祖国共成长”的体现。更可贵的是她将这种情怀转化为实际行动，积极投入到庆祝活动合唱中去，用刻苦认真的训练向祖国献礼！在优美的歌声和真挚的情感中，是极大的民族自信心和自豪感，是最生动的“厉害了！我的国！”的体现。

第36“祖国万岁”方阵——第1中队

海棠花开，盛世征程

英语学院　张文瑞

人的青春只有一次，我很庆幸我的青春能和我的祖国中华人民共和国的70岁生日联系在一起，开心又激动。“7月留给自己，8月献给祖国”，这是最充实的一个暑假，没有回家陪伴父母，把对家的思念化作训练学习的动力，母亲在电话里也不断激励我前行，使我对这一片土地爱得更深沉。

七八月的北京还是盛夏当时，我们伴着燥热的蝉鸣声训练，时而骄阳相伴，燥热难耐；时而大雨滂沱，全身湿透；但训练也有幸福的时候，像偶尔的清风送爽，校领导送来西瓜、纯牛奶，合唱团同学们的嘹亮歌声，轮滑团队的精彩表演。

抱着对阅兵的期待，我加入了暑期“减肥训练营”。开始以为每天的训练就是站军姿、正步走，枯燥无聊。但进入训练后，却感到充实有趣。老师们很贴心，挖空心思为我们准备了很多有趣的活动，如折返跑运动、900人仰卧起坐、BISU开合跳等趣味训练，既增加了同学们之间的互动，提高了体能，又让大家收获了一份沉甸甸的友谊。

当然还有后勤精心准备的绿豆汤、酸梅汤、菊花茶和白开水，在每次训练休息时它们总是格外抢手。记得有一天，嘴馋的我们在盛满酸梅汤的水桶前排起了长龙，白开水反而无人问津！看到同学们对酸梅汤的热爱，贴心的后勤部老师第二天果断增加了好几桶酸梅汤，这种被关怀和照顾的感觉真好哇！

校内的训练渐入尾声，8月中旬要外出合练啦！操场集合、领餐包、坐大巴，路上时而叽叽喳喳，时而呼呼大睡。昌平、怀柔、金盏、良乡，我们走过一个又一个的基地。9月要进入天安门演练了！睡在王府井大街，当步入长安街，看到天安门的那一刻，爱国之心油然而生，从来没有一刻觉得我和祖国离得那么近。如果说这世上有什么东西是不能分割的，那一定是我和我的祖国。

10月1号，长安街上响起“今天是你的生日，我的祖国”的歌声，激动的泪水夺眶而出。用脚步丈量天安门广场，进入正式游行表演。“祖国万岁，祖国万岁，祖国万岁！”一句简简单单的话，却表达了我对祖国母亲深沉的爱。

70年前的天安门，中华人民共和国在这里宣告成立，4亿国人真正拥有了主权独立的民族尊严；70年后的天安门，14亿国人在“富强中国、安乐中国”的幸福生活中激情澎湃、热血沸腾。让我们毋忘历史、珍惜现在、不忘初心、砥砺前行，通过自己的努力促进国家向前发展；也只有国家不断发展壮大，我们才能拥有更多的获得感和幸福感。

老师评语：

张文瑞同学是英语学院2018级的研究生。她心系祖国，满怀激情，把对家和父母的思念化作训练学习的动力，时刻准备着为祖国献上生日祝福。国庆70周年群众游行训练成就了她上大学以来最充实的一个暑假。她苦中作乐，将骄阳燥热、大雨滂沱作为磨砺自己的礼物，以刻苦训练完美表达对祖国母亲深沉的爱。

记得夏日的脚步

英语学院　周桐宇

2019年10月1日正午时分，在党和国家领导人的检阅下，在亿万人民群众的注视下，在成千上万个镜头的捕捉下，国庆70周年群众游行第36“祖国万岁”方阵，踏着自信的步伐，欢愉活泼又精神饱满地向天安门行进。伴随着《我和我的祖国》的歌声，36方阵欢呼不断、人浪再起、手舞足蹈，将激动之情体现得淋漓尽致，到达天安门脚下后快速扩散并表演动作。在歌声的最后，天安门城楼上的领导人向大家挥手告别而后陆续离场。至此，北京第二外国语学院全体师生圆满完成祖国赋予我们的光荣使命。

从仲夏到初秋，来自五湖四海而又怀揣着同一个梦想为国争光的一千余名二外师生，牺牲暑假休息时间，舍弃节日与家人团聚的机会，顶着烈日，忍着酷暑，冒着大雨，皮肤黑了，嗓子哑了，只希望能为祖国献上一份贺礼，并将中国青年、二外学生的精气神淋漓尽致地展现给国人、世人。时至今日，回想起过去两月有余的经历，仍然历历在目，难以忘怀。

记得，7月接到学校的集训通知时，来不及挤出些时间多陪陪父母家人，来不及跟实习单位的同事好好告别，我义无反顾地踏上了回校的列车，开始了早晚例行训练。

记得，刚开始时大家连三分钟的军姿都难以坚持，汗水湿透小蓝帽。大家并没有因为训练的枯燥而松懈，也没有因为训练时间不规律打乱自己的计划而抱怨，每次都积极投入到训练中去。

记得，每个早上和傍晚大家踏入训练场前，学校的后勤人员已将冰凉的酸梅汤和温热的菊花茶摆放在主席台下。每次合练出发前，他们也将一千余份餐包和矿泉水打包装好，在门口等待我们领取。

记得，训练期间过生日的同学们都意外收到了学校安排的祝福和蛋糕，牺牲假期不能陪伴孩子的老师们在后来的某一天都看到自家的宝贝儿来到了操场。

记得，王老师的快乐体育，杨老师的心灵鸡汤，计校长的热情亲切，还有我们一中队张锋老师的无微不至、面面俱到。

记得，我们去过阅兵村和军事训练基地，睡过王府井大街，看过凌晨一点的北京，用自己的双脚丈量过十里长街，被《我和我的祖国》感动，被当作国家重点保护对象。

白岩松老师说，90后和00后之所以重视这场国庆盛典，是因为60周年的时候他们懵懵懂懂，而70周年是他们成年后再一次经历这个重要时刻，对于00后来说这是一个成人礼，对于90后来说是过几年为人父母要讲给孩子听的故事。

此生无悔入华夏，来世还生种花家!

老师评语：

周桐宇同学是英语学院2018级研究生，曾担任校大学英语教学秘书办公室的学生助理，工作期间获得“勤工助学年度标兵”荣誉称号。接到国庆70周年群众游行报名通知后，克服一切困难，牺牲暑假休息时间，告别父母，辞掉实习，毅然加入了二外国庆70周年群众游行的队伍。训练中，她一丝不苟，时刻以党员标准要求自己，以积极献身国家活动的切实行动向党组织靠拢，最终在训练结束后加入了中国共产党。

口号声，欢呼声，为祖国庆生

英语学院　路春晓

2019 年 10 月 1 日是我们伟大的祖国中华人民共和国成立 70 周年的日子，凌晨两点半，我从床上爬起来，收拾好东西去学校集合。两个多月以来的训练、合练，都是为了这一天能自豪地走在长安街，为她庆生。内心有些迫不及待，但又希望时间可以过得慢一点。

在集结地等待的时间，我们看不到前面的阅兵和表演，只能看着钟表，想象长安街上的盛况。唯一可以看到的，是飞往天安门城楼前接受检阅的飞机，和我身边的“战友们”。眼前的情景，把我的思绪拉回到三个多月前。刚刚听说有国庆活动时，我的内心瞬间燃起了一团烈火，同时又害怕因为是毕业班不会有这样的机会。当知道可以报名时，虽然有论文和毕业的压力，我还是毫不犹豫地报名了，不为别的，只想亲自走过长安街，为经历过 70 年风风雨雨的祖国呐喊。现在还记得爸爸知道这个消息时坚定的回复：“一定要报名！”“为了参加活动就辛苦点吧！”还有我开明的导师：“相信你可以安排好论文和训练的时间，这样的大型活动不是每个人都有机会参加的。”

刚刚报名时，总是盼望着时间快快过，希望回到学校开始训练。真正开始训练的时候，虽然每天顶着炎夏的烈日，重复着单一的训练内容，反而希望时光慢一些，因为想要珍惜为我们一遍一遍喊口号的教官和老师们，同学们整齐的一二三四和排面，仅有十几分钟的“快乐体育”，和为这个活动付出了日日夜夜的所有人。尽管毒辣的太阳和闷热的空气把我们裸露的皮肤晒得黝黑，甚至紫外线过敏，又或是中暑，但大家依然坚守自己的位置，坚持每分每秒。时光总是如此潇洒，这一刻，我们已经坐在王府井大街，怀着期盼与激动的心情，等待着走向天安门前的那一刻。

时间如期而至，当《我和我的祖国》音乐响起，“祖国万岁”方阵的每一个人，同刚刚从战场上回来的女排队员，一起呐喊、跳跃。当慷慨激昂的《歌唱祖国》音乐响起时，在天安门广场前的每个人都唱着跳着，用我们自己欢愉活泼的方式庆祝祖国母亲的生日。五星红旗迎风飘扬，和平鸽和气球带着我们每一个人的祝福，从广场飞向天空。这一刻，所有的付出都是值得的。

从长安街回来后，激动的心情久久无法平静。中国取得举世瞩目的成就，是一代又一代的中国人民，流血流汗，克服各种艰难险阻换来的。如今的中国繁荣昌盛、蒸蒸日上，我们为自己是中华民族的儿女而感到自豪。但是身为年轻人，我们不能让先辈们打下的江山垮塌，要努力做好自己该做的事情，哪怕是最平凡的付出，也会为祖国的建设增添一分力量。

老师评语：

路春晓同学是英语学院2017级研究生毕业班的学生。她心怀祖国，认真务实，在家人和导师积极支持下，努力克服临近研三毕业所面临的学业与就业双重压力，全勤完成国庆70周年群众游行所有任务。训练中她以身作则，毫不松懈，以学姐身份为中队和学院学弟学妹做出榜样。训练之余她珍惜韶华，高效利用时间，收集毕业论文素材，开始毕业论文写作，继续前行逐梦。

难忘的夏天

英语学院　任颂扬

作为 36 方阵游行群众的一员，两个多月，无数次训练无数次流汗，睡过长安街的很多角落，见过凌晨的月光，沐浴过早晨五点多的日光，感受过太阳暴晒的强光，也经历过被大雨淋成落汤鸡。但所幸最后挺了过来，10 月 1 日能亲临现场，用自己的脚步丈量十里长安街，向祖国母亲献礼。

——前言

记得刚开始得知我们学校要参与“十一”当天的群众游行时，我的内心是拒绝的：暑假还要顶着大太阳留在学校训练，整个人不知道会被晒黑多少，还不如舒舒服服地待在空调屋里。

直到张锋老师给我们开动员大会，在会上给我们放 10 年前参加群众游行人员的训练视频，我从他们脸上看到的是快乐和自信，是团结协作精神和顽强的意志力，是想要达到最佳训练成果而付出的努力。我转念一想，生逢其时，正好赶上 70 周年国庆，为何不抓住这个千载难逢的好机会，为祖国庆生的同时锻炼一下自己的意志力呢？动员会后，我毫不犹豫地报了名。

7 月的北京，异常炎热。在家待了一周左右的时间后，我返回学校，带着家人对我的嘱托和期望。7 月底，我们开始了每天早晚两个时间段的训练，那时候穿着白 T 恤，戴着蓝帽，在阳光下毫不畏惧的我们成为操场上最亮丽的风景线。

刚开始的训练以站军姿和齐步走为主，对于从小体能就不太好的我来说，站军姿就已经是一个很大的考验，汗流下来了也不能擦，被蚊子叮也要一动不动。从 2 分钟到 10 分钟，再到 15 分钟，我看到了自己的进步，同时也看到了大家为了达到同一个目标而付出的坚持与努力。

开学后的训练以外出合练为主，记得第 3 次出去合练时，我们是凌晨 4 点集合。那段时间我因为上火导致智齿发炎，起床后就感觉不太舒服，量过体温是 37℃多，想着关键时刻不能拖大家的后腿，也害怕失去自己的点位，我还是选择了和大家一起出去。患难见真情，我深切地体会到了老师和同学们对我的关怀。在车上，因为牙疼不能吃学校发的东西，旁边的同学把她自己带的东西分给我，徐老师再三地问我有没有感觉好一点，同学们关切地问我怎么样了，我真的被感动了，想着不管怎样都要坚持下来。

“十一”的前一天晚上，我们已经激动得睡不着觉，迫不及待地想要上场了。国庆当天在王府井候场的我们看到拉着彩烟的飞机在空中摆出“70”的图案时，都欢呼雀跃起来。从凌晨4点等到中午12点，我们仍然表现出了最佳状态。踏入长安街与五千余人一起呼喊着“祖国万岁”的那一刻，我忍不住湿了眼眶。那个时候，我才发现我有多爱这个国家，爱我脚下的这每一寸土地，以及感受着作为一个中国人的骄傲与自豪。

庆典虽已结束，但是这期间给我留下的美好记忆我永远也不会忘却。感谢学校提供给我们的这次机会以及在活动背后默默奉献的老师和工作者们，是你们让我铭记这个夏天并感恩现在的生活。

老师评语：

任颂扬同学是英语学院2018级的研究生，也是2018级研究生党支部的正式党员。宣传动员会前，因体弱多病，她曾犹豫是否要报名参加国庆70周年群众游行。报名后，她勇于挑战自我，克服身体极限，坚持小病不下火线，向优秀队员努力看齐，通过群众游行训练完成生理和心理的蜕变。

捧花而行，三生有幸

英语学院　李思琪

今年我的暑假生活的时间地点人物就是：偶尔的休息、学校操场和另外 1000 多位老师和同学。如果再加上味觉体感和情绪，那就是酸甜的酸梅汤味道、全身流着汗和融合着疲惫和光荣的复杂情绪。

对于这次活动的准备我只有零碎的记忆。最早的一段是在刚开始训练的几天。我们进行过拔河比赛，我和同伴坐在操场上，当时我们沉浸在第一轮拔河胜利的喜悦中。不远处传来合唱团的歌声——“我们战胜了多少苦难，才得到今天的解放”，我从未发现，《歌唱祖国》的曲调竟然有这么好听。当时我们对于荣誉感还没有那么确切的体会，只觉得被太阳照射仿佛被抽干了所有的水分，但我还是感觉自己正被某种意志支撑着。

我们凌晨 3 点集合，当时正值初秋，昼夜温差很大，晚上冷得穿着外套也感觉寒冷，而天亮了之后太阳又很毒。我当时因为换季感冒了，这样折腾一趟，感冒更加严重。我在还没走到出发点的时候就忍不住地干呕，本来打算走出队伍去急救车寻求帮助，可是这时左边的同学揭下一片清凉贴贴在了我的额头上，顿时感觉额头不再火辣辣的了，张锋老师拿出一片湿巾，从后边不知道是哪位同学那里手把手地传来一瓶小瓶装的藿香正气水。后排的学姐交给我一支薄荷棒，我的头脑也越来越清醒。我还是挺过去了，展现了最好的状态。大家都在互相照顾，互相关心，小心做好准备，不让同伴掉队，我十分感动。在活动中我认识了许多老师和可靠的学长学姐和同龄人，我们相互扶持，从素未谋面到彼此互相信任，一起走完光荣的那一段路程，是我这次活动中最珍贵的收获之一。

我很感谢 6 月时候的自己，选择为祖国献礼。我捧着那束花和那面国旗，只觉得是正要把一些易碎又坚韧的东西献给谁。不是给谁，而是给我的祖国，虽然花束结束时还在我手里，但是我最好的愿望已经得到传达。最后我只认为这一切都是值得的，彩排时的焦灼等待，昼夜颠倒反复排练数十次，换来 70 华诞踏歌而行，捧花走过十里长街，在天安门前念三遍祖国万岁，三生有幸。

老师评语：

李思琪同学是英语学院2018级的本科生。她乐观开朗，积极努力，克服伤病而不掉队，珍视国庆70周年群众游行带来的自信和友谊，得到人生路上最宝贵的收获。她时刻严格要求自己，关爱同学，将一些易碎又坚韧的东西完美地献给了祖国，在群众游行中体验了最真实的爱国主义情感。

为国献礼，不负韶华

英语学院　米尧舸

“36 方阵，行进！”

“十一”当天，听到发令员坚定有力的指令，我们二外所在的 36 方阵——“祖国万岁”方阵爆发出了震天动地的欢呼声，浩浩荡荡五千人的游行队伍就这样最后一次走上了长安街。为了在这一天向祖国母亲献礼，二外一千余名师生 7 月底就返校训练，我也是其中普普通通的一员。

8 月的两场集体生日派对，我至今记忆犹新。第一次集体过生日是在第一次合练结束之后，合练中我们的表现有一些瑕疵，回到学校本来以为杨敬枫老师会在主席台上把大家狠狠地批评一顿。没想到杨老师点到为止，话锋一转，就要给 8 月初过生日的十几名同学在操场上过一个集体生日。这个点子瞬间点燃全场，大家从反思的低落中缓过神来，一齐送上生日祝福。学校为我们做的点点滴滴，让我们感受到了家一般的爱与呵护。

训练的队伍里，有这样一群老师，他们起早贪黑，与同学们同吃同训，他们放弃了与家人团聚的时间，甚至有些老师推迟了婚期。老师们全身心投入训练，同学们又岂能左顾右盼？我们相互鼓励，相互关心，相互体谅。正是这种融洽的师生关系使我们的训练质量得到保障，“十一”当天做到了自由、生动、欢愉、活泼。

我所在的一中队，男生属于稀有保护动物，只有中队长张锋老师和我两位男士。这也就意味着在搬运物资以及干一些其他的体力活的时候难免会多费些力气。但是英语学院另外两个中队的男生总会自告奋勇地跑过来跟我说一句：“哥哥，我们男生多，我们帮你们。”那种瞬间，万分感动。当然，我们一中队的女生们也给了我莫大的支持。领道具、餐包的时候，姑娘们都抢着帮我。训练期间，虽然我们只有两个男生，但依靠着姑娘们的奋勇拼搏，我们在拔河比赛中赢下了拥有满额五名男生的对手，这让我见识到一个团结的集体拥有着无限的可能。

“十一”游行结束回到宿舍，大家都努力在回放中寻找自己的身影，但这找起来就像是大海捞针。我也收到了来自家人们的消息，他们都说没看到我的影子。一开始我还有点小失落，但转念一想，直播镜头里，5000 人神采飞扬，我们一个个小我，汇聚成的是当代中国青年这一个大我，是中华民族的未来和希望。想到这，我的心中是满满的幸福和自豪。作为新时代大学生，我们要将个人的发展融入祖国建设中去，我们既是祖国日益强大的受益者，同时又是建设者。七十有我，待到祖国八十、九十、一百华诞的时候，即使不能走上长安街，但我们依然会在不同的岗位上，为中国梦的早日实现贡献着属于我们的力量。

老师评语：

米尧舸同学是英语学院2018级研究生班的班长，也是1中队3小队的小队长，也是1中队中除了中队长张锋老师以外的唯一一名男性。作为一名共产党员和1中队旗手，他时刻发挥学生党员表率作用，品学兼优，身兼数职，既是安全员也是呼号员，身影活跃在1中队物资搬运、考勤考纪、信息传达等各项工作之中，将最挺拔的身姿留在了长安街上，将最美好的笑容献给了祖国。

为祖国生日献礼

英语学院　崔佳琪

“我和我的祖国，一刻也不能分割。无论我走到哪里，都流出一首赞歌……”时至今日，我还会不由自主地哼唱出来。这首《我和我的祖国》将近两个月的循环播放，早已深深刻在了每个二外方阵人的脑海中（想起训练期间看到8月热播歌单里，《我和我的祖国》位居第三……）。

7月25号就要去学校集合，为了不耽误训练，我拒绝了朋友一起去旅游的计划，假期还没来得及体验便已远去了，对此我内心十分复杂。可是当换上训练服那一刻，那种油然而生的自豪感包围了我，我甚至可以想象出当天走过长安街的景象！

训练的日子正值三伏天，尽管学校把训练时间放在了每天清晨和傍晚，但还是摆脱不了训练上午一身汗，下午一身汗，就算一动不动都能汗流浃背的命运。

记得前几次的训练，光是集合、队伍对齐就得花上大半个小时，更别提齐步走，经常走成“S”形，曲里拐弯儿的，特不协调。最开始踏着《运动员进行曲》的节奏，乐点与重音分明，但当歌曲换成《我和我的祖国》以后，踏乐变得异常艰难，炎热和疲惫考验着每个人，但大家没有丝毫松懈。每当一遍又一遍走方阵、练动作到不耐烦的时候，一想到未来不久能参与到国庆庆典之中，便什么苦什么累都没了，只有一颗力求每个动作精益求精的心在坚持着。

从7月25号到10月1号，历经了16次合练。我最喜欢的是方阵合练，因为坐大巴很舒服。分址合练的小公交车实在太过逼仄，两个人坐下紧紧“依偎”着，座位不大，又有餐包、道具还有外套，不堪回首。去天安门演练更算是宝藏经历，毕竟大家也一起睡过王府井，包过地铁了。

10月1日当天，是多日来第一次见到阳光下的王府井，尽管之前有些紧张，但真正上场时内心渐趋平静。那天的我，比以往大大小小的训练合练时喊得都要大声，以至于后期看着满天的和平鸽和气球有些头晕目眩。假期在家，我把阅兵、群众游行看了好几遍，每一次都十分震撼。

难忘2019年10月1日，中华人民共和国迎来70周年华诞，我很荣幸成为36方阵“祖国万岁”中的一员，亲身参与到这个重大活动中。

老师评语：

崔佳琪同学是英语学院2018级的本科生。她拒绝了朋友一起出京旅游的计划，毅然投身国庆70周年群众游行的队列之中，把“七月留给自己，八月献给祖国”。她坚定意志，毫不松懈，拥抱群众游行训练，享受在《我和我的祖国》乐声中“踏乐而行”的感觉，认真地对待每一次的练习，力求每个动作精益求精，在坚持中走过十里长街。

我和祖国的一次约会

英语学院　蔺雨薇

7月组队，8月训练，9月彩排，10月献礼。2019的夏天，我们一起熬过难起的清晨；一起睡过王府井的大街；一起看过凌晨每刻的夜空。当《我和我的祖国》歌声想起，当中国女排同花车缓缓靠近，当和平鸽与气球飞上蓝天那一刻，我热泪盈眶。

2019年7月6日我们二外成员第一次齐聚明德厅，为了更加地亲近你，了解你。激荡人心的音乐，鼓舞士气的话语，念念不忘的回忆，使我那颗不确定的心渐渐平静下来。这一次生日，我想陪着你，尽管属于自己的假期远去，但以后有你相伴的每一天，定然十分甜蜜。因为你，我还拥有了独一无二的服装、道具，十分欢喜。

2019年7月28日这一次是一个大的合练，更是一次更大的欢聚。36方队，五分指所有成员齐聚金盏阅兵村。第一次为你汇报成果，难免慌乱，出现了许许多多的不足。但很欣喜的是，你看到了我们的满满的欣喜，肯定了我们的努力，鼓励我们再接再厉。因此在之后的每一次大合练中，我们的表现一次比一次更加出色，得到了珍贵的“徽章”的奖励。

你不知道，其实我们出色表现的背后有许许多多人在默默地付出，我们不知道他们每一个人的名字，但他们的身影经常出现在我们的训练日常里。每天清晨和下午的训练计划，是未休假的体育老师不分昼夜，精心规划的，并且是根据我们的实际情况，时刻变动的。操场上，装有不同饮品的大桶，多样的餐包，都是后勤人员辛苦准备的。合练路上，我们的安全，是警卫人员和校内老师齐心保障的。我们的表现，代表的不仅仅是自己，还有这些背后为我们默默付出的人。他们也在全心全意地为你奉献着自己的一份微薄之力，

2019年9月我们踏入了长安街，离你更加近了一步。尽管每一次都是夜晚，但夜晚的长安街真的很美。灯光下，我们相互靠在一起，窃窃私语。夜虽凉，但人很暖。我们一起经历了曾经从未想过的事情。最晚的不眠夜，最硬的“大街”床。不过，为了你，这一切都是值得的，因为你如今是如此的美好，你的繁荣昌盛让我感受到了生活的美好。9月，让我离你的生日更近了一步，与你的牵绊更深了一层。

2019年10月1日终于到了这一刻，你的生日，我满怀深情地祝福。我身着盛

装，手举花束，挥动国旗，期待与你的正式见面。我在长安街上，大声地呼喊，尽情地跳跃，声声“祖国万岁”是我对你最诚挚的敬意。我看到所有人都脸带笑意，所有人都兴高采烈，所有人都同我一样热血澎湃地庆祝你的伟大、繁荣与昌盛。尽管我们见面匆匆，但所有的场景永远留在了我的心里，值得永久回忆。

未来还很长，在你的前进路上，希望我能更加努力，献出自己的一分力量。

老师评语：

蔺雨薇同学是英语学院2018级的研究生。她以自己的行动为祖国生日献上最诚挚的礼物，多次克服熬夜、曝晒、暴雨等带来的身体不适，坚持以最好的精神状态、最努力的动作姿势完成群众游行的每一次训练和演练。她严于律己，以70周年群众游行的历练为契机，激励自己将来更加努力继续为祖国前进贡献力量。

用心感受盛夏的约会

英语学院　孙静蕾

2019年“十一”那天，二外的九百名师生共同参与了国庆阅兵的群众游行方阵。方阵主题是“祖国万岁”，花团锦簇的彩车上站着刚刚从“战场”上归来的中国女排，随着漫天和平鸽与气球，伴着《我和我的祖国》的音乐，将近5000人的欢呼将国庆阅兵推向高潮。

这场盛大的联欢背后是3个月的辛苦付出，但站在天安门前那一刻的骄傲与自豪，让一切的辛苦付出都是值得的。

上学期得知活动报名时，我非常欣喜自己能有机会参加国庆活动。我告诉父母时，他们都很支持我。还没开始训练，身上便已多了一份使命感。

7月6日，学校召开了第一次动员大会。听过参与60周年国庆的师生们的故事分享后，我愈发确定自己做了一个正确的选择。活动最后，头顶上方一大面国旗飘过，大家齐唱《我和我的祖国》，感动且温暖。

承担着重要责任的我们，要呈现最完美的表演，每天都得坚持训练。大到整个方阵的欢愉效果，小到每个微笑都要练习。任务很满，但看到效果越练越好，大家都累并快乐着。训练期间想家，大家都互相鼓励，每个人都被温暖包围着。我们辛苦训练的背后，有家人的支持、朋友的陪伴，无数个小家为祖国庆生做着贡献。

10月1日当天，大家兴奋地等待专属地铁，在王府井大家围着一台小手机看直播，一起仰头看天上的直升机……3个小时的等待后我们整装待发。一声命令，大家奔跑着包抄花车，看见中国女排后，所有人既兴奋又感动。大家一路举旗欢呼。随着指挥“36方阵，出发！”的指令，我们伴着《我和我的祖国》的歌声不断欢呼跳跃。最后，广场上放飞万只和平鸽和气球，《歌唱祖国》歌声响起，欢送领导人退场。

疏散时，我们一路上和官兵互相道别，他们坚毅的眼神、挺拔的身姿令人感叹，想着祖国有这样优秀的军队守护着，无比安心。

能有幸成为群众游行中的一员，亲身参与进国庆活动中，我内心无比骄傲与自豪。整齐划一的方阵、先进的武器装甲车队和各行各业的群众组成的游行队伍，都让我感受到深深的震撼。10月1日，每一个人都倾尽自己的热情为祖国母亲献礼，这一天给我留下了一辈子都抹不掉的记忆。

老师评语：

孙静蕾同学是英语学院2018级的本科生。她始终意志坚定，心中常怀感动，常怀对祖国的爱，积极报名参加国庆70周年群众游行活动，认真完成群众游行的每一项要求和任务。她感恩父母的理解支持，感谢朋友的陪伴，感恩人民子弟兵的守护，对祖国和自己满怀信心，为祖国母亲献上了最美的生日礼物，收获了忘不掉的记忆和一生的荣耀。

第 36“祖国万岁”方阵——第 2 中队

爱国进行时

英语学院　黄诗佳

2019 年 10 月 1 日庆祝新中国成立 70 周年的阅兵仪式和群众游行活动结束后，介绍完各军队方队和装备方队，新闻媒体将镜头聚焦于此次群众游行中年轻的参与者：来自各高校的青年学生。其中出生于 2000 年之后的参与者被亲切地称为“千禧宝宝”。

这一代受到特殊关注的青年往往不愿趋同，即使自出生起就接受爱国教育，常常运转的大脑仍有一个独特的思考——“热爱祖国”到底蕴含怎样的激情与深意？而这一年，北京所有参与这场游行的高校生，全国上下所有曾细细斟酌“爱国”二字的青年，终于有了答案。

2019 年的 7 月和 8 月，迎接朝阳和送落日归山成了北京第二外国语学院爱国师生们的每日必做事项，而在此期间，同学和老师们或站得笔挺，或走得板正，或欢愉地跳跃、歌唱。《我们是共产主义接班人》是行动预备的号角，《我和我的祖国》是舞台的主旋律，《歌唱祖国》则是发自内心进行狂欢时候的号子——二外师生们正为祖国母亲准备生日庆典，准备 36 方阵的表演。

我有幸参加了这场伟大的献礼活动。训练过程中，有无数人放弃个人利益，来成就集体的胜利，发生了数不胜数的惹人眼眶湿润的事件：训练队伍为部分舍弃了假期的同学准备蛋糕过生日，学院里的老师们在下雨赶拍 MV 时贴心地准备了红糖姜茶，校领导以及参与活动的老师们的孩子来慰问参训队伍……参训人员之间的羁绊不断加深。

然而，在筹备这场大庆的同时，祖国香港地区却从隐隐骚动变成暴乱，混乱的局势引起各行各业人员的深思：坚持走中国特色社会主义道路的中国，现在和未来还要面对多少艰难险阻？回看身边，在庆祝新中国成立 70 周年的活动中，我们所奋斗的汗水，浇灌的仅仅是友谊的种子吗？

只有真正热爱中国，我们的庆祝典礼才能热情洋溢；只有在庆祝活动中做到用自己的热爱感染其他人，才能把 70 周年大庆的意义发挥到极致。我们的每一张笑脸和在天安门广场的每一声欢呼，都让我们投入其中，这份热情足以让不了解中国的西方世界看到中国青年的热血，让同是中国人却麻木、木讷的人觉醒，让对中国存在偏见的人重新思考。建设具有中国特色的社会主义，需要发动全体人民的力量。这是在祖国发展的此时此刻我们所肩负的责任，当我们在二三十年后挑起建设国家的重担时，这时所建立的觉悟就是我们强大的精神武器。

2019 年的这个夏天，令人喜悦的并不是年轻人付出了辛劳汗水，而是曾经的爱国主义教育播下的种子，终于化作一股坚定的爱国力量在我们心底开了花，足以使我们在日后的工作生活中坚定不移地拥护伟大的中国特色社会主义事业。

老师评语：

黄诗佳同学的心路历程也正是针对 00 后如何开展思想教育的过程，00 后的孩子思维敏捷、思想多元，但是通过国庆活动，发现他们对祖国的热爱是一样的，只要我们的新一代具有家国情怀，热爱祖国，我们的建设事业就会后继有人。

功不唐捐，玉汝于成

英语学院　冯宇琦

在这个金秋送爽、碧空如洗的季节，我们迎来了中华人民共和国70周年华诞。大河奔腾，高山巍峨，70年披荆斩棘，70年风雨兼程！如果说国庆令人心潮澎湃，那我们的感触一定更为深刻。在这里，我希望表达这两个月的感悟。

为了训练，大家放弃了安逸的暑假，共同聚集在操场上，为国庆的献礼排练。骄阳下的挥汗如雨，凌晨的外出合练，再苦再累，没有人放弃。每天清晨集合，站军姿，走队列，过着紧张又规律的生活。在这期间，我因为伤病问题成了替补队员，说实话，身为替补不难过是不可能的，那段日子心情很低落，后来慢慢安慰自己，要坚持训练，把能做的做到最好，剩下的就交给运气。半个月之后，幸运女神终于降临了，我终于如愿以偿重新获得了点位！这次经历让我明白了一个道理：有些外在原因是没法拒绝和改变的，既然生活让我临时走在替补的路上，那就既来之则安之，学会默默努力与付出，在这条路上快乐轻松地前行。我也明白，“十一”那天，还会有同学像曾经的我一样成为替补，也许很多人不知道他的付出和他承受的失落，但我学会了怀着同情与敬佩的心理去看待每一个默默付出的人。

3次夜间长安街合练让我们的印象尤为深刻。在王府井需要等待5个小时，大家的疲惫写在脸上，吃完晚餐后，纷纷在大街上睡去。但一到凌晨3点，前进的音乐响起，我们立刻打起精神，集合完毕涌入长安街，那一瞬间好像从小巷子里走进了光明大道。夜晚的长安街灯火通明，方阵雄赳赳气昂昂，我们一扫熬夜的劳累，挥舞着鲜花和国旗排好队形完成彩排。一天天，一夜夜，我们每个人都一样，以满心的欢喜期待着为祖国献礼。

两个月的心心念念终于换来“十一”当天的辉煌。天上的飞机呼啸而过，军人们的呐喊气势恢宏。正午，我们方阵整齐划一地前进，《我和我的祖国》歌声响彻天安门，我看到7万只和平鸽振翅高飞、7万只气球翱翔天空，看到习主席在城楼上缓缓向我们挥手，看到女排姑娘们对着我们微笑。在这歌舞升平里，我们心里最后一丝坚强失守，大家为泱泱中华，为每个人真挚的爱，潸然泪下。山河犹在，国泰民安，大国泱泱，河清海晏，天安门前那一瞬间的定格成为我们一生的记忆。

所有的付出终有回报，所有的期待终得美满。虽然两个多月的集训里走得有些艰难，但功不唐捐，我们看到了祖国的繁荣和自己的成长。虽然经历了烈日、伤病、替补、通宵合练，但玉汝于成，一切都承载着希望，每一次坚持都富有意义。今天，20 岁的我们，风华正茂，今天，70 岁的中华人民共和国，欣欣向荣。青春之所以幸福，是因为它有绮丽的梦想，祖国之所以昌盛，是因为她有辉煌的前程。祝赤子们不负韶华，祝祖国万寿无疆!

老师评语：

冯宇琦同学主动报名参加国庆活动，但由于伤病的原因，有一段时间她成为替补，虽然很伤心和失落，但她没有气馁，而是认认真真地训练，随时做好出征的准备，怀着“成功不必在我，但成功必定有我”的信念，耐心等来了机会，最后印证了一句话，机会总会留给准备好的人。

今年今夏

英语学院　张牧云

这盛世华诞果真如你我所愿。当我提笔时，却又放了下来。心中的千回百转、思绪万千让我发怔良久。曾经大学之于我，极度的不适应冲击着我的生活。对前途的迷茫，各种各样前所未有的问题让我心力交瘁。然而，一切的变化从 2019 年“十一”前王老师的那个通知开始了。

其实，纠结充斥着我的内心。因为生病的母亲让我着实放心不下。但是，当我父母听到这个事情后只留给我一句话：孩子，放手去做，爸妈不当累赘。

如果说之前的生活是平淡无奇的，那一桶色彩斑斓的油漆就是从我报名十月国庆重大活动时泼出的。被真实且平淡压抑着的过去，在这一刻，像是翻篇了。很荣幸，我参加活动的时候被老师选为小队长。我每天都像在做什么不为人知的惊天秘密任务，内心的骄傲与自豪让我浑身上下都充满着活力，年轻的活力。

时间真是太快太快了，快得我措手不及，快得让我泪流满面。当我站在天安门前那一刻，就像慢镜头移动，中国女排姑娘们的挥手，同伴眼角滑落的泪水，广场上放飞的和平鸽，飘舞的彩色气球，起伏的人群，挥动的麦浪，以及我氤氲的眼眶。那一刻，瞬间化作永恒，盘桓在我心中。明朗的太阳，仿佛又将我拉回阅兵前的暑假，我准备回家却直接去了医院，在那时我才知道我妈妈在假期的时候并发症复发了，为了不耽误我的训练，愣是一声没吭，那一刻，我的心是颤抖的。然而，我却无怨无悔。坚持训练，为的就是为祖国母亲庆生。

即便汗水湿透衣襟、即便训练强度压得我喘不过气来，但是当我回首去看这悠长的岁月，年华终将不负有心人。难忘那夜空上明亮的星辰，凌晨 4 点长安街上透彻的灯火，凌晨 3 点王府井大街上的冰冷的石板，凌晨 2 点夜空上绽放开的皎洁月光，凌晨 1 点操场上飘起的朦胧细雨，晚上 12 点渴望日出的心情，晚上 11 点的激动难以入眠，晚上 10 点紧张的等候，晚上 9 点反复地检查装备，晚上 8 点那残月勾连着云海的晚霞，晚上 7 点缓慢的日落，下午 6 点细碎的阳光。

我的人生，没有那么多的十年，而我由衷地希望下一个十年，还有我。我爱你，中国！谢谢我的父母，他们是我坚强的后盾，是他们支撑我走过这十里长街。谢谢我的老师，如果没有他们的保护，我们什么都不是。谢谢我的朋友，他们是我的同学更是我的战友，陪我走过了这永恒的岁月。

最后，我要感谢自己，不放弃，给了自己一个自我救赎、自我洗涤的机会，给了自己一份骄傲的答卷。

老师评语：

张牧云同学用饱含深情的语言讲述了自己克服困难参加“十一”活动的心路历程，抒发了一个年轻学生在大学迷茫之际通过“十一”活动的参与找到了自己努力的方向，表达了对祖国母亲深沉的、最真挚的爱。同时也提醒了我们，爱国主义教育不是空洞的，而是要有载体和灵魂，看到这样的学生，我感到我们的社会主义建设事业后继有人，我们的民族有希望。

青春和祖国一起闪光

英语学院　佟兴华

“我和我的祖国，一刻也不能分割。无论我走到哪里，都流出一首赞歌……”这首旋律在这整个夏天都陪伴着我，直到现在一直在我的脑海里回荡。为了庆祝中华人民共和国成立70周年，这个夏天许多人付出了汗水和努力，却无怨无悔。我们的国家现在如此强大，作为当代大学生我们不仅要感到自豪而且也要更加努力为祖国奉献出自己的一分力量！

起初我对参加国庆游行犹豫不决，后来因为家人和身边同学们的支持而参加了。现在我感到欣喜和幸运，为我能够参加国庆群众游行，为我能够为祖国母亲祝寿。因为通过这次活动，我对祖国的爱变得更加深厚了。

为了国庆游行许多人默默地付出了心血。整个训练期间学校在各个方面都做了保障，食堂的叔叔阿姨们每天在操场上给我们准备酸梅汤、水和菊花茶；体育部老师们也一直陪我们起早贪黑地训练，整个暑假都没有时间顾及家人。

训练期间也发生了许多感人的事情，老师们特别暖心。老师们的孩子们来到学校看他们的爸爸妈妈；学校还为训练期间过生日的同学们庆生；老师们连夜打包道具……这些点点滴滴告诉我们，我们每个人要学会心存感激。

最辛苦的时候是出去合练了。去军训基地或者机场的车程很远，因为人多，集结也需要等很长时间。我们也会期待餐包里有好吃的。到天安门演练都是半夜去，没有睡的地方，我现在仍然记得躺在王府井大街冰冷地面上的感觉。在十几次合练中，我们的动作和道具一直在变，但我们坚定的信念没有变，每个人都坚持过来了。

9月30日晚上，我们每个人就像要参加高考一样，整装待发。有些同学早已化好妆，还小心翼翼地睡觉生怕妆容花了。出发前当老师告诉我们，我们方阵的彩车上站着的是刚刚获得冠军回来的女排时，大家都激动地喊了起来。到了“十一”当天，我们每个人脸上都不自觉地露出了笑容，我们做过的一切努力终于要有结果了。等待的时候其实没什么感觉，但快要上场的时候既激动又紧张。我们每个人都笑着跳着喊着唱完整首歌，向祖国表达了我们最真诚、最激动的心情。这是多么难得的机会啊。这也是我离习主席和女排最近的一次了。亲眼看到漫天的气球和和平鸽，真的很震惊。我在心里喊了无数次：我爱你中国！

这次国庆游行活动带给了我很多成长，我深刻体会到了我与国家之间紧密相连，感受到了祖国母亲的伟大。我为自己参加庆典感到骄傲，感到庆幸。现在想起国庆游行，我依然心潮澎湃。我作为大学生会更加努力，为了实现中国梦，为了祖国的繁荣昌盛！希望祖国的未来更加辉煌！

老师评语：

佟兴华同学克服了个人很大的困难参加国庆活动，在训练过程中付出了很多的辛苦和努力，更难能可贵的是在训练过程中她对祖国的热爱得到了升华，这也正是我们育人活动的初衷和体现。

我·青年·祖国

英语学院　李苗苗

在酷暑的八月，在二外的操场，一千余名老师和同学，构成一道亮丽且震撼的风景线。

——题记

“青年一代有理想、有本领、有担当，国家就有前途，民族就有希望。”——习总书记的教导，我们耳熟能详。然而以前的我并没有强烈地感受到个人与国家命运之间的紧密性，也不清楚凭借个人的微薄之力可以为国家做些什么，直到 2019 年的夏天——我有幸参加了 70 周年国庆阅兵庆祝活动，事情开始有了转变。

记忆最为深刻的是两个月前的动员大会，一位老师讲述自己 10 年前参加 60 周年国庆庆祝活动的经历。她向我们展示了 10 年前自己用过的道具——一个花环。虽然看起来普普通通，却被珍藏了 10 年之久，想必是因为花环承载着太多老师对祖国的深情。当年的他们正是用这样一个个花环，10 月于长安街，怀揣着对祖国的热爱，用最热烈的欢呼声、最整齐的步伐，表达出对祖国母亲的祝福。

7 月底，我们开始了正式的训练。自发报名的 900 多人一直在积极地参与训练。一个月以来，50 多人的排面，从七扭八歪到整齐划一；900 多人的方阵，从毫无默契到互帮互助。这样突飞猛进的变化，少不了同学的坚持，老师的鼓励，教官的指导和领导的支持。

训练，在某种程度上，相当于第二次军训。每当我懈怠，疲惫，想要放弃，看到手里的国旗，听到“我和我的祖国，一刻也不能分割”这首行进音乐，想起自己是在庆祝新中国的生日，是在向全中国乃至全世界展示中国青年的风貌时，瞬间又会精神百倍，积极投入训练。

这次活动，是迄今为止我和祖国距离最近的一次，也是内心的爱国之情快要燃爆的一次。虽然自己只是第 36 方阵 5000 人中的一员，只是 36 个方阵 10 万人中的一分子，但是能参与其中，能在“十一”国庆阅兵之时从天安门前走过，此生足矣。

这次活动，虽然是一个不断训练与磨合的过程，但也更是我们收获成长与感动的时候。我仍记得辅导员老师对伤病同学热切的关怀，记得拔河时二中队的拼尽全力，记得拉歌时二中队的团结一心，记得下雨时同学们的互帮互助，记得排练时同学们的不辞辛劳，记得过生日时同学们满脸的惊喜与幸福……

10月1号之前，我们期待着，也时刻准备着。10月1号当天，我们每个人，调动全身的每一个细胞，用尽全身的每一分力量，为祖国欢呼，为祖国庆生！

还记得活动结束后，我在朋友圈这样写道：这一刻，感觉20年活得好值啊，千言万语化作一句话，祖国万岁！！！

老师评语：

“十一”活动，也是李苗苗同学自我成长的过程，祖国和国旗时刻召唤、督促着她前行，而训练过程也是整个团队凝聚力和向心力成长的过程，艰苦的训练使师生之间、同学们之间感情得到了升华，也让我们明白育人活动不是简单的说教，而是要融入具体的活动中。

我和我的祖国

英语学院　白思琦

2019 年的盛夏，在祖国母亲——中华人民共和国即将 70 岁之际，我想为她做点什么，为她的 70 华诞献上一份独特的礼物，也恰巧学校有这个机会，于是我报名参加国庆阅兵的群众游行方阵。这个盛夏，用我们所有参加的人的话说就是——“将七月留给自己，将八月献给祖国”。

2019 年 7 月末，我们所有参加的人员收拾好行囊，早早地离开了家门，奔赴北京，奔向二外。还记得，我离家前和妈妈说：“我是自愿放弃假期的，要为我加油！”回校后，我们每天的日子几乎变成了三点一线，宿舍—食堂—操场，很单调，也很辛苦。夏天的天亮得很早，每天当第一缕晨光照进寝室的时候，我们已经离开，开始准备一天的活动。

烈日下，那慢慢变湿的上衣，逐渐沙哑的口号声，以及操场旁渐渐变空的水桶，似乎都在诉说着我们的经历。凌晨的早起，永远在变的动作，我们几乎都要吃腻了的面包，似乎都在向祖国母亲证明，对您，无论什么，我们永远都愿意！每一次当我疲惫到不行的时候，总能想到我曾经的承诺，我绝对不能放弃。

在那些日子里，我们几乎每天都在认真练习，总觉得不能辜负这盛世，这华诞。下雨训练时，辅导员老师端过来的一杯红糖姜茶，温暖的不仅是带有凉意的身体，还有略微疲惫的心灵。当台上老师说出“祝在场所有过生日的同学生日快乐”时，似厚厚的乌云中突然射出一片光明，那一刻竟有“拨得云开见月明”的感动。

2019 年 10 月 1 日凌晨 3 点，我们早早地在操场集合，可能因为过度兴奋吧，我一夜未睡，但依然很精神。而当我们集合完毕的时候，我们又得到了一个更激动人心的消息，我们要和刚刚获胜的中国女排的成员共同走过天安门。

10 月 1 日上午，我们再一次在长安街集结，听着远处的礼炮声，望着头顶上飞过的各种各样的飞机，看着路上昂首走过的解放军，我们热血沸腾，我们知道这将是我们上场走过长安街的时刻了，近 3 个月的努力以及付出，都是为了此时此刻。

上午 11 时左右，终于轮到我们上场了。从走上长安街的那一刻，周围的呼喊声就再也没有停止过，我们的心里只剩下了一个声音——“祖国万岁！”当我们走进表演区后，就是另一种狂欢，周围数节奏的声音格外地齐，我们的动作从来没有像这样整齐过，到最后跳跃似乎都无法表达我们的心情，许多人都抱在了一起，“祖国万岁”的声音一刻都没有停止过。

我们是新时代的新青年，未来的路还很长，很长，但是我们都有一个共同的目标，要将我们的祖国建设得更美好，更繁荣。我们要用我们自己的拼搏，书写属于我们的时代赞歌，肩负起属于我们的责任，披荆斩棘，乘风破浪，将我们的祖国推向更高的台阶。未来的祖国，有我们，一定会更加辉煌！

老师评语：

白思琦同学怀着对祖国母亲的赤诚之心，主动参与到国庆活动中，在整个活动中身心都得到了很大锻炼，意志力有很大的提高，同时在活动中加深了对祖国母亲的了解和热爱之情，更加为祖国母亲的悠久灿烂历史感到自豪，更加坚定了为国家努力建设的自豪感和自信心。

我和我的祖国

英语学院　刘思雨

经历过一个非同寻常的暑假后，每当《我和我的祖国》的旋律在耳畔响起，我都会会心微笑。圆舞曲的节拍、真情实感的歌词、悠扬婉转的曲调，无一不让人为之感动。这是一首属于第36方阵的歌曲，这更是作为第36方阵成员的二外学子们，对祖国的倾情告白："我和我的祖国，一刻也不能分割。"

距离国庆游行活动结束已经有两周了，然而那些关于训练和正式游行的记忆，回想起来，都还能无比清晰地浮现在眼前。每天的训练虽然辛苦，但训练之中的小确幸也数不胜数。每天早上看见食堂师傅们很早就开着载有酸梅汤和凉白开的小车往训练场地去，总会觉得格外安心——始终有人在关心着我们，我们的物资与后勤，有人为我们保障。用不完的餐券、训练间隙的拉歌比赛拔河比赛，还有给人巨大惊喜的全校生日派对，这些都是这个不同寻常的夏日所特有的，值得我们用一生去回味。

说起合练，这是我们北京第二外国语学院作为36方阵成员将我们的训练成果展现给其他方阵成员的机会，每次听到总指挥在台上说起"二外表现得不错"，都会发自内心地骄傲。永远都不会忘记王府井寒冷的街道上那几次沉沉的安眠，永远都不会忘记深夜在长安街上尽情奔跑的快乐。

"36方阵—准备—行进。"国庆当天在长安街上行走准备时，我一直不敢相信这真的就是正式的演出。我们真的就要接受领导人的检阅，向全国人民展示我们的欢愉了吗？难道我无数次期待过、无数次幻想过、无数次梦到过的场景就要实现了吗？当我站在出发线前，听到这句命令时，激动的泪水不可遏制地流下来。我们向前行进，仔细对待之前训练中强调的每一处细节。在表演的过程当中，7万只鸽子与气球被放飞，五彩斑斓的色彩铺满天空，我们无数次高声呼喊"祖国万岁"。这是最珍贵的瞬间，是值得骄傲一生的时刻；这也是最浪漫的瞬间，那一句"我和我的祖国，一刻也不能分割"从此对我、对我们而言再也不是一句简简单单的歌词，而是永远铭记于心的誓言。

"七十华诞献国礼，海棠花开赴征程。"作为二外学子，有机会代表自己无比热爱的学校为无比热爱的祖国献礼，实在是一件值得骄傲的事情。海棠花，是周总理最喜爱的花，这盛世、这国家亦是周总理为之呕心沥血的成果。我们二外学子，有责任，也有义务带着翔宇精神，奔赴为祖国母亲——中华人民共和国70华诞献礼的征程。

当36方阵行进起来的时候，跟随着“我和我的祖国”的音乐，我们就像一片不停涌动的红黄交织的海洋。“我的祖国和我，像海和浪花一朵。浪是大海的赤子，海是那浪的依托。”5000人中的每一位成员，便是那浪花一朵。我们共同努力，共同奋斗，凝结出一片为祖国献礼的爱的海洋。

老师评语：

通过国庆活动，刘思雨同学已经达到了“我和我的祖国，一刻也不能分割”的程度，这也不再是一句简简单单的歌词，而是永远铭记于心的一生的誓言。天安门前短短的几分钟是她最珍贵的瞬间，是值得骄傲一生的时刻，在以后的人生中会指引她前行的脚步。

长安街上的70岁生日

英语学院　陈曦

2019年7月初，我在人文楼765前犹豫了许久，拿着已经写得清清楚楚的表格，心里却不那么清清楚楚。不过在最后一天的最后一刻，忽然很多同学潮一般涌来，我也随着这潮，入了这梦。

暑假开始便去了宝岛台湾，体验了亚热带的炎热与友好，回到北京，稍稍有些干燥的空气使我不敢相信竟然就这样结束我的暑假，也不敢相信，我竟然看了那么多次二外的清晨，也交到了那么多志同道合的好友，我们在黄昏下举着手中的小红花，和着歌声，舞蹈起来，仿佛眼前就是那庄严的天安门城楼。我才意识到，这不是梦，这是现实。

早上7点，凌晨4点，昏昏欲睡的凌晨3点，我的时间好像倒流了过来。操场上大家粉粉黄黄绿绿蓝蓝，我的生活好像也不只黑白那么一点。大巴的轰鸣声在前方，我跟着第2中队往前移动。忽而，一份沉甸甸的餐包递到我手上，火腿的味道溜到嘴边，酸奶的甜味让我一下子来了力气。其实平时最恨早起，但是总有人为了我，为了我们，起得更早，想到这些，便知道有人与我们一样在为祖国服务。是那些身着安静白衫子的人，给了我亲人一般的暖；也有完全相反的黑色褂子，是安保大哥低调的安全感。

对于王府井街，虽然我是个地道的北京人，却也因路途遥远，没来过几次。白天这里人山人海，夜晚我手拿白面包，身下是薄薄的塑料袋，享受白天在这里留下的奢华。就着六必居榨菜，尽收这里的灯火阑珊。

当说到榨菜，那是一段富足的日子。榨菜，是顿顿餐包里必备的老北京美食，早已攒成了一副六必居“扑克”。在颠倒的昼夜里，守着我的“扑克”，横躺在王府井大街上，自己的富足早已摊开，只见一手是月光，一手是榨菜。

“十一”那天走过主席台仅仅是五分多钟的时间，我们一丝不苟地完成既定的动作，手里的鲜花有些沉重，但我们都极力举到了最高；紧密、扩散，认真地依据无数次排练时的设定值准确移动。骄阳下，身边同伴极力呼喊着“快看习总书记！”，估计大多数人也只能看到一些缩影，不过我们知道，习总书记在看着我们，这就够了，这就足够回报两个月的昼夜颠倒之辛勤。

没想到的是当我某一秒再次举起手中的鲜花时，看到的不是湛蓝的天空，而是无数彩虹般的气球飞向远方，7 万只和平鸽盘旋而过天安门广场，那是一个生日惊喜，也是给我的震撼，我看呆了，手上仍记得做动作，只是心里，早已和它们飞向远方。

回去的路上，海陆空三军、维和部队的军人像亲切的哥哥姐姐一样，和我们打招呼，也有一种油然而生的敬佩和感叹——他们一直在某个地方和我们在一起。

70 周年，长安街的国槐还和 10 年前一样葱郁，愿我和这些国槐一起记住这长青的一刻。

老师评语：

陈曦同学是最后参与报名国庆游行活动的，也正如她在文中提到自己的犹豫和徘徊，训练和合练过程非常辛苦，但是陈曦同学以苦为乐，努力坚持。她也非常非常庆幸，没有错过这次机会，天安门前短短的几分钟就是最好的回报，也是一生的回忆。

最珍贵的70天，最难忘的70年

英语学院 翟梦娜

当知道今年的群众游行活动时，我又一次觉得来北京上大学真好。

正是因为在北京，我们才能够有这样的机会参与到国家级重大活动中。接着我就打电话给爸妈，询问他们的意见。他们说：能有这样的一次经历一定是一辈子都难以忘怀的，但与此同时，暑假待在家的时间会很短，而且训练也会很艰辛。最终的决定权他们交给了我。尽管我也想回家多陪陪他们，我更不想失去这一生很可能仅有一次的机会。最终，我和三个室友一起决定参加此次重大活动。

第一阶段是在学校里训练，这个过程没有我想象中那么艰苦和劳累。上午7点到9点，下午5点半到8点，站军姿，走齐步，快乐体育。操场上站立、行走或奔跑的身影是我们的日常，但和大家一起就觉得轻松了许多。忘不了，学校为训练期间过生日的同学准备了蛋糕；忘不了，请来的兵哥哥为我们表演的军体拳；忘不了，训练间歇举行的拔河、拉歌、演讲比赛；更忘不了，所有老师还有后勤人员对我们的辛勤付出。

第二阶段是去各个训练场和天安门合练。在大巴上吃学校发的餐包，在王府井吃发的餐包，榨菜是我们的梗，卤蛋是我们的愁，不得不说，学校发的餐包要好吃得多。去天安门合练，虽然晚出早归，还要睡大街，但是看到先进的武器，飒爽的军人，绝美的彩车，就觉得一切都值得。

真正游行的那一天，我怀着无比激动的心情，尤其是看到头顶飞机飞过的时候。而当中国女排在彩车上向我们挥手时，当7万只和平鸽和气球飞过整片天空时，当近距离地看到习主席时，那种感动真的不言而喻。撤退的过程中和“中国最帅天团”挥手、微笑、击掌；回学校的地铁上同学们侃侃而谈，相视一笑；进入南门收获的是面包和水，还有最后一枚纪念奖章。

回到宿舍，一切都结束了。收拾好训练的衣服、证件、道具，带着学校发的纪念奖章和笔记本，拿着回家的车票，踏上返乡的路程。把所有纪念性的东西拿给爸妈，他们也非常激动，虽然国庆直播看到最后也没找到我。

愉快的假期，精彩的一段人生。

老师评语：

翟梦娜同学的暑假是愉快的假期，是精彩的一段人生。家人对她参与国庆活动非常支持，这是她最大的动力，作为小队长，她做了很多服务和保障工作，训练过程也是她身心成长发展的过程，通过翟梦娜同学可以看出整个国家、所有人民对于中华人民共和国的70岁生日都非常期待。

第 36“祖国万岁”方阵——第 3 中队

海棠之心，爱国之情

英语学院　原雪婷　马小然

光阴荏苒，当时间跨入公元 2019 年，我们迎来了祖国母亲——中华人民共和国的 70 华诞。作为国庆群众游行队伍中的一员，我为能够参加国庆群众游行活动，能够为祖国母亲祝寿而感到由衷的欣喜。

本以为大四的我没有机会了，为此还惋惜了很久。抱着试试的心态报了名，在老师和同学们的帮助下就这样一步一步慢慢坚持了下来。为什么想要参加阅兵呢？或许是一种家国情怀吧。尽管身边有许许多多声音围绕着我，“你都大四啦，还参加什么呀，还不抓紧时间实习考研？”“阅兵多累呀，我可坚持不下来！”我还是坚定地报了名。小学的时候，我就参加了国庆 60 周年的活动，但那时可能还是有一种凑热闹的心理。我还记得参加国庆 60 周年活动的时候，我的角色是后面的彩虹花环背景，要一直站很久很久。那时候个子也不高，一个个方阵就从我的眼前走过，我站在队伍里却什么都看不见。听着整齐划一的正步声和隆隆的坦克声，特别是后面群众队伍欢快活泼的欢呼声，再偷偷动一下自己站得僵硬的腿，我的心里满是羡慕，暗暗发誓下次我一定也要走起来。这次参加国庆 70 周年庆祝活动，我是 36 方阵的一员，听说要从王府井走到城门楼子，还要一路唱啊跳啊，又开始羡慕起只需要站着的那个自己。

8 月是一年中最为闷热的季节，在操场上，我们开始了国庆群众游行的训练。训练是枯燥的，特别是站军姿。在最开始的训练中，我们每天都要站 15 到 20 分钟的军姿，一动不动。一个排面的整齐是队列训练的难点，为了能够准确踏乐、步幅统一，我们在操场上一遍又一遍地走。先是一排一排地训练，之后是一个小组一个小组地训练，最后要保证整个方阵横截面的整齐，这是十分困难的。因为高矮不一，步幅不一，想要走整齐是十分困难的，这需要每一个人的相互照顾。腿长的同学每一步要迈小一点，男生要照顾女生的步伐。去食堂吃饭的时候，去澡堂洗澡的路上，音乐都在脑子里回荡。排面终于走得整齐划一了，也得到了领导的认可和表扬。

国庆当天正式表演的下午，躺在床上腰酸背痛嗓子嘶哑的我才反应过来，原来自己的任务已经结束了，想象中的长途跋涉和疲惫竟然都被兴奋给冲走了。但无论是站着还是走着跳着，我还是那个我，还是那个为祖国而骄傲的我，能够参与国庆庆祝活动就是我最大的荣幸！

虽然国庆群众游行已经结束，但每每回想训练、彩排、受阅的经历，我都会心潮澎湃，我为伟大祖国70年取得的成就感到骄傲，也为自己能够参加庆典感到骄傲。我大中国，朝气蓬勃！中华儿女，顶天立地！作为一个中国人，我自豪！

老师评语：

两位同学结合自己大四临毕业的特殊身份，分享了她们参与此次活动的心情和内容。面临着毕业或考研或找工作的境地，她们毅然决然地选择了参加此次意义非凡的大典，也从中收获了考研或工作所不能比拟的成果。希望她们继续作为顶天立地的中国人积极学习努力工作报效祖国！

70周年献礼祖国，我们在路上

英语学院　贺琦　唐萌渝

作为群众游行方阵的一部分，北京第二外国语学院在2019年7月25日下午就正式开始了长达大半个暑假的训练。从7月26日这天开始，我们每天6点起床，7点之前就要在操场上排好队准备开始早晨的训练，除此之外每天傍晚的近3个小时也是我们队形训练和体能训练的时间。尽管学校已经为大家挑了一天中比较凉快的时间训练，但是炎热夏日里初升的太阳和未落的夕阳对大家来说也是一种考验。我们的训练项目有很多：站军姿、练习行进时排面的保持、走在长安街上时手部的动作、与音乐节奏的配合、需要喊的口号、在天安门核心区的表演以及为了增强大家体能的训练等。

除了日常训练，更辛苦的是9月前后的多次去郊区合练和到天安门正式演练。因为路途遥远，再加上在天安门需要夜间排练，很多同学的身体开始有些吃不消，但是只要还可以坚持，没有人会因为自己伤病而请假影响整个方阵。合练的时候，有时候我们在太阳底下暴晒严重缺水，有时候因为夜间的低温在王府井大街的地上瑟瑟发抖，但是想着再坚持几次，就可以正式走过长安街、站在天安门城楼前给祖国母亲庆生，将对祖国的热爱、二外学子的风采、中国大学生最美的青春展现给祖国，展现给全世界，我们就有了继续的力量。

到了10月1日国庆这一天，我们比以往的任何一天都兴奋，在天安门前比以往任何一次合练时跳得都高，喊得都更大声，笑得更灿烂。看着城楼上向我们挥手的习主席，看着花车上刚刚夺冠归来的女排队员们，看着观众席上举着国旗向我们挥手的观众们，我们觉得这一个夏天的付出，都是值得的！

回首这两个多月，我们经历了许许多多。每天的训练看似枯燥无味，但有朋友陪伴，有老师们打气，有学校全力的支持，我们也过得有滋有味。现在距离国庆活动结束已经快一周了，但我似乎还能回忆起7月初的明德厅宣讲大会，8月末的5次合练，9月天安门的每一次排练，还有拔河，拉歌，生日会……写到这里，我的嘴角又不自觉地上扬。这些活动带给我的美好回忆，我想我会铭记一生。能够参加祖国70周年庆祝活动，成为群众游行方阵中的一员，在天安门前挥洒我们的汗水和泪水，留下我们独特的为祖国庆祝的方式，是一件十分荣耀的事情，幸运的是，有生之年我们还能看到祖国的100周年甚至130周年的盛况。在这里，祝愿祖国在未来的日子里更加繁荣昌盛。70周年献礼祖国，我们在路上。

老师评语：

两位同学通过对训练内容和时间的表述，对周围同学情况的细心观察，生动地表达了她们通过艰苦的训练，以持之以恒的信念，团结互助的友情，为祖国庆生的喜悦。诚如她们所愿，我们一定还能继续为日益强大的祖国庆祝一个又一个十年！

心中永远的歌

英语学院　张子扬

“我和我的祖国，一刻也不能分割。无论我走到哪里，都流出一首赞歌……”时间回到2019年5月4日。那天早晨，学校组织了纪念五四运动一百周年的晨会。在会上，我第一次听到了《我和我的祖国》这首歌。当时的我还并不知道，这首歌即将成为我这辈子都难以忘却的一首歌。

刚开始的训练给我的印象不是很深，只是记得每天踏着解放军进行曲练习行进，就是在校军训的感觉。真正第一次让我感觉到震撼的，却是那次被很多同学“诟病”的MV拍摄。在那次拍摄过程中，我第一次感觉到上千人的合作与坚持是那么的让人震撼。我记得我当时在的“帆船”表演组上场音乐正好是《我和我的祖国》里“袅袅炊烟，小小村落，路上一道辙”这句。经过反复的排练，我渐渐熟悉了这首歌，渐渐地对这首歌有了亲切感。有时候我不经意间还会哼唱出来。这是我对这首歌第一个不同寻常的印象。

随着训练的继续，我们所在的方阵的行进音乐也被确定下来，是《我和我的祖国》。于是，在8月的骄阳下，风雨里，我们的训练始终与这首歌相伴。我们的每一个动作，每一个步伐，每一句呐喊，每一次欢呼，都融进了每一句歌词，每一个韵律之中。在蓝天下，在“我的祖国和我，像海和浪花一朵”的韵律中，我手中的红旗显得格外鲜艳。可以说，我的训练的记忆，就融入在了这首对祖国的赞歌之中。

9月的几次在天安门前的合练，让《我和我的祖国》真正烙在我心上。初见宏大场面的震撼，面对真正的长安街和天安门的激动，我和其余5000名方阵组成人员那种难以言表的激动之情在“浪是那海的赤子，海是那浪的依托”声中随着上举的道具逐渐达到某个顶点。2019年10月1日，随着《我和我的祖国》传遍整条长安街，随着卫星广播到全国人民的电视机上，随着歌曲最终上扬的“永远给我，碧浪清波，心中的歌”，5000人的全部情感在那一刻爆发出来。那天我恨我的嗓子没能承载我全部的感情。

如果说，《解放军进行曲》承载了我的辛劳汗水的记忆；“今天是你的生日，我的中国”承载了大典伊始的期盼；《我爱你，中国》和“五星红旗，你是我的骄傲”

承载了初入长安街的兴奋;《我们是共产主义接班人》承载了36方阵预备前进的紧张;“歌唱我们亲爱的祖国，从今走向繁荣富强”承载了大典尾声的欢愉，那么《我和我的祖国》承载的就是我对祖国最热切的祝福和我对参加这次群众游行最深刻的记忆。正如中央电视台主持人所说的，这是我心中永远的歌。

老师评语:

张子扬同学结合国庆大典后在大家脑内疯狂循环的《我和我的祖国》等歌曲展现了二外学子与祖国同呼吸共命运的热烈情怀，如海中浪，笑中涡，作为祖国的一部分，任何人都与祖国息息相关。愿《我和我的祖国》能长久响彻中华大地，成为大家心中永远的歌。

十里长街展风采，二外师生庆华诞

英语学院 冯相玉

国庆群众游行活动已经结束，回首走在长安街的美好时刻，仍历历在目。10月1日当天庆典已经圆满结束，伟大祖国母亲亮相又再次惊艳世人，使无数中华儿女骄傲自豪。当然，作为游行群众一员的我，能够于国庆当天在长安街上为祖国母亲送上祝福，是我最大的荣幸。

可以参加这次活动，是在暑假前学院告知的。在报名参加的过程中，考虑过很多因素，但是一想到可以在10月1日当天走上长安街，这件事情就足够让人热血沸腾。当父母知道这件事情后，更是对我大力支持。

这次活动对我来说，大致可以分为三个阶段：初期训练，集体合练和10月1日当天的展示。

在初期训练前，学校为我们举办了训练之前的动员大会。校方请到了之前参加过国庆60周年活动训练的老师和同学，当我听到他们讲述自己参加60周年国庆活动时候的情景和趣事，不禁畅想着70周年的国庆会是怎样的盛世情景。初期训练大概是用了一个多月，我们基本上是早晚训练，大家都努力走齐队列，认真学习动作，顶着酷暑，我们成绩斐然，在第一次36方阵合训中得到了领导的表扬与好评。在训练的后期，为了提升训练的质量，学校还为我们请到了专业的训练基地教官。

时间匆匆而过，每天训练的日子结束了。我们迎来了新学期。当然在繁重的学业中，仍然牵挂着我们之前的训练动作、训练成果。相较于前期训练有着每日日常训练，这个阶段只需要每周进行一次彩排合练。合练地点就在长安街上。我们日落而出，踏月而归。在前往王府井集结的路上，有着数不尽的人群在做彩排前的准备，学生，教师，劳动者，大家齐聚于此，共赴盛典。尽管每次合练都很疲惫，但是我们依然出色地完成了每一次彩排任务。

终于迎来了10月1日的盛大仪式，当再次踏上长安街的时候，我感受到了完全不同于彩排的紧张和激动。就是在这天，我们挥手，欢呼，把我们几个月以来的训练成果完美地展示出来，共同庆贺伟大祖国的生日。我们不仅代表着学校，更是代表着全国大学生的形象。我们所站立的地方是我们的祖国，我们用最欢愉高涨的情绪为祖国献上我们最深的祝福。

我最爱的一句话是来自火蓝刀锋里的“要把每一滴热血都流进祖国的大海”。这是军人对祖国做出的诚挚承诺，而我，大概是“要把每一丝热情都献给祖国的山河”，热烈地庆祝祖国母亲的生日。

老师评语：

冯相玉同学详细地描述了从训练之初的报名、父母的支持，到训练期间的种种活动和汗水，最后到令人最为翘首以盼的长安街之行，语言质朴恳切，表现了冯相玉同学在训练期间的努力认真，表达了她对祖国的真切祝福。希望她能继续将这份感动和热情延续到未来的学习和工作中。

我和我的祖国

英语学院　吴璐璐

“当我踏上十里长安街，手捧国旗和鲜花走过天安门的那一刻，觉得一切都值了。”这是我在第一次总合练后回到寝室，在本子上写下的一句话。

在明德厅开展的十月重大活动行前大会上，我们共同唱响国歌，思绪一下子将我拉到了最初走进明德厅，怀着好奇和紧张的心情的那天。还记得训练时的一幕幕。为了走齐排面我们互相提醒身边的同学，老师们不厌其烦地整队，想尽办法调动我们的积极性，教官们铿锵有力地下命令。拔河比赛中，我们齐心协力地为队友呐喊助威，即使有的队伍最后失败了，可我们仍愿意过去拍拍对方的肩膀，说一句：“你真棒！加油！”因为我们知道，拔河比赛中的成败与否不是最重要的，队友间的团结一致和互帮互助的过程才是最珍贵的。为了能够适应国庆演出当天高压力下的高体能消耗，学校为我们安排了体能训练和练习。虽然在一天长时间的方阵训练后，每个人都汗流浃背，可体能训练仍是我们最期待的环节，快乐充实的感觉总会让我对第二天的训练充满期待。不止一次看到轮滑队员在滑行途中的摔倒磕碰，那重重的声响总会不经意间猛地牵动着我的心弦，可他们依然咬牙坚持着，绝不退缩放弃。最令我动容的，要数那次在操场上，学校组织的教师和家人亲属的会面，看到老师们和家人在一起轻松而快乐的笑容，我也想到了我的家人们，这次参加十月重大活动训练，我的家人们给了我很大的支持和鼓励，他们怕影响到我的训练，打扰到我的休息，每次通话都显得小心翼翼。轮滑队员不服输的态度，老师长辈们的舍小利成大义的精神，在打动我的同时，也深深地激励着我，在我感到疲惫和想要懈怠的时候。

正式演出前最后的那次合练，我们走在长安街上，街道两旁明亮的灯光，天安门城楼雄伟的轮廓，让我一个二外学子的内心，久久难以平复。以梦为马，不负韶华，我们大家每一次的欢呼和歌声，都让我感受到中国青年学子对我们伟大祖国母亲的热情。王府井大街格外瞩目的钟表，秒针转动的每一刻，都让我离祖国的心脏靠得更近。

这盛世，如你所愿，山河犹在，国泰民安。当年的十里长安街，如今已是十里繁荣。感谢每一位在背后默默付出的人，也祝福我们伟大的祖国繁荣昌盛！

老师评语：

吴璐璐同学生动形象地展现了从训练到正式踏上长安街的心路历程和与周围人互帮互助互相鼓励支持的真挚感情，即使期间有过辛苦劳累但正是这种集体凝聚力和对祖国母亲的祝福让我们坚持下来，相信此次为期两个多月的经历能使其获益终身。

我为祖国庆生日

英语学院　李绪格

从听说我们北二外要组织师生参加国庆游行活动的时候，我心中就明白，这将是我不能不参加的一次活动了，这也是我不能不坚持到底的一次活动了，这更会是我一生难忘的活动。

我知道自己原本想要在八九月份读一些自己想读的书、去旅游、看望亲戚朋友，但是我觉得这些都比不上亲身经历一回国庆游行有意义。我下定了决心，要参加这次游行活动。

我怀着满腔斗志来到学校了。八月骄阳似火，初期的训练十分艰苦，我们站军姿、排位置、走方阵、练口号，每天迎着酷暑训练。然而这点辛苦无法动摇我坚定的意志，每当心中响起国歌，每当雄伟的天安门矗立于心头，我就感觉此时正在经受的苦，只会让我的爱国心更加清晰明亮！记得父亲常常鼓励我："苦不苦，想想红军两万五；累不累，想想革命老前辈！"是啊，中华人民共和国的这70年的辉煌，是多少先辈浴血奋斗换来的啊，我们今天的艰苦，不正是对这种奋斗精神的最好传承吗？

正如我们这些日子时常唱的："我们团结友爱，坚强如钢！"我在训练中认识了不少同学，大家在训练中一同经历欢乐、辛酸、烦恼、忍耐，但是这只让我们更加团结，我们互相打气、互相包容，训练得不好时，我们共同反思和努力；训练得好时，我们共同开心和互勉。在团结互助的集体主义精神的支持下，我和老师同学解决了一个又一个问题，取得了一个又一个成绩！

北京是一个凝聚了中华民族几百年来多少风雨的地方！长安街，被八国联军踏过，被日本侵略者踏过，被国民党的大军踏过，可是最终给她带来至高至大的尊严和荣光的，是从1949年以来带领人民奋斗的中国共产党人！历史是公正的，人民群众的选择是正确的，从毛主席在天安门上高喊"人民万岁"，到今天习近平总书记再次重申"人民对美好生活的向往就是我们的奋斗目标"，中国人民的声音在当代更加响彻云霄！

伟大的中华人民共和国，迎来了70岁的诞辰了！中华人民共和国走到今天，是多么不容易啊！我们当代青年，享受着美好的生活，也同时承担着为祖国再建辉煌的历史使命，祖国在天安门前检阅我们，就是要告诉我们，我们是祖国的希望，是中国人民夺取新胜利、实现中华民族伟大复兴最最有力的先锋军啊！

10月1号，全力以赴，天安门前，共祝国庆！我最亲爱的祖国啊，我为自己能给你庆祝一次生日，而终生骄傲，终生自豪，终生光荣！

老师评语：

李绪格同学和其他同学一样，参加此次活动得到了父母亲朋的大力支持，这侧面反映了我国人民对祖国的爱与支持。身为老党员的作者父亲的话语令人感动。中国共产党和中华人民共和国正是历代人民和身于其中的党员们共同建设起来的，如今的盛世有他们的军功章！

写给祖国的小情书

马克思主义学院　杨名琛

公元 21 世纪，2019 年，中华人民共和国迎来了 70 周年华诞，而我在冥思苦想一封给祖国的情书。

或许你曾读过《李尔王》，年迈的李尔王想要退位，希望把国土分给三个女儿。在分封时，他让每个女儿都说说对他的爱戴，以她们爱戴的程度给她们分配国土。大女儿高纳里尔和二女儿里根竭尽全力赞美国王，只有小女儿考狄利娅因表达了自己朴实而真挚的感情被李尔王驱逐。而后来舌灿莲花的大女儿和二女儿将国王赶出了家门，当初说不出一句甜言蜜语的小女儿却收留了他。我对祖国的感情亦是沉默的，如考狄利娅。对祖国，我写不出什么文采斐然的情书。但我几乎是毫不犹豫地报名加入了国庆 70 周年阅兵的活动。

参加 70 周年阅兵活动，为祖国庆祝生日，是我应该做的，因为我热爱我的国家。

我热爱祖国博大精深的文化。《诗经》“彼狡童兮，不与我言兮。维子之故，使我不能餐兮”的质朴可爱；楚辞“沅有芷兮澧有兰，思公子兮未敢言”的含蓄浪漫；乐府诗“人生天地间，忽如远行客”的飘零之感；骈文《滕王阁序》“落霞与孤鹜齐飞，秋水共长天一色”的千古绝唱；诗仙“我醉欲眠卿且去，明朝有意抱琴来”的潇洒恣意；诗圣“安得广厦千万间，大庇天下寒士俱欢颜”的悲天悯人；东坡先生“一蓑烟雨任平生”的物我两忘；稼轩先生“醉里挑灯看剑，梦回吹角连营”的豪迈狂放；元曲世事通达；明清小说嬉笑怒骂皆成文章。古人才华智慧之结晶，为今人留下一笔笔宝贵的精神财富。

我也爱祖国动人的美。写意山水浑厚、淡泊、苍茫、古雅、虚灵，一幅画卷便勾勒出大千世界；工笔花鸟活泼灵动，栩栩如生；国乐之中，琴声如泉、箫声如风、笛声如歌、埙声如思，或悠远平和，或缠绵悱恻，追求远离尘嚣、至纯至美的精神境界；古典舞飘逸柔软，展现舞者清丽的神韵体态；中国书法书中精蕴，书外远致，韵在其心。

我更爱的，是中华精神。君子宁静致远；圣人居庙堂之高则忧其民，处江湖之远则忧其君；国人喜谦卑稳重，行中庸之道。而最让我热泪盈眶的，是中国人民永不言弃的坚持与勇气。我们也曾困顿，经历过历史的浩劫、他国的欺侮。然而我们从未停下我们向上的脚步！前人穿着草鞋走过皑皑雪山，漫漫长夜，踏过泥沼与炮火，才换来了中华民族的新生！于是后人有机会热爱我们的祖国，有机会继承博大精深的文化，尽赏中华风物之美。中华人民共和国70周年华诞，我想给英雄前辈一句真挚热切的表白："感谢你们付出的一切，我们幸福并感激着！"

老师评语：

杨名琛同学有着很高的文学素养，引用了很多古人名言。正是中国历代文人的爱国情怀付诸笔尖使其流传并作为一代又一代的学子的精神养料，我们的祖国才能有怀着家国情怀的新一代继续奋斗努力从而不断向前发展。感谢每一位家国建设者，我们一起幸福并感激着！

用青春为祖国母亲献歌

英语学院　黄玥

70 年，光辉岁月弹指一挥间；70 年，中华大地沧桑巨变。

2019 年 10 月 1 日，北京第二外国语学院 1200 余名学子有幸站在天安门前为祖国母亲庆祝生日，在最靠近祖国心脏的地方见证着全国人民向她表达自己的爱意。

当手里握着捧花和国旗，沿着长安街一步步向天安门城楼靠近时，二外学子一张张坚定的脸上洋溢着镇定又灿烂的笑容，但心里其实早已激动得不可言表。在这短短的两个月来，我们从最初 7 月 24 日满怀着期待甚至有些不知所措地到校报到，到 7 月 28 日进行第一次 36 方阵的合练，再到 9 月三次凌晨通宵的长安街彩排，这期间无数次顶着炎炎烈日汗流浃背的辛苦、无数次在小雨寒风下的互相取暖、无数个饱含着学校浓浓关爱的餐包都化成了巨大的力量，让我们在天安门前一遍遍骄傲又幸福地喊出“祖国万岁”的口号！也正是由于这段时间不懈的训练，让二外学子在天安门前、在祖国母亲面前、在全世界人民的注视下凝聚成一股力量，用自己最青春、充满爱意的方式，表达当代大学生对祖国的感谢、对未来国家昌盛发展的信心！

对于刚刚过去的 70 周年国庆，或许我们还没有从欢庆的喜悦中回过神来，但我们作为北京第二外国语学院的学子，在天安门前高唱《歌唱祖国》的那短短时间里，就早已在心里暗暗许下承诺：我们将满怀激情、慷慨激昂，用最无悔的青春向祖国母亲献上独一无二的贺礼！在未来，我们必将不负祖国对我们的期望，立足于当下，把青春的时间、精力都放在自己专业的学习上，从多个方面努力，为国家共同繁荣的事业贡献自己最大的力量。在这期间，北京第二外国语学院的学子都将不惧孤独、摆脱冷气坚持向上走，正如鲁迅所说：“能做事的做事，能发声的发声。有一分热，发一分光。就令萤火一般，也可以在黑暗里发一点光，不必等候炬火。”

回首往昔，风雨兼程；展望未来，豪情万丈。少年强则国家强，我们二外学子是未来祖国辉煌缔造者中的一分子，背负着未来的使命。我们身逢历史机遇期，应该热情拥抱属于我们的青春中国梦，同时让自己变得更加强大，做祖国最坚强的后盾，脚踏实地地为实现中华民族伟大复兴奋不顾身！

老师评语：

黄玥同学脱离了小我，从二外参训学子整体出发表达了二外学子把青春献给国家的壮志豪情，坚定了努力学习的目标，积极为人的理想，为中国梦的实现添砖加瓦的意念。相信其他参训学子也和她一样经历此次大典精神上得以重塑！

祖国，生日快乐

英语学院　梁宇坤

1949年新中国成立至今已经有70年了，每一年，每一个十年，国家都有很大的变化。1997年香港回归，2008年令无数人称赞的北京奥运会，这些在历史上像里程碑一样的事迹在此次庆祝活动中都有所体现。这次活动从很早就开始筹备了，方阵部分主要以时间为轴线分为“建国创业”“改革开放”“伟大复兴”三个部分。

后来我看了电视和各方面报道，了解到本次群众游行由约10万名群众、70组彩车组成36个方阵，做3种情境式行进，我属于第36方阵。行进的路线是沿长安街由东向西通过天安门核心区。在看了各大媒体的报道后，我感受到各界人士在庆祝大会进行的时候，大家通过一个个方阵在共同回顾中华人民共和国成立、中国特色社会主义事业进入新时代的历史进程。因为每个方阵都有各自不同的表演方式，展示的时代背景也是不同的。

在这么多方阵中包括了各族各界、各行各业的人们，北京的各大高校学生也都分布在不同的方阵中。方阵中还包括快递小哥、跳广场舞的阿姨们，我所在的方阵中除了学生还有老教协的人员。候场时大家有的在说笑，有的在等待，有的在休息，活动当天我们都是战士。我们每一个方阵和彩车组合在一起，最后生动地串联起一幕幕小场景、小故事，汇聚成历史长河的大画卷，也就像每一个彩车所表达的内容，有的是代表祖国的各个省，有的则是展示了重要的时间节点，例如奥运和香港回归。

从媒体的报道中，我了解了更多的幕后故事，也看到了各种各样风格的内容。有一个场景是有很多人骑自行车，要体现当时那个年代的人们骑自行车出行的情景，看了之后觉得很生动，就像经典电影中呈现的那样，还原了当时真实的历史画面。这样的生动的场景还有很多，也有小学生们的部分。最后放飞了气球和和平鸽，场面很壮观。“十一”当晚的联欢活动在各大平台引起了大家的讨论。当晚的烟花是各式各样的，很多不一样的形状，有鸽子形状的，也有笑脸形状的，五颜六色，大家都在欢呼庆祝新中国的生日。从媒体那里我还知道了，在天安门广场上有两抹鲜艳的红色，这是专门搭建的。从航拍中能看出形状是两条“红飘带”，它的寓意是红色基因连接历史、现实和未来，报道中还提到，在广场东西侧路上空悬挂

70个大红灯笼象征着70年大庆，以烘托节日的气氛。当时我看到的时候觉得很有节日的气氛，整齐的红色灯笼再加上两条“红飘带”，显得很立体，而且寓意很好。“十一”当天，在广场上放飞了7万只和平鸽和7万个彩色气球，那是对祖国的祝福。活动当天，人们无论是在电视机前，还是在具体的哪一个地方，都在衷心地祝福着祖国。

老师评语：

梁宇坤同学从全局角度分享了此次国庆大典的内容和她的感想。即使身为游行队伍里的一员，无法即时在荧幕上看到盛大的景况，但她积极跟进相关视频和报道，更加全面地体验了国庆盛典。情感真挚，内容丰富，表达了作为游行一员的自豪之情和对祖国母亲的无尽祝福。

祖国，我为你骄傲

马克思主义学院 陈卓婷

2019年7月25日，本来应该在家里享受暑假的我却早早地起床收拾行李，登上了回校的火车。那是因为，我要参加新中国成立70周年大庆群众游行活动。

7月26日，刚刚回到学校放下行李的我简单地收拾了一下就投入到了训练当中。也许是为了让同学们慢慢适应训练的强度，所以第一天的训练还算轻松。接下来的几天，训练强度逐渐加大。而这些，仅仅是开始。尽管学校考虑到天气的因素，特地将训练时间调整到早晨和傍晚，还为我们准备了清凉的白开水和酸梅汤，但是北京七八月份上午八九点钟的太阳依旧灼热。我们在三十多摄氏度的高温下头顶烈日，站军姿，练行进。身体逐渐疲惫，我们开始抱怨。我们就这样边抱怨边认真训练度过了这个8月。在这一个多月的训练中，穿插着几次大合练。我们合练时的欢呼声回响在金盏、昌平、顺义、阅兵村和良乡机场。

9月14日，是我们第一次去长安街彩排的日子。那天，我们都异常兴奋。在王府井大街上，我见到了许多导弹、战机等一系列新型武器。尽管我对这些东西一窍不通，但我知道，这些东西都是国之重器，是我们国家在世界上发声的底气。凌晨3点，彩排轮到我们时，我真真切切地感受到了国庆的气氛，也真真切切地理解了学校对我们的严格要求。

2019年10月1日，这是我这辈子都不会忘记的一天。尽管我们凌晨两点就起床了，但是我们没有感觉到一丝困意。每个人都激动无比，脸上都洋溢着笑容。北京10月初的太阳依旧毒辣，而我们的热情却没有丝毫减弱。正午12点，我们游行的队伍开始移动，终于轮到我们了！当我们欢呼着奔跑出王府井，跑上长安街的那一刻，所有训练和等待时的痛苦都消失得一干二净，取而代之的是生为中国人的自豪和骄傲。当响起“五星红旗我为你自豪，为你欢呼为你祝福，你的名字比我生命更重要”时，眼泪几乎要控制不住夺眶而出了。当我们在天安门前欢呼时，我看到了国家领导人在向我们挥手，我看到了被放飞的和平鸽和气球，我看到了在观众席上挥舞着国旗的观众，我仿佛看到了我们国家的未来：一个拥有着14亿国民的国家，当这14亿国民的心紧紧地连在一起时，这个国家的未来一定是十分美好光明的……

我永远都不会忘记2019年的这个夏天，这个充满了酸甜苦辣，充斥着汗水、泪水、激动、自豪、胜利，令我无比怀念的夏天。这个夏天让我相信，我的祖国一定会越来越好，会更加国泰民安，会更加繁荣昌盛，会更加坚不可摧！

老师评语：

陈卓婷同学讲述了训练过程中难忘的点点滴滴，以及国庆活动当天的兴奋与激动之情。训练虽累但不枯燥，每天都有新鲜事，更是因为为了给祖国庆生才得以一直保持积极向上的精神。这个夏天不是虚度，这个夏天值得永记！

第 36“祖国万岁”方阵——第 4 中队

爱你，不只是说说而已

日语学院　刘晓慧

想要对你表白，情话已打好底稿，但当实际去写时，这些话却堵在口中。也许那种空洞无比的情话并非是你所需要的。踏踏实实为你付出，才是最好的表达方式。

当我得知，学校为你的 70 周年生日招募志愿者时，第一时间我并不想报名参加。亲爱的，你需要体谅一下我，毕竟我在得知这个消息之前，就已经策划好了暑假的一切：一直想去的日本之旅、已经报好名的培训班、帮弟弟补习的准备。而你的生日庆祝，打破了这完美而详细的计划。

一开始的坚定随着报名时间的接近，渐渐瓦解。每天都会权衡利弊，有时间就找老师了解详情，和同学商量可行性，向父母征求意见。可无论过程是多么纠结，结果便是放弃已规划好的一切，决定参加。正如《追风筝的人》中说的“为你，千千万万遍”。是的，为你，千千万万遍，为你，义无反顾。

训练期间，为我们着想的学校，为了避开太阳毒射，把训练时间调到了早上七点，到九点半后休息，再从下午三四点训练到七八点结束。这确实是让我们免遭太阳“毒手”，但也让我们的作息时间发生了很大改变。中晚餐时间提前两小时以上，午觉一觉睡到下午三点，晚上还要夜宵加餐。刚开始真的花了好长时间来适应，整个过程回想起来真的是一把辛酸泪啊。

说这么多，并非是抱怨。有一个词，叫作“甘之如饴”，还有一句话，叫作“痛，并快乐着。”

也许很肉麻，但是我必须得说，我是真的被二外人感动到了。现在回想起来，就觉得痛苦的早起、难耐的太阳暴晒、放弃计划等都是那么值得。我不是一个人在战斗，有相互支撑的朋友，对我们无微不至的老师，有值得信赖的学校，还有啊，还有一直默默付出却不知道姓名的站岗保安、准备餐包和饮食的食堂师傅、连夜凌晨开车接送的司机、照顾我们生活的楼妈，还有很多很多人。也许他们不能在 10 月 1 日到你的生日现场为你庆生，但是，我们会把他们对你的祝愿，在那一天，一起献给你。

其实，我很庆幸，我能参加这长达两个月的训练。一群跨班级跨院系跨年级的二外人聚集在一起，成了相互信赖的最好的战友。没人在意对方来自哪里，只知道，在这个挥洒着汗水、灿烂无比的七月八月，我们一直在一起。

最后，我爱你。

老师评语：

刘晓慧同学的文章是唯一一篇令我不忍卒读的，我也怕读着读着泪水就止不住地流下来。爱有很多种，友爱、恋爱、父母之爱等，而爱国无疑是其中最深刻的一种。当站在天安门前的那一刹那，每个人的眼波里闪出明媚的光，那是一种爱，对祖国的爱。爱国，并不是说说而已。

告白祖国

日语学院　赵越

在谈这次国庆阅兵训练之前，我想谈一下我和我的祖国。

小时候，戴着红领巾，读着小学语文课本中的黄继光和邱少云，听着爷爷嘴里时不时哼着的红歌。那个时候，我想我是爱国的。那个时候，我只知道世界上有三个国家，中国、美国和日本。你问我为什么爱国，我可能说因为课本里说要爱国，周围的人都爱国，爷爷说没有共产党就没有新中国。至于我为什么爱国，我一个小学生是回答不上来的。

长大后，我偶然有机会在日本留学一年。日本空气好，街道干净，人人彬彬有礼，服务业发达，购物方便。短短一年的留学，让我看到了日本这个国家很多优点。我开始怀疑心中的爱国情怀，我成了那个众人心中崇洋媚外的青年。我觉得日本的一切都是好的。

回国一段时间，我看到全世界的人们都逐渐开始用华为手机，都开始用抖音拍短视频的时候，我想中国真的进步了。朋友去欧美国家旅游，逛博物馆的时候，博物馆的主角往往是中国的文物。中国的年轻人不以为意的东西，在其他国家的人看来是珍宝。我越来越感受到作为一个中国人的自豪。当我骑共享单车的时候，当我不带钱包只带手机行走天下的时候，当我发现我的生活逐渐变得越来越好的时候，我发现，我的祖国确实很强大，她确实在进步，而我就是她进步过程中最大的受益者。作为一个外语专业学生，爱国最直接的体现，可能就是和外国友人交流时，那种由内而外的底气和自信。

这次参加训练之前，其实我一直在想，会不会影响我假期休息，会不会影响我学习。参加训练之前，我想的都是自己的事。我想这件事确实很光荣，但是会不会耽误我宝贵的时间。9月底，我看了习近平总书记表彰为国家做出突出贡献的科学家们的视频，我看了中国女排十一连胜的新闻，在参加阅兵前一天，我看了电影《我和我的祖国》。可能心中的爱国情怀积蓄了太久，就在阅兵前一晚，我的爱国热情一下子喷涌而出。我想到无数英雄为了我们现在的和平献出了生命，无数的科研工作者为了祖国的强大放弃国外的安逸生活为祖国的科学事业献出了一生。而我，享受着祖国和平、富强带来的幸福的美好生活，却在祖国需要我的时候因为游行训练的一点点疲倦就抱怨不停。后悔、自责油然而生。

我想说，我爱我的祖国。现在的爱国不是喊口号，不是课本里说的，不是随波逐流，而是从心底里涌出的爱，蕴藏在每个细胞中的爱。感谢这次训练再次让我感受到作为一个中国人的幸运。我的祖国太强大了，生活在今天的中国人太幸福了！

老师评语：

赵越同学心思细腻，能够从身边的大事小情与亲身经历中感受祖国日新月异的发展与进步，进而将爱国热忱融入每一个训练日的琐事中去，从她娓娓道来的讲述中我们也能感受到身为一名中共党员，她对祖国与党的信仰与热爱。

花开今夏，再续征程

日语学院 陈芳逸

一个个清晨，一个个傍晚，一个个深夜，看过蓬勃的朝阳，感受过炽热的骄阳，目睹过缤纷绝美的晚霞，淋过淅沥微凉的夏末的雨，接过食堂叔叔的餐包后兴奋地想自己先吃哪一样，在烈日、晚风中挥舞过手中的旗帜，在朱红色的操场上一次次地感受体育运动的快乐，在王府井大街上抛开所有烦心事躺着看八月十六的圆月，在游行当天体会什么叫热泪盈眶……

刚开始训练的那天正好是我的生日，本该和家人大餐一顿的我却只能涂上厚厚的防晒霜准备开始第一天的训练，本以为我的 18 岁就会以这样枯燥无聊的训练画上句号，却在忘记定闹钟的一天清晨得到了小惊喜。缓缓睁开迷蒙的双眼，看到让人瞬间清醒的时间，以及微信上醒目的红点，我意识到——我迟到了！老师询问状况的微信来不及回抓上参训证，以一百米冲刺的速度直冲训练场。当我慌慌张张地找到自己的位置后，老师突然集合，开始对部分同学进行隐晦的“批评”，我一下慌了神，以为马上要来“迎接”我的就是老师的谈话批评了。戏剧化的是，这一出欲扬先抑的“批评大戏”其实是学校要为在这段训练时间过生日的同学庆生。精神极度紧张和突如其来的惊喜相碰撞，我有点哭笑不得。由于当天的迟到，我没好意思和同学们去分享那个蛋糕，但是当全操场的人一起唱起生日快乐歌的时候，我的嘴角控制不住的上扬，久违的感动涌上心头。那次伴随着感动的迟到也成为我将近三个月的训练中唯一的一次违纪。

本以为是枯燥无味的训练，却在老师们组织的一个个活动中变得不再那么难熬，转眼就迎来了最后一次与大家拿起道具汇成方阵的最后一天，三个月里，每一天都与同学期盼这一天早点到来，可这一天真真正正就在眼前的时候，心里却满是激动和对这段回忆的不舍。每一个无聊的等待时刻我们都用欢声笑语把它填满，直到最后接受检阅的这一天，我们给这段时间加入了最后一抹色彩——由震撼、激动和骄傲调和成的颜色，画完这幅夏日画卷的最后一笔，看着身边激动之情溢于言表的同伴，看着前方威严庄重的城楼，看着不远处刚刚载誉归来的女排姑娘们，看着彩车上怒放的鲜花，看着漫天的气球与展翅飞翔的和平鸽，这些日子所有的艰苦都值得，这一生都再难有那样的感动与自豪！

“海棠花开赴征程，七十华诞献国礼”的口号是这几个月让我觉得最印象深刻的。我们都将成为为这强盛祖国庆祝华诞的众多鲜花中的一朵，也是在祖国建设征程路上的向阳之花，永远向着祖国的方向坚定不移。最后想对无数再难目睹这盛况的先辈说：这盛世如你们所愿！接下来的征程就让我们这一代一起携手再续！

老师评语：

陈芳逸同学在学校志联担任部长一职，在国庆训练期间担任第4中队安全员。陈芳逸同学在中队里担任安全员很令人有安全感，每次上车听到的“系好安全带！”就是她对工作的态度。她认真负责，处事一丝不苟，在中队中既成功确保了同学们的安全，也在闲暇之时成为我们的开心果，为我们枯燥的训练带来不少乐趣。七十华诞献国礼，我们都在路上！

离别的花会香

日语学院　郑孝翔

我想每个人在国庆群众游行结束之后都是欢愉的，当然也包括我自己。回到寝室之后，拿着国旗和道具花让室友帮忙拍照，再三地要求他逗我笑，想定格住今天的自己。其实我是一个感性的人，总是会早早地想以后的事：训练结束后每个人都回到自己的岗位，一如既往地过各自的生活。“天下没有不散的宴席”，每每想到这里，心里总是会有一丝落寞。越是临近结束，这份伤感越是会加深。想想刚开始训练的自己，面临辛苦想要逃离，可转眼间面临结束，却真实地怕了起来。

10 月 1 日群众游行之后，我先是回到了寝室稍做休息。路上同行的人告诉我校长正在校门口发放最后一枚圆形纪念章，于是我又辗转到了学校门口。当我赶到校门口，发现自己已经来迟一步，只看到几位负责的老师和保安在校门口收拾剩下的餐包。我问了其中一位老师，他告诉我纪念章可以国庆节假日后来领取。我想也行，便打算先去食堂吃饭。路上，一眼扫到操场中央，空无一人，甚是安静。就在树荫的角落，我突然发现轮滑队的师生们还在那里，老师正在同学们面前发言。说话的内容我听不清楚，但是从这位老师的声音里能够听到一丝的哽咽。当老师发完言想要扭头就走时，轮滑的同学们大声地呼喊着“老师！老师！”在面临真正结束，面临真正离别的时候，也许不仅仅是我自己，每个人都是不舍的。

唯一留给我们的是 2019 年 7 月 24 日至 2019 年 10 月 1 日这段难以忘却的回忆。炎炎夏日，我们身穿印有校徽和国庆 70 周年图案的白色 T 恤，站军姿，练队列，挥汗如雨，不厌其烦地练习一遍又一遍。负责老师用学校的大喇叭，声嘶力竭地发号施令，甚至还招致了附近住户的投诉；从部队邀请来的教官拿着扩音器，给我们喊节奏，纠队列；食堂的大叔们跨着电动三轮车送来一罐又一罐装着酸梅汤的大圆桶；学校的保安们，在白天，在深夜，只要我们在的时候，他们也都会在……正是因为大家心里想着共同的事情，才使得这一切有序顺利地进行下去。我还记得 10 月 1 日凌晨 3 点出发的时候，负责的杨老师说要告诉整装待发的同学们一个深藏已久的秘密——他深爱着在场的每一位同学。我想，这听着不像秘密的秘密，甚至听着有点矫情的秘密，凝结着老师在快要结束的那一刻对同学们最真实最深刻的情感吧。

鲜花虽然避免不了凋零，但是沁人的芳香总是会飘荡在记忆里。训练的日子终究会结束，10月1日她也已经来到，没有同身边的人道一句离别，或多或少地会有一些遗憾，但是那段日子的点点滴滴一定会待在我们共有的记忆深处吧。

老师评语：

郑孝翔同学作为中队中最年长的同学，性格沉稳，办事认真，深得老师和同学们的喜欢。身为团队中的“老大哥”，郑孝翔同学经常以身作则，脏活累活抢着干，并成为中队研究生和本科生之间沟通的桥梁与纽带。相信他一定可以在今后继续发挥自身优势，成就自身，报效祖国。

海棠花开，献礼祖国

日语学院　杨盼盼

2019 年 10 月 1 日，中华人民共和国成立整整 70 周年了。70 年来，中国发生了翻天覆地的变化，也为世界展现出中国的无穷魅力。现在的中国，被全世界关注着；未来的中国，被全世界期待着。为庆祝我们伟大祖国的 70 华诞，不知道有多少人在默默奉献着。我也想为祖国的这场生日盛会做一点儿什么，于是我参加了以方阵为单位的群众游行。

整整 70 天，我们专心致志只做了一件事，只为 10 月 1 日那一天。我们整整排练了 70 天，在这最热的 70 天，热的不仅是天气，更是我们一颗颗火热的心。一想到能在天安门前尽情歌舞，接受国家领导人检阅，我们就激动万分。现在回想起来，这个夏天恐怕成了彼此此生最难忘的日子了吧。

从刚开始的各种不合拍到最后一个眼神就懂彼此的意思，大家都付出了很多努力。动作慢慢合在一起之后，大家的心也好像拉近了，劲儿都往一处使，进步很快。但是从训练一开始我们就听着这么一句话："我们的训练最大的不变可能就是一直在变。"我们明白，不只有我们一个群体，我们要和所有人协调，所以在最终计划还没定下来之前，哪怕是 9 月 30 号，都有可能改变游行计划。我们抱着这样的心态，一点点协调，最终也有了很棒的效果，终于应了那句话"念念不忘，必有回响"。

让我印象深刻的是几次凌晨合练，别人还在睡梦中时，我们已经在操场上集合，登上了合练的车辆前往合练场地。一上车大家都睡了过去，为合练养精蓄锐。这个时候，看到大家撑着疲倦互相打气，一瞬间觉得大家都很可爱。好几次凌晨合练，天气寒冷，大家就围成一圈互相取暖，在恶劣的环境中还一起玩游戏，苦中作乐。我突然想起了那句话："痛苦大家一起分担就不会觉得苦了，快乐大家一起分享反而会觉得更加快乐。"我想，这就是集体的含义，这也是中华民族自古以来弘扬的团结精神的集中体现。

这次活动中，有许多默默无闻的奉献者，他们可能并没有出现在天安门前，甚至没有一个镜头对准他们，但正是有了他们，这次活动才能成功地举行。他们是凌晨王府井大街上的清洁工；是一直坚守岗位的医护人员；是保证训练无阻的地铁工作人员；是学校周围路边的保安志愿者……太多幕后工作者为这次活动奉献出自己的时间和精力，在祖国需要的时候，他们没有一句怨言，默默埋头工作着，努力干好自己的事情，没有他们的付出，没有了任何一个人的努力，这次活动都不会如此完美。我为他们点赞！

这次活动教会了我们很多，我们每个人都或多或少地成长了，学会为集体负起责任，学会团体合作的重要性，学会吃苦耐劳……我从未后悔参加国庆 70 周年庆典活动，我会把这次经历当成人生的珍宝好好珍藏，也希望我们的祖国更加繁荣富强！

老师评语：

杨盼盼同学是国旗班成员。她已经提交入党申请书，成为一名入党积极分子。作为国旗班的成员，训练期间她一直对自己高标准严要求，走队列时，总能听到她喊“标齐排面、向右看齐”的声音，刚开始训练时排面很不整齐，她总是在积极地想办法。她认真负责、坚强努力，出色地完成了任务。

无悔青春

日语学院 王轶涵

报名伊始，看过 60 周年国庆纪念影像后的我觉得自己是应该参加的。看着学长学姐和老师们步伐整齐、气势雄浑地走过天安门广场，看着每个人齐心协力地去做这一件事，看着采访中每个人的笑颜，我觉得，不参加我一定后悔一辈子。

训练应该比 10 年前轻松许多，酷热难耐的正午不会训练，强度也没有那样无法承受。我最喜欢的是酸梅汤，它在我眼里便像是久旱甘霖一般，热时是降温必备，饿时是饱腹秘诀。最令我哭笑不得的当数“快乐”体育 15 分钟。为什么要给快乐打上双引号呢？说它快乐吧，8 个字的风声一出，便足以令人丧胆；可若是真的说它不快乐，看看活动中的每一个人，不都笑得嘴都合不拢嘛。

在选舞蹈骨干时，我略做思考便举手报名。骨干练舞的那个下午，我们在主席台后一遍又一遍地练习着，老师认真地教，我们便一丝不苟地学，便是之前的训练也没有让我流过如此多的汗。尽管学的舞步并没有派上用场，但为之付出的努力是让我铭记于心的。

从 92 排的前半部分，到 92 排的最中心 27 列。开始我是有些不习惯的，周围都是不熟悉的面孔，不知道如何把控，不过练着练着大家就熟络了，也慢慢达成了无声的默契。92 排是中间部分会和其他学校的同学接轨的，合练之时，我们会进行一些友好交流、快乐玩耍，打发无聊的等待时光。

最让我印象深刻的便是在朝阳体育中心的那次骨干合练。原本在热热闹闹试正式服装的我突然接到通知，第二天一大早便要集合，前两节专业课都没办法去上。但当天一早，我便收到了第一份感动——热的餐包！之前的餐包虽说也好吃，但总归没有吃上热的让人喜悦。再转念一想，食堂的叔叔阿姨要多早起来才能赶出如此多的餐包，暖意不禁涌上心头。第二份感动是来自同学们。返校已经快 10 点了，但我和同为骨干的刘雯同学还是决定马上回宿舍拿书上课。下车、拿书、飞奔到教室，进门那一瞬间，老师带领全班同学为我们鼓掌，那一刻，我觉得我做的一切都是值得的！

2019 年 10 月 1 日凌晨。睡眼惺忪的我们到操场上集合，在听到“咱们 36 方阵的花车上站着的是——刚刚凯旋的女排队员和郎平教练”时，都兴奋得快要蹦起来了。按部就班的等待、登车、等待，终于，大家看到了喷出70彩字的飞机！终于，阅兵要开始了。当亲眼看到女排队员们，当远远地看到习大大的时候，大家难以抑制自己的洪荒之力，兴奋地大跳大叫大笑。一遍又一遍地唱着《歌唱祖国》。

这是唯一一次70周年国庆活动，也是值得我珍藏一辈子的美好记忆。无悔青春，祖国万岁！

老师评语：

王轶涵同学是日语学院183班的班长，在此次的训练中，她兼任了第4中队的小队长、舞蹈骨干、呼号员和标兵。同时，她也是应急演练的“演员”之一。作为站在第7大队基准的92排最中心的27列的她，在训练过程中认真完成每一次训练，起到了模范带头作用。与此同时，她努力完成每一个任务，尽管责任不小，但她交出了一份不错的答卷。

一切值得

——记国庆重大活动

日语学院　吴敏

这个暑假，我们完成了一件令人惊叹的事情——中华人民共和国成立 70 周年阅兵方阵训练！

如果你问我有什么感想，我想我只有一句话——“一切值得！”

小队是以班级为单位组成的，所以作为班长的我自然担起了小队长的职责。还没放假，我们就开始为训练做起各种准备，包括数据统计、队员组织、消息发布、会议通知、训前准备、心理建设等。后来总算进入了假期，可是本来还算长的暑假，因为种种原因只能回家 9 天。

7 月 25 号，因为车票原因没能赶上第一次训练，所以第二天进入训练的时候，我其实有点迷茫。但老师们经过研究选择的最适合我们的训练节奏让大家很快进入了状态。在短短的 3 个月、近 70 天的时间内，我们经过了训练、排队形、拍 MV、改队形等训练之后，大家都进入了疲惫期，我们都不知道——国庆当天，我们到底可以展现出怎样的精气神？

进入 9 月，开学招新培训部员训练领物资等一堆事情开始出现在我的眼前，说不曾崩溃是假的，但是，为了一句“国家利益高于一切”，我们每个人都在坚持都在努力都不愿意放弃。9 月是收获的一个月，是拼命的一个月，是我最爱的一个月。

9 月底，离国庆当天越来越近，心里是舍不得的，我不愿意结束这一切，如果可以，我希望回到当初的起点！

国庆当天我们是热泪盈眶的，激动感动一瞬间涌出来，我们见证了祖国的繁荣与强大，我们终于用自己的方式向世界证明我们对祖国的热爱！

这一刻，哪还有什么辛苦崩溃，一切值得！

当我们看到“祖国万岁”花车的时候，一切值得！当我们跟世界第一的中国女排走在一起的时候，一切值得！当 7 万只和平鸽和 7 万个气球一起飞上天空的时候，一切值得！

“如果因为这一点辛苦而真的退缩不前，我可能会真的后悔一辈子！”对于这句话，我也深有感触。也许我们在镜头里只有30秒，也许我们每个人连个聚焦的镜头都不能得到，但站在那儿高声呐喊“祖国万岁”，那一刹那，一切值得！

时光温柔了岁月，青春献给了祖国！如果回到过去，我可能会更坚定地说：“我愿意参加！”而现在的我，期待着我在未来能有幸再参加一次。

短短70天，我得到了很多！与老师如挚友般的交谈，与同学如战友般的情谊，对祖国此生再也消磨不去的热爱……

这70天内，有对国家的信任——“国家会为我们做好一切准备”；有对国家的奉献——“国家利益高于一切”；也终于收获了我对国家的诺言——“终将不负自己，不负国家，不负人民！”

时光匆匆，只能留下斑驳的记忆，可能我垂垂老矣，只记得曾经有过这样一次经历，但是初心不变，记忆也不过只是被时光封存，它始终在那儿，陪伴着我们每个人成长！

愿我们都能不负自己，不负国家，不负人民。

老师评语：

吴敏同学在日语学院分团委中担任部长一职，还是他们班的班长，已经提交入党申请书成为入党积极分子，品学兼优。在此次训练中，该同学是第16小队的小队长，是呼号员，在训练中严于律己，作为小队长认真负责，勇于担当，出色完成每一项任务。

在平凡中成就不平凡

日语学院　黄杰

我参加此次活动的初衷是什么呢？现在回想起似乎是好奇心的驱使。当我知道我们有机会参与国庆70周年庆祝活动时，我对这个活动是毫无概念的。为了探究群众游行活动到底是什么样的，我便决定参加此次活动。

同时，为了充分利用最后一个暑假，我还找了一份实习工作。于是在这个炎热的夏季，一边训练一边上班的忙碌生活就拉开了序幕。每天7：00~9：00、17：00~20：00在学校训练，10：00~15：30去公司上班。虽然忙碌的生活让我很充实，但是每天早起参加训练，我不得不每天都带着疲倦的身体往返于学校与公司之间。当时，我就问自己，这么辛苦地参加这个活动的意义到底是什么？我们为什么要大费周章地举行庆典活动呢？虽然想过放弃，但是为了找到心中的答案，我坚持了下来。

校内训练、校外大集合、天安门彩排，我们十多个小时不用手机、几百人排队上厕所、几千人躺在王府井大街上看月亮、上万人在天安门广场上欢呼和呐喊。老师们为我们准备生日惊喜，送上生日蛋糕；后勤保障部的叔叔阿姨们为我们准备沉甸甸的餐包；保卫处的工作人员，为了保障我们的安全，半夜12点目送我们离开，凌晨4点迎接我们回来。训练场上傍晚时分那娇艳似火的晚霞、长安街上那轮皎洁明亮的圆月，这些点点滴滴的回忆填满了我整个夏天。

“十一”当天，当我们缓缓地走向天安门那一刻，我听到长安街两旁观众们的欢呼声，我看到无数的五星红旗迎风飘扬，我为现场热烈的氛围所震撼，今天是中国的主场！此刻，我们伟大的祖国迎来了耀眼的高光时刻，自信昂扬地接受着来自世界人民的检阅，向全世界人民展示着中国风采。

活动结束后，我的朋友发信息给我说：“我在电视上看到了你们方队的花车，上面居然是中国女排，太棒了，但没有看到你，好遗憾啊。”但我并不觉得遗憾，因为我知道，为了组织这次活动有很多在幕后默默坚守的工作人员，他们是安检的人民警察、维持秩序的志愿者、给我们训练的教练，正是因为有了他们的辛勤付出，才有站在天安门广场上的我们。他们虽没有机会站上天安门广场，但是我相信他们也一定不会感到遗憾，因为人民的欢愉属于他们，祖国的荣耀也属于他们。

他们都是平凡的人，但他们创造了不平凡。就像《我和我的祖国》这首歌里唱的那样，“我的祖国和我，像海和浪花一朵”，我们每个人都是一朵小小的浪花，但是我们汇聚起来就是一片汪洋大海。也正如习主席在颁发共和国勋章时说的那样，“伟大出自平凡，平凡造就伟大”，无论我们身处怎样的岗位，只要默默坚守不断耕耘，就一定能在平凡中创造伟大。

这也许就是我心中找寻的那个答案。未来的我们也将是祖国万千建设者中平凡的一员，我们肩负着祖国的未来，我相信平凡的我们也定能创造祖国不平凡的未来!

老师评语：

黄杰同学作为2020年的应届毕业生，承担着毕业论文的撰写与实习、求职的双重压力，在这种时刻她毅然决然地报名参加了此次游行活动，在训练期间克服重重阻碍，尽量按时按点参加训练，训练过程中毫无怨言，充分发挥了党员的先锋模范作用。

铮铮爱国志，悠悠赤子心

日语学院　孔悦

“我和我的祖国，一刻也不能分割”，我想没有一天会比2019年10月1日更让我深刻体会到这句话。那是让我深刻感受到与祖国血脉相连命运与共的日子，是我一步步走近祖国心脏感受她的心跳的日子，是让渺小的我体会到自己的价值并决意实现的日子。那一天我发誓：永远与我的祖国在一起，用一生见证她的青春与辉煌、骄傲与梦想。

“我与祖国的70之约是从操场起步的。”为了奔赴70华诞这场盛会，二外人以奋发向上的姿态，在绿茵场上挥汗如雨。那是7月的盛夏，太阳早早升起，此时的我们早已聚集在操场上，在老师和教官的指导下，一遍一遍地训练着军姿，练习着队列队形。训练总是苦的，在烈日骄阳下机械地重复着同样的动作，有些同学在骄阳下中暑，只是选择在旁稍事休息，身体稍微恢复又再次投入紧张的训练中，始终未离开过操场，如同战士绝不轻易离开战场。正是这份艰苦与坚持，让每一个人都品尝到了苦尽甘来的幸福，这份坚定是我们收获的最珍贵的宝物。

“我在王府井大街上看到了最圆的月亮。”那是中秋节的第二天，在凌晨两点的王府井街头，我看到了迄今为止最美的月亮，那是悬挂在王府井大街上空的一轮圆月，在初秋的夜里，却散发着一丝丝暖意。去天安门前演练的机会屈指可数，每一次演练都是需要耗费巨大的人力物力，因此每个人也更珍惜每一次演练。原本宽阔的王府井大街变得水泄不通，一个餐包顶过一夜的饥饿。初秋的深夜格外清冷，大家穿着单薄的服装难以抵御这份寒冷，但是每个人都克服着不适条件，在清冷的石板街上相依而眠。在稚气尚未完全褪去的脸庞上，看不到任何的畏惧，只有一份份青涩而纯真的勇敢。这份经历给予我的是坚韧与团结，是直面困难的信心与毅力。

“我在天安门广场上看到了祖国壮阔的70年。”这是每一个参与游行的人共同的感受。只要亲身见证了那一场面，内心所有的家国情怀就会从最深处迸发，喷涌不止。从王府井，步行至天安门广场的正中央，看着天安门城楼上的领导人和热情的观众，那时候才真正体会到所有的付出都是值得的。这份只属于中国人的家国之思，在此时此刻展现得淋漓尽致。正是在这样的情感驱动下，《我和我的祖国》的舞姿才会挥舞得更加有力，《歌唱祖国》的歌声才能够穿破云霄。这份骄傲是作为中国人，作为炎黄子孙才能体会到的，五千年的血脉传承至今，依旧鲜红浓烈！

即便有一天，我已白发苍苍，风烛残年，在我的记忆之海中，那鲜红的五星红旗也将永远矗立，永远迎风飘扬！我将用我的一生陪伴她，我的国！

老师评语：

这篇文章中详细描述了训练期间的往事，同学们在一次次微不足道却又至关重要的练习中携手并进、坚韧不拔，在一次次克服艰难困苦、重重阻碍的过程中真正意识到自己与祖国命运相连，休戚与共，无论来日身在何方，祖国永远是我们的家乡。

最好的礼物

日语学院　宋晓彤

2009 年 10 月 1 日，彼时初二的我坐在电视机前崇拜兵哥哥们；

2019 年 10 月 1 日，现在研二的我光荣地加入了群众游行队伍。

国庆 70 周年群众游行方阵 36–91–17；

这是我的点位，也是我献给祖国最好的生日礼物。

祖国，生日快乐！

8 月的二外操场上，几乎每天早上 7 点到 9 点，晚上 5 点半到 8 点，都有我们的身影。说实话，训练初期，我好像每天都在抱怨，抱怨这一早一晚的训练时间几乎让我无暇做自己的事情，抱怨学校食堂档口开的太少，抱怨每天的暴晒让我黑了一个度……但是，在“十一”当天，当凌晨 4 点临行前得知站在祖国万岁花车上的是中国女排的那一刻，当正式在长安街上表演的那一刻，当疏散时和兵哥哥兵姐姐们击掌献花的那一刻，我只感到了不舍，真的好想再重新来一次，让我再好好用心感受这一辈子仅有一次的经历。

不过，如果有人问我，国庆活动中印象最深刻的是什么？我一定会告诉他：是合练（合练时发的超级无敌丰盛的餐包）！金盏怀柔良乡昌平，再到后来从传媒坐地铁到东单王府井长安街，这些地方都留下了我们的足迹，让我们见过了 24 小时的北京城。对了，训练之余还有一个小插曲，就是拍摄为祖国庆生的 MV。叶导留下了许多金句，时至今日大家都还在模仿，“站空那么大，中间是有鬼吗？！”“你们是在拍鬼片吗？！”……最经典的莫过于那句字正腔圆的“谢谢你们”。

既然谈到了“谢”，借此机会，虽然看上去有些官方，但是我还是想表达一下我的谢意。

谢谢我的父母，无论我做什么决定他们都永远支持我；

谢谢我的二外，这个家庭让我感受到我不是孤军奋战；

谢谢我的祖国，让我有机会能用自身行动为祖国献礼；

谢谢你们！

2019 年 9 月 14 日，是我 23 岁的生日。这一天，我第一次走上长安街参加国庆演练。这天也是农历八月十六，十五的月亮十六圆。当天晚上，我躺在王府井的街上，望着圆圆的月亮，突然发现，京城生活好像总是带给我很多惊喜，就比如我从来没想过 23 岁的第一天会在天安门跨夜，这注定是平凡而精彩的新的一岁！

国庆 70 周年群众游行方阵 36–91–17，这不仅是我献给祖国的最好的生日礼物，也是祖国送给我的最好的国庆礼物，这个数字，我终生难忘。

最后的最后，请允许我代表十万游行方阵中的所有单身女孩，向国家提一个小小的要求：

可不可以像发餐包一样，发给我们每人一个兵哥哥当男朋友？

老师评语：

宋晓彤同学的这篇感想详细地记录了她在训练、游行过程中的体会与感悟，文风生动活泼，文如其人，字里行间洋溢着她对祖国、对党、对二外、对老师们的热爱与敬仰，以及对能够亲自参加本次游行活动、在长安街上为祖国母亲庆生的自豪与骄傲。

第 36“祖国万岁”方阵——第 5 中队

“祖国万岁”之独家记忆

旅游科学学院　塔娜

2019 年 10 月 1 日下午两点，一切都结束了，这个我们期盼了很久又不舍得它到来的时刻，最终还是没有因为万分不舍而变得慢一些到来。但我记得，2019 年的夏天，有这样一群人，有这样一件事，有这样一场荣耀！

我们的故事很简单，简单到只有三首歌。第一首歌是必须踩住每一个重音的《分列式》，是每分钟 116 步、每步 60 厘米的执着；第二首歌是动作调整十几版的《我和我的祖国》，是我和祖国一刻也不能分割的坚定；第三首歌是自由生动、欢愉活泼的《歌唱祖国》，是把 7 月留给自己，将 8 月献给祖国的郑重承诺。

7 月 6 日，致家长的一封信是自豪的。

7 月 26 日，操场正式训练是期待的。

8 月 8 日，演讲比赛是澎湃的。

8 月 11 日，献礼 MV 是疲惫的。

8 月 13 日，优秀中队是雀跃的。

8 月 14 日，读书笔记是深刻的。

8 月 16 日，第一次合练是新奇的。

8 月 22 日，良乡是宁静的。

9 月 3 日，昌平是欢腾的。

9 月 11 日，演出服是惊喜的。

9 月 14 日，王府井是热闹的。

9 月 17 日，疫苗是暖心的。

9 月 21 日，长安街是不舍的。

9 月 27 日，行前大会是沸腾的。

9 月 28 日，阅兵村是感动的。

10 月 1 日，祖国万岁！

36 方阵训练准备 86 天，203 小时，12 180 分钟，730 800 秒，外出合练共计 16 次。8 月炽烈的阳光，高强度的训练，一个又一个 15 分钟军姿，900 多人喊着 BISU

的开合跳，傍晚的黄金10分钟，我们挥洒着汗水，也收获着欢笑。合练的每一个深夜，我们睡在冰冷的地板上，枕着面包、矿泉水瓶，互相依偎着取暖。烈日下的严格训练，彻夜不眠的煎熬，身体的疲惫和伤痛，没有人抱怨，更没有人退出，而是报以更大的热情和期待。

10月1日当天，我们看到了十一连胜的中国女排，看到了英姿飒爽的中国军人，看到了一件件国之重器，看到了祖国的沧桑巨变，更加真实地感受到祖国的繁荣富强，发自内心地为自己是中国人感到骄傲。往后余生，每当听到《我和我的祖国》，我都会想起2019年的夏天，想起每一个清晨和日暮，想起那些陌生又熟悉的笑脸。我想，我从来没有像这个夏天这样热爱我的祖国。作为国庆70周年群众游行中的一员，我是几十万分之一，而群众游行方阵900多人的青春回忆汇聚成二外永恒的家国记忆。

国庆70周年，我们在一起，就是我们这群人，共度了最难忘的暑假，一起熬过最长的夜，一起喝过最甜的酸梅汤，一起晒过最烈的太阳，一起赏过最圆的月亮，一起看过最美的日出，一起坐过地铁专列，一起睡过王府井大街，一起走过长安街，一起创造了属于我们的独家记忆！

老师评语：

塔娜同学是5中队的一名小队长，如果不是她把这个国庆训练细细铺展开，还真没有意识到原来我们一起经历了这么多难忘的瞬间。方阵、合唱、轮滑、留学生方阵，这个7月和8月二外师生用很多的“一起”创造了我们二外人专属的记忆。

青春无悔

旅游科学学院 刘鸣泽

光阴荏苒，当时间跨入了公元2019年，我们迎来了祖国母亲中华人民共和国70岁的华诞。作为国庆群众游行队伍中的一员，我为能够参加国庆群众游行活动，能够为祖国母亲祝寿而感到由衷的欣喜和幸运。通过近100天的训练、彩排、受阅，我从心底感受到了祖国母亲的日益繁荣富强，我更加热爱我的祖国。

报名

2019年6月19日我收到了庆祝活动的报名通知。起初，它最吸引我的就是参加这次庆祝活动可以替代实习，我心想参加这项活动既光荣又有实际好处，一举两得岂不美哉，所以没多想就拉上我的同学一起报名了。我报了名之后，仔细思考，70周年？ 70周年可是所谓的“五年一小庆，十年一大庆”中分量最重的大庆，适逢祖国母亲70岁大庆，如此重要的庆祝活动我居然能够参加，只觉得一股责任感油然而生——既然报名了，就要做到最好。

训练

经过了半个月的回家休整，我们全体报名人员7月23日准时回到了学校。初期的训练是比较枯燥和乏味的，每天都在重复站军姿和队列行进的练习，但我作为离天安门最近的一排中的一员，能够更近地向全国人民表达对祖国的爱的同时，也承担着更重的担子。在方阵行进训练期间，很多同学对于我这个排头兵都很有意见，我自己也知道我做得确实不够好，但是我肯改。步子迈大了我就减小，步速快了我就放慢。正常的训练还不够，回到宿舍，休息期间我还会放着分列式进行曲一步一步调整自己的脚步，力求做到更好，只是为了能发挥出排头应该起的带头作用。

游行

经过了漫长的等待，终于轮到我们最后一个群众游行方阵接受领导人的检阅了。从王府井到天安门，一路的欢呼致意并没有削减我们的热情，反而在气氛的烘托下更加激动。当我面对天安门高声呐喊祖国万岁时，我看到的，是面前看台上的一面面国旗，是城墙上观看我们表演的国家领导人，是头顶上自由纷飞的 7 万羽和平鸽，更是无数个中华儿女共同为祖国母亲庆生的笑脸。那一刻，时间仿佛停止，我站在方阵当中，深深地为祖国的强大感到自豪。

男儿何不带吴钩，收取关山五十州。70 年过去了，周恩来总理“为了中华之崛起而读书”那振聋发聩的话语仍然激荡在耳边。生在和平年代的我更要努力学习，为建设祖国出一份力。

老师评语：

从报名、训练到游行，“既然报名了就要做到最好”“力求做到更好，只是为了能发挥出排头应该起的带头作用”，从这些文字中，我读到的是“使命感”。作为一个排头兵在面对怀疑的时候表现出来的是不埋怨、不解释，以行动证明自己，从中我读到的是新时代青年的自信。

还会再回首

日语学院　王昊

2019 年 10 月 1 日，那一天，终于来了，也终于结束了。很多时候，当我们身处某件事之中，其实并不能够清楚感知这件事对一个人的影响，就像我们当初上小学、初中、高中的时候，我们可能更多的是抱怨自己身处事件之中，可当我们再回首，我们总能在那些被记住的点滴之中，回忆起让我们感到温暖、感到诚挚、感到让人流泪的东西。只有当这件事结束了，我们才能真正地开始怀念。真想，再一次去王府井的大街上，和几万人一起躺着；真想，再和身边前后左右的伙伴们一起在队伍中；真想，大家一同再穿上那一套服装走在长街上，听着《我和我的祖国》，在天安门前，表达自己对民族、祖国的热爱。

我们是幸运的。幸运的是，祖国有群众游行这样的传统，可以尽可能多地让学生参与到这场举国欢庆的庆典当中。十万人，大家自愿参加，自愿吃苦，也自愿接受了 10 月 1 日那一天的那份激动、那份热烈、那份荣誉。

这是多么难忘的记忆啊。当“祖国万岁”方阵合唱《歌唱祖国》至结尾，当看到和平鸽盘旋上空、五彩气球升腾飞扬，当听见全场沸腾欢呼，我们真的感到，庆典多么盛大！当亲眼看到先进的军事装备，看到兵哥哥兵姐姐那种军人的气质，我们真的感到，中国多么强大！当看到方阵中的新一代年轻人时，我们真的感到，民族的未来将多么美好！

事实上，生长于中国的年轻一代人，不论是 90 后、00 后或是 10 后，身为中国人，我们都有责任和义务，去了解中国曾经发生过什么，去了解我们的先辈，了解中国曾经经历过怎样的辉煌，又经历过怎样的苦难。我们需要从我们先辈的经历当中，去学习，去认清世界、认清自己，培养我们需要的品格、需要的精神、需要的意志，将我们的民族精神传承下去。

能够亲自参加这样的庆祝活动，是非常幸运和荣耀的，但我深知，我们是代表着全国大学生参加这次活动的。这个庆典，属于所有中国人，属于伟大的中国人民。这是人民创造的。只有每个人努力拼搏，只有每个人为自己的梦想不断奋斗，才能实现整个中国的中国梦，才能实现整个中华民族的伟大复兴。庆祝今天的成就，梳理以往的历史，是为了我们能够更好地认识自己，是为了我们能够更好地前行与出发，是为了我们能够在已有的基础上夺取更大更壮阔的胜利。

我想我还会再回首，那些金戈铁马，山河壮丽，国泰民安。

老师评语：

是啊，就像高中那段岁月，高考的过程是痛苦的，但是现在回忆起来只记得那是一段为自己的目标奋斗的青春日子，同样，国庆活动也是，当回首时感到的是满满的自豪和幸运。但幸运和自豪之后，我们更有责任和义务去了解我们祖国的过去和今天，去创造我们祖国更加辉煌的明天。

难忘 70 周年，我的青春献礼

日语学院　吴安娜

2019 年，是中华人民共和国成立 70 周年。70 年前，在这片洒满了鲜血的土地上，一朵人民之花经过了一个多世纪的酝酿和等待，终于在世界东方傲然盛开。

70 年后，我怀着难以言状的激动心情，加入了共同为祖国母亲庆生的活动中。我们在假期早早起床，在烈日下挥汗如雨，在夜幕中也一直练习，直到伸手即将看不见五指。我们穿着的训练服天天不间断地清洗，因为每一次出门就是一场汗水的洗礼。进入合练阶段之后，我第一次和上千人一起乘车坐地铁，第一次感受上万人一起奔走呼喊的能量场，第一次和十几万人一起看长安街万灯通明，看八月十六的一轮圆月，看远处从模糊逐渐变得清晰的、真实的天安门。

每一次和大家在一起挥动五星红旗，一起唱起国歌，原本或烦闷或焦躁的心情都会迅速平静；每一次走上长安街，看着两边挺拔的军人和璀璨的灯火，我的困意、寒冷以及其他杂乱的感情都会一扫而光，转为对祖国的自豪和深深的感动。

一步一步走过，国庆就要到来了。参与到这次活动中的我，越发清晰地感受到了祖国在我心中的意义，也让我看到了始终留在共产党人心中的初心情结。它让我明白了：每一次狂欢，都是不忘初心艰苦奋斗结出的硕果，每一滴汗水，都是为了不忘记最初的付出。国之所以立，之所以强，是因为一代又一代无数的中华儿女这样在国旗下集结起来、向同一个方向冲锋；是因为历史记得所有的坚持与守护，让这群不忘初心、牢记使命、坚定勇敢的人可以在幸福和和平之中欢度自己的节日，感恩美好的生活。

“其作始也简，其将毕也必巨。”我们的中国共产党在最艰难的时候，也没有忘记自己为人民谋幸福、为民族谋复兴的初心和使命。作为新时代的中国大学生，我们在欢庆的同时，更不能忘记对历史的追思、对先烈的感怀，应认真学习专业知识，关注国际国内走向。要时刻把国家发展的责任放在心中、背在肩上，跟随着党和国家的脚步，以 70 年为新起点，向未来迈出更加坚实的脚步。

前路漫漫，但方向明确，目标坚定。未来可期，我期待着美好未来的来临。

老师评语：

家是最小国，国是千万家。每个青年都是追梦人，“每一次狂欢，都是不忘初心艰苦奋斗结出的硕果，每一滴汗水，都是为了不忘记最初的付出”，亿万个人梦想的实现最终将会汇聚成伟大复兴的中国梦。在国庆的欢愉之后，我们更加应该思考的是，作为新时代的青年如何践行我们的责任和使命。

缘

日语学院　刘欣玥

有一句网络流行语相信大家一定都知道：“缘，妙不可言。”这句话通常被用来形容人与人之间的缘分，然而用来形容我与这次参与的国庆活动实在是再贴切不过。

最初来北京读书，肯定幻想过能不能参加什么重大活动，但没想到有幸遇上了中华人民共和国成立 70 周年的国庆阅兵群众游行活动。这是我与祖国、与北京的“缘”。一切都是那么恰到好处，早或者晚出生几年，我就永远不会有机会被簇拥在人群里，站在天安门前，用我的每一次呼吸和每一次眨眼，切身感受举国欢庆的喜悦和自豪。

远远地，远远地，我望见了。高高的天安门城楼，密密麻麻的人群，整齐肃穆的军队，高大精致的彩车……我盯着周围的人看，所有人在阳光下都呈现出一种极具感染力的喜悦。即使相隔遥远，我依然能看到他们咧开的嘴角，额头上留下的豆大的汗珠，不知疲惫的挥舞的手臂，眼睛里折射出的比太阳更耀眼的光，连带着将空气都晕染得热烈灼烧。除了眼前所见，我还能感受到每个人身躯里更为复杂的感情。

那是胸中翻腾着骄傲与自豪，成吨成吨地冲刷着你的心壁，直把你眼泪都要逼出眼眶的强烈感情。每个人都想哭，既是看见眼前盛世喜极而泣，也是悲伤于祖国母亲曾经受过的苦难。但在此时此刻，没人不相信中华人民共和国正带着中华民族 5000 年的蕴含和积淀，70 年的扬弃和继承，聚集当今世界上最多最广最大的人气和景气，不卑不亢不躁不惊，以坦荡豁达和深邃娴静，阔步走在新世纪的黎明！

在那一瞬间，我的心灵感受到一种强大的震动：几十亿人和祖国因紧密的“缘”而联系在一起，直直地敲击在我心上。两个多月的疲劳和苦难在阳光下消失得无影无踪，我意识到我是带着我的家人、学校的老师以及后勤安保人员的意志，站在了这里。他们无法来到现场，但我带着他们的念想，来赴一场与祖国的约定。

我几乎要失去理智，狂喜占据了我的内心，我自发地将我的每一次动作做到极致，自发地高喊出憋在心中的那句话：“祖国万岁！”我笑着，我唱着，我大声尖叫，我高高跃起，我挥舞着手中的鲜花和红旗，我抱住身边的“战友”，我燃尽我最后的体力，只想让胸中的强烈感情能够尽情发泄出来。

短短的几分钟被拉长，转眼又变成一瞬间，凝聚着两个月无数人的心血，化成记忆里永存的画面。

最后的最后，我盯着漫天飞过的气球和和平鸽，站在原地，胸中的澎湃最终也化作一只小鸟，扑腾着翅膀，在我的头顶盘旋几圈后，依依不舍又迫不及待地飞向蓝天，带着我的“缘”消失在视野里。

缘，妙不可言。

老师评语：

刘欣玥同学原本会因赴日留学而错过这段令她一生难忘的“缘分”，但由于种种原因未能成行，当得知自己有机会参加国庆训练的时候，她毫不犹豫地选择报名，收获了一段铭记一生的“缘分”，在国庆训练结束之后欣玥同学又通过选拔如愿申请到日本名城大学公派留学项目，中国有句古话“失之东隅收之桑榆”，缘分就是这么妙不可言。

祖国华诞七十年，奋斗努力永向前

日语学院　李汉东

如果有一天，你的祖国母亲需要你，你会为她挺身而出，献出自己的时间金钱乃至生活吗？曾经对我来说这个问题是一个空洞且无趣的问题，因为我从来未真正地面临过这样的抉择。我曾经无数次在国旗下演讲，演讲以及爱国主义宣传中，对诸如此类的问题给出了答案，是，但我从来没有真正去做过。以前的爱国主义教育，与现在真切的生活体验交互在一起，令我不禁感慨万分。因为当我真正面临这种抉择的时候，我选择挺身而出，为祖国母亲贡献出自己的力量。这次选择是怎样的一次机会呢？这次机会就是新中国成立70周年万众瞩目的阅兵大典。

曾经的我看着阅兵大典上的军队威武雄壮，整整齐齐地从天安门面前经过。看着那从长安街上经过的隆咚作响的战车与坦克方阵，以及从天空中掠过的如雄鹰一般的战斗机方阵。当我隔着电视这一方小小的屏幕去面对他们的时候，我的心中是惊奇且激动的。我羡慕着那些参与全国阅兵大典的人们，心中想着如果有一天我能成为他们中的一员，我该会多么幸福呀。没想到这幸福来得如此突然，就在2019年夏天我有幸被选入了国庆群众游行方阵，成为其中光荣且骄傲的一员。

2019年的7月26日，我们结束了短暂的暑假齐聚在北京，为这70年的国庆大典开始进行严格的训练。至今我仍能感受到7月的太阳带来的热力与酷暑，感受着夏天里炎热而漫长的每一天。但是这种酷暑这种困难并没有阻挡我们，我们仍严格地进行着训练。我想，在训练中我每一次前进的步伐，都是向阅兵成功迈进的一步；我留下的每一滴汗，都是为胜利投入的一份努力。一次次集训，一次次外出，我们都坚持了下来。我们不仅经历了7月和8月的酷暑，还不止一次地在梦乡中起来前往训练场地进行培训。一次次艰苦的挑战，让我们的身体疲倦，但我们从未松懈我们向胜利进军的精神。因为我相信我为国庆阅兵做的每一分牺牲、每一分努力都会变成国庆典礼上自己最绚丽的、最值得纪念的一笔。我们每个人只要都贡献出自己最精彩纷呈的一笔，整个国庆阅兵就会成为五彩斑斓的大画卷，精彩纷呈地展示在全国人民乃至全世界人民的眼前。

我们之所以在一次次集训的困难中咬牙坚持不断前行，不仅仅是由于我们意志的坚定，更因为有了同伴们的理解和支持。我们在集训的同时办了精彩纷呈的各项活动，如军歌大会，拔河比赛。还记得拔河比赛时，我一不小心扭伤了脚踝，辅导员老师关切的话语和亲切的眼神，让我心里深深得到了触动。有一次训练状态不好，辅导员老师与我的沟通也让我铭记在心。辅导员老师为了让我们能够以最饱满的精神参与国庆阅兵的训练，不惜牺牲自己回家的时间，来对我们进行辅导与关心。这种精神真的让我深深地感动，也让我以更加饱满的精神投入到国庆的训练中，为祖国更好地尽一分自己的力量。如果说我们在国庆阅兵活动中取得了成功，那这不仅仅是因为我们的努力，更是由于老师关切的力量推动着。

当最终国庆阅兵无比震撼的画面传到了全国人民的心中，乃至全世界人民的眼中的时候，我感到深深的满足，因为我参与了这次阅兵活动，我为这次阅兵贡献出我自己的一分力量，尽管这是一分微不足道的力量，但也足以改变我的人生。正是这次参与这次努力让我感受到了集体的力量和国家的伟大，我希望如果有一天再有这样的活动，我会有机会再度参与。为自己，也为国家贡献出自己的力量。

老师评语：

汉东是我印象非常深刻的一位同学，虽然有次状态不好，但通过和他谈心谈话我及时打通了他思想上的症结保证了在国庆的时候他饱满的精神状态。其实我希望的是，不仅是国庆期间，更重要的是他能将在这段国庆活动期间所收获的精神力量保持下去，以饱满的热情拥抱自己的学习和生活。

七十华诞，最美记忆

日语学院　张晓阳

“我和我的祖国，一刻也不能分割。”当熟悉的旋律响起时，10月1日的盛景浮现在眼前，这将是我一生最美好的回忆。36方阵，祖国万岁！

7月，第一次团建，一场没有玩儿完的狼人杀；9月，最后一次合练，“移动唱吧”里的欢唱；10月，走上长安街，发自内心的欢呼。两个月，可以留下一生最美好的回忆。

记得那一次，全校通告批评一些同学违反纪律，我也跟着紧张起来，但是最后老师话锋一转，带来了惊喜：那一天，为他们庆祝了集体生日。不论训练时多么煎熬，不论离家多么遥远，在这里，二外人在一起，老师和同学想着你，你从不孤单，从未被遗忘。这份感动属于二外人。一次真诚的谈心，一个温暖的问候，一句爱的坦白，比任何加训都有效。老师，你们是最可爱的老师。你们称我们为兄弟，你们承诺：“别人有的，我们也要有。”你们在出发前夜向我们告白：“我爱你们每一个人。”你们付出了真心，我们又岂能辜负你们！

记得那一次最难熬的机场合练。在烈日下暴晒数小时，滴水未进。我盯着别人瓶底残存的水一动不动，脑子里只剩“水”这个字。那一次的欢愉活泼，是痛苦的、绝望的。我怀疑过，这样的训练有什么意义，跳来跳去也需要一次又一次地合练吗？我在心里抱怨过，为什么要凌晨出发，到达后等到中午才走一遍，是在折磨我们吗？现在才明白，没有那一次次的合练，我们真的可能应了那句玩笑话：“花车都开到天安门了，你们还在后面追呢。”如果不经历那一次的绝望，之后的天安门演练又怎会觉得还好？我们的表演只有几分钟，可是这几分钟要用几十个小时来磨合；也许我们的动作简单，却也要一遍遍地合练才能走出祖国未来的朝气。

记得那一次，走在长安街上，看着载着女排的花车缓缓驶来，第一次真实地看到了她们每一个人，这种激动只能用欢呼来表达。情绪达到极点，终于在出发线爆发。伴随着《我和我的祖国》，呐喊声此起彼伏，人浪比以往都要高，动作比以往都富有激情，“祖国万岁”喊声比以往都要响亮。我第一次激动到想哭；第一次忘了疲惫，一直跳，一直跳；第一次被人感染，又去感染别人；第一次看到5000人情感爆发的盛景。我看到了祖国的盛世，也感受到了中国人的爱国情怀。

爱国情存在于每个中国人内心深处。从面对香港问题时的团结一致，我们看到的是中国人的爱国心，“饭圈女孩”出征，海外华人高唱“是我给你自由过了火”，“光头警长刘 sir”刘泽基受邀观看阅兵礼……平时看似各自忙着自己事情的中国人，在国家需要时能迅速拧成一股绳，我想这就是中国精神，中国力量吧！

老师评语：

训练是枯燥的，但是晓阳同学却在枯燥的训练过程中发现并感受到了来自二外大家庭暖暖的爱意。从对合练不理解到最后正确认识合练的重大意义，晓阳对于祖国的使命感也在慢慢被激发，到国庆的时候达到顶点，国庆对她来说是一次最好的爱国主题教育。

请回答2019

日语学院 陈雪

20岁的青春时光里，我穿着白色的T恤，手里拿着鲜红的国旗，和900多个青涩的、稚嫩的、可爱的、鲜活的“战友”在晨雾中、在烈日下、在红日中、在夕阳里、在晚霞下走着、笑着、跳着……

2019年的夏天我做了一件让自己终生难忘的事，那就是参加了庆祝中华人民共和国成立70周年的群众游行，长达两个多月的训练过程中有太多有趣而感动的经历，这一场令我难忘的经历让我在10月1日当天中午经过天安门前时留下了激动而自豪的泪水。

几个月前刚听到关于国庆阅兵可能要招募大学生的消息的时候，我的心里充满了期待。作为一名国旗班班长，我是学校组织的爱国主义教育的重要参与者，在每个日出，扛着国旗走向旗台，完成庄严而神圣的升旗仪式。每一次训练中都贯穿着思想政治教育，引导我们将家国情怀和个人价值结合起来，每一次的训练和升旗都使我更加热爱祖国，我的心中仿佛有了一种羁绊，这种羁绊更像是一种信仰。所以我十分渴望着加入这次战斗，虽然不知道自己有没有机会，也不知道如果参加了自己能不能扛下来，但心底始终有一个十分坚定的声音，我一定要去！

在学校训练了几周，虽然每天要接受夏日的酷暑甚至骄阳的暴晒，每天的训练服就会湿透，但我们有清甜的酸梅汤、冰爽的凉白开这样夏日清凉的慰藉，也有各种各样有趣的文体活动，欢声笑语中我们度过了一个又一个想象中十分难熬的日子。终于有一天去了长安街，看到了各兵种的兵哥哥，还有裹着神秘面纱的各种装备，所有的人都显得十分不淡定，在经过一个打着火的军车旁边时，一个同学说：“兵哥哥开的车，连车的尾气都这么好闻。”听了之后，我们都捧腹大笑，深夜的困倦和疲惫之感瞬间消失。一路上我们为他们而欢呼喝彩，他们就是我们祖国最好的名片，他们的身影就是中华民族最美丽最值得骄傲的身影，我相信每每回想起那一晚，都不会忘却年轻的我们在凌晨最兴奋与感动的记忆，那是独属于我们的回忆。

2019年10月1日，我们终于在天安门前接受了习主席以及全国人民的检阅，这是我一生中做的最骄傲的事了。还记得凌晨4点操场集合时，校领导告诉我们最后一个方阵的花车上站的是刚刚凯旋的女排队员们，宣布后不到一秒，全场沸腾，我身边太多人，包括我自己都流下激动的泪水，凌晨起床的困意全无，只想马上奔赴我们的战场，迎接属于我们的辉煌。我们在天安门前表演，拿着国旗欢呼，为所有的中国人而欢呼。今天社会主义中国巍然屹立在世界东方，没有任何力量能够撼动我们伟大祖国的地位，没有任何力量能够阻挡中国人民和中华民族的前进步伐。回首峥嵘岁月，从一穷二白、满目疮痍起步，历经七十载艰辛奋斗，创造了中华民族从沉沦而奋起、由苦难而辉煌的命运转折，我为祖国感到心疼，更为她感到骄傲和自豪。

我想最能表达我心情的就如习主席在庆祝中华人民共和国成立70周年大会上所讲的："伟大的中华人民共和国万岁！伟大的中国共产党万岁！伟大的中国人民万岁！"

老师评语：

陈雪同学曾担任校国旗班班长，在训练过程中她始终不忘自己的身份，发挥了一名国旗护卫队员的作用，不管是报名时的坚定、看到兵哥哥兵姐姐时的兴奋、回顾祖国母亲的苦难辉煌时的心疼和骄傲，从她的字里行间都能感受到她对祖国坚定而又深沉的爱。

祖国，为你一切都值得

日语学院　崔子英

2019年10月1日早晨，我与36方阵的5000名群众一同踏上了万众瞩目的长安街。两个多月以来的汗水、欢笑、坚持、感动，在那一刻，全都化作了心底无法言说的复杂情感。

从2019年7月26日起，我开始了这段与二外900多名师生一起度过的难忘的训练生活。一开始，辅导员老师对大家进行动员的时候，我对此次训练十分好奇，但又有些犹豫。好奇在于，我们会以什么方式训练？会去哪里训练呢？会像10年前那样严格而辛苦吗？同时，却又担心，参加之后会不会因为走得不好而被从队伍里撤下来？这样自己花费一个暑假来参加这次活动不就失去了意义吗？等等等等。当时纠结了好久，但现在，如果问我参加这次国庆活动的感受，我会毫不犹豫地说：很庆幸。很庆幸当时的自己没有因为害怕辛苦而退缩；很庆幸我的父母给我的鼓励与支持，让我坚定了参加的决心；更庆幸我在这个年纪刚好赶上了中华人民共和国的70岁生日，让还未步入社会的我，能为祖国母亲献出一分微薄之力。

训练，说不辛苦是假的。正值夏季最炎热的时候，每天涂着厚厚的防晒霜，在闷热的空气里站军姿、标排面、练体能，真的比以往惬意的暑期生活辛苦太多了。但是，比我们辛苦的人大有人在。比如每天与我们一起训练、一起流汗却无法走上长安街的老师；学校里天还未亮就起来为我们做早餐的食堂叔叔阿姨；合练时要起得比我们更早，从遥远的北京舞蹈学校赶来二外的同学……如果让我用一个词来形容这段训练生活的话，我更愿意用“值得”，而不单纯的是“辛苦”。在站上长安街的那一刻，在面对着天安门高唱《歌唱祖国》的那一刻，一切的一切都值了。

7月留给自己，8月献给祖国。9月，我们终于走上了长安街，在真正的天安门前进行合练了。从王府井到长安街，从出发线到音乐线，每一步，都能让人感受到浓浓的家国情怀。在王府井待命时是听不到音乐的，但每当我们从王府井路口出来走上长安街时，大家都会不由自主地举起手中的花束与国旗，跟着音乐哼唱《我爱你中国》。

2019年10月1日，全国期待的中华人民共和国的生日，终于到来了。我们凌晨4点多从学校出发，到达王府井待命。虽然在王府井等待了很长时间，但当排成

70字样的喷气飞机从天空飞过时，所有人，不论是在闭目养神，还是在聊天，都立马从地上站起来，迎着天空热烈地挥手、欢呼。这里没有镜头在拍摄，但大家都不由自主地摇着手中的国旗，大声地、发自内心地为祖国欢呼。那一刻，真的令人热泪盈眶。36方阵的游行虽然只有短短的6分钟，但这6分钟里，在《我和我的祖国》和《歌唱祖国》这两首歌里，包含着几千、几万甚至是几亿人浓烈的家国情怀。

能参加此次活动，我非常、非常庆幸。此后，我可以自豪地说：献国礼，赴征程，永生难忘!

老师评语：

子英在报名阶段是持犹豫观望的态度，但是参加过后她却说：如果让我用一个词来形容这段训练生活的话，我更愿意用“值得”，而不单纯的是“辛苦”，一件事情不管过程如何艰辛付出多少努力，但如果真的触动我们内心的话，当我们回忆的时候更多的只是“庆幸”和“值得”吧。

致那段珍藏在宝盒里的时光

日语学院　姚雅苹

国庆刚过，从为国庆做准备的第一天算起，又是过了多久呢？啊，原来也不过两个月多一点。然而，为什么在我心里那段日子仿佛已经逝去了很久，很久——久到就像一位垂暮之年的老者在某个失眠的夜晚所回忆起的儿时的种种。或许我知道原因，原来早在一切还未结束之时，我便已经偷偷地将那最美好的瞬间定格，把那散发着蜜一般甜味的记忆悄悄放入了内心最深处的宝盒，默默珍藏。是的，我永远记得那片草坪、那片天、那朵云、那被云遮挡着却更显神圣庄严的金色光芒、那刚刚散尽白天灼烧般热气的清凉晚风，以及被风裹挟而去的淡淡咸味和阵阵呐喊。

学校组织的训练从 7 月底便正式开始了。我们每天从早上看着朝阳升起，到下午目送夕阳沉落，上午两小时，下午两个半小时，都在学校操场上共同度过。躁动的 7 月，焦灼的阳光和黏稠的热气疯狂撩拨着操场上同学们的意志，然而站着军姿的我们却如同蜡像般一动不动地伫立着，任凭汗水似融化的蜡油般淌过身体的每一个角落。体能训练是每天训练的最后环节。在晚霞化作的半灰不白的夜幕下，操场的草坪上形成了 900 多人一起做仰卧起坐的壮观之景。在每天的严格训练背后，老师对我们的体贴关心无处不在。比如在太阳悬挂西天的下午，老师会让所有队伍整体往高楼投下的阴影方向靠拢；又比如伴随我们整个假期、跟我们一起接受烈日考验的操场旁边的那一桶桶酸梅汤；再比如微信群里一次次集合前的温馨提醒，一次次训练后的点评与鼓励。

该如何描述为了国庆这个特殊的目标而聚集在一起的我们这个特殊的群体所度过的这段特别的日子呢？早在我还在经历它之时，便已忍不住开始怀念起了它。如果说这段平静温柔的时光是为了最后一刻的热血沸腾，那我愿意说它是平静之中暗含着热情、温柔之中蕴藏着力量。

当我在最后那天走上长安街时，所有对这段日子回忆的感情仿佛在最后的发酵中得到了升华。在充斥整个长安街的方阵人群中，在街道旁威武挺拔的军人面前，在举国人民的眼前，我第一次如此强烈地感受到自己是这个学校、这个国家、这个民族的一分子。我们为了今天站在这里而挥洒汗水、不断努力，是同中国为了明天民族的复兴而不懈拼搏、不懈奋斗一样的过程。我第一次明白，原来我也可以拥有如此深沉纯粹的感情——拥有像今天这般强烈的归属感与自豪感。

请原谅我不知如何给出家国情怀确切定义的笨拙，但我永远记得在那段刚逝去不久的日子里，我与大家一起暴晒、淋雨、流汗、呐喊，在世界静静沉睡之时起床、坐地铁、吃餐包，露宿王府井、踏过长安街、高举手中的旗帜与鲜花奋力欢呼与跳跃；我永远记得，当我在天安门城楼前抬起头望向天空，看到铺满整个世界的漫天和平鸽与气球时，额头上的汗水不小心流入眼角，化作泪水淌过脸颊，那个灿烂瞬间，我永远记得。

老师评语：

雅苹的文字十分细腻，具有感染力，“焦灼的阳光和黏稠的热气”“汗水似融化的蜡油般淌过身体的每一个角落”一下子把我拉回了火红的7月和8月；雅苹的感情是真挚朴素而又感人的，“早在我还在经历它之时，便已忍不住开始怀念起了它”，那种对于国庆的依依不舍跃然纸上，那段刚逝去的日子里大家共同经历过的汗水与欢笑，那在长安街上升腾起来的民族自豪感和归属感就是家国情怀的一种生动的体现呀。

第36“祖国万岁”方阵——第6中队

我热爱的一切

旅游科学学院　阿赛尔古丽

时光如流水般逝去，我们伟大的祖国中华人民共和国已经点燃了她的第70支生日蜡烛。弹指之间，沧桑巨变，走过70个春秋，追忆烽火岁月，我们承受过苦难，我们经历过磨砺，我们有过苦涩的追求，祖国的成长之路曲折又漫长。古往今来，有多少志士仁人，多少革命先辈抛头颅、洒热血，以钢铁般的意志和无所畏惧的气概，以顽强不屈的精神和众志成城的力量建设了我们现在的太平盛世。

我是北京第二外国语学院的一名大二学生，今年暑假，我有幸加入学校的900多人方阵队伍中，每天与大家送走晚霞，迎来日出，以快乐却不懈怠的心态进行训练任务。回望过去的两个月，有太多的与大家共同的记忆浮现在我的脑海之中。在拿到这篇文章的题目时，我感到非常的激动和骄傲，有太多的话埋在炽热的胸口，我想要柔声吟诵我对祖国的热爱！

我是来自新疆的一个哈萨克族女孩子。这片土地一直在滋润着我，抚育着我，也教会了我要永远心存感恩。因为来自贫困的地区，我有幸成为国家助学金的获得者之一，初中、高中乃至现在的大学时光，每时每刻我都能感受到祖国对我的帮助与殷切的期望。我知道，全国各地都有很多有志的学子在接受着国家的照顾与关怀。有了国家助学金的相伴，我前行的道路更加宽广，我的心灵不再寂寞与无助。感谢国家，感谢政府，赐予我光明的大学生涯。我相信，黑暗的天空因为有了群星的点缀而璀璨，平凡的我们因为有了感恩的心而不凡。

我在2017年参加了高考，受到国家对少数民族考生的高考加分政策的照顾，同时也在高校对少数民族学生降低提档分数线的政策之下，顺利地考进了北京第二外国语学院，每天生活在二外坚实而温暖的臂膀之下，我倍感满足与幸福！在此之前，我去年还在新疆大学进行了一年的预科生活，与我一同学习的还有其他24名少数民族同学。我由衷地感谢亲爱的祖国以及亲爱的母校，考虑到了少数民族地区的教育水平相对于内地教育水平的落后情况，为少数民族考生提供了相对优惠的政策，让新疆考生的大学梦想绚烂地绽放。国家的政策不仅确保了少数民族考生的受教育权利，也有利于少数民族人才培养计划的实现。对我来说，我进入了北京这个温暖的大城市，认识了很多优秀的朋友，参加了很多让我获益匪浅的志愿活动，每天都能舒心地把自己浸泡在浓厚的学习氛围之中。

2019年暑假，是我最充实并且对我来说意义最深刻的假期。我是如此有幸，在我20岁的花季赶上了祖国母亲的70华诞，终于我们可以一同在2019年10月1日那特殊的一天，向祖国母亲献上一份自己的祝福。国庆前一天我刚好身体不适，焦虑了一晚上，想到参与了两个月的集训却可能功亏一篑我就很难过。但是我坚持了下来，非常荣幸最终完整参加这次活动，可以为祖国母亲献上一份诚挚的祝福！关于大学生游行方阵的训练，一幕幕情景仿佛从我的眼前一闪而过：学校为不能回家过生日的同学们举办的秘密生日会温暖了每个人的心窝；每天天黑杨老师组织起的900人结束训练前的运动操“BISU开合跳”让我们挥洒汗水；中队长组织的团建游戏令我们收获意外的友情与感动……我记得金盏乡渐变色天空中如星星般闪耀而过的飞机，我记得良乡机场里每一个蓝色雨衣下坚持的可贵灵魂，我记得学校操场上一丝不苟地指引走正步的教官；我记得每一个为同学们准备好餐包在凌晨迅速塞入大家手中的食堂叔叔阿姨；我记得日理万机却一定抽出时间来探望学生们的可亲领导；我记得站在高台上与大家一同顶着大太阳指挥方阵队形的指导员……回忆充满了酸甜苦辣的滋味，但它属于我自己，独特又珍贵的存在！

少年兴则国兴，少年强则国强。祖国母亲的70华诞，我离她的心脏最近！中国会越来越强大，并且会一直强大，让全世界目睹中国在未来不可代替的位置。中华儿女不会忘记过去的中国，也会充满信心迎接未来的中国，中国会一直前进的！

老师评语：

阿赛尔古丽是个哈萨克族姑娘，还是2019级本科生新生班导。训练期间每天都能看到她带着笑脸来到操场，虽然话不多，但是训练和带新生两不耽误。看着她的文章，听她讲述自己得益于国家政策才能在内地接受高等教育，字里行间洋溢着感恩之心，她应该就是民族团结进步最真实的写照吧！

2019 年夏天的独特记忆

旅游科学学院　神子雯

我，是一个不善言辞的人，没有华丽的辞藻；同样，也不擅长表达自己的情感。2019 年的夏天，在爸妈的强烈建议下，我没有特别多的抗拒和期待，只是怀着满心的好奇参加到了国庆 70 周年群众游行的训练中去。

2019 年 7 月 25 日，我收拾行囊，再次回到了二外的校园里。带着陌生的距离，我们中队第一次来到了求是楼教室集合，拿到了每个人训练时穿的半袖、印有 70 字样的蓝色帽子、花露水以及第一枚徽章。

我小心翼翼地把徽章放在抽屉里，戴上那顶显眼的小蓝帽，穿上白色半袖，早上 6 点，我走出宿舍，我不知道这一天会是什么样子的，也许抽屉里的徽章会知道吧。

参训第一天的感受：无聊，茫然。为了保密工作，学校不让携带手机，我更是想象不到接下来的日子会是什么样子的。在炎炎烈日下，重复的训练略显枯燥，学校为我们准备的各种活动无疑是让我们忘记手机消除疲惫的好方法！拉歌比赛，朗诵比赛，拔河比赛，宣传片的拍摄等。在我看来，8 月，是烈日下拔河比赛的夺冠，是倾盆大雨中宣传片的拍摄，我们在这个 8 月，创造着一个又一个的奇迹，再回首，我的记忆中拥有的不再只是军姿训练、排面训练还有体能训练，还有就着酸梅汤、穿着蓝色雨衣的别样体验。

在一次次的队形变换中，我们终于初步确定了点位，我来到了 93–1，没错，我是一名边框人员，也就是大家口中的骨干。既然已经被叫成了骨干，那么付出的训练时间会更长，印象最深的就是有一次非边框人员休息五天，而骨干人员还要在学校待命，等待着凌晨 3 点集合。抱怨也好，困倦也罢，现在回想起来，我经历了更多。和周围的骨干人员，一次又一次的半夜集合，每次都徘徊在睡还是不睡这个问题上，越到后来我开始愈发兴奋，我也更加清楚我做的事情是为了什么。

周转过很多的地方，从长距离的大巴到集体换乘专属地铁的新奇与拥挤，时间过得越来越快，时间越来越接近 10 月 1 日，每个人的情绪都高涨到了极点。还记得 9 月 28 日 36 方阵最后一次的集合，正式服装，正式道具，轻装上阵。“时刻准备着”喊出了 36 方阵持续待命的精气神，“祖国万岁”是我们每一个人内心深处千言万语汇成的一句话。

终于，时间来到了2019年10月1日国庆节当天，凯旋的女排站在彩车上驶过，伴随着大家的尖叫声，激动的泪光在每个人的眼角闪烁，这一次我们比任何一次都要激动，这一次我们比任何一次都要成功，36方阵，北京第二外国语学院，我们做到了！

祖国万岁！

老师评语：

子雯是框架骨干，也是小队长，相比其他队员，她承担了更多，但是她总是认认真真地对待所有任务。她感谢我把她调到了排头，结识了那个“他”，收获了“国家分配的爱情”。但是，我更感谢她，让我看到了一个柔弱姑娘身上的韧劲儿，坚信了祖国未来辉煌的发展。

那些平凡而又不平凡的日子

旅游科学学院 徐露

从2019年7月24日返校到2019年10月1日，总共69天，69天的时间也不过是每天消耗了24小时而已，与别人的24小时似乎没什么不一样。但是我敢说正是这样不平凡的69天里我干成了许许多多不平凡的事，留下了许多值得一生珍藏的回忆；正是每个平凡而又不平凡的日子汇聚，成就了心中那个难忘的日子。

一个人看风景和一群人一起看风景是不一样的。我最喜欢周杰伦那首《星晴》："手牵手一步两步三步四步望着天，看星星一颗两颗三颗四颗连成线……"仰望天空，静谧，晴朗，星晴。69个夜晚里，有35个夜晚都是晴朗的，其中有16个夜晚都是繁星满天。为什么我记得那么清楚？因为晴朗的夜晚我们都在看星星，繁星满天的日子都是和参训的同学老师们一起在凌晨三五点的时候赏月看星谈心，每一个这样的日子都被记录在我的日记里。和看星星一样浪漫的事就是看日落，这样浪漫的事，我这个夏天一件也没错过。我不仅看了日落，还是和第36方阵的5000人一起看，甚至有好几次都是和全体36个方阵的千千万万人一起看。比看星星、看月亮、看日落更浪漫的是看彩虹，前三者出现的概率大得多，看彩虹这样的小概率事件在这个夏天见了至少三四次，真的，除了惊叹我不会说别的了。一个人的风景是一个人的，一群人的风景是一个人的也是一群人的，壮观，恢宏，这些属于一群人的感觉是一个人独自无法体会的。真好，69天里我体会了而且体会不止一次。

一个人笑，一个人流汗和一群人一起笑一群人一起流汗也是不一样的。一个人笑，笑着笑着就停了，一个人流汗，流着流着就放弃了；一群人一起笑，笑着笑着更多的人也一起笑了，一群人一起流汗，流着流着互相支持着，一件又一件事就不知不觉地完成了。69天里有不少日子在烈日下挥洒汗水，大家有抱怨，却不曾说过放弃；69天里有不少日子在深夜睡大街，大家有埋怨，却从来没想过放弃。这些近乎难熬的日子里，大家都是靠着彼此给的温暖一刻一刻度过，欢声笑语里，嘘寒问暖里。走在十里长街，对着一群素未谋面，不曾相识的军人官兵，别的学校的方阵，群众，说"大家辛苦了"，得到的是"你们也辛苦了"。真好，这样的温暖这个夏天感受到了而且感受了不止一次。

一个人为一个目标奋斗和一群人为一个目标奋斗的感觉更是不一样的。这个夏天，为了祖国母亲——中华人民共和国的70华诞，我们学校，我们第36方阵，我们36个方阵，我们的军人们，我们的亿万万中华儿女都在为她祝福，用着大家自己独特的方式。很喜欢这句话："天空中没有留下翅膀的痕迹，但是，我飞过了。"操场，训练的基地，十里长街，都不曾留下一丝我们的痕迹，但是我们都走过了。没留下痕迹的这些地方都留下了难忘的记忆，10月1日那天见到偶像习大大，看到诸多庞大的武器装备，目睹军人的飒爽英姿……我们的祖国真的繁荣昌盛，强壮而伟大。每每听到《我和我的祖国》的音乐响起就会有一种流泪的冲动，听到《歌唱祖国》总会心潮澎湃，真的想要为祖国歌唱。真好，在那平凡而又不平凡的一天见过太多太多。

这个夏天，我骄傲我参与国庆重大活动，为祖国添一抹属于我的色彩。值祖国70华诞，祝福祖国繁荣昌盛，日益强大。此生不悔入华夏，来世定入中华家！

老师评语：

徐露是框架骨干，也是小队长，个子小小的，却是"大力水手"，团队需要人的时候，她总是第一个站出来，很能吃苦。她的文章风格是小清新，但是她的人却要厚重很多。演练的时候总能看到她的背影，站在最后一排精神头很足，卖力地舞动着。希望她以后在人生的舞台上也能这样不忘初心，拼尽全力。

挥洒汗水，为国庆生

旅游科学学院 徐树彤

自国庆群众游行报名之日起，我的内心一直十分激动。想象着 10 月 1 日 70 周年国庆当天，走在长安街上，经过天安门城楼，为祖国母亲庆生，心中的骄傲与自豪油然而生。十年一次的机会，北京高校学子的光荣任务，我们定然不负重托。

训练初期，汗水浸衣尝甘甜。

8 月，我们与清晨和傍晚的操场相伴，军姿是对我们最基本的要求，汗水浸湿衣襟，时间嘀嗒嘀嗒在流逝，900 多人挺拔的身姿成为一道亮丽的风景线；对我们要求更高的是高举着鲜花国旗道具走齐 53 人的排面，做到步伐一致，我们耳边回响不断的是高昂的分列式音乐，心中牢记的是要经受住这次考验努力完成国家嘱托的信念；晚上的快乐体育更是锻炼我们的体能，每一个动作指令口号都是对内心坚毅与否的考察。是的，这很累，这也很苦，但我知道别人都能做到自己肯定也可以，我不能掉队，我的意志得到了磨炼，最终和大家一起顺利完成了第一阶段的训练。

训练后期，多地奔波式合练。

9 月，从怀柔到良乡到阅兵村再到金盏，经历了多次的大规模的方阵合练。外出合练，需要坐很长时间的车，需要我们花很长的时间一一耐心等待。我明白一次合练需要很多人力物力的调度，不是我们想得说得那么简单，所以，在集合地坐上几个小时等待指令也无法避免，我们逐渐变得耐心，懂得理解，学会打发时间。等到合练正式开始，每个人都是精神饱满地欢呼，饱含深情地表演。在浓烈的气氛中，我可以坚持欢呼跳跃一直到结束，每次表演的感觉都相当的激动，好像每次都是“十一”的正式表演。大概也就是从这时起，更加期盼“十一”的到来。

国庆当天，万众一心庆华诞。

2019 年 10 月 1 日，凌晨 4 点，当我们听到登上“祖国万岁”花车的是中国女排时全场轰动，我也热泪盈眶。出发，到传媒大学安检，乘地铁到王府井，在集结区等待，指针不停在转动，在王府井大街最北端的我们看不见阅兵的场景，直到飞机飞过，我们才感觉到，这一刻，真的到来了！包夹彩车，看载有女排的花车驶过，走进核心区，看到电子屏中的领导人，表演进行中，看 7 万只和平鸽和 7 万个气球高飞，回想从前积贫积弱的国家变得像如今这样繁荣富强，内心感慨万千，只想和着《歌唱祖国》的旋律，与祖国庆祝这美好时刻，千言万语也不如“祖国万岁”的一句祝福。两个月以来的训练，为这一刻，怎样都是值得！

或许，那几分钟就是我和我的祖国最亲密的时刻。在这样举国同庆的时刻，谁不热泪盈眶？谁不心生骄傲？全国人民的爱国热情更加浓烈，我愿意为自豪的国家贡献，我更期盼着中华民族伟大复兴的到来！

老师评语：

学习成绩优异的树彤，在训练中也从未让人失望，站军姿时动作挺立、标准。看起来文文静静的她，拔河比赛时挺身而出，十分卖力。这个暑假，她晒黑了，但也更坚毅了，这是她的成长，也是祖国的期盼。

我和我的祖国

旅游科学学院　高韬

“为天地立心，为生民立命，为往圣继绝学，为万世开太平。”张载这一句铿锵有力的话，阐述的是国家新一辈所肩负的时代赋予的重任，是青年们对于强国所需要做出的奉献。是雄心，是风采。也道出了，我对于祖国的情感。

爱国不是国民的自我标榜，不是空泛且不切实际的口号，不是冰冷苍白的铭牌。在人人都是奋斗者的新时代，爱国是有血有肉的奋力拼搏，是脚踏实地的吃苦耐劳，是追逐梦想的勤劳勇敢。这个暑假我报名参加了国庆70周年的游行活动，一共约两个月的时间，贯穿其中的不仅仅是时光，更是我们的汗水和爱国之情。

7月第一次返校集合，当时对整体活动尚没有具体概念。烈日之下，站在操场上，第一次接受了祖国派给的任务。接下这个重任，于我而言仿佛是接下了时代、祖国和我体内血脉所留下的卷轴。

第一次真正揭开这个卷轴，是从第一天训练开始的。整个学校训练队伍约900人，按照中队整整齐齐地排列在了运动场上。酷暑的烈日很不留情，同时，在大家爱国热情的鼓舞之下，每个人也丝毫没有退缩的姿态。每一天，从清晨起床的上午训练，到傍晚集合的下午训练。我能看到的全都是对完成好此次任务的期待和激情。不必多说，背后支撑的自然是对于国家的热爱和不辜负时代的青年责任感。到现在回忆起来，已经是两个月前的事情了。每个人、每个场景、每个画面仍然时时冲击着我。这种冲击感不单单来自看到的每个人不寻常的卖力和奋进，更是在每一次瞥见五星红旗的那一刻，内心的感慨和自豪。是啊，那可不就是荣耀吗。

第一阶段的训练猝不及防地结束了，很快，我们步入了第二阶段的训练——合训。说心里话，第一次见到整个大方阵的5000人，震撼的感觉是很难用文字描述的。就好像，齐喊口号的时刻，头顶肆意闪耀的烈日都悄悄收起了几分光辉。地上的扬沙，空中的挥汗，见证的是众人的爱国情。好像几千人对于祖国的热爱与责任，全部地被写在了一张张疲劳却兴奋激动的笑脸中了。

终于，在9月中旬左右，我们迎来了第一次长安街合训。深夜静静坐在王府井的时候，我没有想到会目睹如此场面。诸多学生，老师，社会人员，等等等等，以汹涌之势奔入了王府井的街道。夜深了之后，汹涌似乎又有所减弱。随之而来的，是皓月当空下，每个人爱国情感的静静沉淀。在几个小时的休息之后，终于，我们走上了长安街。深夜，准确说是凌晨，长安街，灯火通明。彩车们就快要照亮夜空，众人的呐喊和欢呼更是快要撕破夜幕。大家的激动，裹挟着对于祖国的热爱，一下子奔涌而出。在广播里的进行曲协调下，我们，作为新中国新时代的青年，自豪而感动。

老师评语：

高韬是中队的旗手，训练时要比其他队员早到，每天都出现得很准时，站得很笔挺。合练搬道具、领取物资，他都是主力。拔河比赛中他磨破了双手也不下场，虽然嘴里念叨着“没劲儿了，随便拉拉算了”，但是在场上仍然拼尽全力。文艺青年的他，文章也写得细腻生动，相信这段经历会在他的人生中留下重要的印记。

我和我的祖国

——致 2019 年暑假

旅游科学学院　李晟达

2019 年的夏天，对于我来说是印象深刻而又难忘的。虽然是暑假，但我仅仅休息了 9 天，除此之外的时间，我的假期生活，都是训练，训练，训练。都说“7 月留给自己，8 月献给祖国”，无论是参加我校国旗护卫队暑期集训，还是参与“十一”国庆节群众游行方阵，都与“爱国”二字息息相关。

我是 70 周年国庆活动的一分子，二外千余名群众游行方阵中的一员，也是第 6 中队的小队长。训练初期，每日早起，体能恢复，冒雨训练，等等，对于每个人都是一种考验，而身为小队长的我也仅仅是完成着老师交给的工作，积极性并不太高。在一次中队开会过后，中队长王老师找到我，她说既然是学生干部也是入党积极分子，就应该有更好的带头作用，发挥好自己的组织能力，在队伍中发光。自此之后，我开始以更高的标准要求自己，在训练过程当中发现问题及时提醒身边同学，向老师反映同学们遇到的困难，以主人翁的心态，鼓舞士气，投入训练。我们的训练成果逐渐变好，大家对于活动的认识也越来越高。

三个月时间弹指一挥间，很快就到了“十一”国庆当天，我们坐在王府井大街上候场，看着空中呼啸而过的飞机，我不由得想起 1949 年第一次阅兵。新中国成立前夕，举国上下为开国大典和阅兵仪式做准备，而我军飞机数量远远不够阅兵所需，仅仅有 17 架。当时的阅兵负责人聂荣臻元帅询问周总理该如何是好。周总理回答道：飞机不够，就飞两次！如今的飞机再也不用飞两次了。战机划过长空时的彩虹，就是在告慰总理：“这盛世，如您所愿。”

从王府井跑向长安街，看着彩车从身边驶过，我不由得真正理解了什么叫作“伟大”，那是阅兵场上十万人一起为了同一个目标辛辛苦苦度过盛夏，为了给祖国庆生风雨无阻、挥洒汗水，是凝聚在天安门前发自内心祝福祖国更好的张张笑脸，更是新中国成立 70 年来一代又一代青年人传承奋斗精神，一同为祖国发展贡献力量的努力。

自此，我可以骄傲地跟身边人说我是新中国成立 70 周年庆典活动的一员，是第36方阵94排33号。这盛夏于我无悔！

老师评语：

作为小队长的晟达，她的成长在这次重大活动中是很直观地能够感受到的。原来的她会有吐槽抱怨，后来的她会大声呼号让队伍完美行进。站军姿的时候她总是最标准的那一个，这不仅仅是因为她是国旗班的一员，更源自她对于自我的严格要求。

我和我歌唱的祖国

旅游科学学院　李莹

我和我的祖国，一刻也不能分割。

在这个原子都可以分割的时代，唯一不会也不可以分割的就是我和我的祖国。

其实说实话，我从没有想过自己会参与到这项伟大的活动当中去。幸运的是，在这个新中国成立70周年的大纪年里我在二外。

7月留给自己，8月献给祖国。起初，我觉得这个7月转瞬即逝，还没有歇够就要开始集结训练了，而训练的日子似乎又遥遥无期。所以，每天最期盼的就是通知哪天可以放假，好可以回家。但慢慢地，时间好像没有那么难熬了，早起和夜幕下的训练也帮我养成了早睡早起的好习惯，清晨的太阳缓缓升起，傍晚的日落，还有偶尔突然闪现的彩虹都为训练增添了小确幸。

而训练中的小确幸其实远不止如此。训练中我还参与了两次拔河比赛，虽然决赛中没能继续尽自己的力量，但看到更适合的人尽比自己更大的力量也是一种幸福吧。虽有遗憾，但这种遗憾却化为了幸福、值得。我永远记得自己第一次拔河还成功时那种不敢相信，然后在庆祝中化为实实在在的幸福与满足感。还有许许多多的瞬间让这个原本我以为有些难熬的8月变得闪闪发光，也是我心中最值得纪念的一个8月。我希望这个8月可以再长一点，再长一点，让自己可以练得更好一点，再变得更好一点，努力配得上我耀眼的祖国。

而一次次的集训，让我发现我比原以为的更爱我的祖国，自己的泪点好像也更低了。以往看阅兵更多体会到的是震撼，而这次虽然不能看直播，但可以走在他们走过的路上更是幸运满满，在看重播时震撼还在而且感动自豪更甚。如果说这段时间什么最熟悉，那《我和我的祖国》这首歌一定榜上有名。明明是一首令人心潮澎湃的歌曲，为什么听完会不自觉流泪？我想有经历、有共鸣才会带给人最真实的感受，才会直击我心。在训练中我们融入了我们的汗水与感情，让我有了更强的代入感。我最亲爱的祖国，我希望我可以永远紧依在你的心窝，感受你那母亲般的脉搏。

我想借用习总书记庆祝中华人民共和国成立70周年的重要讲话，“今天，社会主义中国巍然屹立在世界东方，没有任何力量能够撼动我们伟大祖国的地位，没有任何力量能够阻挡中国人民和中华民族的前进步伐。”的确，没有什么可以阻挡我的国，我是如此幸运可以生在如此美好的中国，此生无悔入华夏。

歌唱我们亲爱的祖国，从今走上繁荣富强。

老师评语：

被同学戏称为“小学生学姐”的李莹，是中队中可爱却坚强的存在。清晨时、日落中，总能看到她和身边朋友说说笑笑，小小的身体里蕴藏着大大的能量，拔河比赛中，随着口号看到的，是她因为用力而涨红的脸，是她胳膊上暴起的筋。七八月的酷暑和九月夜晚的寒冷，她从未喊苦喊累，也从未想过退缩，希望她能将这种精神一直延续下去。

国之大典，我之见证

旅游科学学院　孙艺玮

2019年是中华人民共和国的70华诞，我的祖国走过了70个春秋，在历史的长河中继续书写着属于她的篇章、闪耀着她的光芒。

许许多多的前辈用自己的脊梁造就了今天美好而强大的祖国，相比于革命前辈，我们对理想信念的那份执着和坚定还很少，必须不断改造，在强化素养中坚定信仰。同时，也正是因为有着这样无数的前辈在引领着我们、支持激励着我们，我们才更加明确责任和目标、更加坚定理想和信念。

这个暑假我报名参加了国庆70周年庆祝活动的群众游行项目，“海棠花开赴征程，七十华诞献国礼”，我骄傲我可以作为二外的学生、代表中国的大学生站在天安门广场上，迎接全世界的目光，手拿国旗和鲜花，呼喊着“祖国万岁”，大声歌唱着《我和我的祖国》和《歌唱祖国》。这是很难得的机会，我们能在天安门广场上，将对祖国的热爱大声地唱出来，为祖国的华诞献礼。

参加游行是光鲜的，但背后的训练却是艰苦的。从闷热的7月底一直持续到9月，我们经历过难熬的暴晒酷暑，也经历过大雨的无情倾盆。训练是枯燥的，为了磨炼意志、提高服从性，站军姿是每次训练前的必修课，我们在一遍又一遍的稍息、立正、向右（左）看齐的口令声中认真地重复着这些简单的动作。为了一个50多人排面的整齐、为了能够准确踏乐、为了能够步幅统一，我们不知道在操场南北折返了多少趟，甚至在平时吃饭、休息时也会被进行曲“洗脑”无限循环地哼唱。

分队的训练结束后紧接着就是成千上万人的方阵和分指的合练。不论是在骄阳似火的机场跑道，还是在深夜寂静的长安街，我们始终能够保持饱满的精神状态和热情，多次克服更改手持物、更改音乐、更改动作等困难，整体展示越来越饱满。由于每一次的合练均安排在凌晨或上午，因此，每一次的合练都意味着整夜的无眠和无法休息的白天，但我们没有怨言，没有掉队，有的只是听从老师的安排、上级的指挥，认真地做好每一个规定的动作。也许晒黑了皮肤，但那是我们参加游行的同学的骄傲；也许熬出了黑眼圈，也许疲惫到没有力气站起来，但我从未后悔参加这次活动，把每一次的合练彩排当成宝贵的经历，仔细珍藏。尽管困难重重，尽管训练艰苦枯燥，我们都没有放弃，甚至有一些同学带伤还在坚持训练。习近平总书记明确指出，青年兴则国家兴，青年强则国家强。青年一代有理想、有本领、有担当，国家就有前途，民族就有希望。我们现在的条件要比先辈们好很多，但是各种考验随处都在，他们是我们的榜样，他们的精神值得我们永远铭记。我们应学习先辈们的精神，跟随先辈们的步伐，不怕困难，坚定理想。

每一次音乐响起，自豪感都会在心底油然而生。不论是《我和我的祖国》还是《歌唱祖国》，都是从小就会唱、再熟悉不过的旋律了，可当我们跟着熟悉的音乐节拍唱着“五星红旗迎风飘扬，胜利的歌声多么响亮，歌唱我们亲爱的祖国从今走向繁荣富强”，手中拿着道具做着熟悉的动作，当我们昂首阔步走在长安街上、走向天安门，总会感到格外的激动甚至是热泪盈眶，但同时我们的脸上却挂着最灿烂的笑容，我们想把最美的歌、最好的祝福献给祖国母亲。为祖国献礼、用脚步丈量十里长安街、在天安门广场上为国家而歌，这应该是我一生中最难忘、最宝贵的经历了。

在最后，当我面对孕育沧桑历史充满勃勃生机的祖国，面对日益强大繁荣富强的祖国，面对我的红色祖国，我最想说的一句话是：我为今天的你感到骄傲，为一路走来的你感到骄傲！炎黄子孙是你给我最好的身份，更是我为之自豪的名字，此生无悔入华夏，来世还做中国人！

老师评语：

训练过后大家都黑了，只有孙艺玮还白净着。她文文静静的，站在那里像一幅画，练军姿的时候背挺得很直，演讲的时候也反复修改自己的稿子，力争做到最好。一个内敛的女孩儿，文章却写得大气外露。希望她能继续保持这种精神，不忘初心，砥砺前行。

与祖国同进

旅游科学学院　王雨千

时光荏苒，祖国数十年的风雨变迁仿佛只在一瞬。万物都跟着时间的步伐向前奔跑着，一个恍惚间，世界便又是崭新的模样。

参加 2019 年国庆游行活动之前，我从未如此贴近过祖国，如此清晰地目睹她崭新而朝气的、新时代的面容。在过往十余年的学习生活中，能够将祖国带到我面前的不过是语文书上的几篇文章，政治书上的几句重点。甚至读多了、背烂了，那些振奋人心的句子也免不了索然无味。一心只读圣贤书的学习生活中，我与我的祖国似乎有些割裂，太多情感已经扁平化，成为文字和分数注入试卷里。可以说，这次活动是我与祖国之间重要的纽带，正是参与了游行活动，那些与祖国有关的文字与口号才真正融进了我滚烫的血液，注入我鲜活的灵魂。

最初收到通知的那几天，我并没有立刻决定参加。我思索着暑假可能安排的事情，要考的证书以及计划好想去的地方。当天晚上与外婆通电话谈到这事，她格外有兴致地讲述了她参与祖国 10 周年大庆时的情景，这是我第一次从她口中听到这些。我当时便有一种身处时代洪流中的感觉，殊不知家族代际的传递，和国家建设，和社会历史，竟如此紧密地结合在一起。一代一代的中国年轻人，激昂地走在长安街上，凑在一起拼成了这个时代的模样。以后 70 年大庆便是永驻的历史，而我将真正参与到历史中，把自己渺小的生命化作历史的一部分，用自己的全部热情谱写这个时代的篇章。这种感觉越是品味越是妙不可言，于是越觉得这次是非去不可了。

在参训初期，我便欣慰于自己参加的决定，毕竟这么多人同时有一个目标、做好这一件事，这种机会实在是越长大越少了。大家开始各自铺陈自己的人生，选择不同的道路，一个人面对各种各样的问题已经是常态。而这次，大家又都凭借着对祖国的满腔热爱聚在一起，就像那句“我们来自五湖四海，为了同一个目标，走到一起来了”一样。和有同样心情的人们一起参与这次活动，互相感染，互相鼓励，原本炽热的心便愈发滚烫。我们一起走方阵，一起淋雨，一起唱歌，一起拔河，我又感受到了久违的生活在集体中的快感，在这样一个年纪，着实让人感动。

5000 人相聚在各个训练场、从胡同里冲上长安街的时候，我便知道一切付出都不值一提了。一眼望不到头的人群成山成海，成诗成画。当 5000 人一起将鲜花高举头顶，一起高呼“祖国万岁”的时候，那种澎湃与震撼要成百倍地增长。眼前是漫天飞舞的鲜花气球，彩旗跳跃，在郊区蔚蓝的天空下，抑或是在长安街夜晚辉煌的金光下，是一片波光粼粼的海浪，我只恨不能站在高处一睹这鲜活与沸腾。我们声嘶力竭地呼喊，直到发丝黏在脸上，汗水流进眼睛里，混着激动的泪一并滑下面庞。我们跳跃，歌唱，一次又一次地呼喊，直到精疲力竭，直到金紫色的，夕阳西下的天边在每个人脸上留下温柔的暖光。我没想到一句“祖国万岁”从 5000 人口中呼喊出来的那一刻真的会泪眼模糊，我没想到鲜花气球连成片的样子如此灿烂可爱，更没想到有这样多的当代大学生愿意为祖国奉献积攒的全部热情与力量。于是我为自己是这代青年人的其中之一而自豪，我为我所处的时代而感到幸运，为祖国未来的四五十年而松了口气。所谓青年怎样，时代就怎样，我坚信这个道理。在这个时间节点，所有的感情都只能用震撼与激动来概括了。

我在祖国漫长的发展历史中踏了一脚，不虚此生。愿与祖国同进，用短暂的一生成就她的辉煌。

老师评语：

平日里的雨千总是默默无闻地做着自己应该做好的事情，没有请过一次假，也很少听到抱怨。她的文章寄托了她的家国情怀，与祖辈共同行进在长安街上的经历对她来说更是永恒难忘，相信通过此次活动，她对“爱国”又有了更深的理解。

我和我的祖国

——记 70 周年群众游行

旅游科学学院　衣海丹

长到这么大，我说不出来我最爱的一部电影，但是我却永远记得《建国大业》中那些战士的热血挥洒于战场；我说不出来我最爱的一首歌，但是我却可以听着《我和我的祖国》的旋律，自由哼唱出来；我说不出来我最爱的一个人，但是我却永远对那些为祖国抛头颅洒热血的勇士们心怀敬畏。

时常觉得生活太过琐碎，平静的像湖水，不曾有一点涟漪，也就没有什么热情与激情可言。我以为自己的爱国之心可能只是存在于口头上，存在于书本里，时时背诵着“以爱国主义为核心的民族精神和以改革创新为核心的时代精神”，没有感情地念着这些字。

但是，当我观看《辉煌中国》时，我真心地为自己的祖国感到骄傲，为自己是一名中国人而感到自豪！我们的国家，再也不是任人宰割的弱国了，当今的中国，已然是一个凭借综合国力和军事力量在世界上占有重要的一席之位的国家。无论发生什么变化，你都站在世界东边的东边，在进入真理的道路上，你对任何荒谬的言论加以唾弃。

2019 年，是新中国成立 70 周年，这一年，我参加了国庆群众游行活动。当老师组织同学报名时，我还没有意识到这是一次多么具有意义的活动。七月八月，训练开始，还记得我和妈妈说我要提前回学校训练时，她内心的不舍，我也舍不得她，因为家庭的原因，这个暑假我本该好好陪伴她的，但是，妈妈却坚持让我来参加活动。训练初期，我因为低血压好几次都想过放弃，但是每天晚上给妈妈打电话，她都会鼓励我，告诉我尽力就好，也算锻炼自己，我也就一点点坚持下来了。

训练的日子并不好过，站军姿站久了会头晕，烈日炎炎下，汗水从每个人的脸上划过，滴落在绿茵地上。早上迎着朝阳，夜晚看着日落，一天又一天，心里也觉得苦，可是，当自己一次又一次坚持下来，才觉得这些都不算什么，更何况，身边有亲近的同学，总会给你带来欢乐，让每一天重复枯燥的训练变得有趣起来。

记得第一次去昌平合练，记得在阅兵村的等待，记得金盏乡头顶上轰鸣而过的飞机，亦记得王府井大街上冰凉的地砖，多少次的深夜而归，多少次看着落日余晖就那样一点点地消失在地平线上，身边是亲爱的同学，那种感觉，经历过的人才会懂！

当《歌唱祖国》最后一句结束，当整个天安门广场和平鸽自由地飞翔，当五颜六色的气球冉冉升空，我才真真切切地体会到：原来准备、期待那么久的庆祝中华人民共和国成立70周年纪念会就这么如梦般结束了。

心中激动的情绪久久不能平静。我的祖国，70年春夏秋冬，70年风雨兼程。“多难兴邦”，其实并不喜欢这四个字的，因为希望自己的国家一路无灾无难，繁荣昌盛。但这四个字，却是展现了我们民族不屈的风骨，展现了作为中国人对这个国家的热忱与付出，展现了我们砥砺前行的决心！参与过之后才能够亲身感受到这个国家历经的艰辛，天安门城楼上，历代领导人已两鬓白发，当我还是小孩的时候，觉得他们拥有伟岸的身躯，似乎永远不会变老，然而，十年一晃而过，他们也在慢慢变老。心中突然感到责任重大了起来，我用手上的笔，在我的手中写下你。“我本一书生，躬读于书斋，思奔波于生计。恰逢盛世，居广厦，食珍馐，自愧于此，常思进取，报效祖国，却不若两千年前诸葛孔明，相才，有出师表名世。吾辈斗胆效仿之，以明己志。他日以己为兵，奔赴祖国之所需，出师以筑光明之前景。”此生无悔入华夏，来世还做中华人！

老师评语：

柔柔弱弱的小姑娘衣海丹，这个夏天过后身体素质增强了不少。低血压的她，刚开始训练总会感到头晕、恶心，之后逐渐适应了密集的训练和高强度的体能要求，可以和同学们一起有说有笑。从她的文章可以看出，这个夏天，她强健的不只是体魄，还有精神。

鲜艳

旅游科学学院　周亦宸

刚过去的那个夏天，充满了汗渍和困意。朝六晚九的日子，一天又一天。这是个秘密，没有人知道我们在做什么。这不是个秘密，大家都知道我们在做什么。

院里开秘密的学生干部会的时候，我就暗自期待这个假期了。别人对我说，谁都看不见你。我说，是为了我去看别人。为了去看电视里一片欢腾的天安门；为了去看城楼上其实一点都看不见的领导人；为了去看这辈子都没机会看的三军仪仗队；为了伴着身后军乐团的演奏流下热泪。这次不去，这辈子都后悔的那种场景，我想亲眼去见见。

其实开始的时候在我们 6 中队，除了同班同学我谁都不认识。我这个临时团支书当的并没有什么实感。合唱的时候大家不张嘴，讨论的时候大家不说话。别的中队热火朝天，我们中队默默无闻。拔河比赛倒是有很多人报名，我心里一直忐忑，担心比赛成绩。决赛结束把绳子扔在地上的时候，心情激动得和手抖得一样无法控制。在大学好久没感受到这种情绪了。轮空一场败一场其余全胜的好成绩，想起的时候依旧是高兴和兴奋。学妹说我是主心骨，是领头羊，要是换个人，6 中队肯定拿不到第一。哪儿有什么主心骨，人身上 206 块骨头，少了一块都不行。我眼里记下拔河的男孩女孩，记下加油呐喊的战友。心里想起“杨人生”老师说：“你们都是我的战友！”

一日复一日地走操场走草坪。走到水桶里的水喝光；走到操场管理老师骑着自行车满操场轰人快走；走到月亮来上晚班；走到认清 6 中队所有小孩的脸；走到教官来；走到月历翻页；走到领导来慰问我们。鞋底摩擦红了，一操场的胶粒恨不得都装走了。地为床天为被，操场在训练休息间隙总是很好躺。MV 拍摄日是相对来说轻松的日子，总有乐趣可以寻找。穿着不透气的雨衣一遍遍地听杨幂和魏大勋的歌，雨衣外面下大雨，雨衣里面下小雨。一个夏天过去老师的脸晒出外卖小哥的颜色，我们的脸也差不多。

训练起早又贪黑，太阳公公也是我们的好战友。每天起床，觉都还没醒明白，手已经在抹防晒霜了。出门前，整理帽子、冰袖、证件、水杯，比数钱还仔细。外出训练的车上，抱着沉甸甸的餐包，睡得神魂颠倒。训练结束踏踏实实坐在车上看晚霞的幸福感和洗漱完毕躺在床上是差不多的。守着整个中队的服装在知行侧门被蚊子咬两个小时等着战友们下课来取。整个假期下来已经习以为常了这些变得有点可爱的繁忙。

王府井大街劳力士店门前的地砖，9月的夜晚睡起来真的挺冷。枕着花束，抱着国旗，那时候真是无比怀念我的被子。可是看到花车一辆一辆经过，看到长安街的路灯、看到华表、看到城楼、听到街上的喇叭震耳的音乐、听到指挥台破音的“36方阵准备”、听到合唱、听到欢呼，我真的找不到合适的情绪来表达，眼泪比我争气一点，知道自己落下。

我们一起度过中秋。一起看过新东安市场边升起、百货大楼边落下的清冷月亮。我们一起度过8月生日，一起切过给祖国也给自己的生日蛋糕。我们一起度过烈日骄阳，一起度过明月星耀。很多细节，很多感谢，很多感想，很多难忘。老师、食堂师傅、保安小哥、宿管阿姨，每一个太阳没升起月亮已落下的日子都有他们陪伴。

“周总理，这飞机再也不用多飞两遍了。这盛世，如你所愿。”海棠花也开的，正是鲜艳。作为二外学子，作为中国青年。真的，真的，真的太自豪了。

老师评语：

如果要用一种动物来形容周亦宸，那她是骆驼一样的学生，厚实、靠谱。虽然有时情绪会有些急躁，但是听得进去理、吃得了苦，有冲劲儿、有力量。不了解她的人，会觉得她看上去有点凶，染一头红毛（虽然“十一”前又染回了黑色），但是她作为小队长和临时团支书，像小家长一样温暖地照顾着所有队员，文章的字里行间都透露着她对集体的热爱、对祖国的美好祝愿以及作为一个中国人、一个二外人的骄傲与自豪。

第 36“祖国万岁”方阵——第 7 中队

为祖国，一切都值得

旅游科学学院　王宇佳

2019 年的夏天，我很荣幸地参加了中华人民共和国 70 周年华诞的庆祝活动。在报名之初，我怀着一份期待与敬仰，对未来的训练充满期待。为了参加训练，我推掉了暑期的实习工作和雅思培训班，把暑假的全部时间奉献给我的祖国。

回想起来，最让我难忘的莫过于在二外训练的那段日子。二外小小的操场上，记录着我们最美好的训练回忆。炎热的酷暑加上高强度的训练，伴着《我和我的祖国》的音乐，我们把操场走了一遍又一遍。即使每个人都在“我太难了”的自讽中度过，早起晚归，但为了 10 月 1 日走过天安门的光荣时刻，没有一个人半路退出，每个人都无怨无悔。在那段日子里，纸牌与冰镇酸梅汤消除着训练的无趣与疲倦，我们躺在操场的草坪上一起看一望无际的蓝天。全体 900 人的集体仰卧起坐，每天必做的“快乐 BISU 开合跳”，学校老师为我们精心准备的生日惊喜，都是我最难忘的回忆。在这里，我想对每一位关爱我们的老师，每一位后勤服务人员道一声感谢，因为你们不辞辛劳的付出和奉献，保证了我们训练的顺利进行。在长安街训练的日子里，我坐过挤满二外人的地铁，在八月十六的王府井步行街赏过最大最圆的明月。我会记得每一次大合练和大家坐成一圈在王府井啃夹了四片肉的豪华三明治时互相傻笑的样子，会记得那些为了打发等候时间玩了无数遍的游戏，那些说不腻的话题，那些陪伴我整个夏天的所有人，那些惊喜与感动。

10 月 1 日中午 12 点，作为群众游行的最后一个方阵，我们怀着紧张而又激动的心情，迎来了最终的检验。我们很荣幸地和刚凯旋的世界冠军中国女排在“祖国万岁”方阵中一起压轴走过天安门。亲眼看着她们的花车从眼前经过，和她们一起在天安门前欢呼、歌唱，看着 7 万只气球和 7 万只和平鸽在眼前飞过，铺满天空，那个场景将永远珍藏在我的心里。当一切结束后，我只觉得自己很庆幸能到天安门为祖国母亲献祝福，这个夏天，为祖国，一切都值得。

老师评语：

王宇佳是一名比较腼腆的女孩，却有着让我也意外的坚韧。长达两个月的训练时间里，她没有过一次请假和迟到。最让我难忘的是那个集训前的夜晚，我和王宇佳还有其他的同学围坐在地板上，吹着冷风、吃着干干的面包片，却还有说有笑，开心得像个孩子。我曾对他们说，这样的经历你们也许一辈子也不会再有了，但是这份一起吃苦、互相鼓劲儿的情谊却可以陪伴你们很久，这是除了参加游行之外，这个夏天给你们的最好的礼物。

充满挑战的夏天

旅游科学学院　刘佳欣

2019年的下半年过得比往常都要快一些，从7月下旬开始我就结束了我的暑假，回到学校开始加入国庆活动的群众游行训练队伍中去，就像大家一直所说的那样“七月留给自己，八月献给祖国”。训练开始的时候，由于活动具有保密性，我们不太清楚接下来的训练安排，那段时间是等待通知的过程，所以会有比平时体育训练更多的焦虑感。

在训练的过程中，开始阶段我们是在走队列、站军姿，一天结束的时候还有二外特有的减脂黄金10分钟体能训练，成功地使我们的运动达到最佳效果。北京的夏天只有清晨和傍晚是凉爽清明的，我们早上7点集合看着日出，晚上9点结束伴着日落，忙里偷闲的中午是属于自己的，但已经没有力气再去做其他事情了，因此日复一日，我的耐心几乎都要被耗尽了。可是学校好像摸透了我们的心思和状态，每次都在我们将要到“崩溃边缘”的时候，临时通知我们全体休息调整一天，然后再运用激励式训练法大大表扬我们一下，让我们的身心都得到了满足。

到了8月我们又开始合练，昌平、怀柔、顺义，北京郊区让我们摸了个透，不论是凌晨出发，还是深夜返回，都给我留下了极其深刻的印象。第一次去阅兵村进行全体合练的时候，我们主要是处于等待状态，所以除了去洗手间比较麻烦以外，我的整体状态都还不错，以至于我开始认真听联合军乐团演奏的歌曲。大大出乎我的意料，有的歌曲很经典，有的歌曲很新鲜，但都很震撼，铿锵有力的乐点和动人的歌声结合在一起，把我们所有人的爱国之情表现得淋漓尽致。

作为一名家在北京的大学生，开学后由于每周六日都会有合练任务，就一个月没有回过家，因此时间比平时过得更快了，如今回想起来那段日子都是恍惚的，刚开学每天近乎满课的日子，周末又有凌晨出发的合练，让我过得日夜颠倒，正是心里提着一口气才能继续坚持下来，一直撑到10月1日正式表演的那一天。东单地铁站到王府井的那段路我们已经走得很熟，和平果局门口的那片砖地我们也坐得躺得很自然了，在初秋的夜里风也好像成了我们的朋友，看着欧米茄的大钟我们也能平静地挨过一宿了，而这一切都是在为国庆当天的正式表演做准备。

10月则从因为看《我和我的祖国》电影，深夜12点10分才回到宿舍，但没有被宿管阿姨记名开始的，我们想带着电影中的情绪在上午走上长安街，站在天安门城楼前表演。36方阵是最后一个方阵，要包抄以“祖国万岁”为主题的花车，我也很荣幸能够站在“女排方阵”，可以清晰地看到被我们包围着的花车上，站着的郎指导和女排姑娘们，当《我和我的祖国》歌声一响起，我就开始忍不住地哽咽泪目。在表演圆满结束回来的路上，长安街北侧有太多可爱的人，不得不说在我和他们一个个击掌后，问他们“谁想要国旗”，然后瞬间就被十多只手簇拥住的时候，我真的有些欢喜得不知所措了。

这个“十一”于我而言实在是意义非凡，尽管过程是艰辛又充满挑战的，但不管怎样，经历过这次的国庆群众游行活动，我真的越来越热爱我亲爱的祖国了。

老师评语：

刘佳欣同学是一名北京的学生，却与其他同学一样放弃了假期回家。我想这个假期对她而言一定是特别难忘。看了她的文章，让我不禁回忆起她在体能训练时气喘吁吁却还在坚持的倔强，还有她在夜里的王府井大街上席地而睡时洒脱的样子。那个夜晚，秋风拂过，带着青春的味道。

夏天的梦，祖国的红

旅游科学学院　陈凯璇

2019年7月26日，北京第二外国语学院国庆临时班集体三年七班在求是楼503正式成立。班主任魏天达老师，5个课代表，即5个小队长，师生共47人在这里集结完毕。我亲手在黑板右上角写下一行字：距高考还剩67天。那时，我对未来的训练充满好奇、期待，也许还有一些担忧。同样，那时的我也完全无法想象10月1日当天走过天安门会是怎样的感受。然而，就在一切开始的那一天，我就已经知道：这将是我绝不后悔、永远珍藏的独家记忆。

我们这些来自同一个学校的“最熟悉的陌生人”，曾经只闻其名不识其人。原本我们会如命运写好的那样，和其中的一部分人相知相熟，与另外的人在并不大的校园里擦肩而过。但这次活动改写了命运的轨迹。一群赤诚热忱的翩翩青年，因为同一个理想汇聚在一起，一同早起，披星戴月；一同训练，挥汗如雨。原本在图书馆翻阅着不同书籍的一双双手，在这里握紧了同一条拔河绳；原本在全国各地飘散着的音符，在这里汇聚成同一首歌。我们一起坐在操场上，在影影绰绰的树荫下记住了对方的名字，聊过去的有趣的体验，聊未来的梦想和远方，还有现在，我们当时所经历的一切，包括那永远用不完的食堂餐券和永远不会缺席的卤蛋、榨菜。当我在队列里用余光扫视到身旁同学好看的侧脸时，我甚至希望10月永远都不要到来。

我们曾无数次听到这样的质疑：现在的大学生娇生惯养，吃不了苦；现在的年轻人精致利己，哪里懂什么是爱国？但是，经过这一个夏天的日晒雨淋、刻苦训练，我想每个人的心中都有着自己的回答：我们是中国新时代的青年人，我们不仅能吃苦，而且能战斗；我们爱自己，却更爱祖国！训练时，纵使由于阳光直射我们已无法睁大双眼，但我们依旧用力地挥舞着手中的红旗，高声呐喊“祖国万岁！”；初秋夜，我们凌晨从被窝里爬起，然后在王府井大街上相依而眠。站立在地铁站外的天桥上，我们见证了中华人民共和国70华诞这一天的日出，从长夜风寒，到朝晖初洒，再到红日露角；欢呼在天安门前，7万只气球在头顶放飞，铺散成天空中一条缤纷的银河，我们热泪盈眶却毫不自知。这是属于二外少年人的赤子之心，永远在热爱、永远在感动、永远充满希望、永远心怀感恩。

夏天的梦是什么颜色的呢?

或许是绿色的。我们用双脚丈量了二外足球草坪的每一步、每一寸。我们的汗水洒在上面，笑声落在上面；我们曾跪坐在草地上，俯身贴下1300个定点标签，也曾不顾一切地躺下来，望着远处天际的那抹彩虹。

夏天的梦是什么颜色的呢?

或许是蓝色的。那顶蓝色的帽子几乎已经成了我们身体的一部分。站军姿、走队列、练体能……不管做什么我们都戴着它，齐不齐、动没动，有了帽子一看便知。它也为我们遮挡了烈日的炙烤、隔绝了蜻蜓落在头发上的风险。更重要的是，在5000人的大操场上，从上俯瞰下去，我们就是最清爽的那抹风景。

夏天的梦是什么颜色的呢?

或许每年都有不同，但今年，对于二外人来说，2019年的夏天一定是红色的。

缤纷的回忆留给自己，火红的热血献给祖国。

老师评语：

陈凯璇同学是36方阵第7中队的小队长。在国庆游行的训练中她默默地为同学付出了很多。在训练前，她总是第一个到达现场，清点人数。训练中，走的最挺拔的是她，英姿飒爽的也是她。正如凯璇同学所说，永远在热爱、永远在感动、永远充满希望、永远心怀感恩，这是这个夏天给我们每一个同学的赠礼。

回忆酿的甜

旅游科学学院　黄雨露

在中华人民共和国成立 70 周年之际，我光荣地成为一名国庆庆祝大会游行群众。踏过天安门的那一刻，望着五彩斑斓的气球在空中盘旋上升，恍惚之间，希望与光明笼罩着我，我为祖国的富强民主与焕然一新感到自豪，也对自己的未来无限憧憬；在这难忘的一天背后，是两个月的训练生涯，这两个月让我再一次成长，收获了一份份难忘的记忆。

小天使与大宝贝

我的宝贝宝贝，给你一点甜甜，让你今夜很好眠；我的小鬼小鬼，捏捏你的笑脸，让你喜欢整个明天。

——《宝贝》

第 7 中队第一次见面，大家介绍了最特立独行的自己：有人上过春晚、有人上过央视新闻、有人有 5 年的男朋友、有两个人有各自的双胞胎姐妹……我们来自五湖四海，每一个人都是独立而美好的个体。于是，魏总为我们“强行”安排了关爱活动，小天使与大宝贝匿名配对，一个月后，猜猜谁是你的小天使。有小天使假装苦恼似的问大宝贝“送什么礼物好呢”？有人在七夕之时，给另一个小天使的大宝贝悄悄送上了“现男友”饮料，并留下小纸条祝她天天幸福……平日里的混淆视听，导致真相扑朔迷离，大家笑声不断。

拉歌比赛

我曾经失落失望失掉所有方向，直达看见平凡才是唯一的答案。

——朴树《平凡之路》

第 7 中队认真地为拉歌比赛准备了一番，但遗憾的是，我们并没有被点到，只是在其他中队的歌声之中享受了片刻休闲时光。开喉亮嗓之初，大家都不太熟悉，背景音乐播放了几遍，全中队的声音也不如音响响亮。于是，万能的小队长们“被迫”成了领唱，于是，“稀有群体”男生也“不幸”遭到命运的鞭策——成了领唱。一个个自称不会唱歌的领唱，得到了观众们的阵阵掌声，大家兴致高涨，纷纷加入了合唱行列。抄歌词、学习粤语拼音，《平凡之路》与《光辉岁月》被唱出了不同的意境，歌声嘹亮，情绪饱满，这是属于第7中队的青春之歌。

日常生活

五星红旗迎风飘扬，胜利歌声多么响亮，歌唱我们亲爱的祖国，从此走向繁荣富强……

——《歌唱祖国》

训练内容不断地更换着，唯一的不变就是永远在变。话虽这样说，但大家的热情却不曾改变。“标齐排面！”成了训练时说的最多的话，大家在操场上奋力地蹦着跳着，在体能训练时卖力跑着、嘶吼着，可爱的老师们不辞辛苦地战斗着，最大的安慰就是在休息之时喝上一大口清爽的酸梅汤……更难能可贵的是，分团委的各位战友们，几乎每天抽出两小时，排练了两段舞蹈，这些选手虽然业余，但却态度极佳，力求把原本怎么跳都滑稽的舞蹈动作做到个人最佳，他们，亲爱的部长们，是每日的快乐源泉。拍摄MV时的吐槽、初次拿到超大餐包时的惊讶、王府井街上的狼人杀、神反转一般的生日庆祝、凌晨4点的天安门、帅气庄严的军人、呼啸而过的战斗机、花车上的女排、展翅飞翔的鸽子、天安门城楼上的习近平主席……7月、8月、9月、10月，夹杂着放肆欢笑与各种情愫，刹那间，时光便从指尖滑过。

后序

也许会，有一天，世界真的有终点，也要和你举起回忆酿的甜，和你再干一杯。

——五月天《干杯》

2019年10月1日之后，你我各奔东西，只是每当听到《歌唱祖国》之时，还是会想起那段岁月，还是会情不自禁地想着要“欢愉活泼”、要“蹦起来”；只是在偶遇那些人时，还是会想起共同经历的难忘岁月。感谢相遇，感谢释怀，感谢一段段真挚的情谊，感谢家人的默默支持与关怀，感谢国家的繁荣昌盛！我为相遇而感激，为我是一名中国人而自豪！

老师评语：

黄雨露的文章让我又回忆起那个夏天的故事，虽然已经过去几个月，却还历历在目。“露姐”不仅是国庆游行队伍的小队长，也是分团委的秘书长。她的话不多，却总是最能画龙点睛的那个，是大家的开心果。在训练任务中，她是最辛苦、承担责任最多的人。而在训练之外，这个夏天的“露姐”，也收获了许多精彩的故事。我想，无论故事的最后怎样，都是夏天写在这些少年少女青春中的小诗，是他们生命中回味无穷的一杯清茶。而那天他们在天安门前的身影，更是他们故事里永远的骄傲。

祖国万岁

旅游科学学院　吾木提·努尔麦麦提

“家是一个家，国是大中国。”

从小到大，如果说爱国，脑中也只有那些伟人们的故事，如果说非要和自己挂钩，那么也就是每周一的升国旗和那些耳熟能详的红色爱国歌曲了吧。我一直以为我这个平平凡凡没有梦想的人也只有升国旗这一活动可以将自己与国家联系在一起了，但 2019 年夏天发生的一切改变了这些。

快要放暑假的时候，所有人都沉浸在迎接暑假的快乐之中，开始匆忙地计划起自己的暑期计划。而我却有了一个新的小“烦恼”。我从辅导员那里得到了要开始招募国庆庆祝活动的群众游行队伍队员的消息，我非常心动。作为一个从边疆的边陲小城来的人，首都一直都是我心目中遥远的存在。说实话，从入学至今我虽然一直待在北京，但我并没有对北京有很深刻的感觉。感觉这里和家乡那个小城市并没有什么区别。都是城市，一个大，一个小罢了。而国庆庆祝活动让我第一次感觉到“啊！我是生活在首都的人啊！”的想法。一般来说，这种机会我是不会放过的。我一定会在得到消息的第一时间就去报名，但是这一次我却犹豫了。因为一些不可抗力因素，我与母亲分别了将近两年，两年我没有与母亲见过面，没有与母亲拥抱过 1 次，两年来没有吃到过母亲的饭菜。而这一个暑假我母亲回来了，我终于可以与母亲重聚，终于可以暂时地忘记所有烦恼，在母亲这个避风港中“肆意撒娇”。一边是成就感，一边是归属感。我虽然不是一个自私的人，但面对这种两难的情况，我真的没有一点头绪。我为了拿定主意向母亲询问意见，令人惊奇的是曾经每次在电话中一直念叨着思念我的母亲，一直念叨着想重新拥我入怀的那个母亲却说：“孩子，这有什么好犹豫的呀。这个活动一错过就没了，妈妈一直在。你别忘了没有祖国的繁荣昌盛，我们的生活会怎么样。现在是报恩的时候了。”我母亲一直以来身体很差，而当时还是高中生的我与还是小学生的弟弟却非常需要帮助。这时候国家帮助了我们，为我们申请补助金，帮助我们兄弟上学。听着妈妈的话，我的眼睛不禁湿润。得到了妈妈的允许后我义无反顾地报名参加活动。

放暑假时我抓紧时间回到家里陪伴母亲，在母亲刚做完手术出来还需要我的照顾的时候我又不得不回到学校来参加训练，我曾想过放弃，因为放心不下母亲。但母亲却强忍着痛，笑着送我离开，我哭着离开了病房，离开了家乡，回到学校。那一天母亲没有在我面前流眼泪，没有挽留我。但我听到了母亲在我走出病房后的抽泣，我看到了母亲与我视频会话时的红眼眶。

训练开始了，我全身心投入到训练中，在休息时间和母亲谈心。训练过程中我越来越觉得这个活动是多么的神圣，多么的宏大。我一次又一次发自内心地开心于自己没有放弃，感谢母亲将我“推开”。

活动结束了，但如今我仍记得，当时训练时的内心所想所感，在踏上长安街的那一天通红的眼眶，湿润的脸颊上早已不知道是汗还是泪。我仍记得当时看着飞机飞过泪奔的伙伴，仍记得靠在我肩上休息的伙伴。我感激这次活动，不仅让我第一次感觉到自己这个来自边陲小城的普普通通的小伙子与国家是连接在一起的，还让我的心智得到了极大的提高，让我获得了那么多的感动和美好的回忆。如果时间重来我还是会选择成为这个伟大活动中的一员，因为我骄傲，我自豪，我是中国人!

老师评语：

吾木提同学是一名来自新疆的小伙，很喜欢唱歌、篮球和Rap。在报名阶段，他主动向我提出了要报名参加并提出要担任小队长的工作。在这个夏天，我见证了这个热情的新疆男孩如何用自己的热情和汗水，表达着对祖国母亲的热爱。此刻看到他的文章，才了解到他的母亲背负了更多，让我也不禁眼角湿润。吾木提同学很幸运，有这样一位慈爱又伟大的母亲。而在国庆游行时，吾木提的母亲也一定是无比自豪的。作为他的中队长和辅导员老师，我很想对他的母亲说：您的儿子用行动证明了，他是一名有担当、有爱国情怀的男子汉，这一切离不开您对他的教导，向您致敬!

第 36“祖国万岁”方阵——第 8 中队

回忆那段红色青春

旅游科学学院　李庭宣

“人的一生只有一次青春。现在，青春是用来奋斗的；将来，青春是用来回忆的。”

——习近平

没错，青春现在就是要用来奋斗，只有奋斗的青春才是真正有意义的青春！在 2019 年的暑期，我并没有闲下来去放松去享受，而是自愿投身于 70 周年的国庆阅兵训练活动中。当我听到我遇到了这样的一个给祖国母亲庆生的消息时，真的别提内心是多么激动了！在我看来，祖国和母亲是一样的角色、一样的分量。我们都是被祖国和母亲给予生命，我们在她们的羽翼下启航，在她们的呵护下成长，我们只有努力，把一切献给祖国、献给母亲。

还记得在刚放假时的阅兵动员会上，看到了纪录片里 10 年前的学长学姐们在操场上训练时飒爽的身姿、听到了杨老师讲 10 年前他们发生的故事，我便知道了，来参加阅兵必将是我做过的最不会后悔的一个决定！

虽然假期我们顶着烈日在训练场上站军姿、走队列、练体能非常非常辛苦，虽然我们会在凌晨的困倦中起床出发坐着颠簸的大巴前往阅兵村、王府井演练，但是只要一想到 10 月 1 日那天可以光荣地在长安街上、在天安门前，展现出那份大学生的阳光活泼的姿态，展示出那份发自内心的对于祖国母亲的祝福和赞美，就会掩盖住训练的苦和累。我们恰巧赶上这十年一遇的机会是多么难得，又是多么幸运！我们一定会怀着一颗热烈而激动的心，去展现送给祖国母亲的最棒的生日“礼物”！一起见证祖国的繁荣富强！

等到国庆节那天终于来临，也宣告了我们苦苦的训练和起早贪黑的日子结束了。但更重要的是在经历两个多月的训练后，我们终于圆满完成了这项光荣自豪的任务！走在长安街上，站在天安门前，看见天上的战斗机、地面上的装甲车和整齐的士兵方阵，看到我们 36 方阵彩车上的女排英雄们，还有最后放飞的和平鸽和彩色的气球，那份无上的荣耀自豪感一下子涌上心头，最终还是化成眼眶里滚动的泪水和拼命喊出来的“祖国万岁！”一切的努力和付出都得到了回报，此时踏在阅兵方阵中的我们，一定是特别庆幸自己身为一名中国人，真心地为祖国的繁荣昌盛而感到骄傲自豪！

“七月献给青春，八月献给祖国”，依偎在祖国母亲温暖的怀抱中，我深深地感受到了那份幸福和自豪。我尽情讴歌伟大祖国所取得的辉煌、伟大成就！唱响祝福伟大祖国更加繁荣富强的赞歌。

老师评语：

在参训过程中，庭宣同学在本中队负责管理整个中队的物资领取、搬运和发放，同时还兼任小队长一职，经常牺牲自己的休息时间来为中队办事，展现了很强的责任感和集体荣誉感，表现优秀。庭宣在文中引用习主席的话来表达自己对于青春奋斗的理解，并清晰地刻画了从训练到阅兵当天的心路历程，无不表达了为祖国的繁荣昌盛而感到无比骄傲自豪的热烈情感！

继往开来

——定格在这荣耀的时刻

旅游科学学院　张佳沂

光阴似箭，日历也穿上了“国庆装”。2019年的10月1日是我们中华民族盛大的节日，是我们伟大的祖国母亲——中华人民共和国建国70年的喜庆日子！非常荣幸我参加了这次国庆70周年的国庆阅兵活动。

蔚蓝色的天空之下，鲜花朵朵盛开，环绕着亿万人民敬仰的国旗国徽，这是一片中国独有的中国红。在场的群众翘首以盼，还未见到解放军的身影，口号声便已在长安街上回荡，忽如急湍直飞而下，忽如雷声滚滚而来。渐渐地，他们迈着整齐划一的步伐走来，铿锵有力、斗志昂扬的动作中是无数日夜艰苦训练的庄严，自信而豪迈的神情下是对伟大祖国的热爱和保家卫国的决心。

解放军的一举一动无一不憾动着在场人民的心，他们亦为人子女，正热血青春，却毅然投身边疆，甘为祖国的后盾。我惊叹在这个和平年代里祖国给予我们的繁荣与昌盛，也深知这一切离不开向党与国家致敬的解放军战士，是他们的顽强拼搏让保卫与斗争结出果实。我们青年一代是改革开放最大的获利者，我们在享受时代的所有红利，与此同时，将实现中国梦的正确道路走好走实也成为我们肩上不可推卸的又一重大责任，发展好中国是所有公民共同的希望，建设好家庭是每个人的梦想，只有社会安定，百姓才可安心。

当受阅的各军队勇士迈着矫健的步伐，雄赳赳、气昂昂地通过天安门时，国防武器已接踵而来展现在人们的眼前：新型直升机、预警指挥机、侦察电子干扰机以及各种轰炸机武器。祖国啊，祖国，你让我看到了你几十年来的繁荣昌盛和国防力量的日益强大，你屹立在世界的东方，你的人民扬眉吐气。想到这儿，我全身每个毛孔瞬间张开，无一处不激动，无一处不服帖。如果时间可以停止，真想能够留住那永恒的一瞬间。强大的军队和先进的战斗武器，为祖国的改革开放，提供了安全保障，为祖国的统一，做出了重要的贡献。

在这些保卫国家的将士和武器接受完检阅之后上场的就是群众游行方阵，我依稀记得阅兵当天天安门前人山人海，乐声阵阵。群众方阵里面有快递小哥、外卖小哥、学生以及各省和各族的人民，他们都举着鲜花、红旗。我们的队伍是最后一个压轴方阵——“祖国万岁”方阵，在经历了60多天的训练后，我们这支由5000多人组成的方阵拥簇着“祖国万岁”的花车一路前进，用自己的呐喊声和歌声表达着对祖国的祝福。

2019年10月1日，无数的中国人民和中国将士在天安门广场向祖国和人民展示了他们的风貌、变化和成就，让人民对这支威武之师、文明之师、胜利之师充满了信心，对祖国的前程也充满了信心。

老师评语：

佳沂同学，你在本次阅兵训练中很努力很积极，经常默默地以自身的行动来提醒身边的其他同学。从你参加训练开始一直到阅兵当天的表现，可以看出你对祖国深深的热爱。本文中，你通过运用比喻、拟人的手法将士兵们威武、庄严的气势和群众游行方阵欢愉活泼的景象描摹得活灵活现，可以看得出，你经过此次活动，变得更加成熟稳重了。

传承

旅游科学学院　陈富祺

这是一种精神，也是一种传承。无数张陌生的面孔齐聚在天安门城楼下，一起为新中国70华诞庆生。晴空，骄阳，还有展翅高飞的和平鸽。随着歌唱祖国的韵律响起，我们在彼此湿润的眼眶中，看到一面鲜红的五星国旗正迎风摆动……

——题记

“那时候我们走队列，要多精神有多精神，走到天安门底下没有人不抻着头看上边的……”在得知我参与了国庆70周年庆祝游行活动后，每逢奶奶得了空闲，都要和我唠上一番她年轻时参加国庆阅兵的经历，说到动情之处甚至手舞足蹈。许是受家族“红色基因”的影响，我打小儿就听爷爷奶奶讲述他们自己年轻时参军入党的种种事迹。这种成长氛围，让我在耳濡目染中，对祖国的发展变化以及老一辈的革命故事充满了好奇和敬畏之心。每逢看见奶奶讲述自己走阅兵队列时眉飞色舞的神情，压在心底那股炽热的情感总令我隐隐觉得自己应该做些什么。于是2019年暑假，一听说学校要参加庆祝新中国成立70周年的游行活动时，我便不假思索地报名了。

还记得第一次操场合练，许久没站军姿的我，在短短10分钟的骄阳下，双腿就哆嗦得“溃不成军”。两脚开立60度，提臀挺胸吸气，听起来简单，做起来可一点也不容易。即使疲惫非常，但我深知，在努力的不只我一个人，还有学校里900多张或熟悉或陌生的面孔，还有千千万万颗心系祖国、热血澎湃的心。也许我们最后展现的成果做不到像解放军队伍们一样整齐到宛如复制般令人惊叹，但是我们会以最饱满的热情，用最灿烂的微笑向电视机前的观众以及全世界各地的人们，展现我们中华民族儿女的绝代风采、青年人的蓬勃朝气！

2019年8月16日，是我们游行第36方阵5000多人第一次集体合练的日子。因为太过震撼，所以记忆刻骨铭心。一眼望不到边界的游行队列，踏着整齐划一的步伐前进，脚步落在水泥地上铿锵有力。纵使挥汗如雨，却无一人抱怨喊停。明明是第一次相遇，第一次合练，我们5000多人却以惊人的默契，一起创造了完美的“奇迹”。

能够有幸参与到此次游行庆祝活动，我倍感荣幸。作为祖国亿万人口中渺小的一粒沙，我的出现不会为国家的发展带来惊天动地的改变。但我仍然希望，自己能够在有限的生命里为祖国的建设贡献出全部力量。身为青年，虽然不是祖国艰辛发展之路的亲历者，但是我们现在正享受着上几代人打拼下来的成果，所以就更应把曾经那段艰苦岁月中的红色基因、红色精神的传承视为己任，更应以朝气蓬勃的精神面貌，勤勤恳恳的积极态度，为祖国的明天而努力奋斗！

一玉口成国，一瓦顶成家，都说国很大，其实一个家……

我爱祖国！祖国万岁！

老师评语：

在参训过程中，富祺同学在本中队负责收集整理全员信息、记录考勤、发放道具等工作，同时还兼任小队长一职，对待工作认真负责，表现优异。本文夹叙夹议，文章情感真挚，富祺同学将自己对祖国的热爱与骄傲之情在字里行间展开。从文章中，我们能体会到这次游行长达两个月的训练，对富祺同学的体格身心都有了更好的塑造，我为你感到高兴！我相信你身上拥有的优秀品质，会让你无论在哪儿都闪闪发光！

难忘的岁月，难舍的情谊

旅游科学学院　张浩辰

7 月还未完，经过了短暂的休息后，我启程来到校园，开始了这段难忘的训练时光。

我们这届大学生很幸运，在最好的年纪遇到了祖国——中华人民共和国 70 岁的生日。我和家人简单沟通了一下，便决定参加。有机会能够在长安街上展现风采，是一件十分荣幸的事情。训练强度不大，早上 7–9 点的训练后，我和几个小伙伴一起去健身房挥洒汗水，练到下午一两点钟，回学校吃个午饭睡个舒服的午觉，紧接着傍晚的训练，一天过得很充实。

我在队列里面不怎么爱说话，总是一个人待着。不过我收获了一段珍贵的友谊，我和他是在大学认识的，在国庆训练期间熟识的。训练期间一块吃饭，晚上训练完了去找他聊聊天，打打游戏，两个人聊得很投机，成了很要好的朋友，我会好好珍惜这段友情。

这次训练活动给我留下最深刻印象的是中队长周全老师。她是一个非常负责的老师，而且有很强的荣誉感。对于上级下发的通知，她都第一时间通知。我们在训练中遇到一些小打击，她会在私下里找我们谈心。当时学校要为国庆拍一个 MV，因为道具方面出现了问题，需要减人数，我因此不走运地被刷了下去。当时心情极其复杂，很难接受被刷下来。这时周老师找到我，和我谈心。她和我说“不要难过，视频的拍摄不会影响国庆游行，你还能多一些休息的时间，事情要往好的方面想。”虽然还是多少有点不甘心，但周老师这么一说，我的心情很快得到了平复。后来我的国庆正式演出服装又出现了因为尺码错误导致无法穿着的问题，我内心非常失落，怕没有合适的演出服而无法参加游行，周老师察觉到我的情绪，一边联系相关老师为我申请调换，一边安抚我。在等待服装调换的一个多星期里，我的情绪十分焦躁，是周老师多次和我谈话，减轻我的焦虑，她对我说的每一句话都直入我心坎。

还有为我们辛勤付出的小队长，李庭宣小队长。这个暑假给我们带来了许多欢乐，我可以自信地说，我们是全中队最幸福的小队。小队长常带着我们聚餐、喝奶茶、出游，我们也为他过了个难忘的 19 岁生日，希望我们小队的友谊长存。

经过两个多月的训练，当我们真正走上长安街，手举鲜花和彩旗，见到习主席和中国女排时，我们这一暑假的努力与坚持都是值得的，这次活动会成为我们每个参训者一生中一抹足够亮丽的色彩。

感谢这个不平凡的暑假，感谢这个暑假陪伴与鼓励我的所有人，还有那些在幕后为我们付出的老师和工作人员以及未能上场的同学们。相信许多年以后，当我们翻开相册，翻开日志时，嘴角会露出一丝微笑，会流下感动且自豪的泪水。

老师评语：

本篇心得感受满篇流露出了浩辰同学参加训练及阅兵活动的真情实感。最开始辛苦的训练，遇到真心的朋友，面对困难时周全老师的帮助，和小队之间的友谊以及最后走在天安门前的场景，用一幅幅真实的画面记录了这段难忘的经历。浩辰是一个真诚、善良的男孩，用真切的话语表达了对同伴、老师和工作人员的感谢，也用实际的行动表达了对祖国的热爱。相信我们每一个人在之后翻开相册，回忆起这段时光时，都会有一个嘴角上扬的青春表情。

我和我的祖国一刻也不能分割

旅游科学学院　杨宇畅

我和我的祖国一刻也不能分割。

我从未因为我是一个中国人而如此骄傲。人民众志成城抗灾救险，国家派人不远万里救人回国，运动会取得无数金牌，抑或是各种外交场合的扬眉吐气，我是骄傲的，我是自豪的，因为这是我的祖国。但是他们离我在空间意义上是遥远的。国庆游行是与众不同的，我可以切身参与其中，真切地感受祖国和我之间的千丝万缕的联系，所以我参加了，和我的祖国一起参加了。

我和我的祖国一刻也不能分割。

游行和我想象中是不一样的，不是严苛的呵斥与训练，而是温暖的相识与相知。1000 多人一起过生日，下雨一起变蓝精灵，偶尔出现的超大鸡腿和牛奶，骨干数不清的合练，小队长的努力，家人的默默付出，还有大家的欢声笑语。不得不提的是骨干的合练了，有幸成为骨干，能通过我们小部分人的付出给全部人带来每天的补助和他们许多天的假期也是件很伟大的事情，虽然没有伙伴理解，还成了他们饭后嬉笑的对象，但是我们骨干依然如故地付出。而且作为一个北京人，我也成功地体验了收家里寄来的快递的快乐，真的是非常幸福的一件事。

我和我的祖国一刻也不能分割。

天安门广场在“十一”那天是我没有想象过的欢愉，王府井大街也是梦里也见不到的景象。知道会有彩排和演习，但是没想到真的会去天安门，自己私下去过一次，从王府井走到天安门，路很长很远，人潮拥挤，但是当我和大家真的一起从东单走到王府井大街再走到天安门之后又走回王府井的时候，路并不长，目的地也就在眼前。当我真的亲眼见到习大大和中国女排的时候，我无法用语言很好地表达，但是如果说幸福快乐喜悦自豪等词语可以用星星来计算的话，我的眼前，我的心里，有星河万顷，颗颗星星都闪耀夺目。即使已经过去了一阵子才写下这篇文章，心中也仍然波涛汹涌。我爱你，中国！

我和我的祖国一刻也不能分割！

你还记得梦里最美好的景象吗？现在国庆游行已经过去两个月了，身边的生活都归于平淡，忙碌会让短暂的记忆模糊，但美好却永远不会被冲淡。国庆的游行印象依然深刻，是从不曾超越的最美好的梦境，但更为神奇的，这段生活是真实的，是美好的，是让人骄傲的，是让人自豪的。让 2019 年的美好被阳光照耀，被红色浸染，被内心典藏！

我和我的祖国一刻也不能分割！

老师评语：

宇畅同学积极向上，阳光乐观，在训练中是一名优秀的中队同学、任劳任怨的小队长、听从指挥的骨干、多才多艺的舞蹈小教员。宇畅认真、积极向上的态度感动了身边人。本文也充分表达了宇畅热爱祖国的真情实感，请继续努力，继续向上！飞吧，勇敢的宇畅！

爱国之情，根植我心

旅游科学学院　姜亦婷

每当嘹亮的国歌奏响，每当鲜艳的五星红旗升起，我的内心总会翻涌起层层骇浪，心底的爱国之情，一次又一次不知疲倦地涌现。这是从我接过老师手中那鲜艳的红领巾，从我工整认真地书写入团申请书，从我郑重地向着党组织提交入党申请时，便深深扎根在我心灵最深处的爱国之情。它使我们可以为祖国抛头颅、洒热血，无怨无悔，也可以使我们为祖国努力奋斗，义无反顾。

2019 年是祖国母亲中华人民共和国诞辰 70 周年，北京高校的学生有机会组成群众方阵参加国庆阅兵仪式，接受习主席、全国乃至全世界人民的检阅。当我听到这个激动人心的消息时立刻选择了报名参加。可以走在宽阔的长安街，站在祖国心脏的位置，那是多么多么荣幸的事情啊！北京的夏天，酷暑难耐。同学们顶着烈日，站着笔挺的军姿；又或是在大雨中，一遍又一遍地重复着同样的动作。外出的合练更加艰苦。凌晨三四点起床，下午三四点回校，还不能耽误了学校的课程。训练的内容也很枯燥乏味。几万人的合练，避免不了漫长的等待。大家忍受着饥饿、困倦，从天黑等到天明，从天明等到烈日升起。累了就坐在水泥地上睡一会，饿了就啃两口饼干。没有人退却，没有人埋怨。因为我们是为了共同的目标努力奋斗，是为了祖国母亲努力奋斗，我们无怨无悔。

终于，我们翘首期盼的 10 月 1 日终于到来了。天还没有亮，我们便集合进行安检、分发道具等活动，一切准备就绪后，便进行了漫长的等待。终于，我们听到震耳欲聋的礼炮声，看到空中梯队从头顶依次飞过，我们情不自禁摇动手中国旗呐喊着欢呼着，那一刻，真的为祖国骄傲。当听到那熟悉的乐声时，我们便知道，马上就要走到天安门前了！我们竭尽所能地欢呼雀跃，这是我们这几个月来最后一次从天安门前走过，这将与祖国 70 华诞一起载入史册！那一刻，热血涌动；那一刻，思绪万千；那一刻，欢呼呐喊；那一刻，我们只有一个愿望，祝福祖国繁荣昌盛！

周总理曾说过："为中华之崛起而读书。"而今天中华的一步步发展，都离不开一代代青年学子刻苦奋斗的身影，时代更替，今日之责任已然交到了我们这一辈人的身上。作为一名二外人，更作为一名读书人，我一定谨遵周总理的教诲，为了建设我们的国家去努力读书，为了祖国的复兴去努力拼搏，为了中华民族的崛起去更加努力地学习。我会循着前人的步伐，坚定地，毫不动摇地，为祖国的未来，奉献自己的力量，愿我辈青年志存高远，永不停息！

老师评语：

亦婷同学在训练期间担任第8中队第40小队的小队长，在训练中严于律己，关心队员，从未缺席，做事认真负责，每次都能很好地完成任务。亦婷通过讲述自己参与重大活动的经历，表达了对祖国的热爱，相信她经过此次活动的锻炼，会成长为更加优秀的自己。

尽我之力，爱我中国

旅游科学学院　马明宇

夏天，总给人们带来喜庆，带来诗意，带来遐想，带来憧憬，更带来希望。而2019年的夏天，非同一般，更是不同寻常。是啊，当2019年的钟声响起时，也意味着这个不同寻常的日子的来临——我们伟大的祖国中华人民共和国的70生日即将到来！ 70年，在这人类的历史长河中只是弹指一挥间，然而，伟大的祖国却发生了翻天覆地的变化。

我们不会忘记，时间曾经凝聚在1949年10月1日，当巍峨的华表披上清晨的第一缕曙光，当雄伟的天安门迎来新一轮的太阳，当无数先烈用鲜血染红的五星红旗在天安门广场冉冉升起，伟大的领袖毛主席洪亮的声音传遍了全世界：中国人民从此站起来了！这一刻，亿万炎黄子孙欢呼雀跃，沉睡了千百年的东方雄狮终于昂首立于世界之林。

今年是2019年，中华人民共和国70岁，而我正好赶上这个机会，有幸加入70周年群众游行的队伍之中。当我知道我有这个机会的时候，我毫不犹豫地报名了。后来想到一个假期都要训练，没有长长的假期，不能享受生活的时候，我有一丝动摇，向往着快活的暑假，向往着和朋友们嬉戏玩耍；但是又一想，70周年国庆，我可以参加，是多么大的荣幸。19世纪，人们的爱国精神体现在谁能在战乱的时候站出来，抵抗帝国主义的欺凌；20世纪，人们的爱国精神体现在反帝、反封建战争及抗日战争、解放战争中；现在，我们这些90后学生的爱国精神体现在哪里呢？我们不可能做出一番轰轰烈烈的大事来表现自己对祖国的爱，我们的爱国之情只能从小事中体现，例如这次参加国庆活动。每当到达天安门，仰望着国旗，心里就有一种说不出的自豪感。这也许就是我对祖国的爱吧，鲜艳的五星红旗，让每一个中国人都为此自豪!

放暑假了，我们休息了两周就回到了学校。望着大家的身影，有陌生感，因为彼此都不是很了解，我们就被分到一个中队，一个小队。我们每天早起，互相鼓励，每天晚上的黄金30分钟使得大家更加像一个集体。我们互相督促鼓励，不论怎样也不会放弃队友。在大雨下一起训练，在烈日下一起奔波。一个假期，我们黑了，我们也收获了更多的友谊。

记得我们刚在一起集合时，老师跟我们说的话：七月献给自己，八月献给祖国。我们做到了，现在开学了，我们很少训练，但是永远会记得奔波训练的场景。为祖国付出，心中的信念从未改变。

我们满怀期待以及激动得难以控制的心情，期待着10月1号的到来。我们一定不会辜负自己，不会辜负学校，更不会辜负祖国对我们的信任。人生可能仅有一次机会，抓住了就要珍惜。我从未和我的祖国走得如此近，我爱我的祖国。

老师评语：

从明宇同学的文章中可以看出他那颗炙热的爱国之心，一个正直爱国的男孩子。明宇性格活泼开朗，能说能干，为人大方，团结同学，尊敬老师，关心别人。能够参加这么一个重大的活动，能够和祖国走得如此之近，对于明宇来说，是完成了一个心愿。正如爱祖国爱得那么深沉，明宇在平时的训练中也更加努力。为祖国重大活动的付出，使人生之路更加圆满，也希望他今后随时能够投入祖国的需要之中！

中国梦一场

旅游科学学院　陈澳

“这一个，愤怒的疯狂的无名之辈，执着的刚强的不知后退，坚持着对抗着心中错对，粉身也不下跪。”这是摘自《无名之辈》里的一段歌词，它深深地引起了我的共鸣。世界上的每一个个体，都只是这芸芸众生中渺小的存在，但又不想被世界所抛弃，所以每个人都逆着流，像鱼儿一样在水中追寻自己的目标。

这段歌词所传达的旨意与学校老师所说的一段话很像，“在国家面前，没有个人，牺牲小我、成就大我是每个人必须做的选择”。

国庆 70 周年盛典将至，在这样一个重要的时刻，作为二外学子的我，也作为 10 万多游行人员中的一分子参与其中。

训练之旅——

训练的第一天，同学们都兴致满满，但随着一遍遍简单动作的重复，同学们的兴致慢慢降了下来，开始与旁边的同学聊天找乐子以便度过一遍遍的重复练习。但辛勤的汗水让我意识到，这并不是一场儿戏，而是需要我们每个人齐心协力才能干好的一件事。不知是天气炎热还是训练强度的问题，大家都有些心不在焉，一排 50 多人的队列似乎再也走不齐了……

分指验收——

但时间不等人，马上就到了分指挥、总指挥验收的日子，我们坐上大巴，前往金盏、良乡等地进行多个方阵的合训。由于我们是最后一个方阵，所以行进的距离很长，太阳又早已高高挂在空中，之前 3 个小时的体力耗费和精力上的消磨让我疲惫不堪，此时只有意志和理智支撑我前进。当真的到了我们的曲目播放时，心情还是无比激动，待到第二个节拍，是我们高喊三遍“祖国万岁”的时刻，喊声震耳欲聋！我找不到更贴切的形容词了，没有比 5000 多人齐声高喊更震撼的事情了，我想这就是二外学子对于祖国最炽热的告白吧。

正式游行——

终于！游行结束，就像梦一场！

给我们最大的惊喜莫过于花车上的中国女排姑娘们了，其实我们当天凌晨4点多才得知这条喜讯，迷糊的双眼立马都有了精神。我也为那些原本被安排在花车上的老师学生们感到可惜，他们值得我们尊敬，他们牺牲了小我，像女排姑娘们一样伟大。女排队员代表着的是一种所有人都该有的精神，是胜不骄、败不馁、奋力拼搏、不服输的中国精神！

当真正走到天安门前，歌曲响起时，我浑身战栗，又满怀骄傲，想到自己代表着当代中国大学生，想到自己是中国人，以这样的一种方式给祖国庆生，心中就无比自豪，就真的忍不住热泪盈眶！此生不悔入华夏，来世还做中国人！

所以，这一次，我们都拼尽全力地跳跃，挥动着手中的国旗和花束，展现出自己的欢愉活泼。和平鸽和氢气球出现在天空中时，我脑海中全是祖国的大好河山，还有对祖国未来的美好畅想！

回到家，小腿酸痛，做梦依旧挥动红色国旗成了我游行的后遗症，但都很值得。这次经历令我终生难忘，它让我们唱响祖国颂歌，让我们挥洒青春汗水，让我们谱写自己的家国情怀。“我和我的祖国，一刻也不能分割！”愿祖国永远繁荣昌盛，我爱你，中国！

老师评语：

陈澳同学的活泼好动给我留下深刻印象。陈澳为人热情，性格开朗，亦能说会道。没有什么能够阻止他爱国的决心，从记录当中可以看到陈澳每天的辛苦，对于10月1号国庆阅兵及群众游行活动的热切盼望。身为其中的一分子，为了这一天的到来，陈澳同学辛辛苦苦地磨炼了两个月，方才展现出当天的风采。陈澳热情积极、勇于担当，希望在今后的日子他可以继续用饱满的热情走下去！

第 36“祖国万岁”方阵——第 9 中队

夏天快乐，我们来日方长

亚洲学院　陈雅爱

2019 年的 7 月 25 日—10 月 1 日，两个多月的时间说长不长，说短不短，国庆便悄悄地来到了。这个夏天无疑是特殊的，认识了一群非常可爱的人，我想我们一定会记住这个夏天，记得我们曾一起早起过的每一个黎明清晨，记得我们曾一起睡过的王府井大街，记得我们在一起欢声笑语的那些日子，更记得 2019 年 10 月 1 日当天在天安门广场前的激动兴奋与感动。

人的一生能有几个第一次我不知道，但我知道像我一样能在 18 岁这年亲自到天安门给祖国母亲庆生的幸运儿并不多。我只知道习主席和女排队员和兵哥哥们向我们挥手时是真的非常激动，现场实地听到的呼喊声和看到的表演比电视机前看到的更加让人震撼，从头顶飞过的 7 万只气球和和平鸽有那么一瞬间让我泪眼蒙眬。

与大部分同学一样，我也是参训人员之一，但除此以外我还担任着小队长一职。老实说担任小队长并不轻松，每天清点队内人数，传达各种通知，发放各种物资，在外人眼里这些似乎非常简单的事情其实做起来并不轻松，尤其是 9 月开学后各种活动出奇的多，既要兼顾学习又要各个方面都兼顾不是一件简单的事情，每天只睡几个小时从睁眼便开始忙碌于各种事情的我在晚上入睡前基本沾不到床，对于一个南方人来说午觉可是一天的精髓，为此我还笑称自己是个假南方人。

说实话，每次合练，作为 36 方阵 5000 人中的一员来做动作时，我都很没有真实感，因为方阵人数众多，难免会出现不整齐的现象，而在“十一”当天回看 36 方阵群众游行的表演时，我觉得我们两个多月来的努力没有白费，我们成功地让世界人民记住了我们。

犹记得第一次合练，效果十分不理想，不同学校的队伍在衔接的地方无法对齐，各学校队伍各行其是，没办法找到自己的排头，严重的时候居然串了行，还出现了踏乐不齐、口令传达不清的问题。但总指挥非但没有批评我们，反而在高台上安慰鼓励我们，总指挥的话语使我印象非常深刻（“同学们用不到一周的时间，就能够达到这样的效果，非常了不起！”）。第一次合练结束后二外的师生们更加刻苦地进行着训练，且在之后的合练中二外多次被表扬状态积极向上，36 方阵也在一次又一次的合练中不断调整进步，最后以最好的状态展现给世界人民。

若要总结在这个夏天发生的故事，我想是傍晚“B I S U ”标志前的快乐体育，是二外操场上的酸梅汤菊花茶凉白开，是昌平金盏怀柔良乡阅兵村的朝暮，是被烈日亲吻过的皮肤和被夏雨打湿过的头发，是一次次凌晨睡眼惺忪的集结，是“十一”当天天安门前的跳跃和呐喊。

愿我们所有人不忘初心。热爱可抵岁月漫长，不忘初心、方得始终。夏天快乐，我们来日方长。

老师评语：

陈雅爱同学能够克服身体上、心理上的困难，积极参加国庆群众游行活动，十分值得肯定。在训练的过程中雅爱主动担任小队长一职，踏踏实实、勤勤恳恳为同学们服务，积极和同学们交流、沟通感情，展现了新时代大学生的新风貌——不仅在学习上争优争先，同时具有高度的责任感，在待人接物上也是游刃有余。小队长职务看起来不起眼，其实不轻松，这对于陈雅爱同学也是一次很好的锻炼，这样的经历不仅仅会成为日后的谈资，更会成为人生宝贵的财富。

我爱我的祖国

亚洲学院　黄相

1949 年 10 月 1 日，毛主席在天安门城楼上宣布：中华人民共和国中央人民政府今天成立了！中国人民从此站起来了。2019 年 10 月 1 日，中华人民共和国迎来了 70 岁的生日。70 年，不知道经历了多少磨难、踏平了多少崎岖的道路，祖国才成为如今吼声响彻世界的东方雄狮。10 月 1 日，是为祖国欢庆的日子，是为祖国祝贺的日子，是祖国向世界展示这头雄狮的魅力的日子。我有幸参加了 70 周年国庆游行方阵，和其他同学一起，向世界展示中国大学生的活力与魅力，这次经历让我终生难忘。

2019 年 7 月 25 日，开始了国庆游行的第一次训练。每个人都怀着同一个目的、同一种心情聚集在这个小小的操场上，开始了一个多月的训练。一个多月的训练，说长不长，说短不短。训练强度虽说不大，但太阳公公总是忍不住早早地出来看望这些祖国的花朵与小苗，训练期间，有人晒伤，有人中暑，但是却没有一个人叫苦，因为大家的心里都怀着为祖国欢庆的激动心情。

8 月，9 月，我们进行了一次又一次的合练以及现场演练。每合练或演练一次，我心中那种激动以及骄傲的心情便会愈来愈强烈。我还记得第一次在天安门现场演练的时候，见到长安街上的阅兵车及士兵战士，脑海中不断闪过祖国过去的一些镜头。一百年前这个被称为“东亚病夫”的国家，如今已是让全世界人仰望的东方雄狮，再也不受任何国家的欺负。我想起吴大校说的话：周总理，七十年后的飞机再也不用飞第二遍了，这盛世，如您所愿。

2019 年 10 月 1 日，伴随着“我爱你，中国”音乐的响起，走上长安街，我的心情也是异常的激动。走在长安街上，见到看台上的习主席，广场上放飞的 7 万只和平鸽，笑着笑着眼泪就不自觉地流了出来。笑，为祖国如今的强大而笑，为自己可以在祖国的羽翼之下免受他人欺负而笑；哭，为祖国曾经经历的那么多磨难而心痛，为祖国这么多年来取得的各种成就而感动。

“我和我的祖国，一刻也不能分割……”有国才有民，国强则民优，民优国愈强。70 年的沉淀，铸就了祖国今日的辉煌，祖国是给予我们自信的源泉。千言万语，尽在一句话中：我爱你，中国。

老师评语：

黄相同学积极参加本次国庆群众游行活动，即使训练艰苦也不喊苦不喊累的坚韧精神值得当代大学生学习并不断发扬。这次活动不仅是对体能上的一种锻炼，更是切身感受祖国发展、与祖国共呼吸的好机会，相信这样难得的经历一定会成为黄相同学一生难忘的宝贵回忆。虽然我们都是中华儿女，虽然我们共同生活在同一片土地上，但只有真正参与到祖国的建设中，与祖国同哭同笑才能切身感受到“我和我的祖国，一刻也不能分割……”的深情，希望黄相同学以此为契机，为共同建设美丽中国而奋发、奋进。

铸就平凡，歌颂伟大

中东学院　刘欣欣

说起国家这一伟大而又平凡的概念时，大多数人会肃然起敬。从听到国歌立即立正敬礼的孩童到天安门广场上抱着国旗痛哭流涕的老者，他们的行为感动着所有的中国人。中华人民共和国成立已然70周年，2019年的“十一”注定是不平凡的一天。它见证着无数人为这一天而做出的努力与贡献。今年的七八月份也将不平凡，有一群爱国代表者将在这些天里准备为祖国谱写华丽篇章。

台前篇

七月之初放假时，我在同学的劝告下选择加入这一伟大而又平凡的集体，紧张而激动。而现在，我愿将其化成文字，记录这一路走来的艰辛与快乐。

或许我们还是未成熟的少年，但我们已经懂事，因为我们此刻代表的不仅仅是自己。在场地上，“准备”，“要微笑”……这些简单的提醒此起彼伏，往往都会被传达好多遍，还有行走进程中洋溢出的热情都深深地感染着我。我觉得我没有来错地方，现在没有来错这里，作为一个群众出现在2019年的“十一”舞台上，一年前也没有来错被梧桐树庇护的二外校园。

“十一”如期而至，我们伴随着星辉踏上了去天安门的路程。大家在焦急的等待过程中期盼着，自踏上长安街的那一刻就欢呼雀跃，亲眼看见“祖国万岁”花车上载着的女排英雄更是欢欣鼓舞，这一激情持续着，持续着……我们为女排欢呼，为路边的军人欢呼，为中国千千万万个伟大的英雄欢呼，为70华诞的新中国欢呼。天安门前，《歌唱祖国》音乐奏响，我们高举手中的鲜花与旗帜欢呼雀跃。我望着着灰色中山装的依稀的习大大的身影，望着天空中飞过的和平鸽，惊喜于放飞的五彩斑斓的气球。那一刻，一切浪漫极了，我也从来没有像这样激动过。疏散的路上，我们也难掩激动之情，我们和可爱的兵哥哥与兵姐姐击掌，向我们敬爱的人致以崇高的敬意。

幕后篇

训练操场上摆放的是后勤师傅准备的凉白开、酸梅汤、绿豆汤，操场中间训练的是教官与老师，操场外围站立的是保护安全的保安人员，校园里停放的是准备送我们出发合训的大巴，食堂里的叔叔阿姨还站立在窗口处，澡堂里深夜还有值班人员……他们没有机会出现在10月1日的天安门广场上，他们把希望都寄托在了这样一群孩子身上，就像是父母没有完成的年少的梦想，此刻都落在我们身上了。是一份热爱才使然吧。每一个平凡的存在都将因为他所付出的点滴努力变成永恒的闪耀。江河是这样的积流，伟大是这样的铸就。

所谓的伟大与平凡，只是在社会中对比出来的一种结果，二者并无贵贱之分，而是相辅相成。正是因为无数平凡人的聚集才汇成了无穷大的力量，一路走向建设伟大祖国的道路上。此刻，祝愿我们的国家越来越好！

老师评语：

毛主席曾著有《星星之火可以燎原》这样一篇文章，火星是平凡的、不起眼的，但聚合起来就能形成燎原之势，的确如刘欣欣同学所说，我们每个人都是平凡的，但为了70周年国庆庆典，我们共聚一堂，就是这样渺小的、平凡的一个个个体，演绎了声势浩大的群众游行。刘欣欣同学在本次国庆活动中充分认识到了“平凡也能创造不凡”，相信这样的启示一定会指引她在未来走得更扎实，更能沉下心来，为自己奋斗，为学校争光，为祖国添彩。

我与祖国共成长

亚洲学院　田昊

我们的二十四字核心价值观中，个人层面的第一个词语就是“爱国”，可见爱国对我们每一个中国人来说是多么的重要。但说来惭愧，我小时候并没有什么爱国意识。提到爱国甚至有些头疼。因为一想到爱国就想到了要早起床，要去参加升旗仪式了。升旗仪式上充满着“爱国”这个词。

但是我从小就是一个十分热爱运动的孩子，也很关注中国运动健儿在国际赛场上的表现。每当中国的运动员获得好的成绩、有好的突破的时候我都无比自豪。也许我的爱国情怀就是这个时候开始萌芽的。

说来一切都是缘分。我本是一名体育生，目标是北京体育大学。但是高考前我受了伤，没有参加体育测试，于是考到了我们小而美的二外。在这里我邂逅了我所热爱的一个前卫的体育项目——美式装备橄榄球。这是二外的特色项目，连北京体育大学都没有。塞翁失马焉知非福，我很幸运地通过选拔进入了大学生国家队的名单中，参与了第三届世界大学生美式橄榄球世锦赛，在我们国内哈尔滨主场作战。为国出征，无上光荣。当站在赛场上，我的胸口上顶着的是队服上的国旗，国旗升起，国歌奏响，那声音很大，穿透我的耳朵，炸在我的心里，我情不自禁地热泪盈眶了。这时我意识到我是十分热爱我的祖国。大家都知道在历史上我们与日本是有过战争的。在赛场上我看到的队友们仿佛不再是运动员，而是一个个战士，大家仿佛要在赛场上把我们在历史上失去的夺回来一样。对手日本队十分强大，日本在橄榄球领域有近一百年的发展历史，我们只有短短十年的发展。过程中我方队友出现了很多受伤情况，但他们依旧屹立在赛场上。第三节，我们零封了强大的对手。这就是我们中国队的突破！虽然最终因实力悬殊我们还是输掉了比赛，但我们赢得了对手的敬意，他们也承认中国的橄榄球力量越来越强大！

在这次参加国庆群众游行方阵期间，我还有机会参与一个世界级的比赛——World Powerlifting（世界力量举）亚太公开赛，也是一个为国争光的好机会。但是最终我选择了在游行方阵当中，因为比赛每年都有，而大庆十年一次。我选择留下来，为祖国献礼！

我所参与的两个冷门的体育项目都是我们中国的弱项。我热爱我的祖国，我不希望自己的祖国任何一点比其他国家弱。所以我愿意在我擅长的这个领域尽一份绵薄之力。前不久北师大给了我一个很好的机会，“高参小”教学实验，让我去小学进行一个学期的橄榄球教学。我将尽心尽力把我能传授给孩子们的毫不吝啬地全数传授给他们，他们是祖国的未来，祖国的希望，是中国成为第一强国的希望。

我在成长，我要变得更强大。我的祖国也在成长，我愿为祖国的成长贡献力量，我的祖国也终将成为最强大的。

老师评语：

田昊同学对体育的热情极高，热爱橄榄球和力量举，但却放弃参加世界力量举亚太公开赛而选择参加到国庆群众游行中，可见他对祖国的热爱之情。“我不希望自己的祖国任何一点比其他国家弱”铿锵有力，展现了当代大学生的精神风貌——我们爱小我，但我们更爱我们的祖国；我们追求自己光明的前途，但我们更愿意为建设祖国贡献一分力量。北师大为田昊同学提供了橄榄球教学的机会，可以感受到田昊同学内心相当期待这次“倾囊传授”，希望田昊同学继续发扬爱国之情，积极投身到中国体育发展中，实现“文明其精神，野蛮其体魄”的美好期望。

此夏甚长，此生不忘

中东学院　王珂

自从在纸上签下自己的名字开始，我就知道，这个夏天，一定会成为一段值得一生去回味的时光。参加国庆群众游行，这份责任，何惧担当？

煎熬——成为自己的“自己”

训练正值盛夏。炎炎酷暑，藏在每天清晨站军姿时背上流淌的汗里，藏在爱来凑热闹看训练的红蜻蜓里，藏在带队老师们喊得沙哑的声音里。头几天的每一分每一秒，对我来说都是煎熬。我们总爱不停地问时间：“现在几点了？”“七点半。”“八点十分。”“八点二十分。”“八点三十五。”时光就在走齐步、问时间中慢悠悠地溜走。

几十天的训练，总有这么几天不想早起，不想坚持。这些“不想”轰炸我，像绳子禁锢我。但是，绳子最终被慢慢解开：因站满原来的五分钟到后来的十五分钟军姿取得的成就感，某个早晨突如其来的生日惊喜，目睹日日夜夜忙碌到没时间吃饭的老师和工作人员内心油然而生的感动……一点一点，它们消解了训练的煎熬，让我忘掉这么多的“不想”，一路坚持，成为令自己骄傲的那个“自己”。

历练——成为大家的“自己”

在训练中，我有幸担任了宣传骨干的一员，负责每日的拍照与视频记录工作。大家训练的点点滴滴，全部定格在照片里，流淌在视频中。在一次团建时，每个人盯着我的镜头认真唱《大中国》，我由衷自豪——我自豪于大家对祖国的自豪，感动于不同声音同一首歌的齐聚。

拍摄工作是辛苦的，而后来的训练中，我又担任了小队长的职务。清点人数，为大家发放物资，解答问题，有时还需安抚队员情绪……从不熟悉队员而工作磕磕绊绊到熟记每个名字每张脸，我才体会到小队长这个工作的不容易。而这次历练，让我多了几分对责任的理解，让我成了大家的“自己”。

享受——成为国家的“自己”

你愿意凌晨睡在长安街吗?

训练进入尾声，我们的训练场地不再只局限于学校的操场。不同的合练地点都被我们踩过，长安街和王府井被几万人躺过。北京的夏夜带着丝丝凉意从地砖透进身体。虽是午夜，时有阵阵困意袭来，但抵挡不住我们兴奋的情绪。因为，这时候，站在长安街的自己不仅仅是自己了，更是中国的“自己”。

不用说“十一”当天站在长安街上是多么庄重，也不用说那天我们表演得多么热情，单说这么多天的训练在此刻拥有了它的价值，单说站在这里因为我是祖国的人，单说这个夏天的任务圆满完成，都能让人簌簌落泪。而我，已经在享受着这个过程了。

这个夏天，我参加了70周年国庆游行活动。这个夏天，我们在训练中度过。这个夏天甚是漫长，但足以让我用一生来将它铭记于心。

老师评语:

煎熬、历练到享受，这是王珂同学的内心告白，也向我们展示了一个当代优秀大学生通过本次训练在心灵上获得的成长。在参加国庆游行期间，王珂同学担任了小队长和宣传骨干，负责管理队员，进行拍照与视频记录。看起来平凡简单的拍摄工作，其实并不容易。从“不想”到“不容易”，再到“享受”的心路历程，王珂同学体能上得到了提升，心灵上得到了历练。希望这份宝贵的记忆以及训练期间点点滴滴的感悟能伴随王珂同学一生，照亮其前行之路。

奋斗的青春最美丽

中东学院　王子文

“早上起床，拥抱太阳；浑身充满，正能量！”我伸了个懒腰，内心感到十分满足，同时干劲儿十足，这是参加国庆庆典游行活动带给我的改变。现在一想到几天前我曾在全国人民的见证下高举国旗走过长安街，便感到骄傲非常，自豪非常，尽管我目前只是一个学生，但却对祖国70年来取得的非凡成就与有荣焉。

4个月前，在学校发布庆典游行活动的招募通知时，我其实是百般纠结的，总想着会被晒黑会很疲惫还会枯燥无趣，然而顺利参加完活动的今天，我却诧异于当初自己竟然会犹豫，这么好的活动，这么难得的机缘，怎么能不紧紧把握呢？的确，我从这个活动中收获了很多，这是非常值得非常有意义的时代记忆。

这个活动充满了温暖，这温暖是老师们先抑后扬宣布祝同学们生日快乐时云开雾散的那抹灿烂朝阳；这温暖是每次远行合练前领取餐包时后勤老师和食堂师傅的关切叮嘱；这温暖是合练后更深露重时分远远迎接护送的安保大哥的身影，还有拖着困倦的身体进入宿舍时“楼妈”的一声“辛苦”……这些温暖消去我们的疲惫，我们带着家人、老师以及所有后勤保障师傅们的期盼再一次热情饱满地走上训练场。

这个活动还带给我磨砺和成长。训练活动的最后一次动员大会的前两天，老师非常信任地交给我们鼓乐团一个光荣的任务——为动员会上的宣誓环节伴奏。对于仅仅练习了一年民鼓的我来说这无疑是非常艰巨的一项任务，但是更有经验的团员因为有课所以没有时间进行排练，我作为新一届的团部长自然有承担本次任务的责任。任务时间紧迫加上立鼓的表演零经验，而且艺术老师正在出差没有办法提供指导，这些情况使我压力倍增。那两天只要完成了当天的课程和作业我就去排练厅，我上网到处搜罗立鼓表演的视频和图片，在仅学过的四首曲子里尝试各种适合宣誓情景的节奏型，同时在音乐平台上学习新的大鼓伴奏……练习之后，我的心里终于有了底。然而彩排的时候，我表现的并不理想，这使我更加紧张。在休息的间隙，我一边深呼吸稳定心神一边一次次地默记我准备的节奏。

终于，我顺利地完成了伴奏任务。虽然算不上有多精彩，但是过程非常流畅，节奏把握准确，满满的成就感油然而生，那是圆梦的感觉，我完成了从打鼓零基础小白到能够上台表演的梦想。尽管是背对着同学们表演，但是当我听到大家鼓励我的掌声响起的时候，除了开心，我内心更多的是感谢。感谢这个庆典多给了我一次表演机会；感谢这个庆典给我制造了这么多美好欢乐的回忆；感谢在庆典活动全过程里遇到的所有老师和同学，他们都非常优秀；感谢3个多月里每一天都努力完成任务的自己……

感谢，祖国的强大安稳，让我能够拥有这么惬意的秋日清晨，愿祖国盛世永存！

我爱你，中国！

老师评语：

王子文同学经历了当初参加活动的犹豫以及参与活动后满满的获得感，这体现了参与国庆活动不仅仅有苦累，更多的是收获。训练期间的各种活动不仅没有让王子文同学感觉枯燥，反而使他像参加夏令营一般愉快。除了参加游行，王子文同学还参与动员会宣誓环节的伴奏，把全部的课余时间投入到练习打鼓中，获得了较快的成长。

功成不必在我，功成必定有我

中东学院　线一凡

有幸能够参加这次国庆群众游行活动，尽管最终遗憾的是并没有在天安门前完成最终的检阅、没有留下长安街前绚丽的记忆，但我想是否去亲自参加 10 月 1 日的国庆活动已经不是那么重要了，毕竟烙印在脑海和心田中的是那挥之不去的流着汗与泪的 8 月。

还记得故事的开始是在大一的期末，看着国庆群众动员会大屏幕上的宣传视频，未来得及犹豫我就成了群众方阵中的十万分之一，在辅导员的推荐下，我还成了第 43 小队的小队长。然后在眨眼即逝的短暂暑假后，我和大家一起回到学校，开始了日常训练。行进队列、口号、军姿，炫目的烈日，黯淡的星空，薄雾中的小雨，在二外不大的校园里我们风雨无阻地完成着每日的训练，日历上的数字一个个被划掉，我们的队列一天天变整齐。第一次合练，第二次合练，第三次，时间飞似的过去，一切似乎都在向着好的方向发展，然后就在极其普通的一天、我因为身体原因不得不退出了国庆群众游行的训练，距离我那么那么近的 10 月 1 日以及那梦寐以求的地方似乎一下就离我而去了。向窗外望去时，不可否认，我的心情是躁郁和失望痛苦的，毕竟在做出了无数的努力后，一起似乎都成了泡影。但时间一天天过去，在庆典过后再回头去看这段难以忘怀的经历，我想我更多需要去思考的是自己得到的收获和成长。我曾踏足山巅，也曾步入低谷，这二者都使我受益良多。在训练中我们的身形姿态得到了矫正，在拔河比赛中团队精神和奉献精神始终得到了贯彻，在红色书籍阅读的过程中我们重温了在祖国艰苦岁月中那些为民族复兴和国家富强砥砺奋斗的一批批革命先烈和仁人志士的事迹，这些人中的大部分终难以在悠悠历史中留下自己的姓名和事迹，而他们呕心沥血所缔造的盛世他们恐怕也终究难以看到。哲人日已远，典刑在夙昔。风檐展书读，古道照颜色。如今的我不必再抱怨是否亲自驻足于国庆队伍中，就像指导我们的体育老师和军队教官一样，就像为国庆活动辛苦准备的教职员工们一样，就像那些所有为这个国家做出过贡献而隐于人海中的工作者一般，他们既是电视机前这一伟大时刻的见证者，亦是创造者；就像参天的大树一般，有向上勃发的枝条翠叶，亦有钻向泥土的根须，一者沐浴在阳光下为人所见，一者扎根于泥土中无声缄默，二者同在，才有今日所见的盎然生机。

老师评语：

线一凡同学没能参加最后的检阅，没能感受那激动人心的时刻的确有些可惜，但是并没有遗憾，在集体训练中，线一凡同学提升了身体素质，在共同生活中，拉近了和同学的关系，在阅读红色书籍的过程中，再次重温了革命烈士和仁人志士的高尚爱国情操。结果是重要的，但是过程也是不能忽略的，在参加国庆活动的准备过程中，线一凡同学收获良多，相信这些感悟能够冲淡内心的遗憾失落，也希望线一凡同学身体能尽快恢复健康。

我是一个兵

中东学院　于泳浩

2019 年 7 月 25 日，我离开家乡，回到学校，投入到紧张的方阵训练中。7 月的操场，依旧是骄阳似火的盛夏，依旧是那 400 米跑道，依旧飘扬着五星红旗。我们是国庆阅兵活动的游行群众，我们二外学子更是群众游行方阵中的一群作风优良的兵。

我们是兵，身着一身琉璃白的训练服，胸前印刻着庄严的天安门城楼，看齐、稍息、立正，那是我们由来已久的梦；尽管我们的肩膀有些稚嫩，也许我们的军姿不算规范，但我们的汗水早已伴着理想在阳光下蒸腾，黝黑的肤色成熟了我们稚气的脸庞，嘴角的刚毅锻就了我们信念的坚定。千磨万击还坚劲，任尔东西南北风。

我们是兵，挥挥手，作别温暖的家，远离疼爱我们的爸爸妈妈。想家的时候，虽然我们也会在电话中倾诉烦恼，在喃喃梦呓中偷偷落泪；但集结的号声吹响，无论清晨深夜，我们依然是方阵中英姿飒爽的兵。为有牺牲多壮志，敢教日月换新天。

我们是兵，一遍遍重复的动作，一声声响亮的口令。命令下达，我们坚决执行；行动有变，我们积极调整；中暑疲惫，我们决不后退。流血流汗不流泪，掉皮掉肉不掉队。“祖国万岁”的呐喊声，飞过白云，送走余晖，印入黑夜，迎接朝霞，由二外出发，响遍长安街。红军不怕远征难，万水千山只等闲。

这些，都是专属于我们 1076 名参训师生的红色记忆。

这个夏天，我们一起并肩作战 68 天。我们在操场上一起迎过朝霞，送过晚霞；一起遇过晴天的彩虹，躲过阴天的暴雨；一起见过凌晨的二外，喝过永远在排队的酸梅汤。我们一起努力完成“为祖国歌唱”的 MV 拍摄，一起为参训同学惊喜庆生，一起经历了数十次的合练，数不清的一起串联起来，就是我们的故事。

因为与大家共同经历，曾见过的每一道彩虹都谱上了不同的旋律，每一次落雨都成了温柔的风景。因为有我亲爱的战友们，昨天和今天都成了这个夏天最美的回忆。

海棠花开赴征程，七十华诞献国礼。岁月的风铃敲响着，时间老人为祖国母亲套上了第七十圈光环。今日之祖国，在以习近平同志为核心的党中央的领导下，比历史上任何时期都更接近中华民族伟大复兴的目标。今日之我们，作为二外学子，作为群众游行方阵里的兵，作为一名中国人，团结一心、凝聚力量、艰苦训练、不断奋进，以自由欢愉之气势，在阅兵场上向世界展现青春的微笑，圆满地完成了祖国交代的光荣任务。

国庆盛典已过，天安门城楼恢复了往日的平静，但我们的脚步却从未停歇。前进征程上，我们定会不忘初心，牢记使命，将青春梦融入中国梦，为实现新时代中华民族的伟大复兴而不懈奋斗。

老师评语：

68 天，1076 名参训师生，大大小小 15 次合练，一次正式演练，于泳浩同学同所有师生一起为庆祝新中国生日挥洒汗水，尽心尽力。这个暑假，于泳浩同学放弃了吃喝玩乐的安逸，虽然辛苦，虽然疲惫，但却过得有意义、有价值。我们当代大学生就需要这样为伟大事业不怕苦不怕累的精神，就需要这样将青春梦融入中国梦、用实际行动为中华民族的伟大复兴奋斗的精神。这样的中国青年，值得点赞。

做您的孩子，何其有幸

中东学院　张潇祎

构思许久，想说太多。这一刻，再多语言都是苍白的，唯一想说出的，只有“祖国万岁”。

前夕

当决定开始敲下这篇文章时，我开始回忆从2019年7月25日返校训练到现在——出征前夜的点点滴滴，无比激动又好像异常平静，因为我知道，我们已经到了收获成果的这天，现在只需静待花开。

之前无比期待这一天的到来，无数次地想象我们雀跃在长安街上为祖国欢呼呐喊；而现在，此时此刻，又是多么希望这一天来得再晚一点，再慢一点，实在有太多不舍。因为这次活动，我感觉自己前所未有地和祖国联系得这么紧，我的祖国，她就是一位伟大的母亲，用坚毅、努力、勇敢、拼搏成就了无数子子孙孙。

有一位同学在采访时问我：“你觉得自己的参加对于整体活动本身有多少贡献？或者你牺牲了什么？”我清楚地回答：“我觉得不是我们会牺牲或者会贡献什么，而是这次活动会让我们获得什么。我们谈不上贡献或者牺牲，因为我们从中获得的实在太多。”无论是带领大家训练，默默为大家提供后勤保障的老师，还是来自周围亲朋好友的祝福和期待；无论是训练过程中新认识的老师、同学，还是小伙伴之间的加油鼓劲；无论是更加坚毅强大的内心，还是对未来的坚定和自信；无论是和祖国母亲前所未有地紧密联系在一起，还是发自内心地为伟大祖国骄傲喝彩……收获太多，不一而足，只想汇成一句“感谢”，对祖国说，对二外说，对大家说。

此刻

现在已经是国庆节的第二天，经过一个晚上的回顾和沉淀，我回归了冷静。但是当我敲下这段文字时，无数的感动和记忆涌上心头，禁锢许久的泪水终于找到了出口。我明白，这将是我用一生去珍藏的记忆。

昨日在王府井等待时，内心并无太多波澜，只是由于起床太早而就地入眠。但是当我们走到长安街看到36方阵的花车缓缓驶来时，看到花车上为国争光、胜利归来的中国女排时，我们所有人的内心好像都在那一刻点燃，我们来了！

“36方阵—准备—出发！”当那熟悉的音乐再次响起，我们又一次挥起了手中的道具，我们比以往训练时更加卖力，即便嗓子已经喊哑，即便手臂已经举酸，没有人停下欢呼，没有人放下手臂，因为这一刻的欢愉激动、骄傲自豪，已经让我们忘记了所有劳累，此刻只有由衷的“祖国万岁，祖国万岁，祖国万岁”！

这一刻，我们第9中队56位队员的心紧紧连在了一起，我们二外1076位参训师生的心紧紧连在了一起，我们36方阵5000多人的心紧紧连在了一起，我们14亿中华儿女的心紧紧连在了一起！这是盛世的中国，这是昂首阔步在前进道路上的中国！

老一辈的英雄先烈，这盛世如你们所愿。也请放心，未来我们定会更加努力奋斗，让世界看到一个更加强大自信、繁荣昌盛的中国！

生日快乐，我的祖国。做您的孩子，何其有幸。

老师评语：

确实如张潇祎同学文章中所讲，我们为祖国庆生，参加群众游行，比起我们放弃的、牺牲的，我们获得的是更多的、更宝贵的。在训练中，不仅能认识更多的面孔，更是通过这次机会，大家共聚一处，共同感受祖国的发展，祖国的强大，切身感受身为中国人的骄傲。正式开始前就地入眠的辛苦让我们感受到了参加游行的辛苦，但在正式开始的那一刹那，相信张潇祎同学在现场感受到的震撼和我们通过电视看到的直播是完全不同的，发自内心的“祖国万岁”，对国家盛世的赞美也更加真切。希望张潇祎同学将从游行中获得的力量转化为今后的实际行动，努力奋斗，为让世界看到一个更加强大自信、繁荣昌盛的中国而尽自己的一分力量！

我与祖国共成长

亚洲学院　朱琳

十年前，那是我第一次见父亲落泪。

2009 年，十几岁的我对阅兵还没什么概念，反而更期待国庆节的 7 天长假。然而那天，我却在父亲饱含泪水的眼中看到了热爱和深沉。电视机前的父亲红了眼，我却通过父亲暖了心。那时很疑惑，爱国诗篇倒背如流的我，好像一直以来都明白什么是“爱国”，却又好像一直都不明白什么是真正的“爱国”。自那天起，好像有一颗种子悄悄在心里发了芽。

十年后，这是我第一次走上长安街为祖国庆生。

2019 年的这个暑假，我们一起顶着炎炎烈日，站军姿，走队列，标排面，练体能。这个暑假，我们从最初的弯腰驼背、站两三分钟就浑身难受，到后来能保持军姿坚持二三十分钟；从最初的蛇形走位、波浪排面，到后来的整齐有序、调整自如。这个暑假，我们参加了拉歌比赛、拔河比赛，气势恢宏、豪气冲云天。我们 9 中队，我们二外，也真真正正、整整齐齐地成了一家人。

终于，最激动人心的一天来临了。10 月 1 日凌晨 4 点校内集合，虽然睡眠不足，但大家都精神饱满，斗志昂扬。经过漫长的等待后，我们从王府井一路小跑到天安门，在天安门城楼前载歌载舞，挥手呐喊，歌唱祖国……那一刻感觉自己像升华了一般，那一刻才真正感受到了训练的光荣与意义。

古人云，“每逢佳节倍思亲”，抑或“月是故乡圆”，而当我踏上留学之旅时，才真正开始感受到“异国他乡倍思国”。留学期间，走在异国他乡的路上，每当见到国旗或听到国歌，内心总会涌起一股热血，看到随处可见的“Made in China”，又为祖国的日益强盛而感到自豪。暑假支教期间，作为一名志愿者老师，我来到桂林广南村的侗寨，教留守儿童们韩国文化。课堂上的孩子们孜孜不倦地汲取知识，我看到了好奇的瞳孔里迸发出求知的目光，而和孩子们一起升国旗奏国歌时，我又看到了孩子们眼中的国旗熠熠生辉，看到了他们小小的心中也有种子在生根萌芽。原来爱国之情一直就在我们的心中，它会在某个特定的场景、某个特殊的时刻迸发。

七十华诞献国礼，海棠花开赴征程。有幸在最美的青春与祖国的重要历史时刻相遇，一路奋发向上，一路踏乐欢歌，两个多月的朝夕磨炼，16 次的大型合练，有幸于金秋十月伊始为祖国 70 华诞献上一份贺礼。普天欢腾，举国同庆，喜悦早已传遍 960 万平方公里的每一寸土地，纸短情长，道不尽激动之情，千言万语化作一句“祖国我爱你”！

二外学子，向祖国报到！

老师评语：

朱琳同学不仅参加了国庆群众游行，还从暑假支教等身边的点点滴滴中挖掘出热爱祖国的真谛。是的，“爱国之情一直就在我们心中，它会在某个特定的场景、某个特殊的时刻迸发”，这是只有亲身参与才能得出的告白。爱国，不需要我们学习，它就在我们心中。“二外学子，向祖国报到！”这样简短的告白，道出了我们和祖国同呼吸、共成长的愿望。

第 36“祖国万岁”方阵——第 10 中队

炽热的盛夏，绽放的青春

欧洲学院　于楚璇

“二外疏散！”这最后一声口令后，我们随着人流撤退回王府井，我回头看了看天安门城楼前的那片空地，太阳很炽热，照射着长安街，也照射着我们留在那里的一夏天的记忆。

夏天，是一个选择

其实最开始知道学校可能会承担国庆群众游行部分任务是在刚开学不久，辅导员跟我们分享他参与国庆 60 周年群众游行活动的感受时，他告诉我们说不定我们也会赶上。当时觉得很兴奋，是啊，十年才有一次的国家盛典，能参与其中该是多么光荣！但当六月份真正开始报名时，我却犹豫了，因为当时很不容易找到一个自己比较满意的暑假实习的机会，总觉得放弃哪边都很可惜。而在我犹豫不决时，妈妈的一个电话让我做出了选择。她跟我讲，爷爷知道了我要去参加国庆阅兵活动，高兴了好久，跟他一起下棋的“老伙伴们”都知道了，老于的孙女要参加阅兵了。爷爷家常年挂着毛主席的画像，那个年代的人，对国家、对党，总是抱有格外强烈的感情。所以我做了一个选择，选择了一种责任，也选择了一种寄托，我知道，包括爷爷在内的全家人，都把对祖国的那份祝福与感谢，寄托在了有机会参与国庆游行的我的身上。

夏天，是一种坚持

记得在动员大会上，老师“警告”我们，训练可能会很辛苦，要做好思想准备，当时的我却并没有把这话放在心上，直到返校报到的第一天结束。训练刚开始的那段时间，除去训练，我几乎就没有清醒的时间，每天回到宿舍就只想睡觉，打电话向妈妈抱怨，妈妈就只能安慰我说，再坚持一下，练都练了，怎么也得坚持走上长安街。每天站军姿时都能清晰感受到后背上滚落的汗珠，每天结束训练都要去水吧买一瓶冰镇的“肥仔快乐水”，训练时的太阳，好像永远不落。每天的训练，循环反复，生活变成了三点一线，甚至于每天微信步数都稳定维持在 6500 步左右，宿舍—操场—食堂，支撑着每一个人维持这种生活的，大概就是脑海中想象出来的“十一”当天走在长安街上的那种心情，而事实也告诉了我们，那种心情，比我们想象出来安慰自己的，还要浓烈一百倍。当最后一次来到长安街，当穿着长袖衬衫也抵挡不住初秋的丝丝凉意时，我忽然发现，原来夏天，就在我们这再坚持一下的期盼中，悄然结束了。

夏天，是一次绽放

属于青年人的朝气与热情，流露在“十一”当天的每一个人的脸上，大家好像都没了隔阂与陌生，所有人见面，都会不自觉地微笑、呐喊，正如在天安门前，我们一遍遍高呼的那句“祖国万岁”一般，在这个国家，不会有人永远年轻，但永远有人，正年轻着。而年轻的我们，在夏日绽放了青春，在秋日收获了成长。

老师评语：

于楚璇而言，夏天不仅仅是选择、坚持和绽放，更是传承、磨砺和回忆。希望2019年的夏日会永驻楚璇心间，也祝福她的青春之花恒久灿烂！

海棠不谢，国歌永颂

欧洲学院　裴祚勤

“我和我的祖国，一刻也不能分割。无论我走到哪里，都留下一首赞歌……”

这首歌曲已经持续在我脑海里萦绕了两个多月了。无论何时何地，有意或无意，只要听见前奏甚至是其中任意音节响起，我都能接着唱起来。这是能脱口而出、不需要思考的，已经形成我本能反应的事情。不管循环往复听唱多少遍，永远不会腻。

3个多月前，我成了第一批自愿报名参加国庆群众游行的一分子。两个多月的训练里，甜多于苦。每天的训练几乎都是在“齐步—走！”“标齐排面！”等的命令和口号中度过。每次训练尤其是合练结束后大家都疲惫不已，甚至不少人的衣衫都已被汗水浸透。但是当回想的时候，星星点点的美好回忆都一一浮现出来：导演带着大家在淅沥小雨中坚持完成视频拍摄；校领导老师们为大家制造惊喜，全员在操场给部分同学们过生日；每次领新徽章的期待和喜悦；大家涌动在教学楼内只为更换演出服和拍定妆照的热闹；凌晨方阵人员集体露宿王府井大街，抱团取暖、谈天说地的壮观场面；朋友之间互相鼓励、安慰和关心……所有的感动和温暖，我都小心翼翼地牢记于心并好好珍藏着。

2019年10月1日午时，当《我和我的祖国》在长安街响起时，高举旗帜和花束的我们，一瞬间热泪盈眶。哪怕直播已经停止，我们依然在天安门城楼前持续欢呼、呐喊和高歌。挥舞着手中的小国旗，望见旗杆顶上飘扬的鲜艳的大国旗，唱着烂熟于心、在梦中也无数遍吟诵的歌词，我心中涌起无限感慨——这个夏天，一切都值得。长安街上十万多份对祖国的爱，都是深刻而无价的。

这一天，当我把六枚徽章的最后一枚轻轻放进盒子中，看到最终拼合出来的梧桐树叶，我又想起了那些我们走过的栽着梧桐树的路，我们走过的宽敞的长安街；想起我们往返跑过的操场，做过的开合跳，甚至是那些我们坐过的公交，吃过的餐包……合上盖子，我知道，这两个多月的训练就这么结束了，但祖国新的展望才刚开始，二外才刚迈上更新的台阶，华夏儿女也才开始踏上又一段新征程。

60周年国庆，二外是群众游行的打头方阵“浴血奋斗”的一部分；70周年国庆，不仅在5000多人的压轴方阵“祖国万岁”中有二外学子大显神采；在“人类命运共同体”方阵中也有不少二外留学生的身影；作为唯一的轮滑元素，部分二外学子在“体育强国”方阵中身披旗帜潇洒滑行；二外的合唱队伍更是从合唱方阵的后方凭借实力站到了方阵前排中心。10年时间，二外参与国庆活动的队伍由600多人扩张到上千人。

“七十华诞献国礼，海棠花开赴征程。”今天，二外的辉煌如周总理所愿；今天，祖国这盛世如中华民族所愿。

我爱二外，海棠花知；我爱中国，山河可鉴。愿海棠花永远灿烂，梧桐树永远伫立；愿二外的书香飘向全世界，我们的足迹遍布万千山河；愿中华儿女早日实现中国梦，愿中国的盛世愈加繁荣，国旗高扬，国歌高唱！

老师评语：

笔触所及能感受到祚勤同学真挚浓重的家国情怀：爱国、爱家、爱二外！相信这份朴素的爱已转化为祚勤同学未来人生道路上成长发展的源泉和动力。

七月留给自己，八月献给祖国

欧洲学院　王婧

“五星红旗迎风飘扬，胜利歌声多么响亮，歌唱我们亲爱的祖国，从今走向繁荣富强……”熟悉的旋律回荡在耳边，当音乐响起时我们便会以最响亮的歌声表达我们对祖国的热爱，不论从早到晚，从烈日到暴雨，我们的激情从未减少过一丝一毫。

像往年一样我们终于迎来期盼已久的暑假，但一件事让这个暑假成为我人生中最特别最难忘的时光。2019 年的 10 月 1 日是中华人民共和国 70 周年华诞，当我知道北京高校的大学生要组成群众游行方阵在“十一”当天走过十里长街为祖国庆生时，我毫不犹豫地报名参加这次重大活动。

我清晰记得在 7 月 26 日开始正式训练那天，杨老师在台上说了一句话，这句话支撑我走完接下来艰苦训练的日子，他说：“同学们，我为你们每一个人感到自豪，牺牲自己的暑假留在学校里训练为祖国庆生，那就把七月留给自己，八月献给祖国吧！”我清楚地认识到人的一生有很多时间留给自己，可能完完全全奉献给祖国的机会却不多，“七月留给自己，八月献给祖国”，这一次我要紧紧地抓住八月。

对我来说，训练最苦的莫过于那毫不留情的烈日。七月的北京是我从未想象到的炎热酷暑，有时气温直逼三十九、四十摄氏度，而在二外的操场上每天都传来大家声嘶力竭的“一、二、三、四”。作为一个土生土长的贵州人，我从未感受过让人如此绝望的温度，我的脸被灼灼烈日翻滚地烤着，从晒伤到脱皮，甚至脸疼得到了夜晚都难以入睡。我和父母的几次视频，爸爸看着我红透了皮的脸蛋开玩笑安慰我说要不他来替我两天，我也怀着最开始的信念“七月留给自己，八月献给祖国”一直坚持下来。而训练最“甜”的时候就是每次休息，大家端着学校准备的酸梅汤、菊花茶坐在草坪上，一起幻想着“十一”走过天安门的飒爽英姿，谈论祖国 70 年来的风风雨雨，感叹祖国的繁荣昌盛，享受这片土地上令人心安的和谐……还记得那些日子，凌晨两三点睡眼惺忪的我们从暖暖的床上爬起来，顶着寒风冷气去参加合练，车上同学们因缺少睡眠坐在狭小空间里打盹儿，因没有时间吃饭狼吞虎咽地吃着餐包，因为爱祖国所以毫无怨言倍加骄傲。

“我和我的祖国，一刻也不能分割，无论我在哪里，都流出一首赞歌。”我深深地爱着这片土地，爱她的春日轻盈，爱她的夏日浪漫，爱她的秋日高远和冬日静谧……七月留给自己，一生献给祖国！

老师评语：

王婧同学，祖国就在你心中，对祖国的赞歌由你和你们的汗水谱就。正是有千百个“你”的无私奉献，才成就了“祖国万岁”的荣光！

盛世风华

欧洲学院　杜竺锟

在金秋十月，中华人民共和国迎来了第70个生日。时光荏苒，流光飞逝，从1949年中华人民共和国成立至今，我们和祖国一起完成了一个又一个奇迹。今年，我和其他同学老师们一起，从历史的旁观者，转变为历史的创造者，哪怕在时间长河中我们只是微不足道的一滴水，五千年风沙中的一粒沙。

最初得到国庆群众游行活动招募人员的消息，是在某个晚上，班长一个个寝室敲门传达消息，虽然没在第一时间就果断报名，但在我的心中还是掀起了一丝波澜。能亲自参与为祖国庆祝生日，是非常荣幸的事情，但因为我体力一直不是很好，非常担心会拖其他人的后腿，犹豫了很久。最后在父母的支持下，我还是参加了。但事实并没有想象中那么难。现在再想想曾经的寸步难行，都成了非比寻常的回忆。

给我影响最大的，就是暑假休息期间给所有参加者定制的运动计划，对于我来说，真的是非常艰巨的挑战了。有趣的是，因为家人都非常支持，为了鼓励我，父母每天晚上都会陪我一起跑步。有一段时间因为拔智齿不能剧烈运动，没法完成任务，他们甚至提出带着我的手机记录运动情况，要帮我作假。

家人、老师、每一位在幕后工作的人，都给了我们太多的帮助。在校内训练阶段，避开烈日骄阳，准备不同饮品满足每一个人的不同需求，调整浴室、食堂开放时间等举措，都让我们在疲惫中得到感动。外出合练时，每一次进进出出都是一项大工程，但很少出错，秩序井然。

虽然夜间合练也见到了冰山一角，但当天走在长安街上，看着彩车上向我们挥手的中国女排，看着天安门上影影绰绰的人影，看着飞向天空的和平鸽、漂浮在空中的彩色气球，每一个瞬间都让我红了眼眶，每一次的呼喊都最真诚最热烈！虽然疲惫到几乎可以倒地就睡，但每一个人都努力把最好的姿态展现出来，那一刻，沸腾的血液足以温暖清晨时还在王府井大街上瑟瑟发抖的我们。

回程的我们是安静的，仿佛不久前大声唱歌的，和军人握手送花、互道祝福的，是其他人。最后一个小高潮，是在校门前接受来自老师同学们的热烈欢迎：欢呼和掌声，水和食物，还有心心念念的最后一枚梧桐奖章，在阳光下熠熠生辉。

细细想来，5000 年来中华民族走过血雨腥风，不屈不挠，才有了如今的盛世风华。作为当代大学生，确实应该践行“今天为振兴中华而勤奋学习，明天为创造祖国辉煌未来贡献自己的力量”这样的青春理念，也正像毛泽东诗句里描述的那样：数风流人物，还看今朝。

老师评语：

短题目折射出大气魄，大气魄又融入了小细节。训练时间虽短，但竺锟同学收获满满，字里行间既生动再现了那些珍贵、难忘的片段，也流露出内心到对祖国的真挚情感。为竺锟点赞！点赞！

十五的月亮十六圆

欧洲学院　祁晴

2019年的9月13号是一年中普通的一天，但中秋节给它赋予了不同的意义；2019年的9月14号是中秋节过后普通的一天，但因为是我的生日，我个人给它赋予了不同的意义；对于所有参加国庆游行的人来说，这晚的集结、安检、地铁专列、餐包给这个普通的八月十六赋予了不同的意义。

往年我的生日都是有蛋糕和朋友聚会的，但今年这个24岁生日过得似乎特别紧凑，因为当晚是国庆70周年庆祝活动第二次联合演练。我一直忙忙叨叨地准备，下午撂下了一堆尚未回复的微信消息按时来到学校操场。集合、安检、乘车都有条不紊地进行，等大部队来到王府井之后，真正的“折磨”才正式开始。

晚上8点、9点，我们还有说有笑，虽然餐包并不丰盛，但是大家三五成群倒也乐乐呵呵。到了晚上11点，王府井大街上凉风乍起。困意袭来，大家的精神也瞬间消失了。此时宽敞的王府井塞满了等待演练的人，路两旁是移动式公共厕所，不远处还堆着垃圾袋。被无数游人的鞋底摩擦光滑的街道变成了天然冰箱。为了缓解熬夜的痛苦，大家各出奇招：有把矿泉水箱子撕开铺在地上身体缩成一团躺在上面的，有枕着矿泉水瓶、枕着整包面包片、枕着道具花束的，有直接仰躺在地面上、身上盖着道具小旗的，还有枕着伙伴的腿的……路灯杆和防护围栏旁边也都靠满了人，真有种“天为盖地为庐”的感觉——冷风给每个人身上都镀了一层寒气，因此这全然没有带来随性洒脱，甚至还有凄凉的感觉。

我的眼皮也很快支撑不住了。我勉强找到一小片空地，犹豫了几秒钟还是直接躺在了地上，身体接触到地面的一瞬间就感到寒意传遍了全身，不自觉地打哆嗦。我头枕着胳膊侧卧着，眼睛迷迷糊糊地看到了斜对面一团白亮的光，心想今天是八月十六,十五的月亮十六圆吗。睁开眼仔细一看，原来是百货大楼旁边高高的OMEGA时钟，四个钟面默默发出亮光，忠实地记录着一分一秒。我纳闷地往旁边的天空找去，果然，八月十六的圆月安静地挂在天上，和发光的钟表一样圆满明亮，好像在照看着我们这群疲惫的人。看到月亮后，我突然产生了一种安心的感觉。虽然今天的生日没有热闹地庆祝，但是能和这么多人一起在八月十六的月光下度过这特殊的晚上，更是意义非凡。想到我们此时此刻正躺在白天北京最热闹繁华的地段，享受着它难得的最安静的时刻，我们与首都的中心——天安门只有一条街的距离，准备着为中华人民共和国的70岁生日献出我们的一点心意，不禁内心涌出一阵温暖和感动。

凌晨，集结的命令下达。大家立刻抖擞起精神，全然没有了刚才困倦的样子，排好队伍一步步往天安门走去。抬起头，依旧看得到天上的明亮的圆月，温柔而沉静。我们一生会看到无数次月亮，阴晴圆缺，变化不定。但那晚的月亮，我会一直一直记得。

老师评语：

以天为盖，以地为舆。也正是因了天地的滋养，才会让我们对祖国的热爱如此深沉、恒久，“那晚的月亮”就是最好的鉴证。

我与祖国共奋进

欧洲学院　梁笑野

“今天是你的生日，我的中国。清晨我放飞，一群白鸽。”当其他三大文明古国的辉煌都已随岁月流逝而消失时，中国却以其独特的魅力立于世界民族之林。我们幸运地诞生于21世纪，一个创新的世纪，一个让我们见证中国繁荣富强的世纪。

2019年迎来了中华人民共和国70周年华诞，身为大学生的我怀着迫切的心情想为祖国庆生并找辅导员老师报名参加游行。

填写报名表时，我不由得想起了70年前优秀的共产主义战士们结束了中华民族受屈辱、任人宰割的历史。他们不畏困难，把国家的生死存亡放在第一位，最终迎来了伟大领袖毛主席坚定严肃地站在天安门城楼上大声宣布：“中华人民共和国，在今天，成立了！”想着想着，辅导员所叙述的训练之艰苦已然飘到脑后。

然而，训练的确是艰苦的。其他同学还享受着暑假的美好时光，而我已经回到了学校。最开始的训练是每天早晚的例行性训练，单调而又枯燥。但由于大家还没有进入训练状态，训练掌握不到要领，因而效果并不显著。于是教官和老师们齐心协力想了各种办法：为了保证排面整齐而互相挽手行走，为了统一步调大家一起喊着口号。渐渐地，同学们进入了训练状态，行走时大家不断互相提醒，看齐排面的声音与每走完一次大家为自己和同伴鼓掌的声音令我难忘。

最激动人心的是三次机场和一次阅兵村的合练。我们走出学校校门，来到宽广、没有树荫的阅兵马路，踏着合唱团同学们悠扬的歌声，与十万名群众一起，接受相关领导的检阅。还记得那些日子：睡眼惺忪的我们凌晨爬起来顶着寒风乘车去机场，因缺少睡眠而坐在并不舒适的大巴上打盹儿，因没有时间吃饭而在大巴上狼吞虎咽地吃着餐包。

训练的艰苦无以言表，但学校对我们的关心如暖流直入心房。操场主席台前永远有冰爽解渴的酸梅汤，为训练期间过生日的同学庆祝生日，每天50元的饭补让我们收获了感动。的确，我们远离了家，远离了故土，但我们带着父母的期望、同龄人的羡慕参加活动，我感到我们离祖国的心脏更近了。每每放出游行音乐，我的心脏便猛烈跳动，仿佛漂泊无依的生命突然有了依靠。祖国，她便是一座圣坛，我与祖国共奋进，为她竭尽全力，哪怕只是训练这一点点事情，都是超脱我们自身意义的存在。

“我和我的祖国，一刻也不能分割，无论我走到哪里，都留下一首赞歌。”仍记得5月我们青年学子在学校操场齐声歌唱《我和我的祖国》，倾诉着对祖国的无限热忱与依恋。因为祖国，我有了家；因为祖国，我获得了快乐；因为祖国，我得到了学习知识的机会。长江后浪推前浪，一浪更比一浪强。

5000年的华夏文明，几代人的精心努力，多少英雄的殷红鲜血，才换来今日强盛的祖国。今天，祖国需要我们凝聚内心，齐心协力共创美好未来；明日，我们与祖国携手并肩共奋进，中华民族必定会发出万丈光芒！

老师评语：

与祖国共奋进，和祖国心连心。“祖国万岁”不仅仅是我们的队伍口号，也是我们的心声，更是我们一辈子难以忘怀的美好回忆。

与祖国零距离

欧洲学院　陈晶瑜

2009年，10年前的我，还只是个无知的三年级的小学生。那年的国庆节我至今记忆犹新，在那个小小的温暖的家中，我和爸爸妈妈一起观看了阅兵式电视直播，虽然那个时候不懂得什么是爱国情怀，但是阅兵式上每一个挺拔飒爽的解放军的身影深深地烙印在了我心里，那样铿锵有力的脚步声至今还回荡在我的耳边。那个时候，我可能做梦也没有想过，10年后会是爸爸妈妈在电视上看我，看我和那时自己最为崇拜的解放军们“并肩作战”，一起那样近距离地和祖国母亲的心灵连接在一起。出发前我还告诉爸爸妈妈，告诉我的好朋友，我会带着他们的心一起欢呼雀跃地走过长安街，会带着他们的祝福在天安门前歌唱祖国，会带着他们的期许圆满完成祖国交给我的任务。

从7月6号报名开始到“十一”当天的这段经历，太过宝贵——国庆当天的欣喜和感动自是不必多说，但其实更多的美好是这三个月里大家的期盼和努力：一开始在学校操场站军姿走队列标排面，后来去基地和阅兵村和其他人一起合练，再到最后在天安门广场进行全过程演练。坦白来讲，在参加训练之前，作为一名二外的学生，我从未有机会感受到大家的集体凝聚力。可是在合练场地，大家的团结意识和集体凝聚力让人感动：在没有对讲机的情况下，我们会快速地“人肉传递信息”；向前行进的时候，大家总会互相监督，每一个同学都会提醒身边的同学标齐牌面，每一个人都会用尽力气喊口号、欢呼雀跃，每个人都用自己最好的状态对待每一次的合练任务；后来的几次大合练，都是队伍里的男同学拿道具、拿餐包，可是从未听到过他们的一句怨言；深夜躺在冰冷的王府井大街上，老师提醒我们注意保暖，同学们互相偎依取暖休息，让我觉得这其实是那样温暖的一个大家庭。“国的家住在心里，家的国以和矗立。国是荣誉的毅力，家是幸福的洋溢”——二外是一个大家庭，而祖国住在我们每个人的心里，相信每个参加“十一”重大活动的集体，每个小“家”的努力，一切都是为了国的荣誉。

10月1号出发那天凌晨，我们得知自己的方阵能够和女排姑娘一起走过长安街，中国女排是每个中国人的骄傲，她们取得的胜利或许是给祖国最好的生日礼物，而我们36方阵能够与她们一起是多么令人骄傲的事，出发前这最后的惊喜，让我们充满了力量和热情迎接人民的目光，让我们带着满满的自豪和感动圆满完成任务。想说的话太多，10 月 1 日当我们在天安门广场喊出“祖国万岁！”的那一刻，我知道，我们和祖国零距离，我们每个人将会肩负着更重的任务，我们走向的不仅是长安街，更是一条新时代青年之路，一条与祖国同在的路!

经历了太多的感动与欣喜，有过太多的泪水和欢笑，这段日子将是我人生之路上最为珍贵的一段记忆，这段经历将是我人生篇章中光芒璀璨的一页，它将会在我的未来之旅中时刻提醒着我不忘初心、继续前进。

老师评语：

有些回忆，是时光对我们的馈赠；有些爱，需要静下心来，轻轻地诉说。坚守初心，凭“咬定青山不放松”的韧劲，以“不待扬鞭自奋蹄”的努力，才会换来伟大祖国波澜壮阔的画卷。

祖国与我

欧洲学院　侯立君

不知不觉中华人民共和国成立已经70周年，祖国的发展也让我倍感骄傲，作为一名中国人和中国学生，我，很自豪。

祖国母亲最让我骄傲的是科技和军事的发展，蛟龙号、大飞机、复兴号、墨子、嫦娥、天眼、新歼隐形战机、中国新潜艇、战略战术导弹……这些科技军事成果无一不让我震惊。

另外让我骄傲并且感动的是中国军人，我感觉中国人民解放军是最棒的军队，中国军人有着最挺拔的身姿和最勇敢的精神，每当我看到中国的军人，我总有一种想哭的冲动。中国的领土由他们保卫，中国的主权由他们守护，没有他们就没有我们和平的生活，他们是中国发展的基础，是我们正常生活的保证。让我最感动的一件事情就是“也门撤侨”，我没有亲身经历，但是当我从电视上听到中国军队喊得那句“我们带你们回家”的时候，我哭了，我切实感受到了祖国母亲的爱，祖国儿女遍及全球，但是祖国不会放弃和忽视任何一个孩子，哪里有呼唤，母亲就会到哪里。我有幸能成为祖国的儿女，我感到万分的幸运。

我参加了国庆70周年的检阅方队，训练很累，每天5个小时，最热的伏天我们也受了，雨也淋了，但是想到能接受祖国母亲和国家领导人的检阅，我就会忘记那些训练的痛苦。而且在我们训练的同时，还有我们亲爱的老师陪我们一起，感觉受的累也没有那么累了。经过这次训练，我们认识了更多可爱的同学们，与老师的心也更近了，训练中的教育活动也让我收获颇多，更深入地了解了祖国母亲。每当我们进行合练，我的心就会万分激动，感觉就跟到了现场似的，而每一次合练受到表扬，我就会更有自信，我想为祖国奉献，我想让受检阅的队伍中能有我的身影，我想祖国在世界面前展示的时候能有我的参加，我更想在以后回忆起青春的时候，能在平淡中找到这一段伟大且美好的回忆。国庆，我见过，我震撼过，我，参加过。

我，是一个平凡的人，但我有着不平凡的背景，因为我的母亲叫“中国”，我爱她，她是我在经历困难时最大的精神支柱，我会想，我至少还是中国人，我至少还有祖国母亲爱着我。

我是中国人，这是我最值得骄傲的事情。无论何时，无论何地，无论何事，我与祖国同在。

我爱你，我的祖国！

老师评语：

想起了诗人艾青的《我爱这土地》："为什么我的眼里常含泪水？因为我对这土地爱得深沉……"文中最后两段的直抒胸臆，是侯立君同学对祖国爱得深沉的内在感情的自然流露。你与祖国同在，祖国与你时刻也不能分隔。

我的二外，我的祖国

欧洲学院　马安妮

在二外的最后一个暑假，我毅然决然地选择了和同学们在操场上挥洒汗水，为祖国献礼。得知可以参加阅兵游行的消息，按捺不住自己心中的激动，就跑去辅导员那里报了名，虽然当时的我还在实习，可我觉得这可能是我人生中唯一一次机会，实习可以再找，这个机会错过可就没了。于是我就和同学们一起加入了群众游行的队伍，将八月献给祖国！

开始集训的时候，北京很热，闷得让人感觉有些窒息，好在学校体谅我们，将训练时间定在了早晚最凉快的时候。训练内容都是我们国旗班早都接触过的，第一次站军姿的时候，听见老师说只站 10 分钟，就觉得对我们来说这都是小菜一碟，要知道我们国旗班训练的时候，站军姿都是 30 分钟起。所以每次站军姿的时候，我都会很认真，每一个细节要点我都做得到，相信我们国旗班其他的同学们也是这样。作为国旗班成员的我们，在集训中自然也就担起了一份责任，我们教大家怎么走齐排面，怎么踏乐，怎么把动作做标准，同学们都很配合，慢慢地我们的排面就整齐了很多。训练间隙，大家排着队去接水，还有酸梅汤，三三两两地坐在操场上聊着笑着，现在回想起那些场面，都会觉得很幸福。

清楚地记得有一天，郝青梅老师走到我们这一排，将点位是 13 的我和我旁边的一个学妹调去了排头，当时我还很开心，想着我站在第一个可以压一下走路的节奏和步幅大小，让排面更整齐一些。然而第二天，我们骨干人员就单独出去训练了，那时我就知道，我们骨干人员是承担着艰巨的责任的！我们框架一定要整齐！

进入 9 月，我们的合练大多是在长安街进行的，记得第一次全体合练也是我们骨干人员去的，那天晚上有些凉，在堵了两个小时的车之后，我们终于到了王府井大街。我们站好队之后，杨老师就张罗着男生去拿餐包和水，我们就一起吃着喝着在王府井大街上坐了小半夜，说不困是假的，但是不能睡觉，睡起来会好冷的，刚开始还热火朝天地聊天，到后来就保持着沉默。当我们走上长安街的时候，看到远处天安门广场灯火通明的时候，所有的疲惫一扫而空！这一切都值了！

后面的合练都是大家一起去的，有了朋友的陪伴，感觉时间过得很快，而且每次去都能看到兵哥哥们，真是让人开心，也多了很多动力，但每周熬那么一次夜得缓好久啊。

2019 年 9 月 30 日，那一晚很激动，虽然第二天要凌晨 4 点集合，但也丝毫没有睡意。大家在操场集合之后郝老师告诉我们一个惊人的消息，我们的花车上站着的是前几天才赶回国，而且是十一连胜夺冠的女排队员们！这可让我们的小心脏激动了许久！ 10 月 1 日清晨，我们从东单地铁站一路上看着兵哥哥走到我们的集结地——王府井。吃了餐包之后，大家就开始养精蓄锐。终于，到我们了！走出王府井的时候，回头看到花车向我们缓缓驶来，看见女排队员每个人的脸庞，看着她们胸前的金牌，我终于忍不住流下了眼泪，向她们疯狂招手，为她们呐喊，为她们骄傲！走上长安街，看着特种兵部队，维和部队，女兵姐姐们，国旗仪仗队的队员们，我们走到了出发线，一声令下，音乐声和我们的欢呼声一起冲向云霄，看着城楼上那一袭中山装，我又哭了！

祖国万岁！愿祖国繁荣昌盛！此生不悔入华夏，来世还做中国人！

在二外的最后一个暑假，我选择了和朋友们一起为祖国献礼！

老师评语：

安妮同学和其他同学的每一步，都丈量着对祖国的情；流的每滴汗，都浓缩了对祖国的爱。我们需要继续努力，我们还要向前奔跑，我们都是追梦人！

第 36“祖国万岁”方阵——第 11 中队

碧浪与清波

欧洲学院　吴雨寒

“我和我的祖国，一刻也不能分割。无论我走到哪里，都流出一首赞歌……”

这个夏天，是什么旋律贯穿了悠悠蝉鸣与嘈嘈人声、从炎炎盛夏响到金秋十月？我想那必然是这一首《我和我的祖国》了。不论何时、不论何地，听到这首歌，我都会情不自禁地跟唱，它那婉转的曲调，就像是母亲如水般轻柔的怀抱，将漂泊在外的游子保护在臂弯里。

2019 年的暑假，我有幸被选中，参与到了国庆 70 周年阅兵的群众游行活动中去。7 月 25 日，当别的同学还在享受假日时光的时候，我就收拾好行囊，从家里出发回北京参加训练。

说实话，就算是有过心理准备，但白白被“剥夺”了这么长的假期，一开始的时候，心里不是没有怨怼的。把方阵走齐，听起来多么轻巧的一句话！可是当 53 人的大排面在眼前展开，你就知道实行起来有多么困难了。有的同学，没有标齐排面的意识，总是忽快忽慢，导致队列如一条长龙频频摆尾；有的同学只顾一味追赶前人的步伐，却不理会本排的排面，像“出墙的红杏”拦也拦不住；站在尾部的，要怪排头的高个步速过快；站在排头的，又埋怨中间的同学老是看不齐。推来挡去，最终也不知道问题出在哪了，如此两三天，耗尽了精力，训练却没什么大进展。

但是好在老师们给我们准备了丰富多彩的团建活动。每个小队在每天早训结束后，都会聚在一起，要么一起学歌，要么一起读书；同时学校还会定时放映电影、组织讲座等，这些活动无不丰富了我们的训练生活，使我们更加了解同一个小队的成员，一定程度地提高了大家的团队意识。大家逐渐明白，互相埋怨除了使队伍排面更糟糕之外，没有任何用处。唯有团结一致、彼此提醒，再加上自觉主动地改正，才能让一个如此庞大的方阵完美地前进。因此，分组训练时，当排面出现波动或者倾斜，大家不再是互相指责，而是善意提醒。被提醒到的同学也会记在心里，并在下一次出发时悄悄调整。

终于，时间来到了 2019 年 10 月 1 日，冲上长安街的那一刹那，我的泪水夺眶而出，只好用手中的捧花遮挡。行进过程中，我屡次哽咽，几乎无法喊出口号。这是一种无法言说的情感。中国，这是一个在世界上具有独一无二魅力的国家。我肯定不敢说她是世界上最优越的国家，因为我们国家确实也有很多不足之处，但是她一直在进步着，这难道不是最可贵、最可爱的地方吗?

如果说，祖国是大海能纳百川，那我愿意做海里的一朵碧浪，或一涟清波。或许力量不是那么大，但是只要我存在着，那我便会一直尽力地流动，让水域保持生机。我们热爱和平，在大多数时候，海面风平浪静，祥和静谧，但遇到风暴，它依然会怒吼，爆发出强大的力量来抵抗。因此，每当在队伍里踏乐前行的时候，我都会大声地跟唱，唱出我对我的祖国和我的同胞们无限的热爱。

这悠扬婉转的旋律，还将一直响下去，响下去，响在我前行的脚步中，响在我赤诚的心脏中，响在我剩余的人生里……

老师评语：

雨寒，作为班级的班长，你尽心尽力，总是认真地完成老师布置的各项任务。对于这次国庆游行方阵活动，就像你自己所说，你的认识也是一个渐渐深化的过程，从最一开始心里的“小抱怨”到最后的完全投入、积极配合，老师看到了一个更好的你！继续加油！

赤诚中国心

欧洲学院　高怡潇

作为一名大学生，我非常荣幸能参与到庆祝祖国母亲——中华人民共和国70华诞的活动中。训练的一个多月时间有苦有甜，有笑有泪。广场联欢的同学用嘹亮的歌声向祖国告白，轮滑方阵的同学用双轮一圈圈地丈量操场，我们则带着最真切炽热的热情加入群众游行方阵。当我们扬起手中的五星红旗，高唱着《歌唱祖国》时，那种由内向外散发的民族自豪感包围着我们每一个人，那是一种无比骄傲、无比自豪也无比神圣的感情。

2019年最值得我骄傲自豪的事情，就是有幸参加祖国母亲70华诞的庆典活动——国庆群众游行。还记得各级校领导的亲切关怀，从九中到衙门口，从衙门口到良乡机场，从良乡机场到阅兵村，从阅兵村跨入长安街，训练，合练，演练，一次次的训练，每一次都带给人深深的震撼和感动。

我们见过凌晨3点的北京，小手揉着微张的睡眼，但精神振奋。在凌晨4点，我们举着鲜花与彩旗，用脚在柔软的草地上摸索前行。凌晨5点，在摇晃前行的大巴里，我们吃着餐包渐渐入睡，互相依偎着渐渐入睡。窗外的朦胧，是我们记忆的倒影。清晨6点，我们这片挥洒汗水的训练场见证太阳的出生，看太阳如我们的祖国一般，在蓄势待发后，一跃而起。

但我深知，每一次外出训练都是无数在背后奉献的上级领导以及各位辅导员老师和后勤处的老师与学生们默默付出的结果，10月1日当天天安门城楼前闪耀着的星星是我们，但我们不应忘记在无数个黑夜默默为我们付出的工作者，我们是依靠在他们坚实的肩膀上，坚定自豪地走过天安门前。

7月，在二外开启体能训练，还记得每晚的"快乐体育"。清晰记得有一次训练赶上下雨，每个队员衣服都湿透了仍在坚持。每天上午加班加紧完成单位工作，下午顶着骄阳似火早早到达训练场，没有一次缺勤迟到请假，严格按照教官训练进行，控制好步幅步速保证整个排面整齐，虽然很辛苦很疲惫，但是没有人退缩。

8月，和传媒大学、物资学院以及朝阳群众开启方阵合练，突然从1000多人的训练增加到5000余人，我震惊了。从那一刻起，我真正明白了，团队的意思，团队的价值，我学会了尊重和妥协、理解和包容！数千人的方阵，不能苛求别人，只能真心地，尽自己的一分力量。

9月，进入五分指合练阶段，良乡机场、阅兵村，每次都是深夜出发，神秘且兴奋，彻夜未眠，在宽广的场地，我看到久违的日出，晨曦中我看到几万人参与到为祖国母亲庆生的群众游行中，这样的阵势让我感到无比震撼，无比激动！

10月，终于迎来了最终的检阅，当看着装备方队一辆一辆排列整齐地从我们面前经过，看到空中梯队从头顶依次飞过，最终自己走过长安街时，我们情不自禁摇动手中国旗呐喊着欢呼着，那一刻，真的为祖国骄傲！我骄傲我是中国人！36方阵98排11列高怡潇向祖国报到！

老师评语：

怡潇，你是小队长，同时也是班长。在训练中，你尽职尽责，不怕苦不怕累，高标准严格要求自己。在工作中，你总是保质保量地完成老师交代的任务，充分发挥了学生干部的带头作用，老师为你点赞！相信这次难得的历练会让你终生难忘！

国庆活动感受

欧洲学院　邱爽

“我和我的祖国，一刻也不能分割。无论我走到哪里，都流出一首赞歌……”这首歌的旋律时常在脑中响起，仿佛训练的日子还在继续，但如今的我们已经圆满完成了国庆 70 周年群众游行任务。走过天安门的喜悦心情久久不能平复，第一次感受到自己作为一个小人物也可以离祖国这么近。2019 年的夏天，我的名字与祖国紧密连接，我的心脏与祖国同频共振。

听说学校要组织群众游行方阵，我想都没想就马上报名了。我也感谢当时的自己，能让我拥有一段毕生难忘的经历。第一次的动员大会，很多老师和同学分享了他们在国庆历次活动中的经历，讲着讲着便湿了眼眶，那是他们多么刻骨铭心的回忆啊。听着他们讲的一个个训练过程中温馨的小故事，我更加坚定了参加此次活动的决心。

夏天是燥热的，学校为了照顾我们，把训练时间定在了早晚。训练无疑是枯燥的，也是辛苦的。但我喜欢每天清晨 7 点的风，喜欢坐在操场上和朋友们聊天，喜欢训练间隙那一口清凉的酸梅汤，然后才发现幸福原来这么简单，训练也变得越来越有意思了。还记得大家一起为了中队的荣誉而放声高歌、拼尽全力的日子，还记得那个戏剧性反转的集体生日，还记得海棠宝贝来探班的欢声笑语，这些都让因为训练不能回家的我们感受到了“家”的温暖。

之后就迎来了合练的日子，我们在金盏、良乡机场、阅兵村等很多地方留下了欢愉的身影。最印象深刻的一次是 9 月 28 日的最后一次合练，大家一起宣誓，不约而同地高呼“祖国万岁”，现在想想依然热血沸腾。

10 月 1 日凌晨集合，风微微有些凉，当听说我们花车上站的会是刚刚凯旋的中国女排时，全场都沸腾了，大家的热情都更高了。当真正走过天安门时，我们的情绪比每次彩排都高涨，可能只有在那样一个环境，才能达到那样一个情绪点吧。那一刻真的很感动，从王府井一路走过去，沿路的志愿者也会向我们挥手欢呼，我们是幸运的，我们身上也是担负着责任的，我们代表的不仅是我们自己，更是亿万中国青年，带着对祖国无限的热爱，在天安门前喊出那句“祖国万岁”，表达着对祖国的深切祝福。随着《我和我的祖国》和《歌唱祖国》的音乐，我们开始唱歌跳舞，向祖国和世界人民传递中国青年的青春与活力。

这次亲自参与国庆游行活动的经历，是一次终生难忘的爱国主义教育，激励我在以后的生活里，保持对祖国的热爱，在平凡的岗位上，担当起自己的责任，为祖国的繁荣富强尽自己的微薄之力。

老师评语：

“听说学校要组织群众游行方阵，我想都没想就马上报名了。”最一开始，你就积极主动地报名参加本次活动，在训练过程中更是能吃苦。同时，你还不忘这个集体带给自己的快乐和感动，这点也让老师很感动。是我们一个个个体促成了这个集体，但最后你我都发现，这个大集体给予我们的要更多更多。

你好，国庆

欧洲学院　朱怡潮

从2019年7月24日带着大包小包返京，到10月1日凌晨起床开始收拾，所有的一切，只为了这一刻。

外出训练

凌晨3点，我在蒙胧中摁掉了闹钟，迷迷糊糊地打开深夜里的第一盏灯，洗漱，拍拍自己的脸，企图让自己精神一点。

凌晨4点，我们举着鲜花与彩旗，用脚在柔软的草地上摸索前行。保安叔叔打着手电为我们照明，前头是因为怕话筒吵到居民而扯着大喇叭喊的老师。凌晨4点的天空星星最多，点亮了天空，也暖了我们的心。

凌晨5点，在摇晃前行的大巴里，我们吃完早餐渐渐入睡，互相依偎的肩膀暖到了心里。窗外的模糊，是我们记忆的倒影。

清晨6点，那片我们挥洒汗水的训练场见证太阳的出生，看太阳如我们的祖国一般，在蓄势待发后，一跃而起。

我们的汗水把防晒霜一次又一次冲刷掉；精致的姑娘们为了不晒黑都带上了面罩和冰袖，虽然炎热，仍然完成了训练。每一次的外出，是多拿回一份沉甸甸的餐包，也是筋疲力尽后洗一次热水澡的满足感。

王府井彩排

第一次去进行夜晚彩排的我们，仿佛刘姥姥进大观园一般，到处都是从未近距离接触过的装甲武器，连声惊叹外，竟忘却了疲惫。

我和丁茜说，我们十年二十年后还能对王府井大街的每个地方都熟门熟路，指出我们睡过的地砖、吃过面包的地方；看到花坛还会会心一笑，想起那两个在上头睡觉的人；还会想起那场为了抵抗困意而开的"小白专场"座谈会和那群真正通宵玩狼人杀的人；还有初中青涩的男孩子，对喜欢的女生说"我昨天刚剪了头发不好看"，说着还扯了扯自己的帽子。

毕竟，我们在这里感受过夜晚的寒气，也见证了白天的光明。

正式上场

凌晨4点得知我们方阵的花车上是从战场夺冠归来的女排队员们时，全体泪目，前一秒还为老师“战场上归来的……”停顿而倍感疑惑，后一秒恨不能拿到手机与世界分享。

当飞机喷着彩烟或挂着国旗或排列成各种形状飞过头顶时，尽管我们不能说全他们的型号，但一刻也没有停止挥舞手里的国旗，口中嚷着“太快了太棒了太壮观了”这些简单的词汇表达我们的震惊与欢愉。

我走到天安门前时，一直努力望向城楼，成功认出了那个一直挥手示意、穿着深灰色中山装的习大大。

疏散时，我们一个个迫不及待地挤到最边上，和海陆空三军的兵哥哥以及美貌与飒爽并存的兵姐姐们握手击掌，他们胸膛前的鲜花与国旗是我们最大的敬意与祝福。

经历是个好东西，中途休憩时回头望去，就会发觉内心和思想已收获满满。我将满载这份记忆，一路前行。

新中国成立70周年国庆群众游行36方阵98排35列已圆满完成任务，特来报到。

老师评语：

怡潮同学，你用三段最难忘的情境来描写自己的这段国庆游行方阵感悟，写得情真意切。在一幕幕辛苦的背后，我看到了你轻松、幽默的笔调。就像你自己在文中所说“经历是个好东西”，经历过才理解得更深，相信这次活动一定会在你心底留下一生难忘的回忆。

七月留给自己，八月献给祖国

欧洲学院　陈沁婉

六月未至，天气逐渐炎热，一个学期即将迎来尾声，大家陆陆续续进入紧凑的预复习，夹杂着对暑期日渐丰盈的幻想与规划，却迎来一声惊雷——“十一”70周年国庆大学生游行开始报名。无数有志青年开始蠢蠢欲动，闻其训练计划却止不住犹豫。“七月留给自己，八月献给祖国”，机遇伴随着成本，十年一遇难得的机会就在眼前，却意味着期待已久的假期将化为泡影。

过往四个月中逐渐积累的对家的思念在这一刻爆发，无数对暑假的美好规划都在这一刻破碎。然而，此番机会着实难得，并非每个人都有机会代表21世纪的青年大学生踏上十里长街为祖国庆生。最终小伙伴们携手同行，毅然报名，于“十一”盛典一同踏上长安街。果不其然，“胜利归来”，深叹“不悔当初”！

大半个暑假，7月24日直至开学，每日清晨迎着朝阳吹响训练的号角。每日五六个小时的训练在教官和老师的体恤和精心安排下并不令人疲惫。想方设法走齐队列对老师对我们都是考验，一路走来，老师们绞尽脑汁。大小排面变换，请教官专业指导，安排“钉子兵”“框架兵”……无数的尝试与改进才有了“十一”当日自由而有序的方阵。

除此之外，团建拉歌、读经典写随感，操场上“每日快乐体育”，各种活动都给训练生活增添了很多乐趣。夕阳下，大家在操场上围坐一起，以天为盖，无拘无束地歌唱抑或嚎叫；“B,I,S,U。BISU！ BISU！ BISU！”千人大型户外活动现场，满操场的师生一同进行基础的体能锻炼，贯彻落实“瘦身减脂提臀”的口号，众人整齐划一，场面一度十分壮观，令广场舞大妈叹服；还有演讲比赛，各学院才子佳人争相抒发自己对祖国母亲的热爱，讲述各自精彩的故事，幽默的主持，精彩的评论，都令人大饱眼福。

那些“朝六晚九”的日子使二外在我的脑海里连接了更多美好的景象。那变幻多姿的云彩下映衬的天空，那霞光万丈下的人文楼，那阴晴圆缺东西往复的月亮，那疲惫时吹散燥热的凉风，那MV拍摄中随我们一起走过的大雨……

训练占据了我们的假期，却额外给我们带来了团体的快乐、运动的酣畅还有自然的享受。

百日紧锣密鼓的准备只为了那一日的欢腾。在经历了几次方阵合练以及整体演练后，我们终于正式登场。出发的前一刻，惊喜传来——站上花车的是“刚从‘战场’上归来的女排队员”。缺眠的困倦一扫而空，众人摩拳擦掌迫不及待。换车，行进，等待。再次踏上王府井大街，国庆70周年阅兵正式开始。

整场活动犹如一场盛宴。十里长街被各种武器和军人们布满，各个方阵的成员以及后勤安保等人员使得大街热闹非凡。我们一路走来一路看，所有震撼都化作惊叹。

这是一种很奇妙的体验，我们有幸近距离观赏那些武器，它们在你眼前触手可及，看起来很平常，似乎没有什么威胁；但却又那么特别，它们就只是在那里，却能无声地讲述背后无数科研工作者辛勤的日日夜夜，也提醒我们当下和平安定背后是怎样的炮火轰鸣与刀光剑影。而那些军人们，在挺拔的身姿、训练有素的纪律、整齐划一的动作背后又付出多少汗水与伤痛的代价。与此同时，整场活动的安排布置规划，花车的设计，各个环节的操作进行，安全保障……一切的背后都有数不清的人无数个日夜的辛苦付出。所有人以自己的方式默默奉献，只为了最终能为祖国母亲、为全国人民献上最好的祝福。

最终我们踏上长安街，簇拥着女排战士，站在天安门城楼前，随着7万只和平鸽与彩球在空中放飞，我们与全国人民一起，欢呼出心中真切的祝愿——“祖国万岁”！

“七月留给自己，八月献给祖国。”此生无悔入华夏！祖国母亲，生日快乐！

老师评语：

文中沁婉同学提到了国庆游行活动中的点点滴滴，但最让老师感动的是沁婉说：“……一切的背后都有数不清的人无数个日夜的辛苦付出。所有人以自己的方式默默奉献，只为了最终能为祖国母亲、为全国人民献上最好的祝福。”是啊，在我们的背后是无数人的辛苦付出，后勤保障、安保、体育组老师等，我们都立足本职，全力以赴，最后获得了活动的圆满成功。

让梦想开花

欧洲学院　周澳妮

从国庆阅兵到现在已经过去 6 天了，除了 10 月 1 日那天和父母好友通话，便再也没有提起过。可是很多事情，就算你不向他人提起，你的脑海中也依然会一遍又一遍地回想那一天的场景，是真的刻骨铭心了。

小队长说要写心得感悟，我却不知从何写起。是写我 7 月 24 日风尘仆仆赶来北京的那一天转身看见父母红红的眼眶鼻头一酸，还是写和教官告别的那一天看着他们整齐划一的步伐心生崇拜，抑或是写带着满身的疲惫坐着大巴从昌平训练基地回来的路上看见粉色的夏日晚霞心中一热，还是写在长安街亲眼见到那些说不出名字的飞机从头顶上空飞起时的自豪……要写的太多太多了，感觉就是随便一个场景的浮现，我也有千言万语，难以道尽。

10 月 1 日，走在长安街上的那一天，望着两旁标志性的建筑，我忽然生出一种不真实感，我真的是在这里吗？我不是应该坐在某间教室里双手托着腮在幻想着未来种种，然后重新打起精神继续做题吗？尽管初高中时代已经远离，但是走在长安街的那一天，它们就像是期待已久一样，纷至沓来。现实与过去交织在脑海，那个因为飞机在苍穹中划过一道长长的线而欢呼雀跃的小女孩，那个因为女排再次夺冠而和朋友叽叽喳喳炫耀一整天的初中生，那个在政治课上看着“一带一路”的宣传片课后非得缠着老师问为什么习大大会有这样的先见之明的高中生，我目不转睛地看着我们花车上的郎平、朱婷，真的为自己加了一把劲，原来所有的努力都是值得的。

在天安门广场上进行表演，虽然我看不清习大大的脸，但是我亲眼看到我们在结束表演后习大大为我们鼓掌了，那一刻眼泪是刷的一下掉了下来，我们所做的一切习大大都看得见，我们的表演我们的付出得到了肯定，这比什么都重要。我偷偷擦掉眼泪，再一次告诉自己，原来所有的努力都是值得的。

所有的梦想在那个时候便已经起航，现在的我有一些梦想，我相信，未来的我会像现在的我一样，不断地告诉自己付出都是值得的，所以勇敢地向前走吧，不要回头，不要害怕，就这样一直心怀梦想努力下去吧，这些梦想终会结出果实的，因为中国是让梦想开花的地方。

老师评语：

就像周澳妮同学所说，这是一段“刻骨铭心”的经历，当10月1日完成任务再次回想起这段经历，有千言万语要说，但又不知从哪里说起。短暂的两个星期的暑假后风尘仆仆赶来北京，面对父母红红的眼眶鼻头一酸，虽然不舍，但父母还是一如既往地支持，因为他们知道自己的女儿有更重要的任务要完成，感谢孩子父母的全力支持，经过这个夏天的磨炼，相信你们会看见更加懂事、更加成熟的孩子，你们定会为孩子而感到骄傲！

纪念一段难忘的时光

欧洲学院　陈艺婷

2019年7月25日至10月1日，在短短的68天里，我度过了一段永生难忘的时光——参与国庆游行训练。这种经历，有的人也许一辈子都不会拥有，但我很幸运，我真真切切体会了这一过程。

自7月25日起，每天早上7点，学校的操场上总是站满一群头戴蓝色帽子、身穿白色上衣、朝气蓬勃的年轻人，那便是参训的我们。大家听从教练的指挥，练习各种表演动作。首先，教练会先要求大家站15分钟的军姿，刚开始，有部分人或是姿势不合格，或是难以坚持，但没有人因此放弃，渐渐地，大家都能在15分钟里，纹丝不动，站如松。炽热的阳光考验着每一个人，在训练中，汗水浸透了衣衫，皮肤也在以肉眼可见的速度迅速变黑；在一次次的适应力练习中，大家的身体都酸疼不已；在合练时，大家都是早早起床，在黑夜里集结……尽管训练很辛苦，但没有一个人有怨言，因为，我们的辛劳付出都是为了给祖国母亲献上一份最完美的礼物。

参训的过程是艰苦的，但乐观的二外师生都学会了苦中作乐。傍晚时分的火烧云，雨后初晴时的彩虹，夜空中的一轮明月，都能令众人流连忘返，沉醉其中；休息期间，中队合唱，激昂的歌声在操场上回荡；8月初，学校为生于当月的参训师生举办生日会，惊讶与喜悦洋溢于每一个人的脸上。训练中的点点欢乐凝聚成每一个参训者永不褪色的回忆。

进入9月，大家开始频繁在长安街上彩排。我们先在王府井集结，而后才在相关部门指挥下进入长安街。彩排的时间是短暂的，等待的时间却是漫长的。我永远不会忘记第一次彩排时的那个凌晨，沐浴着皎洁的月光、沉沉而睡的众人和天空中时不时出现的伴随着轰鸣声的直升机。大家对于军人都有着强烈的好感，每当一群英姿飒爽的士兵从众人身边路过时，无一例外都会引来大家惊羡的目光与激动的议论。除此之外，一排排军事装备也总能引发大家的好奇心，虽然并不十分清楚它们的用途，但大家依旧为祖国强大的军事力量而感到骄傲和自豪。

10月1日，我们在雄壮激昂的乐曲中走上长安街，在天安门城楼前，在众人高呼“祖国万岁”的时刻，我差点激动得落泪，直到那一刻，我胸中的爱国热情才完完全全喷涌而出，那种自豪感和幸福感令我战栗，在那一刻，我是多么庆幸自己生活在一个和平、繁荣、强大的国家，我为自己是中国人而感到骄傲！

短短的68天已离我远去。在那些日子里，我认识了许多同学，明白了许多道理，也提高了政治认识。那些充满酸甜苦辣的时光已成为一段不可磨灭的记忆。我永远也不会忘记2019年10月1日那天，我心中的呐喊：我爱你，中国！

老师评语：

这是一篇由心底发出的感悟。“2019年7月25日至10月1日，在短短的68天里，我度过了一段永生难忘的时光——参与国庆游行训练。”说这是“一生难忘”的时光一点也不夸张，只有经历过的人才能体会其中的滋味。艺婷同学，老师跟你一样，为这个和平、繁荣和强大的祖国感到骄傲和自豪！

我的祖国

欧洲学院　吴杨

“十一”活动已经过去一周了，现在才想起来写这篇感受。10月1号的那个上午仿佛一场梦。这次的十月活动给我的感受太多，我收获了友谊、欢乐和自己对于祖国这个词语更深的理解，习主席说过我们每个人都是追梦人，千千万万中国人的梦最终会汇聚成我们伟大的中国梦，我为自己是其中的一分子而自豪。

我们校内的训练集中在8月，炎热的天气磨炼着我们的意志。训练虽然辛苦，但很少有人说放弃。大家都不想因为自己而影响到集体，更为了10月1号那一天我们能在天安门前顺利地完成自己的任务。训练是枯燥的，但我却记住了身边同伴被汗水打湿的训练服，后勤师傅精心为我们准备的饮料，训练结束后和隔壁宿舍小伙伴的愉快的狼人杀游戏。一个月的训练，留给我们的并不是抱怨和劳累，而是伙伴之间的友谊，是心中对老师及师傅们的感谢，更是大家在一起为了同一个目标奋斗的精神，它给予我无限的动力去冲破困难，我认为这段经历难能可贵。

时间来到了9月，我们终于走上了天安门，作为一个北京孩子，我无数次经过这里，但这次却不一样，我身边是与我朝夕相处的同伴，是英姿勃发的军人们。王府井的大街很冷，我们互相传递食物和水，大家都争着去帮忙，为集体出力。此时此刻我们都挥舞着手中的国旗，每个人都为自己能参加这伟大的盛事而自豪，为我们的祖国而自豪，我们完成了第一次天安门合练！

10月1号是精彩纷呈的，战斗机从我们头顶轰鸣而过，郎平教练带领的女排英雄们站在我们方阵的花车上，习近平总书记为烈士们献上最崇高的致意。每个人都饱含热泪，用力地挥舞着手中的国旗，为我们共同的母亲献上自己诚挚的祝福。

我们年轻一代，肩负祖国委托给我们的重要任务。全民奔小康，消灭贫困户，一百年计划……祖国正走在伟大复兴的道路上，年轻人更应该有自己的梦，有自己的方向，为祖国的伟大复兴献出自己的力量。习主席曾说过：人的一生只有一次青春。现在，青春是用来奋斗的；将来，青春是用来回忆的。

作为当代青年，我们应该以祖国为担当，努力学习，为自己的梦想拼搏，为中国梦的实现尽自己的努力。不忘初心，砥砺前行！

老师评语：

吴杨，你是班长，同时也是这次国庆游行方阵11中队第51小队的小队长。对于你在这次活动中的表现，老师要给你打满分！你的洒脱、痛快和任劳任怨给老师留下了深刻的印象。无论是平时组织小队同学集合还是出去合练时领取餐包等，你都积极配合。你说作为一个北京孩子，无数次经过天安门，但这次却不一样。相信这次难忘的经历一定会在你心底留下一生最美好的记忆。

青春献给祖国

欧洲学院　章雨桐

70 年披荆斩棘，70 年风雨兼程。2019 年夏天有幸和同学们参加 70 周年庆祝活动。炎炎夏日，同学们牺牲了与家人团聚的时间，放弃了原本轻松的假期生活，齐聚校园，向祖国献礼。作为一名老党员，外公得知后很是高兴，他工作兢兢业业，将大半生都奉献给了党和国家。“十一”当天我不仅作为中国大学生代表走过十里长街，也是带着外公的热忱向祖国表达最真挚的爱。

每天的训练生活从站军姿开始，为的是能以最饱满的精神状态、最挺拔昂扬的姿态向祖国问好。第一阶段是行进训练，尽管我们经历过军训，然而要如此庞大的队伍整齐行进谈何容易。从波浪形的排面到大家步调一致、基本标齐，每个人都竭尽全力。由于人数众多，方阵的位置、表演动作等，正如杨老师所说：一切都在不断地变化就是最大的不变。对此，同学们摆正心态、迅速调整，并没有过多怨言。习惯了与手机等电子设备为伍的我们，在训练时需要放下手机全身心地投入，这于我们也是一个巨大的考验，却也给我们提供相互了解的机会，大家日益团结，和睦融洽，结下了深厚的友谊。每日的体能训练，900 多人奔跑跳跃的画面甚为壮观。“晨兴列队，戴月而归”也是我们每天训练生活的写照。验收当天，我们以优异的表现完成任务，我们走出了当代学生的昂扬与活力，脚下的步伐踏出了祖国的希望。挥舞的国旗与鲜花是我们对祖国热烈的爱，在烈日下把青春献给祖国。

全要素彩排阶段，凌晨的王府井，我们以地为席，在微冷的夜晚安坐，尽管身上是单薄的衣物，仍然驱散不了我们的热情。这个夏天，操场上，训练时的呐喊、休息时的欢声笑语、朗朗歌声、雨下奔跑的身影……这也许就是青春最好的样子。

国庆当天，看着战机列队飞过，深入骨髓的自豪感和万般激动，都化作声声呐喊。踏上长安街，跟随着彩车欢呼摇旗，看着女排姑娘们挺拔的身姿，骄傲不已，她们是祖国的骄傲，也是我们的榜样。

在训练之余，阅读了与宋史有关的书籍，得到了一些与以往不同的认知。

宋朝在中国的历史长河中，继往开来，开创了一个屹立于世界的中国。史学大师陈寅恪曾说：“华夏民族之文化，历数千载之演进，造极于赵宋之世。”长期以来，我们有一种似是而非的看法，那就是：东方重文，西方重理，没有西方的科学技术，全世界不可能走向近代化。其实，只要我们关注一下宋史，就会改变这种错误的看法。英国著名汉学家李约瑟发现宋代科技水平已经相当于英国工业革命前期。中国的四大发明之中有三项都是在宋代才付诸实践并且发扬光大的。因此，从某种意义上可以说，世界近代化的源头之一在中国。中国有底气、有使命走在世界科技的前沿。而在这 70 年的发展中，我们也确实证明了自己。

中华儿女在民族多灾多难的历史进程中形成了坚强的民族意识与爱国精神，从而凝聚成一个颠扑不破的整体，中国，如一只凤凰，浴火而重生，灿烂辉煌，屹立于世界民族之林。欣望江山千里竞秀，神州大地繁花似锦，中国，正以蛟龙之姿腾飞，愿您与日月同辉，如恒星永存。

老师评语：

雨桐详细地记录了自己在这次国庆游行方阵活动中的点点滴滴，就像文中所说，在这次历练中，雨桐不仅收获了成长，更收获了友谊，更重要的是，作为一名新时代大学生，雨桐为祖国的强大而倍感自豪。是的，我们都处在一个新时代，我们都为有一个如此强大的祖国而感到骄傲、自豪！

这些值得铭记一生的日子

欧洲学院　黄凡芮

谁不想在天安门前走一回呢?

谁不想近距离见见习主席呢?

谁不想上电视给全国人民看看呢?

谁听见了能参加阅兵而不心动呢?

这就是为什么，我们聚在了一起，聚在了小小校园的操场上，聚成了一个“凹”字，慢慢地向前走去。

8月的清晨，我们一起在操场上站军姿，在烈日下走齐步、标排面，在微风里排队喝酸梅汤；在夜幕降临之际，我们看着落日聊天，在操场周围的灯光下练开合跳、蹲起、冲刺跑……9月，我们在繁忙的学习压力下坚持训练，我们或是在晚饭后集合，第二天清晨入睡，或是在天亮前集合，在上课铃响起之前散去……我们付出了很多很多，已经不仅仅是将8月献给祖国了：有老师推迟了婚期，有老师离开了自己的孩子，有同学退掉了机票，而在开学之后，我们更是挤出休息的时间去补落下的工作和学习，但我们都坚持下来了，没有人半途退出，因为有一股力量始终给我们动力，我想，那就是我们心中的爱国情怀。

似乎这爱国情怀，是我们每个人在出生的时候就已经流淌在血液里的，是像我们有黄色皮肤黑色眼睛一样是天生的、自然的一部分。每当我走上长安街，心中就仿佛有什么在震动，和耳边的音乐共鸣，让我红了眼眶；我总是在喊“祖国万岁”时哽咽；我总是在唱《歌唱祖国》时落泪……我不知道原因，直到我想起这样一句：“为什么我的眼里常含泪水？因为我对这土地爱得深沉。”

10月1日的上午，我坐在长安街上，我想，这是我参与国庆活动以来最后一次大大方方地坐在这条大街上了，是我们训练方阵集体最后一次一起坐在这里吃面包夹肉片了，泪水就直接涌了上来，在眼眶里打转。突然很怀念这么多天的训练时光，很怀念抱着肚子走齐步的样子，怀念酸梅汤的味道，怀念1000人一起做蹲起、做仰卧起坐，一起喊BISU做开合跳……这些事情，马上就要正式地成为回忆了，突然很不舍、很害怕，害怕自己会忘记其中的细节，忘记我们点点滴滴的小幸福。

但是我马上又释怀了，这些天的努力与付出，马上就要由我们亲手画上句号了，尽管随着时间的流逝，这份回忆会在我们的脑海里渐渐模糊，但是我们一定会记得这份骄傲之情，这就足够了。这个时候的我，已经不在意能不能被摄像机拍到了，无论会不会拍到我，我都是这5000人大方阵中的一分子，都是不可或缺的一部分，我要拿出我最饱满的热情，交上这份政治任务的答卷。

我做到了，我们二外人做到了。

这些日子，值得我们铭记一生。有些回忆会随着时间的流逝而淡忘，但我相信，这段日子，永远是我们心中最亮的星。

老师评语：

作为学院分团委的秘书长，凡芮同学主动报名这次国庆游行方阵活动。在训练途中，因为家中长辈的丧期，凡芮不得不回家，半夜还在微信上跟老师说："老师，我一定尽快赶回来，请一定要跟负责老师说，不要取消我的点位！"这些点滴老师都记录在心。凡芮，你用实际行动诠释了一名学生干部的责任和担当，老师为你点赞！

第 36“祖国万岁”方阵——第 12 中队

祖国万岁

政党外交学院　曹一心

“祖国万岁！祖国万岁！祖国万岁！”这一声声的呐喊不由得让我心潮澎湃。这是一个方阵的声音，也是 70 周年阅兵的声音，而我正是其中发声的一员。

我决定参加国庆活动时，总会有一种声音围绕着我。上课已经那么累了，为什么还要用自己的暑假参加第二次的“军训”？而我想说的是，因为这是我的祖国，我很幸运成为二外的学子，更加幸运地遇见了新中国 70 周年的国庆，我爱我的祖国，又有几个十年在等待我？人们都说，这个暑假是把 7 月留给自己，8 月献给祖国。多么难忘的事情，这一生也许只有这一次的经历。

累吗？真的很累！常规的训练早上迎接太阳，晚上送走夕阳。方阵的人居然有 5000 人之多。最开始，方阵的队形和动作与最终的结果完全不一样，每天都会有不同的变化。慢慢地大家变得焦躁，这时，老师的一句话点醒了我们：“大家记住，所有事情都是无法预测的，为了让我们的队伍更加完美，最大的不变就是一直在变化，大家加油！”最终二外的队伍被安排在了最后的 20 排，而每一排由 53 名成员组成。这么难，但是我们是二外人！我们可以做到！日复一日的训练，学校甚至请来了教官，我们齐心协力，手挽着手，选了标兵骨干进行督促，当我看到一排排整齐的队伍，我感觉大家自内而外地散发着一种光芒，骄傲的眼神，自信的笑容在每一个人的脸上呈现。

你不怕苦么？怕啊，我也是一个不到 20 岁的小姑娘，我怕累我怕被晒黑。但当我发现一群还在发育阶段的小学生也在和我们一起熬夜作战的时候，我觉得相比他们，我们这点算什么。那天凌晨 3 点半在操场集结，坐上大巴等到 9 点多才开始训练，真的太困了，倒地就睡。醒了以后前面的队伍还在训练，又是吹号又是打鼓，再仔细一看都是一些小朋友。烈日炎炎，没有一丝阴凉的地方，大家的情绪开始浮躁、激动，抱怨为什么前面的小朋友不能快一点，我们这么早来在这里一直等着。总算合练完成的他们又单独走了几次。巨大的鼓占据了小朋友们三分之一的身子，显得尤为沉重，但他们略显疲惫的脸上却洋溢着笑容，好像有感染力一样让我们也不自觉地跟着笑了起来。最后小朋友们离场，他们开心地向我们挥手再见，这时台上的总指挥说的一句话让我们震惊了："让我们为这些小朋友们鼓掌，他们在昨天夜里 11 点就到了这里，一直练到现在！"大家先是短暂的惊叹，随之而来的是热烈的掌声，一群 10 岁左右的小朋友坚持了这么久，我们到底在抱怨什么！这点苦，小朋友们不怕，我们也不怕！

你觉得值得吗？值得！当我真真正正地站在天安门前，各位领导面前，那种激动的感觉油然而生，更是流下了眼泪，这份感动这份激动是难以忘怀的。

如果有人问我，我的祖国在哪？那么我一定会骄傲地告诉他，是中国。我爱你！亲爱的祖国！作为祖国花朵的我们是新时代的宠儿。祖国是我们的母亲，用饱经风霜的手为我们指引前进的道路，用坚定的步伐，为我们开辟通向幸福未来的道路。我的祖国，也是我的骄傲！

最后祝福我的祖国，祝愿我的祖国繁荣昌盛，永驻辉煌！

老师评语：

曹一心同学把 7 月留给自己，8 月献给祖国。她在训练中不怕苦，不怕累，展现了二外学子的自信与风采。怀着这份难忘的记忆，相信无论走向何方，她都会骄傲地喊出"祖国万岁"！

我的国庆阅兵征程

政党外交学院　陈曦

2019年的10月1日对于我来说注定是一个最特别的国庆日，这不仅仅是因为这一天是新中国70岁的华诞，更是因为这一次我加入了国庆阅兵活动的群众游行方阵。真正走在天安门的城门前，并被国家的最高领导人检阅，这无疑在我的人生篇章中留下了绚烂美丽的一页。

10月1日的凌晨，很多人还在睡梦中时，我与同去参加阅兵活动的伙伴们就离开了温暖的床铺，踏上了属于我们的阅兵征程。穿上特定的服装，拿上道具，再画上精致庄重的妆容，我们所有人都准备完善。在兴奋与紧张中我们结伴来到了出发地，一路上看到的都是我国最骁勇善战的战士方阵，国家最顶尖先进的武器战备方阵，不管是看多少次我都禁不住要赞叹那些战士们的挺拔，那些坦克和装甲车的宏伟壮观。不同于往日的合练，我们这次都压制住了自己的赞叹声，因为我们明白战士们需要调节到自己最好的状态。

随着晨曦升起，在王府井大街上等待的我们听到了远处渐渐传来的音乐声，所有人都跃跃欲试起来，紧紧地跟着队伍，牢牢握住手中的道具，避免一切意外的发生。随着逐渐接近天安门大街，我原本因为等待而平息的心情又起波澜，虽说的确有些紧张但更多的还是充满了兴奋与期待，因为我明白身边一起训练的伙伴们是多么可靠。在我真正踏上天安门大街，我终于有了实实在在的感觉，我们即将代表全中国的青少年们，接受习近平总书记的检阅，自豪与雀跃充满了我的内心。

原本无比熟悉的音乐在此时格外悦耳，我跟着大家不可抑制地欢呼跳跃，明明10月的早晨非常凉爽，我们的队伍却宛若处于盛夏之中，那么的热情如火。我与大家一起挥洒着汗水不停前进，仿佛感觉不到时间的流逝，很快我们到达了天安门的城门下。伴随《我和我的祖国》乐声，我们忘情地唱着跳着，快乐真的就是如此的简单，每个人脸上都是最真诚幸福的笑容。《歌唱祖国》的音乐响起，我们都明白这是阅兵即将结束的信号，我们多么希望时间停止在这一刻，但是韶光易逝，不论再怎么不舍与遗憾，属于我们的舞台已经结束。我们不顾身上酸软的肌肉，再次爆发出了自己的潜力，用最热烈的欢呼与歌声欢送习近平总书记与各位国家领导人退场。

直到我们也开始退场，我还是无法停止内心的悸动，参加训练以来的所见所闻都告诉我中国有多么强大，我生活在这个时代是多么幸福。这次阅兵征程让我如获新生，现在的我无比希望自己也能为祖国的繁荣昌盛奉献一分力量。作为中华儿女我们应该携手共进，同为中国特色社会主义现代化强国的建设添砖加瓦，“此生无悔入华夏，来世愿做中国人！”

老师评语：

陈曦同学在活动中全情投入，更重要的是在活动中感受到祖国的强大，感受到我们的党的伟大，表达了大学生对祖国日益繁荣的喜悦，树立起了理论自信、道路自信、制度自信和文化自信，相信这是她人生篇章中留下的绚烂美丽的一页。

亲身经历，感激不尽

政党外交学院　迪达尔·吐尔汗别克

时光荏苒，岁月如梭，中华人民共和国迎来了70岁生日，70年的风雨兼程，说不尽的沧桑坎坷，当然还有数不尽的光辉伟业。

2019年的国庆阅兵，是举世瞩目的一场盛典，阅兵式和群众游行的许多细节也让我们潸然泪下。这一次的国庆盛典，让世界再一次认识了中国！天安门前的一个个整齐的队列方阵，还有展示的那些由中国自主设计的新型武器装备，以及像雄鹰一样搏击长空的各型战斗机，这些都是新时代中国强大国防实力的体现。那些飞机飞过的时候，我的脑子里回响着一句话：我们的飞机再也不用飞第二遍了。

2019年的国庆，身在现场的我无法抑制激动的心情，成为压轴的“祖国万岁”方阵的一员是我的荣幸，能够亲历这次的国庆庆典是我的骄傲。在这次的国庆活动中，除了受阅部队，十万群众游行方阵，还有很多后勤保障人员、安检人员、保洁人员等，所有人都在为国庆大典辛苦付出着。

我一直认为，能够参加国庆大典这样的光荣机会来之不易，这样的机会一生一次也就够了。我的这次机会，也在“十一”那天结束了。所有准备的时间过得太快了，从7月底开始的训练也太快了，“十一”当天也过得太快了。就算庆祝大会过去了很久，我还是沉浸在国庆当天的激动和欢喜中。不出意外的话，这应该是我第一次也是最后一次，更是唯一一次参加国庆群众游行活动了。如果以后还有这样光荣的机会，我也会义无反顾地报名，接受党和国家的检阅，接受全国人民的检阅，这是我最大的荣光。

我看了庆祝大会的全程录像，大典上的一幕幕都让我流下了眼泪，是激动的眼泪更是感动的眼泪。如今的中国山河无恙、国富兵强，我们能用祖国的发展来告慰先烈。当我看到习近平主席的2019车牌检阅车后方紧跟的1949车牌的检阅车时，我只有一句话想对无数先烈们道来：这盛世，如您所愿。让我泪目的还有致敬方阵的礼宾车，礼宾车上有老一辈党和国家、军队领导人的亲属代表，有老一辈建设者和家属代表，有中华人民共和国成立前参加革命工作的老战士，以及老一辈军队退役英模、民兵英模和支前模范代表。我们都知道，这是让老一辈的奋斗者们看一看如今强大的中国，也是让我们所有中华儿女知道，老一辈的精神永存。

长存使命意识，意志坚如磐石。在这次的阅兵式上，战士们的眼中有坚定有信念，还有责任与使命。作为当代大学生，我们更应该同他们一样不忘初心，牢记使命。我们也必须同许许多多革命先辈一样迎难而上、坚持不懈、顽强拼搏，为中华民族伟大复兴不断努力奋斗。

山河无恙，国泰民安，这便是最好的时代！衷心祝福祖国母亲生日快乐！愿祖国繁荣富强！

老师评语：

迪达尔同学对国庆70周年庆祝活动怀有敬畏，对老一辈革命家心有感激，对军人同志怀揣敬佩，对活动背后的后勤保障人员充满感恩。充满深情的文字和洋溢出的对祖国的自豪，让我相信当代大学生是我们国家值得信赖、值得依靠的群体，是祖国的未来。

无论潸然泪下还是笑容炽热，我始终爱你如初

政党外交学院　刁慈

“为什么我的眼里常含泪水？因为我对这土地爱得深沉。”这是艾青不忍见祖国山河破碎、百姓颠沛流离时抒发出的对祖国母亲的深深爱意。我们含泪，因为动荡的岁月里，无数中华儿女为建设一个独立自主、繁荣富强的中国努力奔走奋斗；我们再含泪，因为在和平的岁月里，新中国历经70年的发展，含泪是为赞叹祖国的沧桑巨变与繁荣昌盛，是为赞叹中华儿女的接续奋斗、砥砺前行！

数不清有过多少次的潸然泪下，数不清有过多少次露出炽热笑容，我只记得，每一次，都是情之所至，都是情真意切。作为团队骨干，我牢记使命。多少次通宵熬夜，多少次汗流浃背，我都坚持了下来。“一次受阅，终身光荣。”我们决心在“十一”那天，用赤诚爱国的心，向全世界人民展现青年人的朝气。

当《我和我的祖国》音乐响起时，当所有人高呼“祖国万岁”时，当知道彩车上是凯旋的中国女排时……忍了又忍的眼泪夺眶而出。我总会想起70年来，中国从一穷二白，到如今的世界第二大经济体；总会想起革命先辈用鲜血换来的独立与和平；总会想起从经历银河号事件、南海撞机等屈辱，到后来利比亚撤侨、也门撤侨时祖国的强大；总会想起从被人诟病为“东亚病夫”到一次次奥运夺冠……脑海中浮现的一幕幕都在讲述着70年的初心不改，70年的砥砺奋进……如今眼前祖国的丽日蓝天，山川风物，国泰民安，都让我热泪盈眶。我相信，大家都会这样，赞叹盛世中华！因为爱国情怀，是深深烙印在每一个中华儿女基因中的。

本以为“十一”走过天安门时，我会因难以控制情绪而落泪，不曾想，我以最灿烂炽热的笑容、最真挚热烈的情感为祖国母亲的华诞献礼，这份感情是感恩过去，珍惜现在，憧憬未来，是中华儿女对祖国最深沉的爱意与最美好的祝福。我爱你，中国！

结束之后，在宿舍看回放，为自己有幸参与国家盛事再次落泪。为我们精心准备餐包的后勤人员，凌晨守卫我们的保安人员，在宿舍门口对我们说“辛苦了”的楼妈……感恩每一个坚守在自己的岗位上的中华儿女，正是每一个平凡却又不平凡的我们，创造了这不平凡的盛世中华。

习主席在讲话中说：“中国的昨天已经写在人类的史册上，中国的今天正在亿万

人民手中创造，中国的明天必将更加美好。”我有幸知道中国并不一帆风顺、却始终向前的昨天，有幸见证中国今天的盛世，有幸为描绘中国更加辉煌的明天而接续奋斗！

无论我是为你潸然泪下还是笑容灿烂，不变的是爱你如初。

有幸生在中华家，此生无悔入华夏！

愿盛世中华，国祚永昌，祖国万岁！

老师评语：

刁慈同学是我们在国庆活动结束后发展为预备党员的，在活动中，她作为第53排框架骨干同学，爱国热情体现在她响亮的口号中、标准的动作中、热烈的情感表达中，正如她自己所说的“正是每一个平凡却又不平凡的我们，创造了这不平凡的盛世中华”。

向祖国献礼

政党外交学院　董嘉仪

十年前我是一名小学生，坐在家里观看60周年大庆的阅兵游行。十年后我作为大学生加入群众游行方阵，向祖国献礼，向世界展示当代中国大学生的精神风貌。

早在60年大庆时，我就无比羡慕当时能参加的同学们，看到他们脸上带着灿烂的笑容站在天安门广场前接受国家领导人的检阅，同时也被国庆壮观的场面震撼，我暗下决心，19岁的夏天要成为国庆游行方阵中的一员。

2019年，7月25日，我回到学校开始训练，我比其他同学提前一个多月返校。在清晨大家都熟睡的时候，我已经站在操场上开始了一天的训练；在别人还在畅游大好河山的时候，我头顶烈日站军姿；在别人还在深夜刷剧时，我已早早进入梦乡。日复一日的单调训练让我感到很疲惫，身边的人经常质疑我的选择，又苦又累你何必参加呢？但是当我看到辛苦付出的老师们，他们有的延迟了自己的婚期，有的不能照顾家里老人孩子时，我没有什么可后悔的。虽然我牺牲了与家人团聚的时间，但是我在做让家人为我骄傲的事情。为什么我来参加游行群众的方阵？因为我深深地热爱我脚下的这片土地，热爱我的祖国！

在合练的日子里，我早出晚归披星戴月，经常席地而坐抓紧时间补觉，有时候会因为等待时间太长心生抱怨，但当《我和我的祖国》旋律响起的一刹那，我觉得这一切都值得。不管前期有多么疲惫，那句发自内心的“祖国万岁”点燃了我们的热情，喊出了我们的心声，表达了我们的祝福！全世界的目光集中在我们中国大学生身上，我们定会展示我们的风采，发扬社会主义接班人昂扬向上奋发进取的精神！

在68天的漫长等待后，我们终于站在天安门广场前接受国家领导人的检阅。我向归来的女排英雄们呐喊，向国家领导人呐喊。我敢说，“祖国万岁”方阵里的所有人这次的呼声最响亮、感情最真挚。因为我们由衷地为祖国感到自豪，我们的任务是好好学习报效祖国，让祖国的明天更加美好！

从站起来、富起来到强起来，中华民族实现了气壮山河的历史性跨越；从“赶上时代”到“引领时代”，中国人民意气风发地走在时代前列。历史和现实证明中国人民一定能，中国一定行！

“而今迈步从头越”，中国人背负着历史的烙印，从历史中走过来，正在创造新时代属于自己的历史。大道之行，谁能阻挡？

我们生在最好的时代，肩负着民族复兴的重任。祖国的昨天已经被书写成历史，祖国的明天由我们来创造！

作为 14 亿分之一，我为中华人民共和国的 70 华诞献礼。衷心地祝福祖国的明天越来越好！祝福伟大祖国繁荣昌盛！

老师评语：

董嘉仪同学经历了 68 天的漫长训练，展示了当代大学生的风采和爱国情怀。今天她是祖国的花朵，正是因为有很多她这样心怀梦想勇于担当的青年，祖国的明天一定会更加繁荣富强！

从王府井到长安街

欧洲学院俄语系　郎乔

从王府井到长安街有多远呢？似乎很近，不到2000米的距离，走走看看一个小时就能走完。可是对于我，对于36“祖国万岁”方阵，对于所有受阅的群众来说又很远，从华灯初上等到黎明破晓，从7月底走到10月初。

每次集合大概是在下午5点，出发的早，其实要一直等调度，一等就是五六个小时。我清楚地记得7月底刚开始在学校进行训练的时候我嫌操场脏，休息的时候都不愿意坐下。等到了9月彩排的时候简直可以用“逮哪儿坐哪儿”来形容。传媒大学的校园甬路，地铁站外面的防护栏，甚至是地铁专列上，都可以看到满满的都是坐下休息的人。彩排一般在凌晨两三点开始，队友们出发前明明约好了要通宵玩狼人杀，结果到了王府井所有人上下眼皮仿佛是磁铁上下两极。虽然带了厚外套，但是在9月直接躺在王府井的石板路上的话其作用仅仅是聊胜于无。中医所说的“寒气”的确是真实存在的，寒气从青石板上散发出来，沿着骨头缝往上爬。

长安街上的彩排过程既紧张又有趣。手持通信台只有小队长才有，相对于一排53个人的大排面来说通信台委实少得可怜，下达口令全靠口口相传，方阵内部通信基本靠吼。“排面！”“笑！”尤其是这几个口令，所有人从头喊到尾。网易云音乐有一条评论只有四个字——“看齐排面”，下面却有两百多条相似的回复——“确认过眼神是一起参加国庆的人”。除了这些，还有许许多多的问题。比如我们二外是整个方阵的最后几排，前面无论是哪个学校间隔没有控制好，框架散了的锅都会被二外稳稳地背住。没有办法，二外只能自己压缩自己，把前面90多排落下的距离赶回来，这样一来队伍就变得异常拥挤，每次彩排完我都感觉经受了“降维打击”。大概真的如普希金所说“所有过去的，都将变得可爱”，当时大家挤成相片，现在倒觉得那么近距离地一起走倒也亲亲热热的，像是一家人。

2019年7月到9月，我本应该为考研全力复习，但我仍选择了参加70周年阅兵式，退出了北外考研班，我无数次问自己：你有可能考研落榜，你觉得可惜吗？的确，我不愿意考研失利，但相比于此，我更不愿意本有机会为祖国母亲献礼却视而不见，更不愿意作为党员在祖国召唤我的时候躲避逃脱。这是我的责任，我的义务，我永远的荣耀。

“黄色的林子里有两条路，很遗憾我无法选择两者。”我选择了一条路，从王府井走到了长安街，最后到达了中国的心脏——天安门广场。我和我的祖国，永不分离。

老师评语：

郎乔同学对参加国庆活动时的很多细节感受深刻，文章读起来让我仿佛也回到了暑假训练的时光。从她轻松诙谐的笔触，能看到她是笑对训练时的困难，尤其是，郎乔同学是边准备繁重的研究生入学考试边参加训练，更让我对她感到敬佩和欣赏。

感恩祖国纪实

政党外交学院　吕文婷

参加新中国成立 70 周年大庆活动，可以说是我长大后在能够充分表达爱国之情时，我拥有了这次难能可贵的机会来回报祖国的养育之恩。虽然我只是整体被检阅人员的 10 万分之一，只是整个方阵的 5000 分之一。但是在国家需要我的时候，我招之即来……

从训练之初到国庆游行结束，历时 3 个月的时间。正是在这段不长不短的时间，我拥有了一段终生难忘的经历。从与方阵中周围人素不相识，到聊得不可开交；从与教官们的初识到分别；从一点点知晓游行的行程安排，到结束最终的表演……一个个白天黑夜，结识这么多优秀的同志，并且又一同度过这么一段有意义的时光。我们陪伴在彼此身边，只为了一个共同的光荣使命，紧紧团结在一起。我们为自己日益优异的表现感到欣慰，为祖国发展到今天获得如此巨大成就感到骄傲。我们共同庆祝着！

从第一次学校组织为同学们过生日，到最后像照毕业照一样的集体合影，这些感动的瞬间让曾经彩排中无数次漫长的等待和训练中无数次烈日下的苦熬变得不值一提。我相信这种使命感和自豪之情是难以言表的，中国人历经千难万苦才有了今天的进步与发展，唯有身临其境才知其中的辛酸苦涩。

第一次正式彩排。当我踏上长安街的那一刻，心中的紧张、激动与无尽的感动顿时汹涌而出。这是一种从未有过的感受与体验。凌晨一点，战斗机的演练项目在头顶上轰隆隆盘旋、飞过，再徘徊往复。八月十六的月亮正圆，有人在玩狼人杀，有人在闭目养神，有人聊得热火朝天，有人已然昏昏欲睡……凌晨两点半，不知为何还需原地待命的我们口干舌燥，还在努力保持清醒的大家，又不得不东倒西歪地躺在步行街上，就这样前进一段睡一段……凌晨三点半，终于要步入长安街。沿路的兵哥哥兵姐姐为我们鼓掌，我们以欢呼回敬。红旗黄花在长安街暖光灯的照耀下格外好看。此起彼伏的麦浪，步步紧逼的脚步，声声入耳的音乐，金碧辉煌的天安门城楼，28 万人的狂欢……这就是凌晨四点的长安街。再次辗转，回到了凌晨五点的二外。路灯已然熄灭。终究还是像老师说的那样，越临近庆典，心中的自豪与骄傲越得以彰显，那种热情和心境会与训练之初有很大的差别。

最终阅兵游行的壮观不言而喻，这段经历成了我大学生活中浓墨重彩的一笔。还是那句话，在祖国需要我的时候，我一定会招之即来，使命必达。最后千言万语不如一句：我爱你！我的祖国！

老师评语：

吕文婷同学是大四毕业班的学生，也是学生党员，活动报名时，她克服准备毕业就业的困难，第一个积极报名，正如她所说的，“在祖国需要我的时候，我一定会招之即来，使命必达”，让我看到了一个党员的担当和责任感。

给亲爱的30年后的祖国的一封信

政党外交学院　王祠旭

亲爱的30年后的祖国：

您好！

我是北京第二外国语学院政党外交学院国际关系专业2017级学生王祠旭。首先我在此祝您一百岁生日快乐！一百年来，您筚路蓝缕，终于成为社会主义现代化强国。我作为您的孩子，十分地为您自豪，为您骄傲。

那时还是20岁的我，在2019年给70岁的您庆生。在2019年10月1日的中午，我手拿鲜花和红旗，用脚步丈量长安街，用青春的热泪和汗水，用《我和我的祖国》歌唱着对您的最真挚的爱。那天，我聆听了各界人民群众对您的欢呼，亲眼领略了习主席和其他国家领导人的英姿，触碰了中国军人的坚实双手，还真实地感受到大国重器的威武。为什么我的眼中常含泪水？因为我对这土地爱得深沉。那天之后，我对您爱得更深；我更加深刻理解了外交专业课本中的何为党、何为国家、何为民族、何为外交的底气，何为中华民族复兴的底气！

70多个日夜的训练，以及10月1日那天最后向世界人民的展示已经成为往事。但是每次听见那些歌曲，回想起那些动人的往事，我就会心潮澎湃，那是青春，那是难忘的时光。在五六月的时候，我没有犹豫，主动选择了报名，因为参加这次大庆，为您献礼，是我最应该做的事情。因为我来自中山市，继承中山先生的遗志；因为我在周总理关怀下建立的学校里学习外交专业，牢记总理的嘱托。我更加深刻地了解了以他们为代表的一代一代的先辈们是如何攻坚克难，为中华民族谋复兴。因为预备党员的身份要求我如此，正如学院院长和书记所言，我作为预备党员就应该身先士卒，在党和国家需要的时候挺身而出。所以我毅然决然地放弃了暑假宝贵的实习机会，报名参加。

在训练的时候，有很多感动的故事在发生。即使被胃病折磨，也坚持熬夜完成一次一次训练的学姐；推迟了婚期或者推迟了与家人团聚的时光，和我们一起训练的老师；在三更半夜，顶着黑眼圈为我们送行的校长。训练过程是艰苦但是又富足的，这几个月是我过的最充实的时光：在训练间隙和大巴上，国际关系理论等专业书时刻陪伴在侧；在清晨早起，学习英语然后才去训练；训练之外，在研究院为祖国母亲贡献学术力量。

亲爱的祖国母亲，我为您感到高兴，您有这么多积极向上的二外师生与您一起奋斗，他们都是中国外交的底气！我相信，我在30年后，一定会成为中国大外交的顶梁柱，在外交上为您贡献力量！我相信，您一定会在千千万万先进青年的共同努力下，变得更加富强、伟大，用中国外交为世界贡献中国智慧！

老师评语：

王祠旭同学是一名预备党员，他放弃了暑假宝贵的实习机会积极参加训练。在训练中他积极刻苦、不忘学习，训练间隙都在看书，满怀赤子之心圆满完成训练任务。他是二外学子积极向上的代表，用真诚与热情感染每一个人，用行动为祖国贡献自己的力量！

这是儿女们心中期望的歌

政党外交学院　孝泽慧

“伟大的中华人民共和国万岁！伟大的中国共产党万岁！伟大的中国人民万岁！”我们紧张又期待地坐在王府井大街上，围着全中队唯一的手台，通过电台直播收听了习总书记的讲话。彼时我们没有置身城楼下，却依然与祖国共享着这一伟大时刻。

从7月25日返校到国庆当天，我曾悄悄幻想过无数次，走上天安门的时候一定会落下热泪。出乎意料，当无数和平鸽和气球伴着我们的歌声在背后升空，眼里心中却不见泪意，只有笑容灿烂。

一路走来，校内校外练习过数次，身为26路的骨干，更是比别人多了几次合练，让我印象最深刻的仍是第一次的骨干长安街合练。夜晚的天安门像一个奇妙的梦境，华灯流转、明媚璀璨，是新中国成立70周年之际繁荣昌盛的最好写照。当我们在华灯彻照的长安街上奔跑起来的时候，内心无比激动，人一辈子能有几次长安街上的夜跑呢？我们欢呼雀跃，发自内心地为70年里的沧桑巨变发出赞叹。

中华民族并非一帆风顺没有忧患的民族，正如歌里所唱，“我们历经了多少苦难，才得到今天的解放”。但中华民族始终是一个历经沧桑而不衰，饱经磨难而更强的民族。当三军仪仗队踏着完美的步伐接受检阅，当武器装备昭示着军事力量的强大，当10万群众高呼“祖国万岁”、毫无保留地为祖国庆生时，我想，这盛世，当如筚路蓝缕建设起这个国家的人所愿。

无数人为此努力了日日夜夜。“十一”的前一天，我的中队长霍老师因过度疲劳去了一趟医院。我虽仅仅是个小队长，也在数次领发物资、上交材料时默默思考，庆祝大会需要多少人的齐心协力？它不仅需要受阅部队和游行群众呈现出的完美表现，它还需要无数工作人员、后勤人员、安保人员、志愿者们的默默付出，一辆又一辆令人赞叹称奇的彩车经历了数次的讨论改进，一袋又一袋餐包经历了数道程序才到达我们手中……群众游行的主题是“同心共筑中国梦”，我们脚下宽广美丽的土地，正是14亿中国人一齐建设起的中国。当14亿人为同一个梦想努力，当我们共同创造着全世界为之瞩目的伟大奇迹，我想，这盛世，当如每一个中国人所愿。

有人说我们方阵的衣服像是五四运动时期的服装，可百年前青年高呼“还我青岛”，是为国洗辱，力争主权；而百年后青年高呼“祖国万岁”，是为国庆生，歌唱祖国。百年风云剧变，青年依旧是时代的掌舵人，只是今日，祖国恰是你我扬帆起航的辽阔海洋。

我们祝福你的生日，我的中国。你为我们谱写最伟大的时代乐章，我们用最好的青春为你纵情歌唱。

老师评语：

孝泽慧同学是这次活动的小队长，也是队伍中的框架骨干同学，在训练时总是最早到，最晚走，这些付出都是源于她对祖国的满腔热爱，满怀热忱，甘于付出、懂得思考，她是我眼中时代优秀青年的样子。她们为祖国尽情地欢呼着，我为她们感到骄傲。

繁花之上，红旗飘扬

欧洲学院　张雨迟

一面鲜红的国旗，以红黄为主色调的绚丽花束，还有缤纷的彩旗，伴随36方阵二外学子度过一次又一次艰苦而漫长的合练，到最终于天安门广场上的完美绽放，这里承载着太多的故事与热爱。

在领到道具的第一天，我们的心情是喜忧共存的，忧的是那花束太大太重，空着手举起还嫌累，我们如何举着这样的花束在天安门广场上又蹦又跳又唱又笑地坚持6分钟之久；喜的是那花束做的无比精致，向日葵、牡丹、月季、枫叶……我兴奋地数着花朵的种类，心想国庆结束后，若是将这样一束花插在家中的花瓶里，同国旗一块摆在客人一进门就能看见的地方，该是多么令人自豪。

合练的天气花样百出，有时万里无云，有时细雨绵绵，雨天里小心翼翼地捧着怕掉在地上弄脏，烈日下大大方方拿着遮太阳，没彩旗的羡慕有彩旗的说对待国旗要敬重不能用来垫屁股，有彩旗的羡慕没彩旗的说手里少一样是一样更轻松，没花的想要花，有花的不想举，倒是躺在王府井大街上看灯数星星的时候，如有一束花为枕，那绝对是这个地为床、天为被的世界里最幸福的事。

我们互相羡慕着，拿着它们走过金盏，走过阅兵村，走过天安门，最后再寄存于老师办公室。这些道具不停地转站，经历漫长的旅行。老师志愿者们要连夜对这些道具进行清点装箱，运送到安检处，安检员又要逐一检查，打包封存，同学们拎着它们由传媒大学乘八通线倒一号线过长安街再拎回老师办公室。作为小队长中的一员，我曾经在凌晨5点，大多数人已回到宿舍安歇的时候，仍然与我的伙伴们一起，等最后一名参训人员归来，交还道具，做好清点做好封存。大家又困又累，可是没人抱怨，我们互道辛苦晚安，错峰乘坐清冷的电梯回寝室安眠，梦里是夜间走过天安门的场景，灯火辉煌、凉气入体，同学发朋友圈说：“这街这么短，这街这么长。”

我们小心翼翼保存的道具，我准备拿回家当作纪念的道具，终于还是送出去了。国庆当天，我们疯狂地朝女排英雄们欢呼，朝解放军士兵们挥手，他们是我们的榜样，是这个祖国的栋梁，我们满心的敬意满的溢出来，仅是欢呼已不足以表达我们狂热的心情，于是送旗的送旗，献花的献花，我的国旗送给了一位兵哥哥，因为我听到他说“我想要一面国旗”。我们都为祖国而骄傲自豪。

如果我要写一篇“国旗的自述”，那么这个故事已拥有了最完美的结局。

老师评语：

我看到张雨迟同学不仅积极热情参加活动，更难得的是她发自肺腑地珍惜荣誉。珍惜我们的道具、珍爱国旗，其实就是珍爱祖国，对祖国有强烈的认同和真挚的爱。我想这会成为她未来生活中最强大的动力支持，这样的信念一定会让她走得更远。

第 36“祖国万岁”方阵——第 13 中队

盛夏的回忆

高级翻译学院　刘东波

趁着“十一”假期，我把这些印有“70”的盛夏回忆小心地归整好，踮着脚放进最上面的柜子里。

而这个工作，我尝试了 3 次，每次都以泪眼模糊而告终。像老到因牙齿脱落而口齿不清的老奶奶在翻看自己年轻时的旧照片似的，当我的手触碰到这些曾和我朝夕相伴的东西时，胸口总是突然涌起万千感慨，这个夏天的全部像幻灯片一样在眼前播放，而后化作两行热泪顺着脸颊滴在手背上，一颗接着一颗。

潮湿的回忆里，首先是操场上一顶顶被汗水打湿的帽檐，是再热也要带上的冰袖、脖套、长袜。虽然只是早晚训练，但防晒工作可丝毫不能马虎。阳光下一张张脸热得通红，训练时眼神里却写满坚毅。从摆臂统一到走队列时看齐排面，即使是队伍里最调皮的男孩子也能慢慢将这些做到最好。

我还记得第一次拿着道具登上大巴的感觉，激动得好像年轻的小战士第一次奔赴战场。捧着沉甸甸的餐包欢快地跑到车厢的最后，一边跟周围的同学嘻嘻哈哈，一边解开餐包，挑出最喜欢的塞到嘴里。来到陌生的训练场地，我的点位在队伍的最中间，陌生的环境下总是很难找，但攥紧道具的手又总会在看到 13 中队的同学们时忽然变得轻松。于是快速穿过人群，站定准备。慢慢地，在每次集合时，我都会踮起脚尖，寻找队伍里最高的身影，“那是我们中队的人，跟着他准没错”。

后来，有了第一次去天安门合练，有了第一次熬通宵，有了第一次看整装待发的大国重器……很多很多的第一次让这一切变得越来越意义非凡。人们总说不管经历任何事情，第一次总是最艰难的，因为未知让人胆怯。但这次，我却从未意识到自己对这些未知的胆怯，因为我知道我的背后是 13 中队呀，是二外游行队伍呀！这是一个总能带给我勇气、力量、惊喜和感动的集体。内训时操场一隅那一罐罐总是满满的凉凉的酸梅汤，老师们一次次集合出发前激情澎湃的动员，合练时队伍里一声声急促有力的“向右看齐”“往前压往前压”都曾让我在恍惚间湿了眼眶，而后感受到来自这个集体的沉甸甸的爱。它们支撑着我圆满完成训练任务，在长安街布满五彩气球和和平鸽的天空下尽情挥洒对祖国的美好祝福。彼时，穿过跳跃着的欢愉人群，天安门前的国徽在眼前闪闪发亮。

这一切时光我总是想永远攥在手里，小心翼翼地一点点放它们出来。但现在，即使再不舍，也终究还是放完了。

关上柜门的那一刻，“该继续往前走了。”我对自己说。

老师评语：

作为小队长，除了认真的训练，我印象里就是叫你的声音：“东波，帮我清点一下你们小组的人数。”“东波，叫你们组男生帮我一起来整理一下物资”……导致现在，有重要的事情需要学生帮忙的时候，我脑子里的第一反应是：找东波。

真的谢谢你这个暑假的陪伴，记得我们在等安检的时候，你和我说，第一次天安门合练，你爷爷专门打电话问你为啥没有去，是不是被刷下来了？当时的你，一脸的认真和无奈，还掺杂了很多对合练的期待，完全没有因为要熬夜而有半点儿抱怨。

关上柜门，我们还要继续往前走。希望你能带着这份珍贵的回忆，走向下一个十年，当青春的奋斗者，做时代的追梦人！

青春为祖国歌唱

高级翻译学院　高晓彤

“我和我的祖国，一刻也不能分割。无论我走到哪里，都流出一首赞歌。”

3个月前，高翻院开展了一次“我和我的祖国”国庆活动动员会，响应着“七月留给自己，八月献给祖国”的号召，作为一名党员，深知此次活动的意义重大，于是我报名参加了合唱团。此次活动二外合唱团共有82名成员，训练持续88天，共进行53次各类大小训练；分区合练、与联合军乐团合练以及天安门广场全要素合练共计16次。这些并不起眼的数字对我来说就像是一串胶片，像电影一样历历在目。

由于处于毕业年级，活动结束后有人问我，面临毕业论文和实习以及找工作这么多事情压身，你还参加这个活动，值吗？我回答他们：犹豫过，动摇过，但坚信着热爱着，所以我觉得值。因为这次活动不仅让我亲历了祖国华诞的盛况，还让我体会到学校学院老师亲人般的关怀。

训练的日子最是让人难忘。开始从求是楼1006门口总能听到“鬼哭狼嚎”的声音，为了能有效提高同学们的演唱水准，老师们把我们分成各个小队，分声部练，分小组练，直到后来几次分区合练，我们二外的合唱团凭借声音和演唱状态站在了整个合唱方阵的前排中心位置。但在这光鲜的位置背后，是我们一次又一次训练到沙哑的声音，是因为长时间站立肿起的手脚，是一次又一次抱怨训练枯燥却还按时到场的坚持，也是每一次进步后得到老师夸赞的我们为自己鼓起的掌声……

从训练到演出，那段时间普通的人和事，现在回想起来都是一种感动。那种感动是我们的钢琴伴奏田同学在休息的间隙突然弹起周杰伦的《晴天》，大家齐声合唱；那种感动是我们的表情最佳担当小付同学被老师点名到台上给大家做示范；那种感动是张校特地来1006为训练期间过生日的同学庆祝生日，带来惊喜；那种感动也是10月1日当天结束任务回到学校后，计校长亲手将最后一块徽章交到我们手里时说的那句“你们辛苦了”，是顾书记瞒着我们征集了来自家长的祝福家书，让我知道原来经常电话里“埋怨”我假期不能回家的爸妈，也在为我觉得骄傲。

88天的时间不短不长，刚好让我记住每一个充满欢声笑语的瞬间；16次合练不多不少，刚好够我们在其他学校面前展现二外人的风采；18首歌曲也恰到好处，让我们能够用歌声为祖国庆生，用歌声唱响二外的青春最强音！站在天安门广场上的那一刻，面向天安门，那种激情澎湃的心情溢于言表，军乐响起那一刻，我看到周围很多同学都哭了，因为那一刻我们代表的不只是自己，也是精神抖擞、朝气蓬勃的二外人，更是满怀希望、意气风发、胸怀大志的中国青年！100多年前，梁启超先生曾说，“少年强，则中国强”。而如今，走上十里长街，我想说，因为中国强，今日中国少年才能如乳虎啸谷，如鹰隼试翼，心似朝阳，发愤图强，弘我中国荣耀，与国同光！

老师评语：

“C位出道，不辱使命”，晓彤你真的是唱得比说得好听呢。

对于作为毕业班学生的你，我心里有很多内疚。合练开始，因为强度太大，你又要准备考公务员，毕业论文指导老师又很严格，父母对你不能回家又不能好好准备就业表示了很多的不理解，你很难过，我们微信来回沟通了很多次，最后我都帮你快把每天的日程表给列出来了……

感谢你的信任，感谢你的努力，更感谢你的坚持，才能在最后的时刻，我们一起在天安门广场祝福祖国。记得你看到我的采访录音时和我说：为啥我听你说“特别爱国”的时候，我浑身汗毛都竖了起来，眼眶湿润了？——嗯，我们都深爱着这个国家。

夏日终章

高级翻译学院　邓雨彤

何其有幸在20岁这年见证年满70岁的你。

“用身姿丈量十里长街”。

通向你的这段路，我们走了整整两个月。

3次总训，4次总指验收，5次分指验收，无数个日夜。

忘不了第一次公然“撒泼”流下的不服气的泪水，黄老师给我的那个拥抱，事后我难以平复的赧然；

忘不了拔河比赛拧成一股绳的我们，竭尽全力的拉扯、甩在地上的手套、飘在空中的嘶吼、胜利的欢呼、手上的水泡；

忘不了13中队的我们坐在一起吃“框老师”带的水果，大笑着啃完优秀中队得来的五个大西瓜。

2019年10月1日上午11点，我们涌出王府井，走上长安街，奔向天安门。

从王府井涌出来的那一刻，四肢百骸瞬间注入活力，所有疲惫一扫而空。在抬头看到女排战士时的不真实感，所有人铆足了劲儿地欢呼尖叫。通向天安门的最后两公里，左边是女排战士，右边是阅兵结束在路边为我们鼓劲加油的军人。

突然意识到：“啊，这是最后一次了。”

能感受到心血上涌，想奔跑，想欢呼，想流泪。

这一路上我收获了无数时刻——一个个很微小、很平凡，却闪闪发光、令人着迷的时刻：

走到巷子中段听到广场上传来万人齐唱国歌声音的时刻；

大家挤作一团围着一部手机看直播的时刻；

看到三军仪仗、各军分列检阅时蹦跳尖叫的时刻；

在正午的阳光下穿过微黄的银杏叶看到各种飞机从头顶飞过的时刻；

看到装甲车驾驶座上放着我们方阵花束上掉下的向日葵的时刻；

冲出王府井涌上长安街的时刻；

被挤掉排却被艾力老师拉到身边说你到我左边来一起走的时刻；

与36方阵105排框线同学一起尖叫呐喊的时刻；

看到花车上女排战士们的时刻；

唱着《我和我的祖国》抬头看到领导人们的时刻；

看到七万羽和平鸽和七万只气球放飞的时刻；

我和观礼台一位颤巍巍的老人一起挥舞着国旗、对视着唱歌，相隔却如执手相看泪眼的时刻；

撤退时遇到港台代表邀请我们一起 take a selfie 的时刻；

途中大家相继向沿路军人们送出花和旗子，我却因胆怯错过了一整条街。失落之时不经意抬头，却看到一个同样怯生生举起手机悄悄记录的兵哥哥，而那一刻我终于鼓起勇气面对他的镜头打了招呼。看到他略显慌乱的吃惊又害羞的笑，说出了最想说的“辛苦了”，听到了他生涩可爱的“诶！”的时刻；

返校时听到“欢迎回家”，接过计校长给的最后一枚徽章的时刻；

……

有太多时刻值得纪念，这些时刻碎片我都收进罐子里好好保存了。

如今回过头来，所有的挣扎和犹豫都褪色，汗水和泪水都挥发，剩下的只是在 21 世纪 10 年代的最后一年，我所收获的一罐满满当当的闪光碎片。

谨以此纪念——这个平平淡淡又轰轰烈烈的夏天。

老师评语：

那天，因为个子的原因，雨桐，你的点位被占了，来来回回，不知道自己应该站在哪里，你很委屈。辛苦训练，从未请假，眼看着要上场了，却没有了点位，自己总觉得自己是“多余”的，情绪积累到了一定程度，你在操场上大哭了起来。我过去抱住了你，和你讲了什么我都已经不记得了，但是小女孩委屈的心情深深地印在了我心里。后来懂事的你，一直和我说：“黄老师，只要在二外的方阵里，只要能走过长安街就好。”看这篇文字的时候，我才知道，走上天安门你的点位又被压后了，心里特别难受，能够想象小小的你又换了身边队友的那种陌生感，也特别感谢艾力老师照顾了你。我可能每次见到你都会内疚没能让你一直留在 13 中队，留在 100 排。

未来，加油！未来，希望你能记住操场上的那个拥抱，带着这段美好的回忆，我们继续前行！

十里长街，多亏有你

高级翻译学院　刘天逸

多年以后，我站在长安街上，准还会想起那些个披着星星跑在路上的夜晚。

原本我参加国庆方阵训练的初衷是什么呢？我已经不记得了，大概是一种很复杂的情感，也许是带点儿不敢言说的功利心，也有点儿执着得近乎单纯的热情。

很有意思，我已经记不清原本的初衷了，但是我记得这些个日日夜夜里的点点滴滴，仿佛一切就像青春里的一个美好梦境。梦是记不得开头的，但是当你醒来，你却记得梦里那些栩栩如生的细节，记得它带给你的甜蜜的感觉。国庆参训的这段经历于我，正是如此。

我记得暑假里的一天，学校举行了相关主题的演讲比赛。令我没有想到的是，在那一天，我会受到那样的触动。在那天晚上的日记中我写道："我也曾害怕青春短暂。但是我突然意识到，正如演讲比赛中我听到的一样，青春总是短暂的，可是如果将青春奉献于自己的国家，奉献于对人类有益的事业，那么青春便是长久的，永恒的。"

其实啊，很多时候我并不是一个爱动感情的人，但是10月1日那天，走过天安门的那一刻，说不激动是假的。

在王府井候场的时候，当我看到苍穹之下，飞机飞过留下道道彩色云烟，我也不禁随着众人一同欢呼雀跃。10月1日那天，从王府井准备着奔向长安街的时候，我和身边的死党交换一个眼神，一个会心的微笑，彼此的默契便足以代替一句"我们准备好了"，心跳逐渐加快，我竟有了一点小小的紧张和兴奋。当看到蓝色的天幕下升起一簇簇火焰般红红黄黄的花束，我几近热泪盈眶。

我想象着长安街是一支大动脉，我们这些青年学子，举着火红的花束，仿佛是一股新鲜的血液，流进了这颗祖国的心脏。

我怎能不激动？

这是我深深爱着的中国啊。

此时此刻，我脚下的，是北京啊。

当我打下这些文字，往事一件一件从我的眼前掠过。好像那天广场上的白鸽，迎着太阳，呼啦啦地张开了翅膀。又好像那天飞出的万千气球，带着缤纷的色彩，那是梦想和希望的颜色。

你是我在异国听到而热泪盈眶的名字，是我永远为之骄傲的归属，是我心里最纯粹的梦想。

爱你，以热忱而非激情，以信心而非虚荣。

爱你，直到我最后一次呼吸，直到心脏最后一次跳动。

爱你，我的国家，千千万万遍。

老师评语：

我还记得开完主题班会，天逸和另外一个同学来到讲台边上和我说，想要参加，但要回去和父母商量一下。天逸，我当时看着瘦小的你，心里觉得，多半你是不会参加了。没想到后来的训练，你从来没有请一次假，训练认真刻苦，真没想到你小小的身躯能有如此大的能量。

10 月 1 日，“我们准备好了”，未来，作为祖国青年的你，一定也准备好了！那我们再一次努力出发吧！

缘分，妙不可言

高级翻译学院　邢誉馨

对于一名土生土长的重庆人来说，北京是一个活在电视以及想象世界里的词语。从大一才入学就一直觉得自己经历的事情似真似幻，拿捏不清楚，嘿，我竟然有一天会到北京！想象中的事物在眼前一一排开，也认识了好多人，每个人的经历都这么的让我觉得不可思议，好像缘分就是这么的妙不可言。

这次活动，不仅只是在天安门前走一次为祖国庆生，我更想把这次经历当作是我20周岁时，一个来自祖国的礼物。同在10月，我和“小中哥哥”一起过生日。这个故事得要慢慢说。

每天重复的训练是对内心的考验，好像排面永远都走不齐，长长的队伍里总有人会突出或是落后，每个人都有自己的想法，频道无法统一，继续重复，口干舌燥，心累，日复一日的训练，日子好像被钉死看不到头。

可是啊，看似黑暗艰难的日子里，总是有光与温暖支撑着我，让我摇摆不定的意念再次坚定。训练开始是在7月末，失落萦绕不去，对于一个恋家情结严重的人来说，在家里待不够，来不及和好友聚聚就要飘向北方，实在没法高兴起来。感动我的是两个可爱的闺蜜，某个百无聊赖的下午，手机突然亮屏，点开图片，她俩的自拍，拿着我的照片一起合影，还打趣地说，你看你C位出道咯！那时候我开始笑着说她们好过分，然后又改成，好可爱，最后，嘴上虽毫不留情地怼她们，笑着笑着眼角逐渐湿润，被记得被挂念的感觉真的超赞！

再回想就是操场上的感动，拔河比赛，哪怕是手破皮也毫不犹豫地脱掉手套，继续战斗，首战失利更激起大家的斗志，绳子由中间僵持再到缓缓向我们这边移动，那一声声呐喊与手中强烈的灼热感仿佛都有了答案与回应。还有就是每天的体能训练，虽然大家都嘴上说累，不想做，可心里都乐开了花，记忆最深的，是在以后每一次做开合跳都会忍不住在心里喊B！ I！ S！ U！ BISU！ BISU！ BISU！

再后来出去合练，在路上长时间的等待消磨人的意志，没有手机，反而让我们这些低头族在聊天之中越走越近，那些一起坐在地上聊天，一起躺在王府井，一起玩游戏消磨时光的人，都是难以忘怀的存在。最最有趣的是，迫不及待打开餐包搜索一番，和周围同学换一下酸奶的味道以取得共赢，或是一起在未过安检的时候守着餐包眼巴巴地等待，越看越饿，抑或是聚在一起吐槽餐包里的面包好像比上次更硬了，俨然一家人。

这些真的都是顶好的回忆，一说起来就好像要停不下来了，最后用一句话作结吧，祖国和我，和我们，中国女排和我，和我们，蓝色演出服，气球白鸽，兵哥哥，缘分真的妙不可言。

老师评语：

誉馨，每次准备出发的时候，你总是很靠谱地协助我点人，帮我统计各种情况，因为有你，每次组织都好踏实，知道13中队的人数不会错。

谢谢你，协助我完成了那么多那么重的工作，谢谢你，陪伴我一起走过了3个月的训练。没有这次训练，可能我们之间也不会有这么多的回忆。——嗯，缘分真的妙不可言。

那些难忘的日子

高级翻译学院　李嘉德

回忆起那段时光，它犹如白驹过隙，又似黄粱一梦，短暂却让人经久难忘，心潮澎湃。

初次见面的打招呼还显得有些生疏，下着雨排好的点位也乱了套，一切仿佛还是一个未知数。

好在七八月的早晨很是凉爽，穿着训练服短袖便是刚刚好。可是在操场上站上10分钟，一动不动，背后的薄汗还是会把训练服打湿。过一会儿太阳也出来了，即便如此，在训练休息时听听研究生学长讲在贝尔格里尔斯生存学院陪同翻译的经历，或者趁身边好友不注意，笑嘻嘻地把草地里的小石子塞到他的鞋里，都胜过夏末一阵清风，更能抚平训练带来的疲惫。

一天50元的饭补实在是充足，但是使用期限只有寥寥几天——去哪里吃饭？这着实成了一个幸福的烦恼。一同参加训练的室友又把餐票弄丢了几张，干脆愤慨地留下几张5元，剩下的尽数交给了花腰餐厅的前台。而当黑椒汁鸡肉意面被他大快朵颐时，他的悲愤仿佛也一扫而空。

中队里只有我们6个男生，承担了合唱比赛的男低音声部、拔河比赛的主力队员以及每次合练的物资搬运工。就算站在人群中央，奋勇当先地想要一展歌喉时，不小心破了音，我们也能嬉笑着继续唱下去；就算掌心像着火般生疼，也不会去理会扔在一旁的手套，甚至还会与老师们据理力争，说不戴手套更能用上全力；塑胶袋里的塑料花并没有很重，可是用手拎着总会不小心碰到身边的同学，而如果一只肩膀背上两袋花，就如同刚刚采购结束，这样的窘态硬生生让我们无所适从。每当这时，总会有几双手伸向我们，而我们会不好意思地在每只手上分一袋花束。在训练的间隙，两个人一左一右共提一箱水，或肩膀上扛一箱水，互相鼓着劲走到13中队的队尾，同样把水也分到她们手上。

午夜的长安街气温不高，却异常的温暖。躺在地上小憩的同学身上盖着的，是旁边同学刚刚褪下的外套。而我会盘坐着听他们讲鬼故事，谈不上吓个半死，但也足够让我睡意全无。我们任凭时间虚度，享受着微咸的鸡肉片和沦为笑柄的榨菜。餐包里常剩下的是士力架，我会偷偷把一支塞进西装外套的口袋里，身边的同学见了，也会在我的口袋里寄存各种各样的东西：湿纸巾，榨菜，甚至是酸奶。

地铁上熟睡的那些面容，完全让人想不到在几个小时后，会走在凌晨的长安街上跳跃着呐喊喝彩。也许是那条街上被施了不知名的魔法，会让肾上腺素瞬间迸发。是的，也许真的是这样，黑夜下的花海会把每个人的疲惫都淹没。每次走上夜晚的长安街，记不得对讲机里传来什么指令，能确定的是，一声声的“标齐排面”一定能穿过人山人海，传到队伍的最那头，然后跟着最高的那个身影发了疯似的喊着“祖国万岁”。

10 月 1 日的天空是湛蓝的。大家围在因为衣服不合身而难以蹲坐的同学身边，一起玩着狼人杀；把国旗的脸贴笨拙地拍在自己的脸上，然后再相互仔细地确认着是否贴得完好。我又揣上了一支士力架，好像想要确认什么，便跟着大队伍行进。

“飞机！飞机！”太阳虽然刺眼，不及我们的热情更具光芒。“郎平！朱婷！”“中国女排！”即使花车不在前进的方向上，也想要把头扭过去一睹她们的风采。“祖国万岁！祖国万岁！祖国万岁！”喊上千百遍，也不及内心一分的感情。“我和我的祖国，一刻也不能分割……”早已熟练的动作，仿佛终于附上了灵气。

摸摸口袋里再一次被热情融化的士力架，原本的未知，总算都有了答案。

老师评语：

嘉德，你给我的印象：白白的、文文静静的一个小男生，不爱说话，但是非常内秀。没想到，训练场上的你，会成为一名“呼号员”，可以肩负起帮我传递“标齐排面，向右看齐”的责任。

13 中队一共 6 名男生，刚开始需要体力活时，我总说：“我需要七八名男生帮我。”你们总是笑着回答：“老师，我们一共就 6 名男生。”到了后面，拎水、取餐包、拿道具……所有的体力活你们全部包下来。我站在你旁边，每次去合练的路上，你总是会主动帮我拿花束，替我偷偷揣一块巧克力，让我暖暖的。

一直习惯了在你旁边，10 月 1 日当天，真正走上长安街的时候，我在的队列往后压了一个位置，我自己都突然不适应起来，但走在你们后面，看着前面欢呼雀跃的你们，突然觉得年轻真好，你们真好！嗯，有你们的祖国真的好！

夏日物语

高级翻译学院　柯雪婷

开国大典的时候飞机不够，您说飞两遍，现在再也不需要飞两遍了，要多少有多少。这盛世，如您所愿，山河犹在，国泰民安。当年送您的十里长安街，如今已是十里繁荣！

如今的中国早已发生了天翻地覆的变化。作为一名二外学子，我在长安街上亲眼见证了如今祖国的繁荣昌盛，对此我想分享一些感想，在训练过程中以及在长安街上的一些感想。

与其说训练累，不如说是充实。虽然练了那么多天，但我觉得训练的时间、时长都很合理。13 中队求是楼的“小家”总能让我在北京的夏天热的令人难受的时候，三伏天气一点也不饶过我们这群爱国青年的时候，得到一些些安慰。大家在“小家”里一同学习、聊天、唱歌、吃水果。在后来的去各种基地合练的餐包里吃到水果时，我总是能想起那个下午闷闷的“家”。

其实，国庆当天天安门带给我的感动不如我第一次到天安门合练彩排时的多，可我还是激动得衣服都湿透了。在我从准备区踏上长安街的瞬间，我仿佛感受到这 70 年来每一个中国人在这里流下的汗水、泪水。才短短 70 年，祖国发生了天翻地覆的变化。如今在这历史性的时刻，我是一名见证者，更是亲身参与者。坦克、战车、导弹、无人机、雷达车等装备并排驶过长安街，经过天安门受阅。它们行经之地，大地为之颤抖，目光为之吸引。战车上的军人气宇轩昂，自信笃定。我几乎要为这强国之势掉下泪水。

女排，和平鸽，气球……这些大家已经知道得比我更清楚了。我想提的细节发生在我们走队列的过程中。我们学校确是压轴中的压轴，这一身份也确有不小压力。我走在 36 方阵 5000 多人的队尾，从刚进入长安街开始，到最后结束，我听到的最多的一句话就是 105 排同学焦急地喊“往前压”。当然，后排的同学急了，稍靠后的同学们也跟着担心，一个传一个，后来我觉得整个方阵都在跟着说“往前压”。听到这些声音，我明白这不仅仅是想对齐队伍，更是大家团结一心把游行做到最好的表现。还有之前刚学会天安门最终扩散动作的时候，老师们要求大家听到指定歌词站定不动。大伙刚来第一遍合练，刚到那句指定歌词的时候，我就听见整整齐齐的一声“停”，随后是大伙感受到默契的笑。这些真是细节中的细节，可我也真真切切地体会到了二外人拧作一股绳的含义。最后我想说，周总理，这盛世如您所愿。

老师评语：

每次外出训练的等待总有你笑笑的面孔，不知道是不是有一双笑眼的缘故，每次你都会和站在旁边静静看着你们笑闹的我说：“黄老师，来，一起玩儿。”可你们玩的简单又很幼稚的游戏，我总出错，然后你们又哄堂大笑起来。

在无聊的等待中，我们一次次说起各种小秘密，说起学习中的种种。你不会主动挑起话题，但是每次都很开心地参与讨论。训练中，会超级认真地说：“不是我们不排整齐，是前面一直压着我们没有办法啊……”认真的人，最可爱，认真的二外人最可爱，认真的高翻院学生最最可爱！

我怀念的

高级翻译学院　张奇扬

时光荏苒，汗水夹杂着欢笑，两个月的时光就这样在不觉间飘走了。短短两个月的时间里，有太多太多令人不舍的地方，又有太多太多值得怀念的瞬间。

我怀念暑期的操场，尽管8月的骄阳总晒得人心烦，但我们有傍晚训练结束前的快乐10分钟，王骁老师频出的金句总让我们一天的训练在欢笑中终止；我们有看台前那一大桶冰镇酸梅汤，训练间隙抢着饮上一大口，酷暑里那份烦躁不安便立刻消散了；我们还有无数次共享的美好瞬间：忘不了712教室里传出的欢笑与歌声，忘不了拔河比赛时的呐喊助威，忘不了共享西瓜的甘甜可口，忘不了一起仰头数战机的欢欣愉悦……和大家一起度过的每一个瞬间，仿佛都是欢乐的，都是值得纪念的。

我更怀念每一次凌晨的合练，也许是想着即将看见夜幕中的长安街，所以每次出发前我都带着一分期待。十里长街上，一辆辆坦克装甲车整齐排列，彼时的它们是沉睡的巨兽，往后便会在战场上所向披靡；一个个持枪的身影站得笔直，转身、敬礼，动作高度一致，他们是中国军人，他们屹立不倒！尽管入秋后的夜晚有些微凉，但夜里的寒意总抵不过朋友的关心；13中队的男生又总是很贴心，我从未盖过比他们脱下的外套更温暖的被子。

我最怀念我们一同走过的十里长安街，我想我永远都不会忘记2019年10月1日。那天，我们每个人都带着掩饰不住的激动，连漫长的等待都充满了喜悦。我们凑在一起听收音机里的号令，像在20世纪70年代的小村庄里一样，我们想象着中国军人们挺拔的军姿，每一个人都侧耳倾听，每一个人眼里都充满期待；我们抬头仰望天空中的战机，看蓝天中飘扬的五星红旗，看整齐排列出的数字“70”，看飞机喷出的五彩烟雾，看帅气的歼–20，我们齐声欢呼，我们发自内心地高兴，等飞机飞过，就该我们上场了！终于，数完了一辆辆彩车，我们看到了熟悉的五彩花束。所有的疲惫与困意在踏上长安街的那一刻烟消云散，每一次跳跃都满具活力，每一声“向右看齐”都充满了力量。或许是因为激动吧，去往天安门的路程总显得很短很短，而所有的激情终在扩音器里的“36方阵，前进！”时爆发，望着城楼上着灰色中山装的身影，看着飘向天空的五彩气球，听着那熟悉的《我和我的祖国》；

眼泪竟在不觉间夺眶而出。而最幸福的莫过于在返程路上与接受完检阅的兵哥哥们击掌，拿枪的手套个个都磨破了，脸都是清一色的黝黑，汗水湿透了头发；看着他们，我突然就觉得，有这样一群人守护着我们，真好！

当一切在不觉间走向尾声，我竟有些不知所措。再也见不到夜色里壮观的长安街；再也听不到从天安门广场传来的熟悉的乐曲；再也无法在凌晨时分坐在地上与好友们玩狼人杀…… 但我知道，这一切终归都没有流失，也不会消逝，它会一直被珍藏在记忆匣子里，成为我一生的财富。

老师评语：

整个夏天，你用相机给13中队的同学们记录下训练时一张张漂亮生动的脸，真想替大家和你说一声："谢谢啦！"

夜色下的长安街，很美，但在王府井坐着等待的时间，很冷。男生们总会把外套脱下来给女生披上，让她们睡得安稳一些，你总会把纸箱壳子拉过来，和我说："老师，坐这里，这样暖和些。"抑或问我："老师，你披着外套吧，我不冷。"嗯，我也不冷。有你们，有我们的二外，有我们的祖国。

"我怀念的是无话不说，我怀念的是一起做梦"——我怀念的是这个夏天和你所有的记忆。

有一种自豪，叫我参加了国庆游行

高级翻译学院　魏思梦

真的很荣幸能够参加这次国庆70周年的活动。活动之后我最强烈的感受就是不后悔、值得！这是我离祖国最近的一次。这个夏天将是我人生中最有意义、最难忘记的一段回忆。

3个月前，我怀着既紧张又激动的心情参加了这个活动，能不能在“十一”当天以最佳的状态走在长安街头，是我所不知道的。而就在这种心情下，我开始了为期3个月的“训练”生活。从13中队，到36方阵，到朝阳群众，到最后组成的“祖国万岁”方阵。在整个训练过程中，我们克服了各种困难，战胜了各种挑战，最终圆满地完成了这次光荣的任务，而动员大会就犹如发生在昨天。

从短暂的假期过渡到训练，作息时间发生了很大改变。几乎每天6点钟起床，准时站在操场上，随着冉冉升起的太阳，训练开始。老师们很体贴大家，并不会训练很久。傍晚进行第二次训练，每天都很充实，作息非常健康规律。这期间还有各种各样的活动鼓励着我们，陪伴着我们。

除了辛苦训练的我们，还有很多人在付出：有食堂阿姨为我们精心准备美味佳肴、冰镇可口的酸梅汤、营养丰富的餐包；有无数志愿者坚守岗位；有校领导一次又一次慰问我们……他们虽然在“十一”当天不能和我们一起走过天安门，但如果没有他们作为我们强有力的后盾，我们也不能踏实顺利地前行。

第一次到天安门演练的那次，是我第一次感受到我和祖国的距离之近。那是9月15号的凌晨，出了地铁之后我因为眼前的一切而震惊，国之重器就这样展现在了我的面前。我们一路小跑着到达休息区，途中看到了无数严肃的军人，高端的军事装备，那种激动的心情，甚至现在都难以表达出来。当第一次走在长安街上，大家整齐有力地喊出“祖国万岁”时，我的泪水不禁在眼眶里打转，全身的每个细胞都在亢奋。甚至没有觉得路程很长，还没缓过神来就已经到了天安门前。伴随着演练结束的指令，我们开始疏散，进入地铁，就这样，结束了第一次演练。

最激动人心的还是“十一”当天。当来到长安街的时候，和之前的演练不一样，我更加兴奋，甚至还有一丝紧张。等待期间，当看到一架架飞机在头顶飞过，大家不时发出震惊感叹的声音。

终于，36 方阵和凯旋的女排压轴出场了！每个人都拿出了自己最饱满的状态、最大的热情。我们笑着，呼喊着，挥舞着小彩旗和鲜花，整齐地前进着。当到达天安门前时，我被头顶上空无数的白鸽和气球震惊了。就在那一瞬间，我感到自己很渺小，我们的祖国，真的太强大了！

不知道人生是否还能有机会再次参加这样的活动，但是就这一次，足以让我在未来骄傲自豪地告诉每一个人，我参加过国庆游行活动！

老师评语：

训练的时候，你在队伍的后端，所有等待的时候很难看到你，但每次我去后面照看一下队尾的同学的时候，总看到你安静地等待，不急不躁，偶尔和身边的小伙伴打闹嬉戏，看到我过去，也就是微微一笑。

没有问过你会不会后悔假期在学校训练，但看着你们“十一”表演结束后，沿途和兵哥哥们击掌欢笑，把手里的小红旗花束害羞却又热情地递过去，看着你们疏散路途上激动得红扑扑的笑脸……我知道，这是一个多余的问题，所有的答案都已经写在过程中了。你们一定会带着这份骄傲自豪，不忘初心砥砺前行！

永不褪色的回忆

高级翻译学院　王偲

直到现在，我都还记得初始的那一天。2019 年 7 月 6 日的早晨，那个我本应该已经在家中开始暑期生活的早晨，我却跟着 1000 余名老师和同学，一起坐在了明德厅的座位上。学校的领导和老师们为参加“十一”国庆庆祝游行活动的同学举办了动员大会并提出了希望和要求。曾参加过新中国建国 60 周年庆祝活动的老师和同学上台分享他们的活动经历，看到老师和同学依然保留着当年正式演出时的道具以及获得的纪念徽章的时候，我对整个活动都充满了无限的兴趣和希望。

暑假是短暂的，在经过了二十几天的休整之后，就又回到了校园中。7 月 25 日，平静的校园随着我们参训学生的回归又变得喧闹起来。当天下午，1000 余名师生第一次在操场集合站队，排好队形。当时的我们还没有从假期的悠闲状态中恢复过来，整个人都是懒散的，不过 26 日的训练一开始，我们就被迫变得迅速和严肃起来。每天早早起来，在太阳出来之前练习军姿、队列，又伴随着夜色，和着“快乐体育”的口号结束一天的训练，成了我们的常规。

校内的集训结束后，等待着我们的就是一次次的合练任务。初次见到整个方阵 5000 多人的时候，我感觉自己是那么的渺小，而 5000 人所爆发出的欢呼声又是那样的巨大，让我感觉无比震撼。坐在合练广场上，看着天色一点点变黑，星星渐渐出现，内心有一种说不出的感受，不知是感动还是自豪。最难忘的合练场地就是长安街了，晚上坐上专属于群众游行合练人员的地铁，来到王府井百货门前，在地上席地而坐。简单地吃两口分发的餐包，时间就到了晚上十一二点。这个时候随处可见王府井大街上躺成各种姿势的人。上场前的各种睡姿虽然狼狈，但只要双脚踏上长安街，所有的人就又是满腔热血，极度兴奋地冲向自己方阵的彩车，高声地欢呼和歌唱。

10 月 1 日那天，得知中国女排站在我们方阵花车上的消息时，所有的困意和寒冷都一扫而空。又一次坐在王府井百货门口熟悉的地上，看着天上不断飞过的一架架飞机，站在候场的区域从缝隙中看我们前面方阵的一辆辆花车驶过，一直到自己走在长安街上，站在天安门前大声歌唱，一切都如预想中一般，盛大、壮观，我甚至觉得眼泪就在眼眶里打转儿。满天飞翔的和平鸽和放飞的五彩斑斓的气球，仿佛承载着我们无数的回忆、汗水、欢笑、泪水和美好祝愿，一起飞上了天空，飞到遥远的地方去，成为我，也成为我们每一个参与者永不褪色的美好记忆。

老师评语：

每次到了王府井百货，看着你们睡得横七竖八的样子，看着平时讲究精致的小人儿，垫着纸壳箱子席地而睡的样子，我心里很疼，却又无比的自豪。训练中，没有喊过累，没有叫过苦，每次集合都第一时间到，甚至还会打出几分钟的富余；在我请小队长清点人数的时候，总是会协助我催晚到的同学，或者帮身边的小伙伴拿道具。道具不那么沉，但是那份心意却很沉很沉。

走过了天安门，平时看着文静的你，欢呼雀跃，尤其是气球鸽子飞过的那一瞬间，你们高呼的样子，我肯定没法忘记；如若不是这次训练，可能永远没法看到你的这一面，我的记忆里可能永远是文静的你。

感谢国庆的活动，给了我一个立体的你的记忆，相信你也会带着这份永不褪色的回忆，永远记得曾经在天安门前欢呼的你，永远记得和祖国离得最近的一刻，永远记得“我和我的祖国，一刻也不能分割”。

第36“祖国万岁”方阵——第14中队

我与祖国共同走过的两个“十年”

商学院　董京

2009年，作为北京市宣武区红莲小学少先队员的我，代表全年各班的小学生，在天安门广场的西北角，身穿粉色水手服，纹丝不动地伫立在祖国母亲的心脏达4个小时，为祖国庆生，那，是祖国母亲的60岁生日。

2019年7月6日–2019年10月1日，87天，2088个小时，125 280个60秒。

十年之约，“祖国万岁”，二外海棠，绽放，十里长安街。

迎接我们的，是中华人民共和国经历70载风雨冲刷洗润的夜。

凌晨4点，我们临出发前，团委书记郝老师告诉我们一个消息，刚刚接受国家领导人接见的女排英雄们，将站在我们“祖国万岁”的彩车之上，与我们共同走过十里长安街，接受祖国和人民的检阅，向人民报到！

原本嘈杂的人群愣住了，平地一声雷！1000余人的二外学子在操场上爆发出令我此生难忘的欢呼雀跃的声音。这就是国情的力量吧，全国人民的爱国情怀，被全部激发出来，爆发出令敌人胆寒畏惧的力量，这就是中国人的力量，这就是中华民族的力量，这种精神深深地埋藏在我们祖先传给我们的集体记忆中，深深地埋藏着，等待着厚积薄发的十年又十年。

阅兵开始了，我们是看不到阅兵式的，这时有老师贡献出自己的手机，我们看了短暂的直播，总共经过了长达6个多小时的等待，二外的海棠花们，终于要出发了。

“祖国万岁”方阵是压轴方阵，我们簇拥着花车，走向了期盼已久的国庆的十里长安街，花车上是中国女排十一战全胜的英雄和他们的教练团队。

我感觉有一个瞬间，我看到了女排主教练郎平指导，这位硬骨头，激动地留下了泪水，此刻的我们和女排冠军们一样，脚踏十里长安街，走向天安门广场，向祖国报到，向这盛世报到！

“我和我的祖国，一刻也不能分割……”我们情不自禁地唱着、跳着、笑着，方阵的人浪涌动着，欢呼声越来越清晰，越来越洪亮，越来越疯狂，达到鼎沸时，我们，来到了祖国的心脏——天安门！

国庆为什么要阅兵？

参加了两次“十年”的我会这么告诉你。

国庆，凝聚了每一位拥有中华民族血脉的华夏儿女最深沉的爱国情怀，这种情怀借由国庆这一场盛大的检阅，唤起全民族血脉相连同胞集体记忆中那一份最纯粹的爱国情怀。

阅兵，就是一场精神的传承。

这个十年过去了，在祖国的心脏又多了我 20 岁青春的印记，希望又一个十年后，30 岁那一年，我也能在长安街上与祖国共同见证，“这盛世，如您所愿”。

老师评语：

你很幸福，能够参加两次国庆游行活动，这是你这辈子最宝贵的财富之一。感谢你作为 14 中队副队长对 14 中队的付出，每一次的后勤保障、安全保障都有你的身影，你的兢兢业业、勤勤恳恳让我感动，也为有你这样优秀的学生感到骄傲。正如你所说，国庆，凝聚了我们每一位拥有中华民族血脉的华夏儿女最深沉的爱国情怀，它唤醒了我们最深处的那一份最纯粹的爱国情怀。

愿以寸心寄华夏，且将岁月赠山河

商学院　祁欣雨

2019年5月，我第一次听到国庆70周年阅兵的消息，内心一种莫名的情感坚定地告诉我一定要参加，直到6月召开了相关大会，我清楚地记得我勾选了那项“十分愿意参加本次活动”的选项。从那时候开始，我就多了一个身份——70周年国庆游行群众。

7月6日，学校召开了动员大会，通过60周年的纪录片，我已经预见了接下来会很辛苦的两个月，但同时我又有一种油然而生的自豪感。我猛地想到一句话：“所有言茶不言酒，所有故土与漂流，故事里的春与秋——这就是中国。”

7月24日，我返校了，和1000多名师生一样，“把七月留给自己，把八月献给祖国”。就这样，一切有条不紊地进行着，在学校的训练并不是枯燥无味的：训练的时候大家集中注意力训练，休息的时候同学和老师打成一片。这一个多月的校内训练，有蓝天，有夜空，有炎热夏天凉爽的微风，有冰凉的酸梅汤，有快乐体育，有惊喜的生日大会，每天思考着今天的训练中会发生什么趣事，今天中午晚上吃什么，下一步要训练什么，在未知中的每一天现在想来有涩也有甜。

从7月28日到9月28日，我们经历了大小10次大合练，昌平、金盏、雁栖湖、良乡机场、阅兵村、长安街，我们看过凌晨4点的北京，见过从长安街升起的太阳，睡过王府井的大街。每次合练在经过核心区时我们拼尽全力用欢呼表达内心的兴奋，有几次和其他方阵一起合练，我们互相为对方鼓掌欢呼，在那时，没有方阵学校身份的区分，我们都是为祖国献礼并深深爱着她的孩子。

10月1日，凌晨集合的时候我能清楚地看到大家脸上的笑容，当时的我激动、紧张又兴奋，当听到我们的花车上是女排的时候，我不能抑制地欢呼，还开玩笑说“这事我能吹一辈子”。带着激动的心情我们一路来到王府井集合点等待正式游行的开始。等待的时候，大家聚在一起看直播，当飞机从头顶飞过时，大家摇着手里的花和国旗向他们欢呼。作为最后一个方阵，大家一起站在天安门前一边跳一边唱《歌唱祖国》。青春的声音飘荡在天安门前，我深切地感受到，中国，历经70年的奋斗之路，饱经沧桑，但依旧是少年！

在课堂上我经常听到许多有关中国在外交、贸易等一些方面的事件，那些事件让我感受到中国的强大。国庆70周年群众游行活动，这是我铭记一生的经历，我见过五星红旗在我头顶飘扬，见过中国士兵挺拔的身姿，见过各类军事武器整齐摆在一起展现中国实力，见过10万人民群众在天安门前欢呼。14亿中国人都有着同一个爱豆——阿中。阿中阿中勇敢飞，中华儿女永相随！

老师评语：

很高兴在这个暑假，让我更加了解你们，让我和你们能够“打成一片”，让我们的关系更加紧密。在这三个月，我们一起感受了祖国的强大，见证了中国实力，也有幸成为十万分之一，走过天安门，在祖国心脏的地方为祖国庆生。我们都有着一个爱豆——阿中。我们是最幸福的中华儿女，我们与祖国永相随！

这一切，都值得

商学院　李楚煜

2019年7月25日，因为神秘的10月重大活动，原本在暑假会安静许久的校园，恢复了往日的热闹。自此，每天6点准时响起的闹钟，黝黑的皮肤，油腻的防晒霜伴随着我整个8月。单调疲劳的训练中，你会发现，快乐其实可以来自一件很小的事情：训练口干舌燥后的一杯冰镇酸梅汤；没有手机的日子里，大家随意躺在操场唱的每一首歌，看的每一朵云；晚上洗澡后带来的凉爽与清香还有因为劳累而格外香甜的梦……越是在艰苦的环境里，就越能发现平凡事物的美好。

其实现在回忆起来，留在脑海里的疲惫、烈日和酷暑只是很小的一部分，更重要的，是和大家一起度过的这些最美好的时光。

一群人，一件事，一起拼。我们顶着烈日训练，披星戴月集训，而保安大哥为大家保障安全，食堂大叔为大家提供餐饮，新闻社的同学们为大家记录珍贵的瞬间。满足与感动充实了我的整个夏天。

2019年10月1日终于到来了。凌晨3点，撑起惺忪的睡眼，迷迷糊糊来到操场集合。“同学们，刚刚夜里才得到的通知，咱们36方阵的彩车上是凯旋的女排姑娘们！”老师语音未落，轰鸣般的尖叫声和掌声彻底赶走了我的困意。

一如往常，却又不一样。走出操场，是校长在送我们。我与校长击了掌，像一个即将出征的战士。一如往常的安检，一如往常的专列，一切按照演练时有条不紊地进行着。只不过威武的坦克大炮不再用布裹着，终于露出真容；战士们更加紧张，不苟言笑；我们也一样，紧张却激动的情绪似乎让时间很快地流过。

“开始了！开始了！”人群里不知是谁激动地大吼。像宁静的水面突然扔进了一块石头迅速地泛起了波澜，睡着的人们迅速地苏醒了，朝声音的来源处围拢过来。广播声是从配发给各个游行中队的对讲机中传来的。虽然原始，但大家依然听得非常入神。同时，大家也明白，再过一会，所有人都要从声音的收听者变为创造者……

一阵巨大的轰鸣声由远及近，飞机带着彩虹飞驰而过。太阳虽刺眼，也不及它们的光芒万丈。

无尽的等待后，终于走上了长安街。我还记得千人在天安门广场上歌唱《我和我的祖国》的雀跃；抬头望向天空，每个人手举国旗欢呼；天空中掠过无数的白鸽与漫天的气球。一切的一切归为一句话：祖国万岁！我爱你中国！

习总书记曾说："人的一生只有一次青春。现在，青春是用来奋斗的；将来，青春是用来回忆的。"而我们用脚步丈量十里长街，用青春书写梦想。

尽管我在电视直播中只是一个像素点，是渺小的也是灼热且靓丽的。当成群的战斗机从上空飞过；当向着女排姑娘们大喊"欢迎回家"；当我们将花束和国旗送给解放军时，这一切都值得了。

老师评语：

"人的一生只有一次青春。现在，青春是用来奋斗的；将来，青春是用来回忆的。"你们用脚步丈量十里长街，用青春书写梦想。你们的青春是无悔的，你们的青春是绚烂多彩的！这将是你们最有意义的暑假，这也将是你们在大学里最有意义、最美好的一件事，这一切都值了！

我和祖国

商学院 常超颖

不知从什么时候起，祖国这二字便深深刻在我心里；不知从什么时候起，我爱上了她；不知从什么时候起，我和我的祖国便紧紧联系到了一起。

或许是从牙牙学语时，在《我的祖国》的歌声里，祖国这二字便深驻我心。

闲聊时，妈妈常常说起我小时候的故事：还不会说话只会哭闹的我，每每听爷爷给我唱《我的祖国》："一条大河波浪宽，风吹稻花香两岸……这是美丽的祖国，是我生长的地方"的时候，我都会变得平静下来，仿佛能够听得懂，甚至破涕为笑。现在的我，每每听到这首歌，总会热泪盈眶，情绪久久不能平复。在香港大学的名为《大学问：一首歌，一个时代》的讲座中，主讲人问现场观众："你有一首启蒙的歌吗？"副校长周伟立回答："我想是我进大学的时候，好多师兄带我们唱的《我的祖国》。"随即，听众席上有个声音起了个头："一条大河波浪宽……"渐渐地，更多的听众开始加入，最后变成了一场全场大合唱……每当我看这个视频的时候，眼泪会不自觉地流下来。我才知道，不知什么时候起，祖国这二字便深深刻在我心里。

或许是在我长大的过程中，我爱上了她。

当我还是一个小学生的时候，我在课文中遇见了小英雄雨来，印象最深的是雨来上夜校的时候：黑暗的屋子里点着油灯，同学们围着老师。雨来小心翼翼地翻开用红布包裹的课本，跟着老师轻声地朗诵："我们是中国人，我们爱自己的祖国。"那时的我，也不懂雨来为什么这么辛苦还要上夜课，只是跟老师轻声读着课文，读着读着，心中竟热血沸腾，特别是读到"我们是中国人，我们爱自己的祖国"这句话，这句话便仿佛在我心中扎根下来。

或许是在国庆节群众游行活动中，在10月1日天安门前，我们紧紧联系到了一起。

暑假前，选拔会上，我毅然决然地报名加入了国庆70周年阅兵大学生方阵！开始时每天的训练是有些苦，有些累，但是我只要一想到在那天，我和同学们一起在天安门前走过，为她庆祝，为她欢呼，所有烈日下站军姿时候流过的汗，半夜凌晨的拉练，困倦中的疲惫……都不值一提。终于，10月1日那天，我彻彻底底地和我的祖国联系到一起，书写进了史册。“我和我的祖国，一刻也不能分割。无论我走到哪里，都流出一首赞歌……”在这首《我和我的祖国》优美动人的旋律中，我们的方阵向天安门核心区前进。我和同学们边走边欢呼雀跃，那一刻我感觉我和祖国真的真的一刻也不能分割！在麦浪中我跳跃着，留下了泪水。

我是幸运的，因为我生长在这片热土；我是幸运的，因为祖国这二字深深刻在我心里；我是幸运的，因为我和我的祖国紧紧联系到了一起。

老师评语：

正如你所说，我们是幸运儿，我们能够参与祖国庆生活动，能够用脚步丈量长安街，能够结识那么多的小伙伴和老师，我们很幸福。伴随《我和我的祖国》优美动人的旋律，我们度过了一个美丽的暑假，无论我们走到哪里，听到这首歌，我们都能想起我们在二外操场、在良乡、在金盏挥舞着红旗和鲜花的时光，回想着我们的麦浪，想起“祖国万岁”方阵。

与国同庆那些歌儿

商学院 陈心怡

在训练过程中，有几段旋律陪伴了我全程，也见证着这3个月来的种种感受。

《我的祖国》。确定要参加训练后我有过一阵迷茫和犹豫，似乎找不到自己的意义。这个夏天似乎本该更多彩一些——似乎本该有实习，有和家人共度的时光，有和友人出游的闲暇——怎落得只能在家短短几天的仓促？虽然全家都表示理解和支持，我仍始终带着一种歉意，直到一贯爱听旧唱片的我那一天在实习通勤的地铁上听到那首熟悉的歌，“这是美丽的祖国，是我生长的地方；在这片辽阔的土地上，到处都有明媚的风光”，出地铁站时迎接我的是傍晚正美的夕阳，“在这片辽阔的土地上”我亦真切感受到“到处都有青春的力量”，突然间之前的一些担忧便消散开来，我明白我的祖国应当值得我去歌唱，不需要犹豫。

《我们都是追梦人》。这是从“隔壁”轮滑队时常传来的声音。从来没有刻意查找过歌词，却在最后也可以和着音乐完整唱出，这不能不说是一件神奇的事情——本以为这是一首并不那么朗朗上口的歌曲，最后竟成了最顺口的歌曲。从一开始校内早晨和傍晚定时的相约，到愈来愈早却默契渐增理解渐长的分指合练，到夜宿长安街仰望中秋的满月，到最后一次加练，到最后一次望着不久前才到过的阅兵村时淡淡的离别前的忧伤，每一次相遇仿佛是注定一般的传奇，也是一场太惊奇的意外。

《我和我的祖国》。无须多说，早已刻入骨髓，由我的视角看，二外东南角为了方阵整齐美观的每一声“往前！”都是浓情的表露，每一个迫不及待的麦浪和欢呼更是引人泪水的见证。有幸国庆当日和功勋女排队员共同接受检阅，体育精神的拼搏曾经鼓舞我多年，如今这般难忘的场景我想我也太难割舍吧。

《歌唱祖国》。无法忘记从学校BISU前的操场，到各个合练场地，再到最后的天安门，所有人都如同痴狂一般地摇摆欢呼歌唱，唱出的是同样的旋律、同样的歌词，或许亦是同样的心境和情怀吧。罗大佑说过，最动人的声音即是所有人唱着同一首歌。当对祖国的热爱流泻就像“十一”当天空中放飞的鸽子和气球，那一刻我真的看到了幸福。

我只是一个普通的大学生，在至今不长不短的20年生命中参与了这样不长不短的3个月，这于我不啻是一场新奇的探索和尝试，更让我重新定义和感知了我对祖国的真诚感情。在校园中，就如老朋友相会、新朋友结识的一场盛宴，所有苦与累都在欢声笑语中烟消云散。而在这个我的历史上，是这般柔情的民族和土地，给我一个梦想，徜徉在起伏的波浪中隐隐地荡漾；亦是这般深情的祖国，摇晃我的梦想，缠绵向海里每一个无垠的浪花。在这段经历中，我仿佛睡梦成真，只想永生永世不分离。

老师评语：

《我的祖国》《我们都是追梦人》《歌唱祖国》，每每听到这几首歌，情不自禁地就想起我们的训练时光，忍不住想举起手挥一挥，忍不住跟着哼唱，忍不住想起10月1日我们一起走过长安街的时刻。歌声陪伴了我们整个暑假，也记录了我们的美好故事，好想一起再跃起高呼三声：祖国万岁！祖国万岁！祖国万岁！

师、友、国

——游行琐记六则

商学院　郑宇彤

吾爱吾师

1

我是一个害怕老师的人。

在这次游行活动的训练过程中，我们中队的中队长是一名年轻女教师。拔河比赛的次日，她找我商量一些党务。商量到中途，她突然看向我的上衣短袖袖口，并让我把胳膊伸过去。其实没有什么的，我是在昨天拔河比赛中大臂被磨出了一片瘀青。但是她却好像很疼的样子，对着伤口向我问这问那，还拉着我要带我直接去校医院抹药。我知道，她比我更疼，这是心疼。

我或许不是一个害怕老师的人。

2

2019 年 9 月 15 日，第一次天安门合练。从天安门回来我们是在学校里解散的。解散以后，跟我回去顺路的只有老师一人了。当时是凌晨 4 点，夜色中掺着寒气，我不知怎的突然对老师说："我送您回去吧。"现在已经记不得一路上到底聊了什么，但我们都不会觉得冷和害怕了。她不怕的是黑暗中可能隐藏着的人，我不怕的是眼前这个与我同行、谈笑风生的人。

吾爱吾师。

都是兄弟

1

2019 年 9 月 11 日，晚上 9 ：30，今天是发放正式游行服装的日子。衣服试穿和纪念拍照已经完成，各中队派了少数队员将衣服运送回知行楼。回去时看到另外一个男生，推着从学院借来的平板小推车，满载着装有演出服的大箱子，但车轮陷到坑里走不动了。我走上前去，帮他一起把车"救"了出来。他对我道谢，我想起了训练时老师在主席台上讲过的话，送给了他："都是兄弟。"

2

2019 年 9 月 22 日，第二次天安门合练。发放道具时每个中队每个男生携带四个道具袋，一路提到王府井大街附近，我有一点累了。就在我走到王府井大街上没多远，刚刚换手之后，旁边同一小队的两个女生过来了，她们二话不说，一把从我手中直接"抢走"了道具袋，一人拿了一个。我心中一股暖流游过，连忙道谢。而她们回我的话和几天前的晚上我说的一样："都是兄弟。"

祖国万岁

1

2019 年 8 月 11 日，傍晚 5 ∶ 30。今天是拍摄国庆游行 MV 最关键的一天，可惜从早上开始小雨就断断续续，影响着我们的拍摄。虽然被打断了两次，一直在冒小雨拍摄和下大雨待命的交替中度过了一整天，但是学生们毫无怨言。傍晚是最后一个时段的拍摄，依然是在灰蒙的天空下，操场上鼓声、歌声飘扬，红旗、鲜花摇曳，学生们的笑脸洋溢，我看到了彩虹。

2

2019 年 10 月 1 日，国庆游行当天。在天安门广场上列队完毕，包夹着彩车的我们难抑无比激动的心情向核心区前进。脑海中一幕幕闪回模糊了我的双眼：7 月的那张报名表、那封感谢信，8 月的那片训练场、那些笑与脸，9 月的那件表演服、那场誓师会。10 月，现在，我双手举起花与国旗，与前进到核心区的整个队伍一起发出由衷的呐喊："祖国万岁！"

老师评语：

党员小郑看上去很成熟，但其实很羞涩，记得刚开始给你分站位时你排在了女生中间你还挺不好意思的，到后来和女生们谈笑风生，成了很好的朋友，短短两个月，看到了你的成长，为你感到高兴。很感谢凌晨黑夜里送我过茶家坟那段漆黑的路，感谢成为你口中的"年轻女教师"。吾爱吾生。

我爱您，我的祖国

商学院　王舒婷

这个暑假是独一无二的，是一段最充实、最快乐、最难忘的美好时光。它所有的美好均源于我能够有机会参与国庆70周年的游行训练中，并且能够有机会在10月1日当天走上长安街，走向天安门！

5月23日开了第一次动员会。会上，当老师第一次提到国庆游行活动时，我激动不已。但我有点担心，游行活动对参与人员的身高有要求。当时，既期待，又不敢抱有太多的希望。但这仍然是我第一次的心动。秉承“七月留给自己，八月献给祖国”理念，6月20日，我申请了上财举办的研究生暑期学校，结课时间正好是7月31日。7月6日，学校对暑假的训练做了第一次的安排，要求7月24日返校。当时既希望被上财录取，去上财开阔视野，增长知识；又希望不被录取，担心请假几天会被取消参与游行的资格。7月8日晚，得知我被录取了。既兴奋，又紧张。冷静之后，便下定决心：如果学校允许请假，那我就参加暑期学校，做到暑期学校和游行活动两不误；如果学校不允许请假，那我就只能放弃上财的课程了。毕竟上财的暑期学校可以明年再申请，国庆70周年游行活动仅此一次，我不会放弃。后来得知我可以请假，甚是激动。这是我第二次的心动。8月1日，我第一次穿着训练服，走在训练场，一切都格外美好。此后的每一天都是我的心动时刻。

为担负起安全的职责，我毫不犹豫地担当“框子兵”的角色。101–53是我这一生最美的坐标。比普通队员多5次的骨干训练，没有让我苦恼，相反，更多的是让我自豪。

这是一段充满了感动的时光。不会忘记在我生病时，老师和同学们对我无微不至的关心和照顾；不会忘记在每次合练时那些可爱的人儿给我们递上的餐包；不会忘记训练中校领导前来慰问并给大家带来的各种惊喜。太多的感动，我将永远珍藏。

这是一段难以忘怀的时光。第一次夜行长安街时，就热泪盈眶；第一次近距离看到了刚从世界杯凯旋的中国女排；第一次向国家领导人挥手致敬。这段承载无数第一次的时光，是我人生中的高光时刻。很多的第一次也是唯一。

这是一段值得骄傲的时光。最后一次在阅兵村训练时，看到了一句标语：“一人受阅，全家光荣。一次受阅，终身光荣。”虽然我们没有与受阅军人可比的光荣，但也相当骄傲。我很庆幸，我在北京上学，我还没有毕业。

感谢祖国和学校给我的这次机会，参加国庆游行活动，是我整个暑假最美的期待，也将是我人生中最美好的回忆！我很骄傲，我是一名二外人；我更骄傲，我是一名中国人。我爱您，我的祖国！

老师评语：

记得你当初急切报名时的眼神，确认过，你真的很想很想参加，所以你能上；而且你是党员，也必须上！也记得你特别担心最后人多需要刷人时的焦虑，老师也是一样担心，希望我们一个都不能少。还好，我们真的一个都不少！我们一起丈量了长安街，一起经历了所有的美好。

此生不悔入华夏，来世还做华夏人

商学院　玛丽艳姑丽

2019年的夏天天气格外的灿烂，我格外的兴奋。为了参加国庆70周年群众游行活动，在家待了不到两周的时间我就匆匆赶回学校。

还记得第一次发出这个通知的时候，我毫不犹豫地报名参加了。我出生在新疆的一个农民家庭，家庭经济状况不太好，因此经常受国家政府的帮助。上大学后，我在辅导员老师的帮助下拿到了国家助学金，这对于我们家来说是个很大的帮助，但是我拿得有点愧疚，总心想着要报答点什么。所以我想参加此次国庆庆祝活动就是想为祖国干点有意义的事情，出一份自己的力量来报答她。就这样我开启了我的为期87天的训练，只为在国庆当天站在天安门前表达我对祖国的爱。

集训期间，由于天气炎热，学校怕我们中暑就避开了中间最热的时间段，因此每天上午7点到9点，下午5点半到8点训练。早起真的很难，但是一想到自己参加这个活动的初衷就满满的正能量。还有专属于我们的“快乐体育”时光，从下午开训前的“BISU开合跳”开始，结束前的“折返跑”，不知道名字的各种游戏……，最后再以“BISU开合跳”结束一天的训练。在训练期间后勤处为我们准备了酸梅汤、绿豆汤、凉白开，每次休息时第一时间跑去喝，尤其是酸梅汤，超级凉快，特别满足。领导还带蛋糕在操场上为同学们过集体生日，安排各种活动让训练显得没有那么枯燥。后来在学校训练的时间少了，经常外出合练，从我们军训过的昌平、怀柔、金盏到阅兵村，到天安门正式演练；从早上出发中午回来到中午出发晚上回来，到最后晚上出发直接在王府井大街上等待然后演练完早上回学校，一次比一次严肃，一次比一次隆重。我既兴奋又紧张。上场前还提前跟家人说好了我是最后一个方阵的最后，压轴出场，让他们看直播。虽然不一定拍到我们，但仍然很激动。

精心准备了87天，10月1日终于到了，满满的期待。凌晨4点在二外操场喊着响亮的口号：“朝阳赤子，整装待发；不忘初心，牢记使命；自由生动，欢愉活泼；七十华诞，祖国万岁！”出发时校领导欢送我们，还跟计校长击掌，计校长我们加油鼓劲。漫长的等待中，我们坐在王府井大街上看着天安门上空飞过一架架飞机，感受着祖国的强大。离我们上场越来越近。我们看到了花车上的女排！她们可是奥运冠军，是我们中国的骄傲。我们顺着花车慢慢移动到天安门开始表演，中途看到习大大的那一瞬间感觉人生美满了，真的见到习大大了，兴奋不已，更加投入到表演当中。此时此刻，是我人生的高光时刻，以后可能很少或几乎不会有这种机会了。

我很庆幸我毫不犹豫地选择参与其中，此生无憾。我很骄傲自己是中国人。此生不悔入华夏，来世还做华夏人！

老师评语：

“此生不悔入华夏，来世还做华夏人！”这说出了我们所有参与国庆活动的人的心声。记得每次训练结束时，我们坐在大巴的同一排，你每次都特别开心地和我讲你家乡的故事，讲你参与国庆活动在老家受到的殊荣，也希望你把你的国庆喜悦和国庆收获带回新疆老家，和他们分享你的快乐和成长。

参加国庆群众游行活动，庆祝新中国七十周年华诞

商学院　林慧臻

10周年，20周年，30周年，一直到70周年，我们可爱的祖国母亲——中华人民共和国已经度过了70年的岁月了。

2019年，那是我来北京的第二个半年，在学期末的时候，学校组织了动员大会，动员同学们参加国庆庆祝活动。其实当时报名的时候我有点犹豫，因为我报名了注册会计师的考试，考试时间就在国庆之后的两个星期。所以，我觉得我可能会应付不过来。但在同学的鼓励下，我报名参加了这个活动，而且整个过程结束后，我真的感觉不虚此行。

在家待了短短的不到20天，我就回学校了。我们中队只有我们4个是研究生。学校里定了训练时间，早上7点到10点，下午5点到8点。这训练时间让我稍稍松了一口气，因为我每天可以有大量的时间复习啦。

训练的过程是开心的，我并不觉得苦、累，倒是觉得很热、很熬时间。训练的时候可是七八月份啊！因为参加活动的有900人，可能组织协调起来有一定的困难，在训练的时候老是会有大量的等待时间。训练时的等待时间也是我们最快乐的时光，我们小队的小伙伴会一起坐在草坪上畅聊，聊聊考研，聊聊我们喜欢的明星。

快开学的时候，我们第五分指进行了几次大合练，我们看到了传媒大学的同学，看到了朝气蓬勃的小学生和中学生，看到了身姿优美的北舞学生。我看到了不同学校的人，看到了不同年龄的人，我也体会到了组织者的辛苦。

进入9月份，学校开学了，学校里的人多了起来。我们的训练内容就是每周一次的大合练，而最让我印象深刻的就是深夜在王府井的几次合练。在去往王府井的路上，我们看到了国防设备，也看到了我们口中的“兵哥哥”，他们的每一次亮相都让我们激动不已。我们的脸上没有疲惫，只有兴奋和激动。到了王府井，领了餐包，我们围坐在一起，继续畅聊。我们会聊刘慈欣的《三体》，感叹刘慈欣的天才创造力；小学妹们会带着我们玩游戏，我们这些老学长和老学姐也着实“嗨皮”了一下；坐的累了我们会躺到纸盒子上休息一下，睡在王府井大街是一件让我们很多人难忘的事情。

2019年10月1日，今天是你的生日，我的祖国！我在凌晨3点起床，穿上我

的粉色出场服，我的白色运动鞋，出发了。从二外出发，从传媒出发，最后从王府井出发，从出发线出发，从调整线出发，从音乐线出发，一直到天安门城楼前。我们挥舞着我们的红旗为祖国母亲庆生，我们是“祖国万岁”方阵，《我和我的祖国》这首歌我们不知道听过多少遍了，它深深地印在了我们的脑海里。现在，在天安门前，我们放声歌唱着，歌唱着我们伟大的祖国！

老师评语：

作为可爱的“老学姐”，你给我们中队带来了很多欢乐，希望你的欢乐能一直延续下去。我们一起睡过王府井大街，一起摸黑出行过，一起走过天安门，愿我们的革命友谊地久天长。我想说你幸亏选择了参加这次活动，不然你一定会后悔，而现在，你可以幸福地回忆这些美好时光。

这个夏天，这份记忆

商学院　张昊灵

如果你问，为什么选择参加？我会说，因为我对这片土地爱得深沉。

87 天，15 次合练，3 套服装，一个信念。过去两个月多，累过，笑过，但未悔过。

10 月 1 日已经过去，但内心的波澜仍久久不能平息。是欣喜，是感动，是在操场排队合影留念时的兴奋，是看见天安门广场上国旗飘扬的热泪。不知道为什么，思绪又一次被拉回暑假前的那场会议。

会上，学姐拿着自己曾经参加群众游行而获得的奖励，满腔热血地向我们讲述着自己的经历，那一刻我看到她的眼睛里闪着光，她整个人仿佛都熠熠生辉。名为《红色记忆》的视频短片，让我大致了解了这次训练会有多辛苦。会议结束，我的脑海里只有一个念头：我也要参加。因为我认为这应该就是我离国家、离党、离世界，距离最近的一次了。

暑假短暂的调整后，我们于 7 月底回到了学校，领取物资，逐步循环开始了游行的训练。或许是有朋友的陪伴，又或许是学校抓住时间进行着有效训练，又或许是每天结束时的“快乐体育”时间，训练的日子也成了回忆里快乐的那一部分。大家就这样一天一天地数着日子，也曾试图祈雨，期盼可以休息一天。一次又一次的合练，一次又一次的更改，我们也都习惯。也许是离 10 月 1 日还很远，训练的时候，都没有什么特殊的感觉。

表演当天，当大家得知花车上是刚刚从战场回来的女排将士们，操场上爆发出了尖叫声鼓掌声，这一消息让我们本就难以平复的心情更加激动。

结束后，大家有序地向地铁走着，沿途看到帅气的军人们，好像完全忘记了疲惫。

这次训练给我带来的不仅是身体意志的磨炼，更是生活学习的启发。

训练中，杨老师说过这样一句话：最大的不变就是永远在变。当时是为了让我们理解每一次合练结束后的动作调整与更改。可当活动结束后，我再看这句话，却觉得生活大概也是这样吧。正是因为我们对未来拿不准，所以本以为会直行的路才有可能会出现岔路。我们所需要的不是去对未来做出预测，而是去锻炼自己应对变数时的能力和心态。坦然接受，并改变之前的策略，这才是该具备的。

虽然 70 周年的庆典也或许会被未来的 80 周年、100 周年的庆典所覆盖，但这个我挥洒青春的夏天，这份我执着热血的回忆，将是我最重要的东西。如果未来还有机会，我愿意再次报名。

如果你问我为什么，我会说，因为我爱这片土地胜过爱我自己。

老师评语：

这个挥洒青春的夏天，将是你最重要的回忆，也是我们共同的美好回忆。如果未来还有机会，真希望还能和你们在一起，用脚步丈量长安街！依然记得你爽朗的笑声，乐观的态度，笑对每一次变化、每一次的熬夜训练，有了你们的笑容，我的心里才更踏实。

第 36“祖国万岁”方阵——第 15 中队

不忘初心

经济学院　曹沐怡

“我和我的祖国，一刻也不能分割。无论我走到哪里，都流出一首赞歌……”曾几何时，这首歌在我的耳边无数次循环播放，直至此时此刻我下意识哼出的仍旧是这段旋律。或许我们终究会忘记那些曾一起庄严而活泼地并肩走过的每一副面孔，但永远不会忘却和着它节拍那一刻的山河永驻、血脉相连。

10 年前——2009 年，正值祖国母亲——中华人民共和国 60 周年华诞，当时只有 9 岁的我不记得那一年获得了怎样的礼物，不记得那一年经历了哪些对我来说理应印象深刻的事……却清晰地记得，守在电视机前看阅兵方阵气势磅礴地走过天安门、先进的军事武器与设备进行的精彩表演、中国向世界展示中华雄姿时内心的激动与澎湃……

很喜欢艾青的一句话：“为什么我的眼里常含泪水？因为我对这土地爱得深沉。”因为我爱您，所以我听不得别人说您一丁点的不好。这一路荆棘丛生，有多少血与泪隐匿于无人问津的角落里，每一次祖国遭受不利的情形，都时刻牵动着每一位中华儿女的心弦。

何其有幸，我是这段时光的见证人，也是参与者。

10年后的2019年，祖国迎来了70周年华诞。无限幸运的是，我们这一届青年，恰有机会参与其中，尽吾辈之努力，献礼祖国母亲的70华诞。10月 1 日临行之前，当我们得知不久后将登上我们所在方阵花车的是刚刚才从“战场”上凯旋的中国女排时，全场沸腾，激动之情溢于言表。

我想，千万种语言都不足以表达举着花捧与国旗走过长安街时的我的心情，激动、昂扬、缅怀、庆幸、担忧、喜悦……千万种情愫汇成嘴角的笑容、眉眼间的泪。那一刻，眼里是国旗飘扬、百花齐放；身后是山河万里、国泰民安。表演结束后，7 万只象征着爱与和平的鸽子在天空中翱翔后归于各自的家中，7 万只五颜六色的气球随着全国人民欢庆的掌声与欢呼声飘向远方……

更为人津津乐道的是，那 7 万只和平鸽是向北京的市民借的，那 7 万只气球是可降解的，无不彰显着我国生态文明建设的理念。“绿水青山就是金山银山”，一路走来，我们用自己的方式，贯彻着可持续发展的理念，虽然，有些方面，我们还有一定的改进空间。

梁启超先生在《少年中国说》中说："故今日之责任，不在他人，而全在我少年……"青少年是一个国家未来的希望，在这个快节奏的时代，有太多初心被淹没在光怪陆离的世界里……但，我们始终坚信，明天会更好。

最后，如果问我为什么与祖国无法分割，我只能说，爱国是本能，家国情怀，融入骨血。我想，理由有千千万，归根结底，每一位中国人对祖国的爱都有着这本能的归属感。

唯愿祖国繁荣昌盛，日月所照、山河所至，生生不息。

老师评语：

从9岁到19岁，10年来，一颗爱国的种子生根发芽，终于在2019年10月1日，在丈量天安门的脚步中汇聚。文章真情实感流露，读来过去的三个月历历在目。千言万语，汇成一句话：爱国是本能，家国情怀，融入骨血。

且听龙吟，这盛世如您所愿

经济学院　陈瑶

落笔已是国庆之后，但是心中的激动之情仍然难以掩盖。这场史上规模空前的盛宴，排山倒海、气势磅礴，威武雄壮，已是言语难以描绘的。我又是何其有幸，能够站在天安门前共享这一盛典！

10 月 1 日的凌晨，激动的我早早起床收拾，三个月的训练成果终于要正式登场了，但心中却有几分空荡荡的失落。回忆这三个月的时光，见过最多的景色，是傍晚的落日，凌晨的星月，清早的日出，以及老师和同学们脸上憔悴但却欢愉的脸庞。最想说的还是感谢：感谢老师们的辛勤付出，永远把同学们放在首位。这三个月，基哥黑了两个度，头上的白发也多了许多，有次凌晨依旧在办公室奋斗着，嘟哝的鼻音、沙哑的喉咙和哪怕是住在 317 的决心以及 5 点又得安排复训的惨状着实招人心疼；雪亭姐也是，身子极其虚弱的她怕冷又胃不好，去金盏的某天牙疼和胃疼交织，弯着腰蜷缩在马扎上面色惨白，就像只需要被好好呵护的小猫，但还得强撑着做好中队后勤保障的工作。一直记得杨老师的那句“别人有，我们也不能少！”，虽然暑假没有回家，却依然感受到父亲一般的温暖。还感谢学院能把副中队长一职交付给我，置顶的中队群，无数次发公告，十分感谢中队同学的积极配合，三个月的时光，彼此用真心换取真心，把我们从毫不相干的陌生人变成凝聚在一起的大家庭，大家嬉笑玩耍，度过了我在二外最开心难忘的奇妙夏日！

最重要的，还是想感谢我的祖国！看见无数精良的装备，一个个整齐划一、大气磅礴的方阵，盛大的联欢活动，我深刻感受到了祖国飞速崛起的豪迈，感受到祖国军事、科技与实业的进步！当时在天安门前，那十几遍愈发响亮的“祖国万岁！”正是发自肺腑的情感表达。检阅车上的 1949 到 2019 的改变，是让我们牢记历史——唯有奋发图强的精神，脚踏实地的韧性，才是实现伟大复兴中国梦的唯一途径！看着那些颤颤巍巍却依旧直挺挺地行军礼的老兵，想起无数英雄先烈，欢笑与泪水在脸上交织，感觉肩上的责任更加沉重，久久不能平静，只想说一声：“祖国，我爱你！且听龙吟，这盛世如您所愿！”

时光荏苒，我们这一辈已经从懵懂的小孩成长为肩负使命的新世纪青年。作为预备党员的我或许更为荣幸，我必将一己之力，为建设更加美丽强大的新中国而奋斗！

老师评语：

多么细心的小丫头啊！担任中队团支书三个月来，从日常管理到团队考勤，到团队建设到物资发放，默默为团队做了那么多工作，自己却总是在关注着、感恩着学校、老师和同学的付出。青年的责任感、青年的使命与担当在你们身上彰显，和你们在一起见证这历史性的一刻，何其荣幸，何其幸福！

不是喜欢，是深爱

经济学院　何亚玲

作为北京第二外国语学院经济学院国际商务专业即将毕业的研二学生，在考虑是否参加时，的确面临了很多压力，只有一个朋友告诉我说，想做的事情就去做，这个机会，错过了就是错过了。像是内心早已有了答案，只是在等待一个人给予我肯定一样，就因为这一句话，我推翻所有否定，当即决定报名。现在，10月早已结束，除了这一句话，我似乎完全记不清其他人说了些什么，剩下的是绝不会随岁月增长而消亡的深刻记忆。

这一段旅程，于我而言，开始得好像很艰难，至于行进过程，其实我有点记不清有多辛苦了，所以好像也写不出来刻骨的文字。抑或许是，领导一次次的看望慰问、老师一次次的关怀问候、身旁“战友”点点滴滴的照顾，让我完全忘记了8月的太阳有多晒、9月的黑夜有多长。

我只记得：

计金标校长来看过我们好多次，拂晓、白昼、日暮、黑夜；

顾晓园书记来看望我们，谆谆教诲为我们鼓劲儿；

拍MV的时候赶上雨天，食堂师傅赶去熬了姜汤，“逼”路过的我们喝一点；

不知道怎么回事，刘睿基老师明明有雨衣，可是一到下雨天的时候总不在自己身上；

外出合练恰逢下雨，感觉身体不舒服，旁边的“战友”为我拿道具、暖手、披雨衣，隔几秒问我怎么样了；

唯一一次请假是为了陪生病的朋友，结果，过了半个月，每天忙得晕头转向的雪亭老师还在问我你朋友怎么样了？还好吗？

我凌晨五点多回到寝室，不小心吵醒了熟睡室友，满心愧疚地问是不是吵醒了她，她撒谎回答说没有，然后半梦半醒地说，你辛苦了；

“十一”当天，寥寥少数能带手机的老师和志愿者高高地举着手机给在王府井等候的我们放现场直播，小小一个手机屏幕，里三层外三层被围得水泄不通，太刺激了，那简直是我看过最拥挤的一个阅兵式；

快到我们上场了，我旁边的女孩跟我说她早上在地铁上集结时因为低血糖晕倒了，是一位老师一直照顾她鼓励她她才坚持下来，她说她要争气一点，再怎样都想要走上长安街，健康欢快地走向天安门；

10 月 2 日，我的生日，我本打算穿一条漂亮的裙子买束花去学校向我敬爱的周总理致敬，告诉他飞机不用飞两遍了，自以为很有意义的一个想法，没想到到学校后已有人捷足先登，周总理的雕像前摆满了各种花……我想他一定都听到了，因为全中国的人都在告诉他，多想让您看看，今天可爱的中国。

往事如烟却历历在目，情深似海当永不忘怀。别来无恙，我的二外我的祖国，我想告诉您，这段旅程，我来过，无悔！我对您的感情，不是喜欢，是深爱！

老师评语：

亚玲姑娘，是 15 中队唯一的研究生师姐。面临毕业的她，平衡学业、论文、考证、求职的同时参与到重大活动中来，让人实属感动。从主动报名那天起，她就严格要求自己，每次集结和训练都按时到场，认真对待训练。自己出色完成训练的同时，也为团队做了表率。

千言万语，不过一句

——祖国万岁

商学院　罗丽莎

我想，十年前那个在电视机前看阅兵的我，是无论如何也想不到，十年之后，自己能走上长安街。作为一名班委和一位在新闻社工作的同学，我比身边的同学要更早知道关于这次庆祝国庆70周年群众游行的消息。我有更多的时间考虑，但也更加地纠结。在我面前有三个选择——游行训练、社会实践和自己人生的第一份实习。在申请报名的前一天，我还在和同学说："训练那么累，我才不去。"但当我真正面对那张小小的报名纸时，在犹豫了两秒钟后，我还是选择了"那么累"的国庆游行。

学校非常照顾我们，将训练时间安排在了早晨和傍晚，有朋友的陪伴，我发现训练并没有一开始想得那么累。由于自身性格的原因，我总是特别较真，对于这次训练也是如此。站军姿的时候，前面的同学注意力不集中，我会"多管闲事"地提醒一下；走队列的时候，身边的女孩子们比较害羞，我会主动喊口号；老师的训练出现小问题，我也会找训练老师反应……我希望大家都能通过自己微小的努力，让这个集体变得更好。我也不理解在面对这样一件国家大事的时候，有人会不认真对待。

作为新闻社的一名记者，我接触到了这次训练的幕后人员以及其他方阵的成员，他们给我带来的震撼和感动不亚于自己在天安门前跳跃的那5分钟。文宣队的故事、后勤部的付出以及轮滑队的感人，这些都让我再次坚定了"更加认真参与训练"的想法。

在这段参训时光中，有许多难以忘怀的事情。忘不了训练期间20分钟时朋友们的"茶话会"；忘不了每次训练末尾的"快乐体育"；忘不了每集一枚徽章时的开心与期待；忘不了一次又一次的凌晨两点半、凌晨三点、凌晨四点的外出合练，扛着烈日淋着雨；忘不了一次次王府井大街上的席地而睡；忘不了长安街上看见女排时的热泪盈眶……忘不了的事情太多了。

五年一小庆，十年一大庆。在我有限的生命中，非常幸运能够碰上这样的机会，也许这是唯一一次能够在10月1日，同队伍一块走上长安街的机会。但我却会永远记得，这两个月与“战友们”一同奋战过的时光。千言万语，均汇成一句，呐喊过无数遍的——祖国万岁。

老师评语：

Lisa（丽莎）是一个柔中带刚、充满责任感和自信心的小丫头。看起来瘦瘦小小的她，担任小队长，把自己队伍里面同学情况张罗的门儿清，在数次分发和收取道具的过程中与团队同学一道，高效率完成任务。将爱国热情融入70周年大庆活动工作中的点点滴滴，不禁让我想起“谁说女子不如男，个个都是花木兰”！

继往开来，砥砺前行

经济学院　罗情

“我的祖国和我，一刻也不能分割。无论我走到哪里，都流出一首赞歌……”随着嘹亮优美的歌声响起，我们二外全体师生所在的群众游行第36方阵迈着坚定的步伐走向天安门。那是激动万分的时刻，那是全国瞩目的一刻！在这样一个举国同庆的日子，我能够有幸作为其中一员参与其中，内心十分激荡和震撼。回望过去，发现一切努力付出都将获得回报，所有辛苦汗水都是如此值得！

还记得在7月6日的爱国主题教育活动上，我们二外参与师生首次相聚，一同为将来的目标追求而献歌宣誓。在短暂的假期后，所有人都如约而至，开始了为期两个多月的训练。北京的夏天真的很热，在烈日炙烤的操场上一次次重复着训练也是真的累，但我从不曾看见或听见任何一个人埋怨退出。因为每个人的心中都清楚地知道我们为何会站在这里，又缘何而战斗着，身体虽累但心中却是充实满足的。小小的一片操场，小小的一个二外校园，在这两个多月中却让我感受到了许多微小但又悸动人心的事。不论是后勤人员每天早起为我们送上的甘甜的酸梅汤，还是学校偷偷给训练期间过生日的同学的惊喜蛋糕，抑或是学校领导来看望大家时为我们加餐的大鸡腿……许许多多，乍一看不抢眼，细品来却愈发令人感动的小举动，不断地安抚着在夏天烈日下急躁而疲倦的心。

出发前的晚上注定是个不眠之夜，但为了第二天精神状态的饱满我还是早早睡了。不论在之前的合练中表现如何，真正到了这一刻我还是忍不住紧张。看到空中护旗梯队从我们头顶飞过，所有人都欢呼应和时，我从未如此清晰地感受到：我与祖国心相连！有一句话我很喜欢：“当你感受到幸福时，那是有一个人在爱你；当许许多多人都感受到幸福时，那是祖国在爱你。”祖国是我们得以安身的庇护所，是保护我们不受侵害的坚硬护盾，是我们在异国他乡时深深思怀不可遗忘的深刻念想，是心灵能够安宁的温泉。或许平时我们不太注意，但一旦听到任何诋毁国家的话语和言行时，每个中国人心中油然而生的愤慨不可忽视；看到五星红旗在国歌肃穆的声响下代表着中国形象向世界展示而缓缓升起时，我们心中的敬重和喜悦也是无须道理可言，它就这样突然而来，在我们需要国家或国家需要我们维护尊严时，来得这样强烈而又亲切。

我爱你，中国，我们爱你，中国！只愿未来无限光景，您更加繁荣富强！在这特殊的日子，我在此献上最诚挚的祝福：

一愿祖国万岁，二愿人民身体常健，三愿如同梁上燕，相伴随行永不弃！

老师评语：

罗情同学，早在7月初就严格按照学校的部署完成日常锻炼与体能训练，开学后临危受命担任小队长一职，更是把这种工作的认真负责劲儿带到小队。

今年的70周年大庆是自豪感满满的大庆，也是感动满满的大庆。学校和老师对孩子们的关怀，孩子们深深记挂在心，并化为对祖国的一腔热血。“自由、欢愉、活泼”，你们做到了！

青春力量，绚烂绽放

经济学院　全晓庆

很多人的心里都会留下让他们的爱国情感爆棚的那些瞬间。我的那个瞬间出现在2009年的10月1号，全家围坐在电视机前面收看国庆阅兵盛典，看到群众的游行队伍举着花环，做着整齐划一的动作，尽管我当时只有9岁，对于家国情怀和爱国热情没有特别明确的概念和感受，少不更事的我居然涌现出了一种多难兴邦的沧桑感。

2019年国庆，我有幸参与到这个历史性的时刻。8月的北京是一年中最为闷热的季节，但是在二外，恶劣的环境挡不住我们激情澎湃的心。是的，大概有1000人的师生在二外的操场上，利用暑假一半的时间开始了国庆群众游行的训练。任何一种训练都是枯燥的，特别是队列训练。在最开始的训练中，我们在一遍又一遍的稍息、立正、向右（左）看齐的口令声中认真做着这些简单的动作，力求做到动作有力到位，完成好单兵的技术要领。这些很简单、不需要技巧的动作在高温下竟也可以让我们汗流浃背。一个排面的整齐是队列训练的难点，为了能够准确踏乐、步幅统一，我们不知在教官和老师的带领下走了多少圈，只是知道去食堂吃饭的时候，音乐都在脑子里，步子也在不自觉地踏乐。为了解决一些老师们提出来的问题，我们调动了全身所有的器官，嘴，数节拍；眼，和队友标齐；耳，听音乐；手，不断变化手持物；腿，按照标准距离迈步；脑，统筹所有器官。

我所在的“祖国万岁”方阵，是所有群众游行方阵中的最后一个。53个人一个大排面，这是军队也不曾尝试过的数字，但是，作为压轴出场的我们，不仅要控制好前行的速度和整体框架，还要淋漓尽致地展现当代大学生热血、青春、活力、拼搏的精神。所以，这是一件相当不容易的事情，我们每一行、每一列、每一个点位的同学和老师，要手脑兼顾，一遍遍和着音乐做动作。

尽管我在正式游行前幻想了无数次10月1日当天的场景，也无论我的内心经过了多少憧憬和向往，但是这些都比不上那一天真正来临时我内心的激动程度。我清晰地记得，我和我身边的同学们发出自己最大的音量，用尽全身的力气，跳跃着，欢呼着，经过了天安门城楼，我当时感觉到，我们整个36方阵就像一个人，脑中只有一个坚定的信念，那就是——祖国万岁！

或许对于一个人来说，70 岁已是古稀之年了，但是对于中华人民共和国来讲，有我们积极向上、满腔热血的年轻一代不断走进社会，不断开始建设祖国的伟大路程，祖国，正青春！祖国，我愿与你共奋进！

老师评语：

真是让人感动啊！或许对于一个人来说，70 岁已是古稀之年了，但是对中华人民共和国来讲，有我们积极向上、满腔热血的年轻一代不断走进社会，不断开始建设祖国的伟大路程，祖国，正青春！犹记得小丫头在合练的大巴上度过 19 岁生日，大家齐唱生日歌的场景。小丫头，青春与祖国同在，不禁让人想起“我要把美好的青春献给你，我的祖国，我的母亲”！

永不忘怀的红色记忆

经济学院　王竞研

10月1日中午，我们完成了最后一次游行表演。怀着激动与爱国之情，我们的汗水、泪水与欢笑交融。返回学校的路上，我突然想起当初做出决定的那一刻——我知道，也许有很多事情，在决定要做之时，就已经注定了要改变你的生活……

7月初，天气还没褪去炎热，我们这些来自全国各地的二外学子，从家中启程，一同奔往首都，把8月献给祖国。我怀念那一杯杯酷暑中喝到的清凉甘甜的酸梅汤；我怀念“快乐15分钟”新颖的体育活动；我怀念那一首首竭尽全力唱出的歌曲；我怀念休息时没有手机的自己与伙伴的欢声笑语；我怀念一次次合练时大家发自内心的欢呼与挥动的红色旗子……我怀念这片承载着独特记忆的绿茵草地和训练场——在这里，我们看到凌晨的星月，也见过清晨的日出；在这里，我们度过了第一个没回家的大学暑假，甚至是很多人的生日与七夕；在这里，我们品尝着苦与乐的交织，我们加深着彼此的情谊，我们更深深地感悟到了对祖国的由衷热爱。

从家中到学校，从学校到长安街，我们的肩上背负着太多——家长的期许，老师的付出，自己坚持不懈的努力……天安门前，红旗招展，光芒照耀神州大地；人文楼里，书声琅琅，青春飞扬二外校园。梧桐花开，芬芳馥郁；绿草满地，树木成荫；枫林尽染，硕果累累；粉妆玉砌，傲雪凌霜。四季流转，季节更替，日复一日，年复一年，我们在祖国的带领下，迎着朝阳，踏着晚霞，追赶时代的潮流，走在世界前列。奋斗的今天从这里开始，我们在二外的路上努力奔跑，时代在共同的努力中不断前行。

辉煌的70年，祖国的变化日新月异，走向世界的脚步坚定而豪迈。70年，对于人来说也许是漫长的一生。可对于成立70周年的中华人民共和国来说，70岁的她正值激情勃发的青春年华。70，是一个数字，是一年一月一日一时积累的时间；70，是一个象征，是一点一滴慢慢汇聚铸就的辉煌。这是漫长的岁月，也是拼搏的时代，这是汗水的证明，也是我们的未来。这是辉煌的篇章，也是属于我们的新时代！

参加此次游行是人生中的一大幸事，也是很幸福的事。因为为了祖国，一切都很值得。这份宝贵的红色回忆，这段和你们所有人度过的美好时光，都会深深留在我心里。

70 年前的满目疮痍已成 70 年后的锦绣一片。前辈们所有的殚精竭虑，终在这中华盛世璀璨明亮！少年强则国强；少年富则国富；少年屹立于世界，则国屹立于世界！生为华夏人，饮得黄河水，吾辈当谨记历史，自强不息，勤勉读书，保卫盛世！锦绣河山，国泰民安，十里长街，盛世依然。我愿以吾辈青春，共筑盛世中华！

老师评语：

竞研是 15 中队的排头，个头不是很高的她因表现出众担任框子兵，在加练中以饱满的精神状态迎接每一次的训练并带动身边同学；竞研是 15 中队的文体特长生，带头学习和教授同学们广场表演动作，又代表中队参加爱国主题演讲拿到校级三等奖；竞研是学校重大活动工作的小助手，协助发放道具、确定点位，整得门儿清。

70 年，对于人来说也许是漫长的一生。可对于中华人民共和国来说，70 岁却正值激情勃发的青春年华。你们的青春与祖国同在，加油吧少年！

海棠花开，献礼祖国

经济学院　王宇轩

“岁月不居，时节如流”。转眼间，中华人民共和国迎来了她的70华诞，在这个举国同庆的日子里，我作为盛开的海棠——北京第二外国语学院的一名大学生，有幸参与了令我终生难忘的“国庆70周年献礼活动”。

记得2009年我还是一名小学生时，参加了国庆60周年的纪念活动。当时年纪虽小，心里已埋下了爱国的种子。这次得知能够再次踏上长安街为祖国庆生，我抑制不住兴奋的心情，马上报名参加了游行方阵。

在炙热的阳光下、潮热的雨水里，我们开始了一次次艰苦而枯燥的训练。爱国虽然早已深深烙印在我的脑海里，但直至这一次，我才感受到了祖国两个字在我们每一个人心目中的分量。为了这两个字，同学们发挥“功成不必在我，功成必定有我”的精神，不计得失、奋勇争先。没有人叫苦，没有人掉队，有的是对教官每一次要求的认真执行，有的是越来越熟练的动作。负责训练和后勤的老师同学连夜忙碌、随时待命，提供了最好的物质保障。与同样具有爱国情怀的朋友们在队列中训练，为共同的目标奋斗，带给我巨大的满足感。经过一个半月的训练，我不仅磨砺了意志，也收获了友情。

终于，10月1日，我站到了这里，天安门广场！在这里，习近平总书记发表了重要讲话并检阅三军。随着空中护旗梯队的到来，悬挂着中国共产党党旗、中华人民共和国国旗和中国人民解放军军旗的直升机飞过天安门上空，更让我思潮翻滚，久久不能平静。路漫漫其修远，为了中华民族的富强，中华民族走过了历经百年的求索之路。“中华民族是历经磨难、不屈不挠的伟大民族，中国人民是勤劳勇敢、自强不息的伟大人民，中国共产党是敢于斗争、敢于胜利的伟大政党。”正是在中国共产党的领导下，在人民军队的保障下，伟大的祖国终于如一个巨人雄踞在东方。终于，我作为“祖国万岁”方阵中的一员，来到天安门城楼下，一种难以言喻的热情从心底迸发出来，凝聚成每一声欢呼、每一次纵跃。7万只和平鸽腾空而起，带着中华儿女的梦想飞向天际，我热泪盈眶，为能生在这样伟大的新中国感到无比自豪。在这里，我们呼唤的不是古代文人“万国衣冠拜冕旒”的繁华，而是在党的领导下，建立更加繁荣昌盛的祖国，和世界人民一起构建人类命运共同体的美好期待。

“芳林新叶催陈叶，流水前波让后波”，欣逢盛世，敢不当先。我要把这次国庆献礼活动中对祖国的热爱转换成自己不断前行的动力，随时迎接下一次为祖国付出的光荣使命。

老师评语：

宇轩同学是典型的行动派。训练期间，主动协助老师发放道具安排点位，一丝不苟；几次合练中主动承担安检协助工作，两手满满拎着大家的道具没有一声怨言；训练间隙主动到学院帮忙，时常主动询问还能为学院和团队做些什么，做的永远比说的多，靠谱。

“芳林新叶催陈叶，流水前波让后波”，欣逢盛世，敢不当先。把这次国庆献礼活动中对祖国的热爱转换成自己不断前行的动力，宇轩，看好你！

与祖国同行

经济学院　袁瑞峰

大地依旧笼罩在黑暗之中，操场的路灯之下却能看见影子闪过。终于，就要去天安门了。

初进 10 月，有风拂过便觉周身一阵凉意，才会惊觉已近深秋。仍然记得在启动大会上，那句‘七月留给自己，八月献给祖国’，从一号宿舍楼走到三食堂就会出汗的日子已经过去了，那些大家都为了一件事努力训练的日子，那个激情燃烧的夏天也过去了，不仅仅献给了祖国，也献给了自己的青春。

转眼已到激动人心的 10 月 1 日，目力所及之处，尽是大家的花和彩旗，行进的音乐一起，再配以连续不断的欢呼声，热血便开始沸腾了。隐藏在心中 20 多年的想跟祖国说的话，一时间好像全部堵在喉头，就想大声地喊出来给祖国听，汇成一声声的欢呼。悄悄抹掉眼角的一滴眼泪，我们能站在最中心的位置祝贺祖国母亲——中华人民共和国 70 岁的生日，何其荣幸。

“36 方阵，前进。”发令塔一声令下，5000 人的声浪回荡在长安街之上。两个月的训练，就像等待绚烂烟花飞行的过程，那么煎熬，我们会在祖国的中心绽放，给全世界。不必再压抑，歌唱我们亲爱的祖国，从今走向繁荣富强。人浪不必组织，一波一波地叠起，当我们每次接收到花要放胸前的指令，正要传达便看见左侧已经开始挥舞道具了，于是跟进挥舞。如此三四次直到音乐快到时，大家才收起道具准备跟进表演。此时天安门赫然就在眼前。“习大大呢？他已经等了我三个小时了。”“我看到习大大了！”大家一遍一遍向领袖挥动国旗和鲜花，感谢习大大带领全国人民为实现中国梦不断奋斗。

“快看天上！”听到声音我抬起头来。密密麻麻的彩色气球漫布在天空中，那是一种如何的感受我已无法通过语言描述，表演的人们纷纷转过头，便又是一大波鸽子朝天飞去。本就跟随音乐蹦跳的人群，突然爆发出一阵欢呼，疯狂地向天空挥舞着手中的道具。漫天的气球和鸽子，多么美妙，庆祝着祖国母亲 70 岁的生日，也给我们接近尾声的表演伴舞，希望这次表演你还满意，我的祖国。

“五星红旗迎风飘扬，胜利歌声多么响亮，歌唱我们亲爱的祖国，从今走向繁荣富强。”未来在各线奋战的青年人啊，现在要歌唱我们的祖国，未来要用双手去建设我们的祖国。70年太短，弹指一挥间，70年太久，我们还想看见下一个70年啊。伟大祖国，生日快乐！

老师评语：

“老袁”确实是队里的大哥，从放弃计划更改暑假行程的那一刻起，他就把自己融入15中队中。炎热夏天里，带上扩音器整队和标齐排面的是他；拉歌比赛上，扯着嗓子教大家练歌的是他；拔河比赛后细心鼓励同学们全力以赴的是他；担任安全员和同学们以身表演示范传达学校工作的是他。我想，团队同学们的全力以赴和全心全意为国呐喊，成就了我们闪亮的日子。

我追过最好的生日会

——祖国万岁

商学院　张诗笛

震撼。任何语言在这种场面面前都是苍白无力的，如果硬要说的话，只有两个字，值得。

当我在王府井大街上以地为床以天为被时，我的内心有隐隐的觉得自己与众不同的骄傲：“我可是睡过王府井大街的女人，从此以后我毫无畏惧。”训练之前，我从来没想过有一天我会不顾形象、不顾环境席地而坐，从来没想过我会随时随地躺下睡觉；因为训练疲惫，因为路途奔波，因为天气太热。这不到两个月的训练，就磨炼了我的意志，让我更加挣脱了世俗的枷锁，活得更加坚定自我。

等待入场时，看到头顶上呼啸而过的各式飞机和目不斜视站岗的解放军战士，我的内心又有隐隐的觉得自己看到了伟大背后的自豪：“飞机呼啸而过，身边的人在尖叫，在惊呼。这飞机拉着国旗，这是拉彩线的飞机，这是直升机，这是加油机，这是传说中的歼-20。”全国人民在电视机前等着看直播，我却先他们一步看到了还没入场的飞机，听到了真实的轰鸣声，说不开心是假的，这种比其他人了解的更多的愉悦确实值得。

而当我真实地走在长安街上，看着花车缓缓驶来，从战场上归来的女排运动员们在车上向我们挥手，我们按着既定的路线包夹彩车，奔跑，喊口号，欢呼，跳跃，我的内心其实是一片空白。只能听到周围所有人都在大叫，想起之前学校的要求，要大家保持欢愉，我想那应该是多此一举了，我环视四周，每个人都仿佛失去了表情管理的能力，眼里都闪烁着光，脸上挂着真实的喜悦，我自己也是一样，笑到僵硬可还是合不拢嘴。直到表演正式开始，属于我们的音乐响起，我们大喊“祖国万岁”。三声“祖国万岁”，很短暂又好像很漫长，我听见我的声音逐渐哽咽，内心也不再空白。我想起战争时期的艰辛，那是一条条鲜活的生命，数万万普通战士为我们的未来打下基础；我想起建国建党时期的困难，那是一条荆棘之路，各路有志之士为我们铺平民主的道路；我想起平凡岗位上不平凡的人们，他们都在发光发热，用自己小小的一份力，为我们提供岁月静好。

中国值得，中国值得革命先烈们前仆后继的牺牲，中国值得有志青年们的不懈奋斗，中国值得我们的期待，我很高兴，能见证中华人民共和国70周年华诞的盛大场面，这是我追过的最好的生日会。

老师评语：

好一个“睡过王府井大街的女人”，10月的活动不仅让你变得更加爱国，还让你变得更加自由欢愉和无所畏惧！能见证中华人民共和国70周年华诞的盛大场面，这也是我追过的最好的生日会。让我们一起，勇敢地，无所畏惧地用自己小小的一份力，为祖国创造更大的光芒绽放！

第 36“祖国万岁”方阵——第 16 中队

19 岁的我和 70 岁的她

经济学院　肖元丽

观看 60 周年国庆庆祝活动纪念短片时，曾有这样一句话深深打动了我：“在我的弥留之际，我怀念起自己的一生，最无悔的记忆一定有 20 岁的我曾为 60 岁的祖国母亲在长安街高呼……”也正是这句话，让我毅然决然将自己 19 岁的夏天献给祖国。

“我和我的祖国，一刻也不能分割……”这首歌回荡在每个清晨与傍晚的二外操场，我曾踏着这首歌与小伙伴迈着整齐的步伐，亦踏着这首歌与大家共同举旗高呼祖国万岁。起初我只是如完成任务般做着这些事情，尽量标齐排面，尽量呼声高亢，可某个休息的间歇，我望着天空，突然陷入深思，我与祖国的不可分割之处到底在哪里。也正是当天下午，演讲比赛中同学的一句“如果你昨天感到很幸福，那是因为有人在爱着你。可如果你每天都感到很幸福，那是因为你的国家在深爱着你”让我恍然大悟。

其实我现在度过的每一秒钟都与我的祖国无法分割，叙利亚因国家实力薄弱，其驻联合国大使贾法里无助坐在沙发上为自己遭受空袭的国家担忧却无计可施。百年前遭遇同样情境的中国其现在强大的国防力量不仅能够保护我们远离战乱之苦，更能够在我们远离家乡遭遇困境时第一时间把我们接回家。因依靠着强大的祖国，因为被它深深爱着保护着，我才可以幸福地做着任何我想做的事情。

其实家国情怀早已在我心底深种，明明泪点很高的我，观看《战狼》和《红海行动》时却总是啜泣不停。奥运会时，看不懂比赛规则的我听到中国队员胜利就是能从沙发上跳起欢呼叫好。深夜看到遭受不公平待遇的华为公司致海思儿女的信时，我就是可以兴奋骄傲到难以入睡。

中国人与国家深沉的爱并非几句空话，而是表现在无数能让你眼眶湿润的自然举动，记得学校拍献礼祖国的 MV 时下大雨，我们就站在雨里穿着雨衣，等待雨停的间歇脱掉雨衣继续拍摄。我有幸站在国旗方阵的外围，看到每次重新下起雨时，拿国旗的 10 几位同学总是不约而同地先小心翼翼地收起护起国旗再穿上雨衣。也正是相同的时间，新闻中也写到香港市民将被“废青”摘下的国旗重新升起，爱国市民下雨时先给国旗撑伞。

正是因为无数中国人对祖国的爱，中国才能用70年时间得以崛起。70年前我们的飞机不够只得飞两遍。而2019年10月1日，70岁的中华人民共和国再也不会出现如此情形，中国军人步履整齐携带各类新型武器纷纷亮相，告诉全世界我中国的强大国防硬实力。而中国青少年也以群众游行的方式告诉世界，我们还拥有着强大的软实力，这些是中国不可限量的未来的缔造者。

如10年前的那位学长一样，在我的弥留之际，我定也会感谢现在的自己，在我最美好的年纪和祖国走得如此之近。19岁的夏天，我带着父母的期望离开天津为祖国献礼而准备，19岁的秋天我作为55岁的二外的孩子，带着周总理曾对二外寄予的期待走向天安门见证长安街的十里繁华。

老师评语：

一个有着从军梦想的花木兰，让10年前的梦想开花。一个看似高冷的姑娘，却会因为每一个为祖国跳动的音符而热泪盈眶，我想这份感情是真实的，也是值得坚持的。

我的小幸运

经济学院　刘南兵

我，一个普通的女大学生，1999年10月出生，在祖国母亲的怀抱中成长了将近20年；可我又不普通，因为我觉得自己很幸运，幸运出生在“9”这个年头，幸运出生在“10”这个月份，幸运出生在中国，幸运成为祖国新世纪、新时代的继承人。

在祖国母亲中华人民共和国70岁生日之际，我十分迫切地想对祖国母亲赋予我的无限的幸运做出我能做的回馈。所以，今年夏天我响应了学校的号召，毅然决然地加入了国庆群众游行队伍。

起初我也很不适应这样的生活节奏，燥热的7月底，蝉鸣声异常的尖锐，每天都要早早从被窝里爬出来，迅速洗漱吃饭，戴好帽子，挂好证件飞奔去操场。那时候，虽然刚刚6点，但是太阳的“状态”却异常兴奋，空气中没有一丝早起的凉意，整个操场被太阳照得反光。每天都重复地做着相同的事情，一趟一趟地走过来再走回去，集结再疏散，觉得自己如同一个机器一般，脑袋里除了“集结行走”就是一片空白了。

到8月初训练体系有了转变，我们不再每天枯燥地训练而是开始了拍摄视频的生活，我非常荣幸地被分在了国旗方阵，看着那面被守护着的巨大的国旗被我们包围在中间，从拍摄开始到结束，都不曾缺席，那时的我们每天都能听见一首歌曲，而那句歌词每天都萦绕在我们的耳畔——“我和我的祖国，一刻也不能分割”。突然间，我明白了自己的职责与使命——去爱这面国旗，去报答我的国家。

8月中后期，我们迎来了训练的第二个阶段，合练阶段，这个阶段既痛苦又快乐。无论狂风暴雨还是烈日炎炎我们都遇到过，在众多地方辗转反侧，日日夜夜舟车劳顿确实使我们的身体出现了各种状况，偶尔的凌晨两点集结，更是让每个人都后背一凉，等待的时间也十分漫长。疲惫、困乏围绕着每一个人，无数次队形的调整以及动作的变换、奔跑、跳动让我们濒临崩溃。说来疯狂，我竟然可以在水泥地上，地铁的地板上，王府井的大街上，坐着睡，躺着睡，这也是一种独特的经历了吧。

这一天终于到来了，我们站在天安门前，为祖国母亲献礼，感恩她赋予我们中国人特有的幸运，用欢呼回馈她给我们的爱！当飞机从我们头顶飞过的那一刻，“我们终于有飞不完的飞机了！”这句话是我当时在脑海里不断重复的一句话。我不禁湿了眼眶，而流出的泪水包含的是喜悦，是激动。

看着中国女排站在“祖国万岁”的花车上，看见习大大在天安门城楼上向我们招手，看见背后气球与和平鸽飞起，这两个月的汗水与泪水全都换成了两个字——“值得”，如果非要用两个字来形容这个经历，那便是——“无悔”。

老师评语：

其实并没想到因为拍摄MV，竟然给了他们特别的一份回忆。16中队的孩子们，大多数被分在了MV的脚本中的国旗板块元素中。8月份拍摄，最大的挑战是老天爷，大雨哗哗下，一遍一遍的全要素走位，为了呈现一幅完美的画面。同学们不是专业的演员，但是他们真的把他们对这面国旗的爱，对这面五星红旗照耀下这个伟大的国家的爱，做了一次真诚的告白！

看他们高擎着国旗，雨水、泪水混合在脸上的样子，特别美！

大国庆典，小小幸福

经济学院　黄炎琦

新中国成立70周年之际，历经三个月的训练，我有幸成为国庆群众游行方阵的一员。这三个月带给我的小美好，是永不会被忘却的。

7月是惊喜。期末考试结束后就进行了第一次集结，所有队员站在操场上排出一个初步的队形。我和同行的同学们站在一起，虽然曾经并没有密切的联系，却也因将要参加同一个活动而聊得起劲。天空时不时飘着毛毛细雨，她们急忙拉着没有任何避雨工具的我到伞下，四个人挤着一把小伞，关系瞬间亲密了。遇到各类有趣的灵魂，被许多积极昂扬的精神感染，让我的7月充满了惊喜。

8月是感动。8月7日，七夕节当天，我和一群同学突然被叫到主席台前“罚站”。校领导在主席台上面向全体参训同学严厉地批评了我们的训练行为，主席台前的我被老师口中那些子虚乌有的“罪行”冲昏了头脑，心中满是委屈和羞愤。突然，老师话语一转讲到了我们的生日，一个插满蜡烛的蛋糕被推到了我们面前！原来这些是为我们七八月份出生的同学准备的生日惊喜。在没有家人的训练场上，我被一群暖心的同伴簇拥。今年，我的生日被赋予了特殊的意义。

9月是激昂。开学后，我们平均一周进行一次合练，几乎都是傍晚或凌晨出发。每次合练大家一等就是几个小时，于是就横七竖八地坐或躺在集结地休息，发下来的餐包成了枕头，训练服就是被子。但身体的疲惫被将要踏入长安街的兴奋抹除得一干二净，核心区内大家欢呼雀跃，挥舞手中的花束和旗帜，大声呐喊“祖国万岁”。我的心中满是激动，每个人穿着同样的衣服，洒着一样的汗水，奔向一样的地方，真的是件美好而幸福的事！

金秋十月，长安街上却仿佛是热情夏日。封闭的王府井大街上因为我们的欢呼而展现出不同于平时的热闹气氛。前几日女排夺冠而归，她们将要站上我们方阵的彩车向世界展现女排风采。原本是彩车人员的我被临时通知不能上车，一个月的训练成为泡影，心中满是遗憾。群众游行开始，喇叭里发出36方阵准备的通知。一瞬间长安街东侧被花海填满，花车就在这片花海的中心缓缓前行，伴随着《我和我的祖国》，鲜花和气球呈麦浪状翻滚涌向天安门方向，构成了让人震撼的宏伟画面，而我就是这其中必不可少的一颗螺丝钉！无数和平鸽冲向天空，将我们的欢愉活泼带向各地。这一刻没有遗憾，只有身为一名中国人、一名参加了游行方阵的中国大学生的骄傲！

新中国成立 70 周年，是载入国家史册的重要一年。同时，也是我最难忘、成长最多的一年。海棠花开赴征程，七十华诞献国礼。这份美好将永远在我的生命花海中闪闪发光。

老师评语：

炎琦，是我的小队长。她既是 16 中队的五位小队长之一，也是我所在的 76 小队的小队长。因为工作认真负责，训练刻苦，各方面综合表现优秀。她有机会参与“祖国万岁”花车的登车活动，为此她也付出了更多的努力和辛苦，因为她愿意呈现给祖国及世界一个最最完美的中国青年形象。但是集结的早上听说花车上的重要变化，她说，虽有遗憾，但是让得值！这是我可爱的小队长，我可爱的中国青年的豪迈！

红色记忆

经济学院　李晨曦

当时光退回到漫漫长夜的王府井大街，花车上的花球逆时针旋转，当脚步倒退到炎炎夏日下的齐步走，笔尖停留在勾选是否志愿参加庆祝活动那一栏，我问我自己，是否会做出同样的选择？

或许是早在6月份，我便听说了学校接到了为庆祝中华人民共和国成立70周年活动做准备的任务，或许也是从那时候开始，想参加的小小心愿便开始在心底种下。

记得学院老师正式向大家公布活动消息并招募人员的时候，给大家放映了二外同学参加庆祝中华人民共和国成立60周年活动的纪录片，台下的我看着10年前的学长学姐举着花环从天安门前走过，代表全世界为祖国母亲庆生时，内心是无比的激动和羡慕，当然还有作为二外人的自豪。在我看来，参加庆祝活动的名额更像是给了我一个表达爱国情怀的机会，在它面前，多少个月的辛苦训练都不再艰难。

简短的假期过后，我们就返校迎来了正规的训练生活。这段日子不像我想象中的辛苦，我反倒结交了不少好朋友。虽然身旁的小战友都是小我一届的学弟学妹，但却能时常找我聊天谈心，开开玩笑，甚至平复我偶尔的起床气。可能是因为这群可爱的人，也可能是因为我对这次活动热爱的心，所以在我眼里，昌平的云，怀柔的风，金盏的夕阳，良乡的雨滴也都跟着变得如此的可爱。训练回来的路上，在大巴车里，男孩子们自发地唱起了歌，配着窗外晚霞映衬的天边美景，我竟觉得，从7月起或许我们就和祖国一起走进了一本生日画册。

如果你问，对于我来说，这次经历里最不可思议的事是什么？那我必会回答你，我从没想到我会在长安街上如此热泪盈眶。10月1日当天，当我举着花束踏在那条街上，身边的花车载着中国女排，旋转着从我身边驶过，耳边是歌颂的旋律“五星红旗，你是我的骄傲。五星红旗，我为你自豪”，在那一刻，我情不自禁地淌下了泪水，在那一刻，多少辛苦都值得。三行情书太长，我只知道，我爱你中国。天安门前的6分钟太短，如果可以，我愿意用接下来的一生时间慢慢向祖国诉说我的热爱。

我很荣幸可以正好在自己20岁的时候为祖国的70周年庆生。我也很感谢，我的祖国在我的小小半生中为我提供的所有温暖与呵护。接下来的日子，请让我们这些少年用奋斗为祖国的宏图添上艳丽的色彩，请让我们坚实的胸膛与臂膀成为您的依靠!

如果时光流转，带我回到了笔尖停留的那一刻，答案依旧会是，我自愿为祖国献上 20 岁的青春。

老师评语：

“昌平的云，怀柔的风，金盏的夕阳，良乡的雨滴也都跟着变得如此的可爱”，那一幕幕瞬间跃然纸上……

晨曦，是我们 16 中队的老队员，也是我们经济学院新一届的学生会主席。这个主席当的够格，这样的学生干部把榜样作用写在了自己的行动中，写在了自己的一片拳拳爱国情中。

不舍的夏天

经济学院　谢思琪

现在是 2019 年 10 月 6 日 17 时 27 分，此刻国庆游行活动已经过去 6 天，假期也即将结束。三个月前，7 月 6 日，我正坐在明德厅，听着台上老师们一句句的嘱咐，感知着训练即将开始。现在，国庆气氛逐渐消失，却也带不走心中那想起来都是怀念的不舍。

大家好，我叫谢思琪，来自第 16 中队 80 小队，是一名普普通通的小队长。这就是我的身份，我从始至终的责任，琐事再多，也无比荣耀，只因大家的那一句“小队长”。

“103–17”，我的位置，我的标志。虽然这个位置不靠前也不靠中间，但我却很喜欢我这个位置。我本身很喜欢 7 这个数字，又恰逢 70 周年国庆，我站在 17 的位置，还是很妙很巧的一件事。

这次活动，印象最深最无法忘怀的，大家一定理所当然地认为是“十一”当天，在天安门前，大家用尽全身力气欢呼的时刻吧！没错，这当然很难忘。我们三个月所做的一切，不就是为了这跳跃欢呼的几分钟。但这真的不是唯一。我们的难忘，我们的感动，真的存在于训练的每时每刻，毫不夸张。

大家最困难的一段时间恐怕就是 MV 拍摄时期了。训练没那么累，但最累人的就是看不到尽头的等待。

在拍摄过程中，有幸结识了薛有成老师。虽然以前不认识薛老师，薛老师也不是我们中队的，但确实觉得这个刚来的、年纪轻轻的老师确实辛苦。最辛苦的就是老师负责了最麻烦的道具工作。可能因为平时也是班长，自身确实责任感有点强。看到道具一直不到，就想帮忙找一找，拿一拿。一次次地联系，一趟趟地跑大活，一回回地沟通，确实不易。不过还好，几经周折，道具算是齐了。大家再累，最后的大雨中，大家的热情却依旧不减，出色地完成了拍摄。关键时刻绝不掉链子，这大概就是我们“二外人”了！

印象深刻的事情不止这点，每晚的黄金幸福十分钟，增肌减脂提臀；学校给同学过生日，大家都吓一跳；演讲比赛大家齐心协力地加油呐喊等。要说真的很有感触的，大概是拍完 MV 收回道具的那个晚上。那天薛老师在小队长反馈群里问有没有小队长有时间自愿整理一下道具。不知为何一瞬间，老师孤独一人，独自走在二外的小路上，拉着道具的画面就浮现在我的脑海里。当时就觉得，就算再累也一定要去，老师也是比我们大不了几岁的人呀（我猜的）！这天晚上，结识了几个“志同道合”的“战友”，收到了老师微信发给我的“竟无语凝噎”，互相理解，都很暖心。

最后要说说我们中队，着实是个不错的16中队！我们大概是唯一全部吃过生日蛋糕的中队吧！自豪，骄傲，就是嘚瑟！

还有还有，在王府井的大街上席地而睡，没有城管抓……我们难忘的经历，真想给你说个三天三夜。也是奇怪，一说起来，还真就停不下来。

很累是真的，开心是真的，难忘是真的，不舍也是真的。

作为一名预备党员，一名二外学生，一个中国人，这次国庆70周年的经历，很特别，确实是很让人骄傲，很让人记忆犹新！

值此庆典，以此献礼。“二外人”祝愿祖国，繁荣昌盛，永盛不衰！

老师评语：

在成长的历程中，你经历了国庆的洗礼，在国家科技、经济、社会取得巨大成就中，你身历其中，我想，那一幅巨大、辉煌的成就画面，也有你的梦想，你的初心。所有的这一切，需要我们每一个人，每一个青年学子，不忘初心，再接再厉，用行动继续挥毫我们大家的“中国梦”。

青春年华

经济学院　王东浩

我们在这里相聚，我们从这里出发。我们同心携手，走过青春年华。

老师、同学们大家下午好。我是来自第16中队的王东浩，在刚刚过去的纪念中华人民共和国成立70周年国庆联欢活动中，我作为群众游行“祖国万岁”方阵的一员，与首都共40余所高校十万名师生一同加入群众游行的行列。我非常荣幸能借此次机会和大家一同分享。

这是整场群众游行中规模最大的方阵，也是形式最为自由、气氛最为活跃的方阵。但只有经历了所有的汗水和考验，才能明白这自由活跃中所承载的责任与使命。

当我们走在母亲的心脏长安街上，大家都紧张地用余光来调整自己的行进速度，因为没有通信设备，为了保证每一条指令正确的下达，一声声“看齐排面，注意表情”在方阵中此起彼伏。每个人都在紧张地观察周围的一切动向，生怕自己做错。作为回报，第一次彩排是成功的，在疏散的路上，我们有说有笑地向地铁口走去，男生们却浑然不知他们的西装外套都湿透了，有的只是成功后的激动和喜悦。也许是心有所想、心之所向，撤退的队伍自发地向战士们致敬。整齐地喊着口号：听党指挥，能打胜仗，作风优良。可爱的兵哥哥兵姐姐也向我们竖起了大拇指，大声叫好。每每想起这个画面，我都感觉，可能不久之后我们将各自奋斗在自己的前线，但此时此刻，我们的心是连在一起的。

伴着歌曲《我和我的祖国》悠扬的歌声、一声声有力的“祖国万岁”的呼喊声，“祖国万岁”方阵迎面走来。哪怕同样的动作已经演练过千千万万遍，但内心的颤动仍然无法避免。因为这一天，我们要接受祖国和人民的检阅。亿万万双眼睛在注视着，在期待着。当7万只象征着和平、团结、自由的白鸽一齐飞向蓝天，就像一个白色的漩涡，盘旋升空。像是中国向世界发出的信号，我们是热爱和平、向往自由的中国人。迈着自信的步伐，一步步铿锵有力地踏在长安街上，我们双手高举花束和彩旗，热情欢愉，生动活泼。我们的偶像中国女排，正站在彩车上挥舞着双手，向全国人民致敬，一同接受祖国的检阅。

在此次国庆训练期间，还发生了一件特别的事，我迎来了我的18岁生日。与别人的18岁生日不同，学校为我们庆生的同学准备了生日惊喜，我们分享了一块巨大的蛋糕，同时还有来自900多个兄弟姐妹的祝福，让我拥有了一个独一无二的成人礼。我相信和我一样做出这样选择的人还有很多，生日蛋糕上一支支蜡烛融聚在一起化作一团青春的火焰，在庆典上释放青春的光和热，为祖国的复兴之路提供强有力的推力。这难道不是小我融入大我的最好的诠释？

老师评语：

东浩，是我们中队最小的一名队员，清楚地记得暑期前报名参加群众游行活动的时候，他还不满18岁，那时候他还不是法律意义上的成年人，所以他参加活动的承诺是两份，要有家长的知情同意书。他最小，可他是我们中队训练时嗓门最大的小教官，是我们拔河比赛中最卖力气的大排头，每次集中拿道具，他手里总是沉甸甸的几大包。

东浩用他的行动给了自己一份最好的成人礼，也给了他挚爱的祖国一份生日礼。

长安街上为祖国庆生

经济学院　王畅

前章·果断报名

听到学校在召集国庆游行人员这个消息之时，我毫不犹豫地就报名参加了，脑中完全无惧苦累，只有希望登上长安街为祖国庆生的自豪与喜悦，只怕会因为自身原因而被取消资格。得知父母认为这是无上的荣耀，极力支持我参加这次活动，于是我更坚定了“一定要在十一那天走上天安门”的想法。

准备·精彩生活

学校的训练计划十分人性化。每天避开午间的训练与可口的酸梅汤和菊花茶；每日发放 50 元餐券，足够我们随意挑选食堂的美食；每次出去集训都会派专车长龙接送，并发放丰富到足够吃两三天的餐包；训练之余活动极其丰富：拉歌大赛、生日庆祝会、拔河大赛、MV 拍摄活动等，有了这些活动的陪伴，我们的暑假训练生活一点都不枯燥了。

彩排·升华心灵

每次出去集训我都会有一种自己只是沧海一粟的感觉，5000 多人在一起调度，我们或许会听不清台上的指挥，或许会等待很久。在长时间的等待中，我们难免会产生厌烦的情绪，但经过一次次的合训与老师的教导之后，我们逐渐明白了牺牲小我成就大我的重要性。

第一次天安门全流程全要素演练的时候，我们在看到时刻准备着的兵哥哥们与整齐划一的新式军械战车时，情不自禁地喊出了发自肺腑的赞叹声；在王府井步行街通过缝隙艰难地看到五彩斑斓的彩车之时，连声惊叹于设计师巧夺天工的想法；在走上灯火通明万人云集的长安街之时，一扫之前长时间等待的疲惫感，转而尽全力展现自己的热情。

出征·一天四次哭泣

10月1日当天凌晨四点半，操场上整齐的队伍已经集结完毕，还没有睡醒的我们突然得知一个惊天之喜：刚刚取得世界冠军的中国女排队已经回国，即将和我们方阵一起为祖国献礼！随即全场沸腾，欢呼，鼓掌，每个参演人员的喜悦之情溢于言表！但这并不算什么，当我们看到女排英雄们向我们招手之时，当我因为脸贴发放错误而自责之时，当我们站在天安门前面向祖国献上生日祝福之时，当我站在回程的地铁专列上回想现场之时，我止不住地留下了激动、懊悔、喜悦、不舍的眼泪。

感恩·永不后悔

能作为大学生参加这次国庆游行真的是莫大的荣幸，不光可以见到国家领导人与国民英雄们，更可以亲身感受到祖国最盛大欢愉的场面。在此我要感恩所有为此次活动付出的各类人群，更感恩自己可以出生在如此富强兴盛的中国的首都——北京。在这三个月中，我锻炼了身体，收获了友情，感受了祖国的富强，更加深了对团队合作的理解，表达了我对祖国的祝福热爱之情，报名参加国庆游行活动将是我这一辈子做得最最不会后悔的事情。

老师评语：

在整个国庆活动的历程中，你的积极，你的勇气，你的初心，展现了我们青年学生最美好的风采。你说，通过整个过程，你得到了升华，我想，这种升华，不仅仅是成长，更多的是那一颗赤诚的爱国之心，更多的是服务社会、奉献国家的众志成城。

梦的颜色

经济学院　张诗宇

夏天的梦是什么颜色的呢？

白色

7月，正式训练前的每一天，我都在盼望着那一天晚点到来，谁不想有个假期呢？等真到了那一天，开始训练了，从军姿到行进的练习，无一不像是军训，枯燥又带着疲累，每天最费的就是防晒霜。开始，每个人都是白色。

慢慢地，当训练成了习惯，我也开始努力去在其中发现美好。

蓝色

可能是平时不注意，也可能是那几天的天气真的很好，浅色的蓝天与大片软糯的白云格外好看，夜晚的月亮永远挂着皎洁的光，雨后的天上，不经意间挂着的彩虹，充满惊喜。

8月初，我们需要排练并拍摄一个MV，献礼70周年国庆。因为时间局促，每天晚上结束的时间被不断延长，等待成了最普遍的事，包括最后的那个雨天。绵绵不断的雨，闷热的蓝色雨衣，不断再来一遍的信息……

绿色

学校为了丰富生活，安排了很多活动，像拉歌、拔河、演讲……，说实话，这些无论什么团建或者军训都有的活动挺让人没有兴趣的，但是意外的，每次遇到不同人，即使再觉得乏味与幼稚，等到真正玩起来的时候，还是可以感受到热血。在绿色的操场上，我们有很多故事。

一次次的合练，我们的双脚踩过了军训基地、机场、阅兵村，无论是烈日下还是细雨中，大家都可以疲惫到就地而眠。在橄榄绿的包围下，我们的故事更多。

红色

一直生活在北京，也没见过凌晨灯火通明的长安街，真好看。

这也是第一次可以这么近距离见到那么多装甲车和军人们，虽然我对他们的了解不如那些对军事特别感兴趣的人多，但不影响被其吸引。休整过后，把通宵的疲惫留在了王府井，只剩下激动与兴奋，望向边上亮堂的红色城墙，前方辉煌的天安门城楼。

再多的理论爱国教育，也不及那晚我眼前那片闪耀的红色。

彩色

训练的内容从开始到结束都是不停改变的，从如何走齐到如何“变阵”，从复杂的动作到只有欢愉欢呼……很多时候，挥洒过的汗水都是徒劳的。我们训练了几百个小时，最后留下的却只有不到十分钟，曾经为了做好的千言万语，留下的也只有四个字：“祖国万岁”。值吗？太值了。

除了大家都可以看到的5000位穿着各色服装举着彩色花束或气球的人们簇拥着载着“世界第一”的女排队员们的花车欢呼跳跃，7万只鸽子和气球飞向天空之外，我们所拥有的太多了。音乐不止，欢愉不停，即使直播结束，我们仍自发地高喊“祖国万岁！”，唱着《歌唱祖国》，直到开始疏散。当路过那些负责安保的官兵们，我们又开始自发地向他们致敬，给他们送花送旗，双方互道谢谢和辛苦的场景真的可以让人感受到军民同欢，太美好了。

夏天的梦是什么颜色的呢？
是挥洒过的汗水，是冰凉的酸梅汤，是花朵与红旗，是我和你与祖国。

老师评语：

诗宇，在我们中队是一个安静的姑娘，安静的我几乎没有对她有特别深刻的印象。但是这篇七彩的感受，让我认识了一个内心如此丰富多彩的姑娘，七彩是你心中的梦的颜色，七彩也是祖国绚烂和民族复兴的色彩！

那一刻，我和祖国同行

经济学院　刘贺斌

2019年是中华人民共和国成立70周年，是一个十分具有纪念意义的一年。作为一个身处和平年代的大学生，我以前没有机会参与历史。但在2019年，在中华人民共和国成立70周年的伟大时间节点上，我终于有机会参与这个伟大的庆祝活动。我毫不犹豫地报了名并成了群众游行中的一分子。

7月末，1000多个和我一样对祖国满怀着热忱的北二外学子聚集在操场上，我们虽来自全国各地，但为祖国献礼的那份心情却是一样的。8月份，学校请来了当武警的教官指导我们动作，我们的动作逐渐变得更加整齐规范，形体变得更加挺拔精神，而我成了我们游行队伍的边框人员之一。

9月8日凌晨，我作为我们游行队伍的边框第一次踏上了天安门前面的长安街。游行排练正式开始。我们走在长安街上，激动地挥舞着手中的红旗，许久不能平复心中的激动之情。当我们队伍的音乐响起的时候，大家激动地快速挥舞着手中的红旗，大声欢呼，用尽自己最大的力气喊着“祖国万岁”。到了天安门前，我们进行扩散表演，我面带微笑，认真地做着表演动作，睁大眼睛，汗水从额头流进眼睛里面，分不清是激动的泪水还是汗水刺激的泪水噙在眼眶，我们高声唱着《歌唱祖国》，似乎忘记了疲惫，忘记了时间，那份激动的心情是我无尽的动力。

在经历了三次整体合训和一次阅兵村的训练之后，我们已经做好了充分的准备，准备迎接10月1日的阅兵游行。

10月1日清晨，我们早早集结在王府井大街上。阅兵式开始的时候，只看到天空中有组成70图案的直升机，随后空中成群的飞机经过，在隆隆声中我们的内心激动了起来。在经过短暂而又漫长的等待之后，我们踏上长安街。在走上长安街的时候，我们看到我们所属的花车上面站着满载着荣誉而归的中国女排，我们激动地向她们打招呼，欢呼声此起彼伏。伴随着《我和我的祖国》的歌声，我们正式走向天安门城楼，进入了世人的眼前。我们做着“麦浪”的动作，每每做完一次都伴随着一声声欢呼。我们高喊着“祖国万岁”，声音震耳欲聋。似乎是积攒了很久的激动心情在那一刻瞬间爆发，我用尽全身力量高喊着，嗓子哑了根本没有察觉。伴随着音乐我们做着舞蹈动作，每一个动作我都格外地用力格外地加大幅度，无意间一抬头，隐隐约约看到了天安门上的习总书记，看到了天空中无数的和平鸽和气球。舞蹈动作结束后是扩散表演，音乐变成了《歌唱祖国》，我们挥舞着手中的道具高高跳起。要是在平常训练中，我很快就会觉得手臂酸痛，可在天安门前，我一点感觉都没有，只有兴奋！在我们的欢呼声中整个庆祝大会正式结束。

我不禁有点庆幸自己，庆幸自己来到了北二外，庆幸自己参加了这次活动。我也感觉到用暑假换来的这一瞬是那么值得。我真心为自己是这次活动的参与者感到自豪，我也为成为历史的参与者而感到自豪。

老师评语：

刘贺斌同学是我们103排面的大排头，个头高大，稳重。说实话，这个大排头真的是让老师放心。始终作为骨干队员，框架队员，全程一次不落地参加每一次演练，加练，合练，还有单独给框架队员的“小灶”练习，真可谓“百炼成钢”！

向祖国献礼，向祖国致敬

经济学院　龙俞安

两个月前的记忆感觉那么的不真实。

7月25日我们下午5点左右来到了操场集合，我到操场拿着队旗和同学们聊着天，浑然没有意识到当我在操场上迈出第一步时，我已经开始了国庆训练。

那天我们特别轻松地度过了，因为是第一次排队列，并没有那么严肃，在叽叽喳喳的聊天中，我们缓缓地站好了最初的队列。第一天的训练就在那一抹阳光消散时也随之结束。

时间过得好快好快啊……

杨老师突然有一天在主席台上特别"生气"地把好多同学叫上去站着，说他们犯了好多错误，我们当时全场都安静了，教官也很诧异了，我们都特别担心。然后杨敬枫老师说：他们除了这些错误以外，都有一个共同的错误，那就是他们的父母（听到父母，我心里想，这批评教育有点狠了吧……）把他们的生产日期设置在了7月25号到8月7号！让我们祝他们生日快乐！此时，全部人都惊呆了！哈哈哈，我不知道怎么形容当时的感受了，就像是坐过山车，反正就是特别高兴！杨老师的这一手可真厉害！

时间过得好快好快啊……

9月了，我们迎来了第一次天安门合练的机会，我们沿着路边走向王府井。这毕竟是第一次凌晨来到长安街，我们特别特别特别兴奋地走向了天安门，完成了我们的第一次天安门合练，在疏散的时候我们向路边的兵哥哥兵姐姐们唱歌，喊口号！他们也都回应着我们！太激动了啊太高兴了啊！

时间过得好快好快啊……

咦？怎么就9月30号了？明天就要阅兵了！天呐！怎么会这么快？！我们凌晨3点就醒了，操场集合，安检拿道具，上地铁，我们驶向了东单，我们走到了王府井，大家开始吃餐包，睡觉……不知不觉阅兵开始了！直升机领队从我们头顶上飞过，全部人都不镇定了，睡觉的人都起来了！看着国旗在头上飞过，看着拼成70字样的直升机梯队飞过，心中充满了激动、骄傲！伴随着空中梯队的结束，我们知道这时候快到我们上场了，我们整装待发，精神抖擞，两个月的训练就是为了这一天，就是为了那几分钟！

……

时间到了，我们随着女排走向了天安门，我们欢呼着，跳跃着，向南北两侧的人群挥着手。听着《我和我的祖国》乐声，不知不觉，我们到了指定位置。五星红旗迎风飘扬，胜利歌声多么响亮，歌唱我们亲爱的祖国，从今走向繁荣富强……随着《歌唱祖国》的歌声，密密麻麻的和平鸽在我们头顶上飞过，五颜六色的气球也随之而飞向北方。

海棠花开赴征程，七十华诞献国礼。

祖国万岁！

时间真快，就到这时候了，国庆过去了，那时的激情已经慢慢平静，但是我爱国的心却依然炙热。30年后的100年大庆，我还要来。祖国我爱你！

写一首小诗送给我的祖国：

历经峥嵘岁月，栉风沐雨七十载。

谱写盛世华章，顶天立地百年春。

迎华诞不忘初心，为民生砥砺前行。

老师评语：

时间过得好快好快啊，一眨眼“16中队”这个词就不是时常挂在嘴边的专有名词了，但是我们都懂“16中队”几个字后面的责任。龙俞安是最棒、最好的战友，是16中队的担当，特别的细心，凡事交给他，必然是放心！为这样的战友骄傲！

第 36“祖国万岁”方阵——第 17 中队

思绪飘香，立志担当

文化与传播学院　康雨辰

2019 年 10 月 1 日是中华人民共和国成立 70 周年的日子，与往年不同的是，我能有幸参与国庆群众游行，亲自为祖国母亲庆生，能站在世界最大的舞台，聆听祖国母亲的心跳。我心中按捺不住激动，盼望着阅兵式快点到来。看到金秋十月的北京，秋高气爽，空中不时飘着一缕白云，天安门城楼沐浴在金色的阳光中，显得更加雄伟壮丽。

在前期彩排中，从东单到王府井的路程，使我不禁想起：铁流滚滚，大地共鸣。铁甲锃亮，一枚枚导弹如待出鞘的宝剑，直指苍穹，展示了我们伟大祖国的日益强大。看着眼前纪律严明的威武之师，看着中国自主研发已达世界先进水平的武器，我心里感到无比的骄傲和自豪。中国人受欺辱的日子，已经永远一去不复返了。10 月 1 日上午在王府井亲眼看到飞机在天空飞过时，眼前浮现的是一幅幅反抗日军侵略的画面，耳畔回旋的是一声声前进的号角。透过架架飞机，看到的是一张张充满希望的笑脸，听到的是一阵阵满是激情的欢歌。看到飞行员驾驶的战斗机在天安门广场上空拉出道道彩色烟带时，我的心情是那么激动，热血沸腾。在王府井观看的直播中，分列式上的受阅官兵踢出了中国人民的自信，他们的动作整齐划一，每个人都意气风发，斗志昂扬，有种万人不挡之势，浩浩荡荡、气势恢宏。

参加完国庆阅兵，我的心情久久不能平静。思绪带我穿越到了 1949 年 10 月 1 日，一个让全中国人民永远无法忘记的日子！那一天，狼烟四起烽火连天成为过去，中国人民经过百折不挠英勇奋战，夺取了最终的胜利，用鲜血和生命维护了中国的尊严，赢来了那一天。新中国成立 70 周年，我们将永远记住这一天。中国取得了举世瞩目的巨大成就，是一代又一代的中国人民，流血流汗，克服各种艰难险阻换来的。中华人民共和国经历了多少艰难困苦，才会有今天的伟大成就啊！如今的中国繁荣昌盛、蒸蒸日上，身为炎黄子孙我感到自豪，我为自己是中华民族的儿女感到骄傲。作为华夏儿女，我们每一个人都应该感到由衷的光荣和自豪。作为一名当代大学生，应该从现在开始，努力学习科学知识，将来成为国家的建设者，把我们伟大的祖国建设得更加强大。

老师评语：

康雨辰同学是一名研究生党员，也是81小队的小队长。在整个训练过程中，她率先垂范，作为一名党员，她在训练过程中时刻严格要求自己，总是最先到达训练场，在训练场上巾帼不让须眉，有着非常强的集体荣誉感、大局意识和担当意识；作为一名小队长，她协助中队长负责组织好本小队成员，认真完成每一项训练任务；作为一名研究生，她把自己的学习生活经验无私地分享给2018级本科生，就像一名知心姐姐。亲身参与国庆群众游行让她进一步得到锻炼与成长，希望她能把这种发自内心的爱国情怀融入今后的学习工作生活中，使自己成为一名更加优秀的学生党员！

翻开爱国新篇章，金秋十月共成长

文化与传播学院　杨帆

作为一名普通的学生，能够有机会参加70周年国庆活动，我是多么得幸运。我怀着激动与神圣的心情，投入到紧张的训练中。从7月25日起，我们参加群众游行的师生正式集训，在这期间辛苦奋斗，只待金秋十月，在天安门前齐聚，展现二外人的风采，为祖国庆生。

在参训的过程中有太多收获，有太多难忘的回忆。我感动于大雨中不顾自己急忙去护住国旗的国旗班同学，我感动于烈日下哑着嗓子为我们喊口号的老师和教官，我感动于参训队员互相鼓励积极参与训练的情景，一幕幕场景铸成了我们为祖国母亲华诞庆贺的爱国篇章。

参加国庆70周年群众活动，激发了我的爱国热情。每一次播放《我和我的祖国》，每一次唱响《歌唱祖国》这些优美的爱国曲目时，我心中都会迸发出对祖国母亲浓烈深沉的爱。在70多年前，有无数的革命烈士、仁人志士抛头颅洒热血，为中华民族的崛起而奋斗不息，正是有他们不懈的努力，我们才有了如今幸福的生活。

参加国庆70周年群众活动，提高了我的责任意识。从报名开始，我就告诉自己，参加国庆活动不仅是一份无上的荣誉，更是为学校、为祖国增光的一种责任。我们青年大学生将向世界人民展现祖国朝气蓬勃的未来，因此我们肩负的使命重大。

参加国庆70周年群众活动，让我心中充满感恩。我为自己能够生于这个充满幸福感的时代而感到庆幸，我为自己能够成为二外学子而感到自豪。因为我时刻都能体会到来自学校、祖国的关怀。外出训练时沉甸甸的餐包、在校训练时解暑可口的酸梅汤、为我们默默付出的老师等，都让我对学校、对祖国心怀感激。

参加国庆70周年群众活动，锻炼了我的个人素质。我的意志力在训练中有了很大的提高，同时与同学们的协同训练也增强了我的团队意识，集体荣誉感在我心中根植。感谢国庆活动带给我们每一个参与者成长的契机。

在日复一日的训练中，我们终于迎来了期待已久的国庆70周年群众活动。怀揣着无法用语言形容的激动与光荣，我们踏上了去天安门的路。当我们踏着《我和我的祖国》的歌声，欢呼雀跃地走向天安门，出现在全世界人民的视野中，我们尽力展现出青年大学生对祖国浓烈的爱。当《歌唱祖国》的乐曲响彻云霄时，我们伴着翱翔的和平鸽和腾空而起的彩球，将心中的爱国情大声唱出，尽情欢呼，尽情跳跃，眼角被激动的泪水润湿……这一刻将铭记于心，成为我人生中一份宝贵而独特的记忆。

我爱我的祖国，祖国万岁！

老师评语：

杨帆同学是2018级研究生，也是一名入党积极分子。她是二外文传院的一名普通学子，通过参加这样一次国庆群众活动，她使自己变得不普通。看起来有些柔弱、有些腼腆的她，在训练过程中表现得非常坚韧、淡定。另外，她还是一名漫画爱好者，她用自己细腻的笔触描绘了参加国庆训练和游行的欢愉场面，从这次提交的心得体会中，从她所画的画面中可以看到她发自心底的激动、喜悦和自豪之情。相信这样一种独特的人生经历，这种根植于心底的责任担当与集体荣誉感会伴随她今后的成长之路。

和祖国的故事延续至永远

文化与传播学院　刘颖

谈到祖国，每个人的心里都有不同的答案。“为什么我的眼里常含泪水？因为我对这土地爱得深沉……”这是艾青对祖国的深情；“您是人民的战士——威力无穷！您英气勃勃，永远前进，永远年轻。”这是臧克家对祖国的诠释；“淡黄的温情，我的心灵纵然追随那，澎湃在北国大地上的黄河水流动蜿蜒，我的心灵激荡追寻那，惊涛在南国热土上的长江水直奔东海。”这是余秋雨对祖国的表白。从这些说法中，不难看出他们内心深处对祖国的浓浓情谊。当时间匆匆走过，在中华人民共和国成立 70 周年的当下，我作为北京第二外国语学院的一名大学生，十分荣幸地参加了国庆群众游行活动，在 36 方阵高喊着“祖国万岁”的口号走上了十里长安街头。接下来便由我来讲述在这次群众活动中我和祖国的故事。

最开始报名参加群众游行活动是由于心中的一股热血，没有太多的思虑，只想着能走上天安门为祖国庆生，已是万分值得了。但是随着七、八、九月不间断的“苦训”，总会产生一些消极的情绪。庆幸的是，有老师和家长们的陪伴和关心，以及一千多名并肩作战的伙伴们的感同身受。在这个无比庞大的大家庭中，我真正感悟到了集体的魅力。你不会随时体会到它，但当你理解了它的意义时，每每想起总是泪湿眼底、饱含深情。

通过这样一段参训经历，我对于祖国的感情也变得更加成熟，不再像小时候那样羞于说出口，而是勇于去说敢于去说。我和祖国在这次活动中真正地紧密连接在了一起，我不再充满迷茫。我的心中第一次始终萦绕着对祖国难以用语言去形容的情深义重。如果我放弃了这次参训的机会，我的信念绝不会如此坚决。

而我走上长安街之后，我猛地就理解了何为国、何为家。“你不是生活在一个和平的时代而只是生活在一个和平的国家。”在一片欢腾的人海里，在中国军人挺拔的背影中，在伙伴们泪湿的脸颊上，我发现这就是国家的力量。“我和我的祖国，一刻也不能分割。”我一遍遍地听、一遍遍地唱，我不知该如何去说出我的感受。我的心很烫，我的泪也很烫，我仿佛感受到祖国母亲的手拂过我的背、我的头，在那一句句歌词中、在那一声声“祖国万岁”中我坚定地知道——我爱我的祖国，只有爱才足够情深。

如今的我作为北京第二外国语学院的一名大二学生以及入党积极分子，也许我算不上机敏也称不上智慧，但在祖国的呵护下，我成了一个“大写”的人——不忘初心、牢记使命。我的初心是爱生我养我的祖国，我的使命是为祖国做力所能及的一切事情。即使路上有诸多坎坷，也将努力前行。在我的有生之年，我将陪伴她走过其中短短的百年，不动摇不踟蹰，用内心深处最热烈的情感去呵护她，为她保驾护航。我坚信，我和我的祖国的故事也将随着时间愈加隽永，或许这段故事不会被他人所熟知，但我相信这个故事、其他人心中和祖国的故事都将一直延续到永远。

老师评语：

刘颖同学是一名2018级本科生，也是一名入党积极分子。在她讲述的我和我的祖国的故事里面，我看到了一名普通大学生情感变化的过程，从一开始的一股热血，到训练中间偶尔产生的消极情绪，再到走上长安街之后的坚定与领悟，朴实真诚。“我的初心是爱生我养我的祖国，我的使命是为祖国做力所能及的一切事情”，希望她带着这样的初心和使命，走好未来的人生道路，继续写好我和我的祖国的故事。

伟大的“秘密”活动

文化与传播学院　刘天爱

1999 年，我出生在东方这片广袤的土地上。每个人都可以是历史的见证人，而出生在 20 世纪末的我，幸运地出生在这和平的年代、和平的国度的我，见证了祖国在 21 世纪的逐渐强大。今年刚好 20 岁的我，是一名大学生同时也是一名入党积极分子，我深刻地认识到，我们这一代人，从某种意义上来说，是祖国的未来与希望，是祖国进一步繁荣富强发展的基础，我们具有无限的潜能。

2019 年的暑假，是我进入大学后的第一个暑假，我一直在思考如何拥有一个有意义的夏天，也因此我决定留在校园里，同其余的 900 多名师生一起筹备一件伟大的“秘密活动”——为祖国母亲中华人民共和国的 70 华诞献礼。事实证明，这是我 2019 年做过的最完美的决定。

在第一次报名时，我便毫不犹豫地参与了进来。尽管这意味着我要放弃空调房与凉爽的大西瓜，意味着我要每天早起晚归，接受太阳暴晒，意味着我要放弃和家人在一起的时间，我还是义无反顾地报了名。我记得学长学姐们说：“把七月留给自己，把八月献给祖国。”骄阳似火，整个八月，我黑了不止一个度，几乎没有机会穿上美丽的花裙子，缺席了一个又一个家庭聚会、朋友聚会，当朋友圈里分享着各自丰富多彩的假期时，我却因为活动的保密性质只能保持缄默。在烈日炙烤时，在淋着小雨时，在自己完全没出现任何问题却仍要配合大部队一遍一遍重复简单又乏味的动作时，我相信我们都是有血有肉的正常人，没有人躲得过消极的情绪，但如果说后悔来参加这个活动的念头，我可以拍着自己的胸脯说这是一次都没有过的。其实这样因疲累产生的情绪真的很容易便消散了，也许因为学校为同学们准备的生日惊喜，也许因为某个老师或同学幽默俏皮的话语，也许因为身边某个人微小却暖心的小举动。记得在一次外出合练回来后，我吃到了小队长自掏腰包为队员们买的冰西瓜。还记得有一次，在每天例行的站军姿时间，合唱的同学们悠扬又振奋人心的歌声从操场的另一端传来，那歌声的的确确而突然地触动了我心里那块最柔软的地方，那是我第一次觉得 15 分钟的站军姿时间原来也没有那么难熬。在往常都是放空时间的 15 分钟里，那一次我一直在想，当你的身边充满了善意时，有什么困难是跨不过去的呢？当你身边的人都挂着幸福的笑容时，你怎么可能忍得住不牵起嘴角呢?

一个人每天重复着齐步走、挥舞道具这样的动作，乍一看是非常简单的，但想让这些动作美观地呈现在53人的排面上，5000人的大方阵中，难度是非常之大的。同学们都会调侃，每天听到最多的话大概就是“标齐排面”。作为36个方阵的压轴方阵，也是最大的方阵，我们感受到光荣的同时也感受到沉沉的责任。

2019年10月1日，作为一名普通的大学生，我终于站在天安门城楼前，为祖国母亲庆生，终于从历史的见证者变为了历史的创造者。我曾遗憾，错过了祖国那么多的风云变幻；我更庆幸，可以同祖国并肩作战，书写新的历史篇章!

老师评语：

刘天爱同学是文传院2018级本科生，也是一名入党积极分子。从这篇心得感悟可以看出，作为一名00后大学生，她主动报名参与了国庆群众游行活动，选择“把七月留给自己，把八月献给祖国”。当她终于站在天安门城楼前与36方阵5000多名师生共同欢呼、跳跃的时候，她也从历史的见证者变成了历史的创造者。这样的一种家国情怀与责任担当，正是当代大学生用自己的实际行动为伟大祖国献上生日祝福的最好诠释。

放飞青春，致敬祖国

文化与传播学院　刘宇婷

2019年10月1日注定是无数人难以忘怀的一天。那天无法不激动的我们半夜就来到王府井大街，那天要出场的我们在王府井大街待命看着战斗机从空中呼啸而过，那天我们以无比从容坚定的步伐走上长安街高唱《我和我的祖国》，一幕幕历历在目。那天似乎收获了很多，懂得了许多。

回忆起每天在操场的训练，站军姿，练排面，休息时几个同学凑在一起聊天谈心，结束时的快乐体育，每天的生活简单而充实。在训练过程中，因我们都在学校训练，有的同学没法与家人一同过生日，但学校为我们准备了生日惊喜，1000多名同学和老师为我们送上祝福。在训练过程中，跟同伴们朝夕相处，收获了彼此陪伴的朋友，收获了为同一个目标而奋斗的战友，因此训练是最纯粹、最有意义的一件事了。在训练过程中，我们看到了许多老师背后的故事，他们将更大的压力化为动力，一直坚持为我们提供最强有力的保障，他们执着坚持的精神深深地打动着我们；回忆起一次次天安门合练，解放军那严肃的纪律、整齐的步伐、坚毅的品质更是令我们震撼。每次合练结束，我们高呼“听党指挥，能打胜仗，作风优良”的口号向人民解放军致以崇高的敬意，很多同学嗓子喊哑但是还是大声高呼，洪亮的口号在凌晨的长安街显得格外悠长，而他们热情的回应使我们每一个人的内心无比激动。

暑假的训练让我更加深刻地体会到了共产党人的使命与担当。我们成立了临时党小组，在组织需要的时候我们一定要奋斗在前面，这是我们永远不能忘记的初心。在训练的全过程中，坚持为小队成员服务，领餐包与水，做后勤，这是我们必须履行的使命。将初心和使命落在实处，在队列练习中，发挥模范带头作用，不怕吃苦，认真训练，作为队伍的边框和骨干，全勤参与每一次训练，出色完成自己的任务。在一次次训练中，我更明晰了我们与祖国之间的情感纽带，我懂得了一个人的价值只有紧密联系身边的环境，即小到家庭，大到国家，才能真正地体现。

当我们走上长安街，激动自豪感油然而生。当我们快走到天安门城楼时，《我和我的祖国》音乐响起，那一刻泪水涌入眼眶，看到了为国争光的中国女排站在花车上和我们热情地招手，站在道路旁边的解放军为我们加油，看到了习近平主席亲切地向我们招手，泪水化作笑颜，一切的辛苦付出都是值得的！

我和我的祖国，一刻也不能分割。我们高呼“祖国万岁”，我们的心紧紧相连。天安门广场前放飞的白鸽和气球，是我们放飞青春的见证，放飞青春，致敬祖国！美哉我少年中国，与天不老；壮哉我中国少年，与国无疆。

老师评语：

刘宇婷同学是一名研究生党员，也是104排面的1号点位，是我们17中队的排头兵。在参加国庆群众游行活动的过程中，她将一名共产党员的初心和使命落在了实处，落实在自己的实际行动上。作为一名训练标兵和边框骨干，她们的训练次数更多、训练强度更大、要求更加严格，在困难与挑战面前，她表现出了一名党员的责任与担当，没有请过一次假，没有拉下过一次训练。更难能可贵的是，她始终以乐观积极的心态面对每一次训练、每一项任务，始终以饱满的热情、甜美的笑容出现在队列的最前方。不忘初心、牢记使命，在国家需要、组织需要的时候，她确实发挥了一名党员的先锋模范作用。

自豪

文化与传播学院　骆晓彤

若不是参加了这一次国庆群众游行活动，我不会知道，自己对于身为中华儿女这一件事，是多么的自豪。

2019 年 7 月 23 日，我踏上了返校的路程，看着飞机飞过群山，飞过长江黄河，飞过宁静的金色的城市和村庄，我的心情却有些不安和难舍。我陪伴家人的日子只有短短十几天，匆匆启程后，一别又将是半年，但我心中有更强烈的想对祖国诉说的热爱，我无悔。

等待我们的是二外操场上的闷热的 8 月，900 多个人一起起早贪黑地训练。酸梅汤空了一桶又一桶，我们终于迎来了辗转各地的合练。金盏、昌平、良乡、怀柔，到最后凌晨的王府井，车上的颠簸辛苦，漫长无聊的等待，又冷又硬的大街地面，我们却笑着度过了，是因为从未磨灭的心中的期盼和火焰呀。

2019 年 10 月 1 日，从王府井大街冲出来的瞬间，我看着十里长安街，觉得此生无憾不过如此。前方是浩浩荡荡的军队装备和 10 万群众，后方是一眼望不到尽头的空阔的大马路，远处的国贸闪着飞行指示灯，预示着这土地的安宁。

但这一天定是不凡的。

花车缓缓驶来，载着它巨大的花篮子，上面站着的是刚刚夺得十一连冠的中国女排呀，一瞬间，大家的热情被点燃，不用强调“欢愉活泼”，我们自发地欢呼起来，簇拥着载着凯旋英雄象征着繁荣昌盛的花车，向前奔去。

仿佛几个呼吸，我们来到天安门前，转身，舞蹈，扩散，仿佛与平日的练习无异，但当 7 万只鸽子在我头顶挥着翅膀啪嗒啪嗒地飞过，当无数彩色的气球从我们身后升起然后飘远，我环顾四周，我的同伴们发自内心的欢欣雀跃的脸庞闪着亮光呀。

我眯着眼睛尽力去辨认城楼上站着的人，却只能看到灰色和黑色的影子，无法分辨了。但今天这盛世、这强大的祖国离不开他们呀，那么我就尽情地高歌欢跳，把最美好的祝福和感谢表达出来吧。

两遍《歌唱祖国》，我用尽了自己的精力去欢呼和跳跃，可能以后再也不会有机会能如此直截了当地抒发自己对祖国的爱了，那即使用尽气力，即使嗓子嘶哑，也要用我最最大的信念去支撑起这身躯。

最惊喜的激动还是回来的时候，一路都是结束分列式的士兵，他们向我们笑着竖起大拇指，我们一路上对他们说着“辛苦啦”“谢谢你们”。我亲手把花束和国旗送给了他们，握了握他们的手，我终于有机会亲自向这些守护我们光明的人致谢。

这件事，日后想起来说起来，无论何时都会露出微笑的吧，这是我最美的青春，这是我最幸福的夏天了。我好自豪，当初勇敢报名的我，我好自豪，我是中国人！

老师评语：

骆晓彤同学是文传院2018级本科生，也是一名入党积极分子。最美的青春、最幸福的夏天，是因为参加了这次国庆群众游行活动，是因为在训练过程中从未磨灭的心中期盼和火焰，这就是想要对祖国深情诉说、真情告白的真实情感。为晓彤感到自豪，也同样为身为中华儿女感到自豪！

海棠花开赴征程，七十华诞献国礼

文化与传播学院　吴姜

虽然国庆盛典已然过去了几天，但当时那震撼与庄严的场景、汗水与泪水同时淌下的感觉已经铭刻于心。在学校的组织下，我很荣幸以一名游行人员的身份参加到中华人民共和国70岁的生日庆典当中。想来也很久没有如此动情地写点什么了，这其中83天的辛劳与感动我想将它记录下来。

2019年7月6日，在考完最后一科后，不同于大多数同学，我选择了和少数同学留下来参加这次“秘密活动”。学校为我们举办了启动仪式。启动仪式上顾书记和计校长都表达了对我们深切的期望。

训练

自7月26日第一次早上6点钟起床起属于我们这900人的特别暑期就算开始了。虽有不适，但这其实是学校为了让我们避开酷暑精心挑选的时间段。每天早7点—9点、晚6点—8点，如此40多天。从最初开始的站军姿，到后来的队列练习，再到表演动作，整体的训练过程其实是枯燥疲惫的。我们在一遍又一遍的稍息、立正、向右（左）看齐的口令声中认真做着这些简单的动作，力求做到动作有力到位，完成好单兵的技术要领。一个排面的整齐是队列训练的难点，就连去食堂吃饭的时候，音乐都在脑子里，步子也在不自觉地踏乐。排面终于走得整齐划一了，也得到了来检查领导的认可，但手持物的训练又遇到了颜色、节拍统一、动作等诸多问题。为了解决这些问题，我们调动了全身所有的器官，嘴，数节拍，眼，和队友标齐，耳，听音乐，手，不断变化手持物，腿，按照标准距离迈步，脑，统筹所有器官。

合练

整个36方阵是5000人的大方阵，每一次的合练均安排在周末的凌晨或上午，因此，合练意味着一夜的无眠和无法休息的周末，但我们没有怨言，更没有掉队。晒黑的皮肤是我骄傲的颜色，一夜无眠的黑眼圈是我成绩的标志，无法休息的周末是我另类的放松。总之，每一次的合练彩排都是我人生中难以忘怀的部分，为了这份记忆，晒黑、无眠、无休也是值得的。

受阅

2019年10月1日凌晨4点，我们便在学校的操场集结，随后像前几次去长安街合练一样坐上“专列”来到王府井外大街。接下来便是4个小时的等待。同学们没有像往常训练一样或躺或坐在王府井外大街上休息，而是望着头顶的大楼钟表，翘首以盼那庄严而又神圣的一刻的到来。终于，随着飞机的轰鸣声由远及近，全体师生站起来了，我们手拿道具自行组织起来向着天空中掠过的雄鹰欢呼。整个王府井大街沸腾了！我们带着这样高涨的情绪跟随着花车，同刚刚凯旋的女排英雄们一起走向天安门，表达我们向祖国的热爱与祝福。随着7万只白鸽飞过和7万个彩色的气球飘向远方，所有人的情绪达到了顶峰，我喜极而泣，泪与汗打湿了训练的服装。那一刻我觉得之前所有的付出都值得，那一刻我为祖国母亲的强大而感到自豪！

幕后

不同于我们最终可以走上十里长街，还有这样一群人，他们默默付出着。每每我们训练，学校的安保人员就要比我们起得更早来到训练场，为我们保驾护航；后勤人员更是要提前准备好冰凉解暑的酸梅汤、温热的菊花茶、解渴的纯净水以及我们的餐包；文宣中队要帮我们整理道具，组织文娱活动，协助配送餐包等工作。除了他们还有训练我们的教官，澡堂的大爷，地铁站的工作人员，沿路的志愿者等。全北京几乎都在服务于这项重大活动。

记得我最后一次回到学校一位安保大叔对我说：“真好啊，羡慕你们啊，能到长安街接受习总书记和人民的检阅是多么光荣的事啊，我们这一辈子可能都没有这个机会啊。”听完我几乎要泪目。

二外当年在周总理的关怀下创办，所有二外学子都记着总理当年对二外学子的教诲。如今二外的学子带着总理的希冀看到了祖国的盛世。祖国已然向着全中华民族伟大复兴的目标前进着。二外学子会以此为己任，努力奋进，为祖国繁荣复兴献上二外人的力量，这是每一个二外人的担当。

中华盛世已开篇，海棠花绽永流芳！

老师评语：

吴姜同学是文传院2018级本科生，也是一名入党积极分子。作为17中队为数不多的男生，他给我留下了非常深刻的印象。记得在操场训练走齐排面的时候，他总是昂首挺胸、若有所思的样子，训练休息的时候，他提出了如何能够标齐排面的建议；拔河比赛中，他和其他几位男生拼尽全力，虽然赢了一局，但是最后还是败给对手，他的胳膊被拔河的绳子磨破了皮；在每次需要搬运道具、分发物资的时候，他总是默默地把工作做好。这种担当与奉献，正是二外学子身上最宝贵的品质。

国庆 70 周年献礼

文化与传播学院 彭湘

1949 年 10 月 1 日，我无法目睹毛主席站在天安门城楼上庄严地宣布“中华人民共和国中央人民政府今天成立了！”。此后的 52 年，我还未出生。而再之后的 18 年，由于空间的距离，我亦不能在天安门城楼前亲自为祖国庆生。但，在中华人民共和国 70 岁生日时，我却有幸在宣布她诞生的地点为她庆生，我的高兴自然是不言而喻的。

表达对祖国的热爱之情的方式有千千万万种。古今中外，有多少英雄豪杰，有多少仁人志士，有多少科学伟人，有多少文学巨匠为用他们自己的方式表达对祖国的满腔热忱。南宋抗金名将岳飞，他牢记母训“精忠报国”，带领岳家军，以“壮志饥餐胡虏肉，笑谈渴饮匈奴血”的豪情壮志，驰骋疆场，击退敌人的一次次进攻，守卫着国家的疆土。南宋末年，文天祥奋起卫国，终因寡不敌众而被俘。他写下了“人生自古谁无死，留取丹心照汗青”的豪迈诗句，表达了他的强烈爱国之情和誓死不屈的决心。作为一名大学生的我虽无法如他们一般“轰轰烈烈”“惊天动地”地热爱着我的祖国，但我应抓住各种机遇表达我的爱国之情。于是，我选择了参与今年的国庆群众游行活动。

台上一分钟，台下十年功。尽管我们在“十一”当天走过天安门只需不到 5 分钟的时间，但我们在学校和训练基地练习了一个多月的时间。训练使同学们多了一份志气，长了一份锐气，添了一份才气。在这次训练中，同学们站军姿时，教官的一句“一个人动，就加一分钟”；同学们走方阵时，教官的一句“向右（左）看齐，标齐排面”也让我对“整体”这一个名词有了更为深刻的理解。在此次国庆活动中，党员们还挑起了各种活动的重担，为同学们服务。特别是在“有句话儿对祖国说”征文演讲比赛中，我们中队党员们自觉地组织策划好比赛，自觉地充当各种必不可少的角色，让我更加懂得共产党员的身份不仅意味着光荣，还意味着责任。爱国热情当从小事观之。在站军姿、练习各种指令、参加各种相关活动时，我每次都按时到场训练，从未迟到，保持了饱满的精神状态，积极地执行教官的安排。

正如文化与传播学院周连选书记所言：“10 月 1 日，我们带着亲人的嘱托、人民的期盼和光荣的任务走向天安门广场，长安街将聆听我们的脚步，习总书记将检阅我们的身姿，全国人民将注视我们的队伍，历史将记住我们的贡献！”

老师评语：

彭湘同学是文传院2018级本科生，同时也是一名入党积极分子。从这篇心得感悟可以看出，表达对祖国热爱之情的方式有很多，积极参与国庆群众游行活动，用自己的实际行动为祖国送上自己的生日祝福，是表达爱国之情的最好方式。同时，她从中队党员的身上学习到了奉献与担当精神，希望她能把这样的家国情怀与责任担当，融入今后的学习工作生活中，争取早日加入党组织！

激扬青春，献礼祖国

文化与传播学院　王鑫

“五星红旗迎风飘扬，胜利歌声多么响亮，歌唱我们亲爱的祖国，从今走向繁荣富强。”

——题记

2019 年 10 月 1 日是新中国 70 岁的生日。作为一名北京高校的在校大学生，我很荣幸能参加国庆 70 周年庆祝活动。

同学们心甘情愿牺牲自己的假期，也不想错过这个难得一遇的机会。这份热情，充分表现了中国大学生对祖国的热爱。

在学校领导有序的组织和管理下，参加游行的全体老师和学生豪情满怀，我校的训练活动如火如荼地开展起来。

刚训练的时候正好是暑伏天，参加训练的老师和同学们都牺牲了自己的暑期空调生活，积极地参与到活动中去。每天的训练计划安排的周密却不过分紧张。在一个月的训练之后，我们迎来了第一次合练的检阅。

走在合练场地的水泥路上，我和所有参加游行的老师和同学一样，紧张而又兴奋。随着背景音乐的响起，一步一步向主席台方向靠近，我的心跳的越来越厉害。脚下迈着坚定的步伐，左手持花束，右手举国旗，头脑中在思考着那些风里雨里早早晚晚的规定动作，生怕出半点差错。在所有人共同努力下，我们圆满完成了任务。

参加国庆游行活动是我的荣幸与骄傲。能够以一个大学生的身份参与国庆阅兵，亲身经历这个伟大而神圣的活动并为其做出一份微小的贡献，是让人永生难忘的。就像每一代的年轻人一样，我们 95 后、00 后的这些大学生有强健的体魄，有灵活的头脑，有用不完的激情，洋溢着青春的活力，我们乐于奉献。

回顾过去 70 年。

1949 年 10 月 1 日，毛泽东主席在北京天安门城楼上，向全世界宣布：“中华人民共和国中央人民政府今天成立了！”中国人民从此站起来了。

70 年来，中国从封闭落后迈向改革开放，从温饱不足迈向全面小康，从积贫积弱迈向繁荣富强，创造了人类发展史上的伟大奇迹。

今天，我们比历史上任何时期都更接近、更有信心和能力实现中华民族伟大复兴的目标。

2019年的10月又是个金秋十月，又是个收获满满的季节。在经历走过来的数次磨砺后，祖国以其坚强不屈的精神高高屹立在世界的东方。我们自豪，我们骄傲，我们为有一个日渐强盛的祖国而歌唱。

走过70个春秋，追忆烽火岁月。我们有过苦难，我们经历过磨砺，我们有过苦涩的追求，我们都挺过了，我们都走过了，祖国的脊梁坚强了；我们有过梦想，我们有过豪情壮志，我们也有过无数快乐和喜悦，我们都拥有过，我们都经历了。我们为有一个不畏艰难、勇往直前的民族而自豪，我们为祖国有一个坚强的脊梁而骄傲。

祖国这70年的历程是永远耸立在我们心中的丰碑，是激励我们永远前进的火炬！

老师评语：

王鑫同学是文传院2018级本科生，也是一名入党积极分子。从这篇心得感悟可以看出，00后大学生不仅有强健的体魄，有灵活的头脑，有用不完的激情，更有着对祖国的深深热爱与自豪，他们愿意用自己的实际行动为祖国生日送上特别的祝福。正如她在文中所说：我们有过苦难，我们经历过磨砺，我们有过苦涩的追求，我们都挺过了，我们都走过了，祖国的脊梁坚强了；我们有过梦想，我们有过豪情壮志，我们也有过无数快乐和喜悦，我们都拥有过，我们都经历了。

参加国庆群众游行，这份人生难忘的经历，相信会成为她未来人生道路上宝贵的精神财富。

为祖国祝福

文化与传播学院　宋蕊

2019 年 10 月 1 日，是新中国 70 华诞的大日子。作为一名入党积极分子，最值得我骄傲的是成为一名游行群众。

2019 年 7 月 6 日，我和我的小伙伴们一起参加秘密的启动仪式。在启动仪式上，我们看到了 10 年之前的活动录像。从最开始连简单的标齐排面都做不好的二外学子，到后面每一组动作都完美得像复制粘贴，他们的认真努力深深打动了我。想到 10 年之后的我也可以成为一名游行群众，我心潮澎湃。7 月 24 日，我们这 900 多人的秘密方阵，提前回校。我们拿到了每个人专属的参训证，还有学校后勤老师给我们准备的蚊香、纸巾。我们都知道失去这个暑假的并不是只有我们，还有这些老师。再后来我们知道有些老师推迟了自己的婚礼，有些老师没有时间照顾自己的宝贝，把他们交给托管班，而照顾我们。之后我们就开始正式的训练，为了避开最热的时间段，我们每天早上 7 点到 9 点开始训练，为了在 10 月 1 日当天保持最完美的体态，我们从开始每天站 5 分钟的军姿，到 10 分钟，15 分钟，20 分钟……中途回了一次家，妈妈还夸我背挺得更直了。“标齐排面”开始是所有体育老师对我们的要求，后来是教官对我们的要求，最后是我们自己对自己的要求。开始的时候很不齐，大家互相找问题，有时候闹得很不愉快。但是这个时候总有老师出来指导我们，帮我们找出问题到底在哪里。老师说，只看前面一个人的后脑勺就行，并且充分相信自己的同学。没错，我们要对自己有信心，也要相信身边的同学！每天晚上还有体育老师王老师对我们进行体能训练，“B！ I！ S！ U！ BISU！ BISU！ BISU！”伴随着这样的口号，我们做着开合跳。一点都不累，而且真的很愉快，一天的训练仿佛都在这一声声有力的口号之中消失了。

8 月 15 日，是我们第一次外出训练的日子，因为是第一次我们紧张又激动，不断地提醒身边的同学标齐排面，看到我们前面方阵中来自海淀区的小学生的表演，大家都很震惊。同样都是一样短的时间，小学生们都表现得那么好，一声声赞美从耳边穿过。一路走来，我们去过金盏，昌平，怀柔。前前后后大概 15 次的外出合练，我从来没缺席过。我深知每一次合练的不易。作为一名积极分子，同时也承担着小队长的工作，我知道每一名同学都是方阵中不可缺少的力量，我密切关注着组内每个同学的情况，有的同学默默地为同学做贡献，有的同学轻伤不下火线，作为小队长我很感动！

最后的最后我们去了天安门，10月1日，那个举国欢庆的日子，那个全国人民都热血沸腾的日子！有太多太多的难忘停留在那一刻，有太多太多的感慨想抒发。《我和我的祖国》成了大家最喜欢的歌，祖国万岁成了大家最爱说的话。我亲爱的祖国母亲呀！祝你生日快乐，祝你国泰民安！

老师评语：

宋蕊同学是文传院2018级本科生，她是汉教182班的团支书，是85小队队长，同时也是一名入党积极分子。

在整个训练过程中，她作为小队长，不仅时刻严格要求自己，总是最先到达训练场，同时积极协助中队长负责组织好本小队成员，认真完成每一项训练任务；在训练休息间隙，她总是带领同学们开展团建和放松活动，增强了团队的凝聚力。记得在中队拔河比赛时，她原本就有脚伤，但还是代表中队上阵了，在拔河过程中不小心把脚给扭伤了，坚强的她只休息了半天，就又返回训练场继续和同学们一起训练。亲身参与国庆群众游行让她得到了全方位的成长，希望她能把这种责任担当与团队协作精神融入今后的学习工作生活中。

第 36“祖国万岁”方阵——第 18 中队

2019 夏天，新中国 70 岁生日，我的成人礼

文化与传播学院　陈雨佳

我此前从未想过在自己 18 岁这一年能获此殊荣，成为大阅兵群众游行队伍的十万分之一，自己用脚步丈量长安街，为祖国献礼。因为训练正值暑假，所以报名活动的时候有过纠结、有过动摇，但最终还是决定在和家人短暂团聚后，早早回到北京、回到学校，为祖国献出自己的一份小小的力量。

从每天清晨的操场，到各个不同的训练场，再到王府井夜游长安街彩排，每一缕照射在我们身上的阳光，每一张睡过的硬纸板，每一块走过跑过跳过躺过的土地，共同组成了我 18 岁的夏天里这段最独一无二的记忆。

这些日子里，回忆起来更多的是欢乐，是值得。我们和素不相识的 36 方阵的战友们互帮互助，同时结识了新的好友……难忘的记忆数不完，当大家为了同一个目标坚持下去的时候，真的十分激动人心啊!

还记得作为边框人员第一次走上长安街彩排的时候那种兴奋，我们向临近车上素不相识的朋友挥舞红旗，放声高歌；我们在夜里空旷的长安街上向前招手，在天安门城楼前差点热泪盈眶；撤退时边流着汗边互道辛苦了……每一份都是夏日限定。

再后来，我们从东单地铁站走到王府井大街，一路上都是席地而坐甚至席地而睡的同伴，我们被经过的各式各样叫不出名字的迷彩军车所震撼，也惊叹于兵哥哥们挺拔的身姿、严整的纪律，也在内心中再次默默规范自己。

这样一次次重复的训练才促成了最后的万无一失，但每一次都会有新的感悟。尤其作为最后一排，我们要守住游行队伍最后的一条直线，巨大的音乐声盖住的是我们不停歇的“往前压！往前压！”的语句。可能最后我们的脸都被旗帜和鲜花挡住，照片里留下的是背影，视频中只有小小的一个像素点，但我们走过了、跳过了、笑过了、经历过了——我们的赤诚之心永不磨灭。

我记住了这个夏天，白色的训练服，蓝色的鸭舌帽；我记住了这个夏天，整齐的队伍，灿烂的波浪；我记住了这个夏天，各个机场的尘土，王府井大街上的大钟；我记住了这个夏天，每一滴流过的汗，每一张绽放的笑脸。

“海棠花开赴征程，七十华诞献国礼”，这句陪伴了我三个月的话将永远铭记在我心中，这个夏天结束了，而我对祖国的爱矢志不渝。祝愿我们的祖国繁荣昌盛，更加富强！我爱你，中国！

老师评语：

陈雨佳同学是2018级新闻2班的班长，品学兼优。在此次训练中，她是18中队的一名小队长，是我们18中队骨干中的骨干。陈雨佳积极乐观，训练过程中严于律己，认真完成每一项任务，积极的态度感染着同学们，引领着大家一起努力，同时她还协助中队长做好小队的考勤、信息上传下达等工作，工作认真负责，勇于担当。

念念不忘祖国情，时时刻刻记在心

文化与传播学院　刘丹

祖国和我的故事，悠长而绵延。纵使年轻的生命尚不能深刻地领悟这个有着5000年辉煌历史的大国，但与她的相遇，已足以让我这个生命热泪盈眶。

从红城到京都

1935年，中国共产党在遵义召开了“遵义会议”，成为党生死攸关的转折点，遵义被称为“转折之城，会议之都”。

作为一个遵义人，从小便听长辈们谈遵义会议，谈红军山、凤凰山、娄山关，谈革命战士们抗战的英勇事迹。作为国家首批历史文化名城之一，遵义在传承红色基因的同时大力发展红色旅游文化，红色观光车开始取代普通公交车，站牌设计也独具一格。在耳濡目染中，我对祖国的红色文化产生了极大的兴趣，开始思考祖国与我的联系。

大学的列车把我从一个边陲小镇带到了首都北京。到达北京的第一个晚上，还没来得及卸下旅途的疲惫，便披着夜色奔向心心念念已久的天安门广场——那里有一场迟到了很久的升旗仪式。

从小家到国家

我的老家在农村，虽然父辈已不再过着躬耕的生活，但从小与邻里的接触以及和其他人的交流，使我真切地感受到国家对农村底层老百姓的关心和爱护。

外公外婆说现在农村的日子越过越好了，农民不仅不用上缴粮食纳税，国家还会给予贫困户一定的补贴，国家领导人还多次下乡考察慰问群众。从早些年的“退耕还林”到现在的“精准扶贫”，国家给粮食给拨款给工作、创业、培训机会，“新农村”一步一步实现小康生活，越来越多外出务工的农民工可以回到家乡谋生，越来越多的留守儿童和孤寡老人有了父母和子女的陪伴，越来越多的水泥沥青马路修到了家门口，越来越多的农村孩子拥有和城里小孩一样的受教育机会。

当跳出自己狭隘的圈子，在和其他国家的人相处时听到她们的故事以后，我开始反思自己和国家的联系：在一个地方待久了，会理所当然地接受它的给予而忽略对它的回馈，会不自觉地忽略那些本应该要做的事情，国家给我提供了那么多，那我又该如何回报她呢？与一个学姐聊天偶然聊起她的生活，那时学姐将要到罗马尼亚首都大学公派留学，她告诉我说要把汉服带到罗马尼亚去，让其他国家的人也可以感受到中国文化。她读了很多欧洲国家和中国的历史，她很愿意把自己了解到的祖国历史文化分享给更多的人。听完后我突然发现，其实做好自己，心中有梦想、有追求，永远不忘本，就是最好的报答。

从奉献到欢呼

正值新中国70华诞，北京很多中小学、高校学生和群众参与了群众游行活动，一个多月的时间，大家放弃了休息的时间，放弃了和家人团聚的时光，只为一个共同的心愿，将“七月留给自己，八月献给祖国”。在北京夏日的酷暑中，参训人员、老师、安保人员、志愿者以及很多幕后的工作人员，都铆足了劲，希望将自己最好的一面呈现给祖国，带着激情的欢呼为祖国庆生！

我有幸参与到这次的训练中，作为一名参训人员，我再次见到了凌晨三点的天安门，第一次与三军仪仗队并排疏散。夜色依旧很美，这一次我怀揣着的不再是初到北京时的那份喜悦，而是对伟大的祖国的敬意和热爱。这一刻，我真的和我的祖国在一起！

念念不忘祖国情，时时刻刻记在心！祖国，愿你繁荣昌盛！

老师评语：

刘丹同学是一名品学兼优的好学生。在这次国庆活动中，她是105排的训练标兵和骨干。刘丹来自遵义，从小接受红色教育，成长环境的耳濡目染，造就了她的红色教育基因，也造就了她与生俱来的爱国热情。在这次国庆训练中她表现特别积极，她对自己要求高，无论是训练动作标准上，还是与别的同学配合上，不仅自己做得好，还能带动其他队员。训练中的表现让老师和同学看到了她的成长和成熟。

最美青春，海棠花开

文化与传播学院　张杨豫格

2019年夏天注定不平凡，“七月留给自己，八月献给祖国”，这个夏天，我参加了国庆群众游行活动。从7月25日开始，到10月1日结束，这期间的点点滴滴只有我们这些切身体会过的人才懂得其中的苦与乐。别人的一句“辛苦了”，就足以引起心里的轩然大波。微信里家人和朋友的关心、鼓励、骄傲，让我无比自豪。

最初报名时，我因已被录取为中网志愿者，不知怎么做取舍，但幸亏最后选择为人生增添一笔与众不同的色彩。

开始训练之后，因天气很热，学校为了照顾我们，将训练安排在每天的早晨和傍晚。在训练间隙我们常观天象，侃天地，累的时候躺在学校操场，喝着食堂精心准备的冰镇酸梅汤，抬头望天，感受着心脏每一次有力的跳动，期盼着“那一天”的到来，是我最享受的时光。

人生的19年，四次熬夜通宵都献给了天安门，第一次是8月25日晚上，那天训练结束后我跑去天安门广场为看升旗抢占“地盘”，因为那天是我19岁生日。之前，有同学告诉我，19岁生日是出生后阴历阳历生日第一次重合，要做一件有意义的事情给自己满血复活的机会，所以即使凌晨乃至一早上都在训练，晚上我还是跑去了天安门等待看升旗。那一夜过得很快，但我还没好好体会夜色下无人的天安门广场就迎来了日出、升旗。那时的我还不知道，不久之后，我即将在这里一次又一次被国家的温暖和强大所折服、所震撼。每次合练完从地铁站出来，看到令同伴们“词穷”的武器装备，听同伴们津津乐道，我都无比惊叹。从未见过几千人甚至上万人，横七竖八不顾个人形象地躺在街道上，躺在王府井大街上，疲倦地相互依靠；但每次一踏上长安街，内心隐藏的激情就再一次被点燃，我们呼喊着、尖叫着，不知疲倦地蹦着、跳着，双眼紧追国旗，微笑着；在回去的路上，我们一路上和道路两旁的官兵们打招呼、唱军歌，那时的我们毫不吝惜自己的力气、嗓音。

“那一天”也终究是到来了，出发前大家纷纷发朋友圈说心一直在跳，躺在床上根本没办法想其他事儿，心里只念着两个字——“阅兵”。在集结出发之际，我们收到通知说将登上“祖国万岁”方阵彩车的是中国女排英雄们，大家立刻从睡眠不足的混沌中清醒，并且振臂高呼，我们特别激动，因为女排代表的不仅仅是一项运动，更是一种精神，是中国精神！还记得在我们方阵正式游行前，道路两旁的军官们，向着女排英雄们，高喊着“中国女排，世界第一”。我们再一次，也是最后一次以“祖国万岁”方阵的一员集体走在长安街上时，我感觉我整个胸腔都充满了激情，嘴角控制不住地上扬，甚至根本就是合不拢嘴地笑着。对处在方阵最后的二外人来说，保持好队形极为重要，所以一路上“往前压！”“对齐！向右对齐！”的声音从未间断。走到天安门前，那种荣誉感瞬间将我们全部席卷，望向天安门城楼上的国家领导人，望向广场上整整齐齐的群众，望向放飞的和平鸽和气球，我们热泪盈眶，拼尽全力高喊着“祖国万岁”这四个字，一遍又一遍。

海棠花开。周总理，您所期待的一方盛世，二外人替您看了！

爱我中华，祖国万岁！

老师评语：

张杨豫格同学是将要发展为预备党员的重点考察对象，在训练中她表现积极，力争早日与党组织靠拢。在参加国庆群众游行活动的过程中，她将爱国的初心和使命感落实在自己的实际行动上。在困难与挑战面前，她坚持不懈怠，没有请过一次假，没有拉下过一次训练。对待每一项任务，她始终以灿烂的笑容迎接，以饱满的热情来完成。

携手前进，收获荣誉

文化与传播学院　李泽宇

历时两个多月，游行活动的训练终于结束了。八九月骄阳的炎热至今还能感受得到，因为它同我们对这次活动的记忆一并镌刻在我们的人生轨迹中。而我作为文宣中队的一分子，在一旁注视着同学们训练、走上长安街的我，在这两个月中体会到了属于我自己的荣誉感。

这两个月的时间里，我在操场旁为同学们的训练值守着。他们每一天的辛苦与变化我都看在眼里，他们早晚接受着烈日的洗礼，与队伍一同行进，一遍又一遍。为了支撑每日的行进和站立，他们开展体能训练，室友每晚回到宿舍都瘫倒在床上。看到他们训练的辛苦，我也努力为他们的训练做好保障工作，我与他们一起坚守在操场上，为他们的训练打分，为他们准备礼品，为他们分发各式各样的用品，服装，雨衣，纸巾。我也为同学们制作饭票，保障他们顺利领取在校期间的三餐补助。我还采访身边参训的一些同学，收集他们的参训体验。

参加这次活动的每一个人，付出了汗水的每一个人，最后都得到了他们应得的鼓励。同学们在一起训练的过程中，不仅收获了彼此之间的友谊，还深深感受到了对于强盛祖国的荣誉感。每一次组织的合练，背后都是高度统一而准确的指挥和路政交通、人民军队的配合与保障。当我带着水和物资，与游行的同学们一起走在模拟长安街上的时候，太阳一点点从远方升起，点燃了黑夜，也点燃了我们激动的心情。我们能够感受到我们是在向着明亮的天空下进发，驱逐了寒冷的我们走在平坦的大路上。当我参观了广场合唱团同学们的合练时，我也感受到了那份震撼。当“没有共产党就没有新中国”的歌词异口同声地从合唱的同学们口中迸发出来，我身边的空气都震动起来。当他们在合练时，他们的声音如此的洪亮，他们的声音是将会传到每一个中国人的耳中。

当我在综合报告厅看到同学们的身影时，我看到了他们展现出的自豪。我在这些日子与他们的相伴，也获得了属于我的那份自豪感和荣誉感，这份感觉从未如此真实，好像伸出手就能够摸得到，如此强烈。怀揣着这份荣誉与自豪，我们，同其他中国人，与党和国家团结在一起，光荣地走在长安街上，光荣地走在通向繁荣的康庄大道上。

老师评语：

李泽宇同学是原18中队的成员，由于身体原因转入22中队，从台前转入了幕后，但是幕后的工作一点也不轻松，每一批服装道具，每一次夜间出行，每一天日常训练，都由他们在做着保障。训练场上的工作结束了，幕后的工作才刚刚开始。两个月的时间，他与同学们培养了彼此间牢固的革命友谊，纯粹的，无条件的信任与支持，彼此共同的奋斗实干的过程体现了每个二外学生的家国情怀。

做好新时代的生力军，将最美青春献给祖国

文化与传播学院　邓欣

回顾过去最有意义的两个月，参加国庆70周年群众游行活动的经历，不仅仅对我的人生有重大的影响，还加深了我对于共产党的理解，使我更深刻地理解了中国发展的重要历程以及坚持共产党领导的必要性。

1949年到2019年，70年间中国实现了“桑田碧海须臾改”的旧貌换新颜的变化。中国，仅仅用70年的时间，将一个落后挨打的国家建设成如今可以傲然挺立在世界东方的大国。在70周年阅兵式当中，近40%的中国制造牌武器争先亮相，英姿飒爽的军人踢着正步展现了中国的自信、霸气、威武。群众游行的36个方阵外加3个情景式方阵展现了中国的飞速发展、重要成果以及中国人民在共产党带领下的美好生活。

习近平总书记在重要讲话中指出：“今天，社会主义中国巍然屹立在世界东方，没有任何力量能够撼动我们伟大祖国的地位，没有任何力量能够阻挡中国人民和中华民族的前进步伐。”正如讲话中所说的，中国已经不再是落后的国家。中国如今拥有强大的军事、科技力量。“四个自信”所指的中国特色社会主义道路自信、理论自信、制度自信、文化自信，无不体现着中国如今日新月异的变化与成就，无不说明着中华民族已走上了实现民族伟大复兴的壮阔道路。

伟大的新中国迎来70岁华诞是多么不容易，在得知祖国要举办巨大盛典时，我激动万分。何其有幸北京第二外国语学院可以参加群众游行，更何其有幸我可以拥有机会成为这千分之一为祖国庆生。在得知消息后，我便第一时间填报了信息报名参加。这意味着我将用汗水填满这个暑假。但是，“将最美青春献给祖国”是一件多么光荣、美好的事情。因此，我毫不犹豫地报名参加了。

训练的过程是苦与乐交织成的最甜蜜且有意义的回忆。早上早起，晚上依旧刻苦训练。汗水顺着脸颊而下，滴入脚下的泥土，短短百米的操场一天下来要走几十遍。虽累却依旧满足、开心。因为心中有信仰，一切为了伟大祖国而奋斗努力，就像无数的前辈曾经为了祖国拼尽了汗水，用鲜血捍卫祖国领土，鞠躬尽瘁，死而后已。我们深受鼓舞，也将会用汗水回报国家。

当我真正站在长安街上，看到无人机、轰炸机从头顶飞过，我深深地感受到国

家的强大，祖国离强军目标更近了一步。当我手举印有“70”字样的旗帜，将红色的国旗高举过头顶，看到它在阳光下熠熠闪耀，心中的自豪感油然而生。我骄傲，我是中国人！

广大青年生逢其时，也重任在肩。正如习近平总书记所言，我们要做好时代的生力军，要扣好人生的第一粒扣子。美丽中国的未来是属于每一个中国人的，我们有责任肩负起时代交给我们的任务，实事求是，脚踏实地，报效伟大祖国。

老师评语：

邓欣同学是入党积极分子，在参加国庆群众游行活动的过程中，她积极表现，将爱国的初心和使命感落实在自己的实际行动上。在训练中她坚持不懈怠，没有请过一次假，没有拉下过一次训练，始终以饱满的热情来迎接每一项任务。

夜以继日，共赴征程

文化与传播学院　丁俊峰

2019 年 10 月 1 日，在这个举国欢庆的日子里，天安门前一派盛景。人民军队浩浩荡荡，昂首阔步，威武挺拔；装甲车、导弹车，一辆辆装载着现代化武器的战车从远方驶来，无人机、战斗机，一架架装备精良的先进战机，以数字“70”的阵型呼啸而来，携着 7 道彩烟为新中国 70 周年献礼。在他们之后，我们迎来了属于二外人的时刻。900 多位师生高举彩旗和花束，在进入出发线以后，游行方阵里爆发出震天动地的欢呼和呐喊声，我们向天安门的方向微笑致意，一层层人浪包裹着“祖国万岁”花车高潮迭起。在核心区，我们高唱《歌唱祖国》，带着激情的欢呼跳跃舞蹈，将庆祝大会推向高潮……

这段永生难忘的记忆来源于 7 月的决定和一个夏天的坚持与努力。

7 月盛夏，当同学们盘算着如何享受和利用这漫长的假期时，我们的征程已悄然开始。作为学生党员、学生干部的我义不容辞，加入到了这次群众游行的队伍中，并担任 90 小队队长。在起初的动员和训练里，我的内心充满了忐忑，一方面对训练强度有所担忧，害怕自己掉队，一方面牵挂着家人，期盼着有小假期能回家看看。然而，训练的生活带给了我意想不到的充实，每天早晚的训练、学校安排的补贴和酸梅汤、和队伍同学们的逐渐熟悉，让我的心里不再有担心和孤独。我们偶尔有过抱怨，埋怨排面里跟不上步子给队伍拖后腿的同学，埋怨队伍一次又一次被打乱重组，动作一变再变……但这就像杨老师说的，“永远不变的就是一直在变”。在一个多月的打磨下，我们的方阵逐渐成形，在训练中，大家态度认真，凌乱的步伐慢慢变得整齐划一，请假的人越来越少，大家的心气越来越强，那种凝聚在一起的感觉是我从未体验过的。

第二阶段的合练是艰苦的，但我想说，这更是我们爱国热情迅速增长的阶段。如果你见过凌晨三四点的北京，如果你曾以纸板为床，水杯为枕，睡在王府井大街上，如果你曾近距离欣赏过中国军人的豪迈军魂，目睹过数千辆装甲车行驶在长安街头，那么，请你相信，一切辛苦和疲惫都会烟消云散，因为就算再苦再累，身为中国人的骄傲和自豪会始终让你斗志昂扬。记得在那一夜合练过后，当我们疏散准备返回时，队伍里突然响起了“祖国万岁”的呼喊，接着，整个队伍一齐高呼祖国万岁，呼喊声在天安门前久久回荡。来源于内心深处的呼喊，不需要任何形式，不需要任何要求，只因我们在为中华盛世而倾倒，只因我们为祖国而骄傲，只因我们是中国人。

夜以继日的训练，让我们以最好的姿态走上了天安门的舞台，代表无数中国人向世界展示我们的气概。今日的我们已踏上征程，未来的我们还会以青春力量，书写出壮丽篇章。

祖国万岁！

老师评语：

丁俊峰同学是文传院新一届的学生会主席，北京市级优秀班集体的班长，预备党员，不但自己品学兼优，还时时处处发挥着党员带头作用。在此次训练中，他是18中队的一名小队长，18中队的棋手，18中队边框骨干中的骨干。在训练过程中他严于律己，认真完成每一项任务，同时，协助中队长做好小队的考勤、信息上传下达等工作，工作认真负责，勇于担当。

青春献礼，与国同在

文化与传播学院　曲韵好

2019 年 7 月 6 日，我和二外 1000 余名师生一起在明德厅许下“七月留给自己，八月献给祖国”的诺言，决心将 20 岁美好的夏天献给祖国。这对于一名预备党员来说是光荣而幸运的，我为此而感到激动，这是我一生中无法代替的难忘时光。每每回忆起夏天的经历，参训的我们总会眼眶湿润，身为 18 中队 105 排的骨干人员，我们没有假期，我们也需要在他人休息时步行好几公里，但是圆满完成任务时的充盈满足感也是不可替代的。

在长安街上训练时，我们一起在王府井吃着面包等待开始，当队伍前进或疏散时，我们总能看见老师们在队伍后方保障学生安全；在天安门前，我们激动地看见了仪仗队真容；当回到传媒大学时，夜色下路灯昏暗，大家一起迈步走回我们共同的家；老师会在我们合练第二天特别累且天气不佳的时候提前解散让我们好好休息，我们也会认真对待每一次训练，在正式验收时好好表现，争取让指挥部的指导老师给出更高的评价。

我们的老师体贴且办事高效，在最开始校内训练的时候，极快地发现酸梅汤不够喝，及时做出调整，当天解决了师生的“饮水问题”。在训练后期，老师与大家一起给同学们过了两次生日，让我们如同坐上过山车，又惊又喜，却真正难以忘记这个 8 月。

所有的参训人员始终同在彼此身边。党支部会议上杨老师用最简单明了的语言动员我们大家积极参与，大意是国家需要我们，我们能做的事情不多，参与游行算是极其重要的一件了。作为预备党员，我深受触动。还有在 105 排没有休息的训练合练过程中，风中雨中烈日下，无论是老师或是后勤工作人员都总是陪伴在我们身边。我们知道老师比我们操心的工作更多，却一样没有休息。也正是因此，我们真正地成了一体同心的超强团体。

还有合练完的晚上，校级组织干部曾和文宣中队一起在知行楼、明德楼清点训练服，每当大家一起协力完成一项事情，我们便能感觉到情谊和羁绊变得更加深厚。海棠宝贝进校园的时候，我们感受到不仅是我们与父母分别，老师们也忍耐着与子女别离的不舍之情，老师们都是伟大的父母，他们将这份浓浓的关怀之情倾注到我们身上，让我们训练之时感受到温暖。

我们不需要其他更多的外在事物来证明我们是二外人，只要我们能够一起为了完成一件大事而奋斗，我们能够并肩站在一起努力，老师与学生同在，而且把这件大事极其出色地完成，这便足以证明我们就是最有凝聚力的二外人！

海棠花开赴征程，七十华诞献国礼。当我们踏踏实实站在天安门前的时候，我和每一个中国人一样，一起发自肺腑地大喊“祖国万岁”！在这一时刻，无论天涯海角，每个国人的心都是相连的。从1949年走到2019年，我们了解并见证了祖国的巨大变化，正如习近平总书记在国庆当天发表的重要讲话中所说，中国的昨天已经写在人类的史册上，中国的今天正在亿万人民手中创造，中国的明天必将更加美好。我们能够创造历史，能在史册上书写属于未来中国的灿烂辉煌。这是中华民族伟大复兴的时代，我将会时常回忆这份热情，并将其转化为努力奋斗的力量，在未来的日子，为成为更好的自己、建设更好的祖国而拼搏！

老师评语：

曲韵好同学是一名预备党员，平时是品学兼优的学生，给每个老师都留下了责任心强、办事负责的印象。在此次训练中，韵好同学严于律己，时时处处发挥着党员带头作用，是我们18中队骨干中的模范。训练过程中，韵好同学认真完成每一项任务，表现出了二外学子的责任担当精神。

阅兵小记

文化与传播学院　王佩佳

2019 年，遇见不一样的暑假。

7 月 6 日，一场热血沸腾的动员大会拉开了这一光荣使命的帷幕，1000 多名二外人聚集在明德厅整装待发，穿着统一的训练服，呼喊着最坚定的口号……那一刻属于我们的使命就此开始。

7 月 25 日，10 天的暑假就此结束，与父母告别，远离家乡；1000 多名二外人克服各种困难按时返校，只为完成我们共同的使命。可谁知我的满腔热情就在走出地铁的那一瞬间全部归零，像火球一般的太阳灼烧着每一寸土地，仅仅几步我已经汗流浃背，难以想象要在如此酷热的天气中训练两个月。但那天下午突如其来的雷阵雨冲走了短暂的炎热却带来了我们同舟共济的团结。从这一天起属于我们 1000 多名二外人的长征开始了，我们虽然分布在不同岗位——900 人参与群众游行、80 名加入合唱队、40 名轮滑队员、不知数量的后勤团队，我们也许从未知晓彼此的姓名，但从那时起因为一个共同的目标，我们成为相互依赖的战友！

8 月 7 日，这一天我们接到了一个突如其来的任务——三天之内拍摄一部 20 分钟的宣传片。为了不耽误训练进度，我们只好在训练之余加班加点，还记得操场上 900 个点位是小队长淋着雨一个一个测量的，是用一条一条胶带固定的；七夕那天我们“五国风情”的成员们排练到晚上 10 点；最后拍摄的那天雨忽下忽停，我们就头上顶着“大塔帽”脚下踩着高跟鞋在“淋雨—躲雨—等雨停”的反反复复中拍摄了很多很多遍……拍摄很艰辛但那时的情谊却是最真挚的，没有雨伞，旁边的陌生同学便送来道具挡雨，虽然衣服还是湿了但心里却暖暖的；晚上拍摄结束了，和好姐妹们三五成群拍拍拍，那时的笑是最开心的……

8 月 10 日，MV 拍摄结束了，训练又恢复了正常，但新一波的惊喜也随之而来。那天晚上训练结束，天色渐暗，但气温还没有变凉。“讲两句！”杨老师固定的开头。“今天天气很热，我希望同学们能够以加倍的热情投入到训练中来，但同学们似乎没有做到。”气氛有点变化，“我点几个学生的名字，请到前面来。”气氛更加不一样了！数十名同学被叫到了前面，他们很惊诧，看着他们的人也很惊诧，里面还有很多公认的训练尖子，什么情况？！“这些同学唯一的共同点就是……”暴风雨要来了，900 多人的操场鸦雀无声，被叫到前面的同学的脸色也越来越难看。“他们的生产日期都在 7 月 10 日到 8 月 10 日，学校没有办法为每一个参训的同学过生日，就为大家过一个集体的生日，上蛋糕！”“喔！！！！！！”欢呼声响彻全场，气氛再一次变了。那一刻感觉真好，在二外真好！

8 月 15 日，这一天我们要外出合练啦，想想还有点小激动。“到底要拉我们去哪儿？”“会不会看见帅气的兵哥哥？”“外出的餐包里究竟有什么好吃的？”“还有哪些学校参训呀？会遇见同学吗？”带着无数的疑问，我们坐在大巴车上叽叽喳喳个不停，三五成群没有手机的我们比平日显得更加熟悉。

从这次以后合练变得更加频繁了——昌平、怀柔、金盏，我们一起走过了一个又一个“秘密基地”，坐过了一片又一片的水泥地。作为 105 排的我们，比其他同学合练的次数更多，其他同学回家的时候我们还在凌晨的大巴车上奔波着。一次次通宵达旦的加练，一次次想家时的无助，我们变得更加坚强！

8 月 24 日，这一天依旧是合练，但是去天安门！为了这次合练实行了交通管制，我们乘坐着“专列大巴”一路畅行，在路过的大巴上发现“战友”，大家都不约而同地挥旗致敬，这种无声的默契无须多言，彼此都懂……四次天安门合练，9 月 7 号那晚，我们三五成群在王府井聊天聊到睡着；9 月 14 号那晚，我们在王府井看 2019 年最圆的月亮；9 月 21 号那晚，想想是最后一次来合练了还有些不舍……

10 月 1 日那天凌晨，在操场集结时我们突然被通知将和刚刚归国的女排同一方阵，幸福、激动、喜悦，所有词语都难以用来描述我当时的心情！我们将多么幸运可以与凯旋的女排们一起为祖国庆生！那一天是我最最难忘的一天，和英姿飒爽的兵哥哥们互动，把自己最开心的笑容留在他们的相机里；看过最先进的装甲武器，在长安街看着一架架飞机呼啸而过；与三个月并肩作战的战友们一起一步一步踏过长安街走向天安门，我们呐喊我们奔跑我们高歌！一声声“祖国万岁”是对祖国最衷心的祝愿！

我将所有关于这个夏天的一切物品打包封存，还有一切最珍贵美好的回忆一起珍藏。感谢这个夏天遇到了更好的自己，让我学会如何坚强；感谢这个夏天让我遇到了最珍贵的挚友，我们从未缺席彼此的每一次喜怒哀乐；感谢这个夏天让我遇到了最好的老师，他教会我如何善良；感谢这个夏天让我遇到最浪漫的二外，她让我体会到被宠爱的甜美；感谢这个夏天让我遇到最好的中国，第一次发觉即使我渺小无比也可以与祖国无限靠近；感谢遇见，感谢所有！

3000 万大学生之中我何其幸运，可以来到二外这个处处充满爱意的大家庭；14 亿炎黄子孙之中我何其幸运，可以在举国欢庆之日走向天安门为祖国庆生；在 70 亿地球人之间我何其幸运，可以生于华夏长于盛世！此生无悔入华夏，来生还在种花家！

祖国，愿你壮丽繁荣盛世永存！

老师评语：

王佩佳同学是班干部，品学兼优。在此次训练中，她是18中队的一名小队长，也就是我们18中队边框骨干中的骨干，她在训练过程中严于律己，认真完成每一项任务，同时，协助中队长做好小队的考勤、信息上传下达等工作，工作认真负责，勇于担当。

最光荣幸福的时刻

文化与传播学院　于跃

2019 年 7 月 24 日，离家赶赴学校，只为给你一场最盛大的惊喜。

被踩了一遍又一遍的学校操场；经过前胸后背滚落至地的汗珠；一次次或烈日高照或披星戴月的合练……7 月、8 月、9 月；公交、地铁、大巴；昌平、金盏、良乡机场、阅兵村、长安街……如果不是这次活动，我无法想象自己能在这样艰辛的环境中坚持下来。作为 105 排的骨干成员之一，比其他成员多出的合练曾经让我感到疲惫，可是当骨干成员第一次踩点到达长安街时，当我迎着璀璨的灯光在天安门前努力挥舞旗帜时，当彩排结束后我们冲着路边的兵哥哥兵姐姐们挥手呐喊时，我瞬间放下了所有的不情愿，无比庆幸自己的不放弃，让我有了这样的机会参与到这样一场盛典中。

10 月 1 日，举国欢庆，突然被通知将和刚刚归国的女排同一方阵，我们将簇拥着为国家取得荣耀的女排英雄们为祖国献礼，我想，这当真是我最光荣幸福的时刻。即使现在回想起来，10 月 1 日那天的场景依旧无比鲜活地刻印在脑海中，尽情地欢呼、尽情地呐喊以及最后情不自禁流下激动的泪水。我庆幸，我有机会参与到国庆阅兵；我骄傲，我的国家如此壮丽伟岸；我自豪，尽管渺小我依旧以自己的力量为新中国 70 周岁生日献上一份祝福。

这场活动，带给我的不仅是天安门前的欢呼与激情，更是让我感受到了我们每个人、每个集体、每个小家都是与国家紧密联系在一起的。我们每个人的不断努力，一次又一次的合练，只为让祖国看到一个更好的我们，一个可以承担时代重担的我们。“此生不悔入华夏，来世还在种花家”，这句爆红的话语是我们每一个人对祖国的骄傲与自豪，是那种宁愿付出一切只愿你更好的浓浓热情。

回想从最初的抱怨不理解到最后的自豪与不舍，我们每个人都满载收获而归。如果说这次活动带给了我最光荣幸福的时刻，让我亲自走上天安门为祖国送上一份祝福，更激发了我前所未有的爱国之情；那这些温暖到让我落泪的小事，就是在我心中建起了一座名为“二外”的城堡，它将这些温暖永远收录。记得第一次金盏合练后学校老师们所说的“别人有的我们也得有”；记得张鹏老师怕回家吵醒家人而窝在办公室短暂休息；记得每一次合练为我们发放物资的食堂叔叔阿姨和文宣中队的同学们，为我们开路的保安小哥们……当我真真正正身处其中，才感受到自己是被保护的，是被爱着的。

感谢相遇，感谢陪伴，感谢这一场活动中所有付出的人，也感谢没有放弃的自己，有机会亲眼见证这一最光荣幸福的时刻、这一场盛世繁华。我的国，愿你平安昌盛生生不息！

老师评语：

于跃同学是一名学生干部，是一名品学兼优的好学生。在这次国庆活动中，她是105排的训练标兵和边框骨干之一。训练中她表现积极，对自己要求很高，无论是训练动作标准上，还是与别的同学配合上，不仅自己做得好，还能带动其他队员。训练中的表现让老师和同学看到了她的成长和成熟，诚如她本人所说，活动中体会同学情、师生情、家国情怀，让不放弃的自己见证了爱国报国最光荣幸福的时刻，留下了青春最美好的回忆。

文宣中队——第 22 中队

幕后的英雄

文宣中队第一组全体成员[①]

这次暑假我们有幸参加了国庆游行方阵的训练活动。虽然在刚开始的时候觉得会很累，又要占用一大部分暑假的时间，但转念一想，国庆 60 周年已经错过，80 周年又很难参加，硬着头皮就上了。但现在看来，这真的是一段富有意义的时光。通过这次的训练，我们认识了一批富有活力、创造力和热情的人，看到了一同训练的同学们早起训练时精神的面貌和即便疲惫却依旧坚持的面貌。作为文宣队的成员，我们即使没有参加训练，也身心俱疲，为同学们付出了很多。正如老师所说，我们是幕后的英雄。后勤的工作看似无关紧要，却是重中之重，基础中的基础。不光如此，我们也是记录者，我们寻找着一位位个性鲜明的同学，用自己的笔，把他们的青春与热血记录下来。

早上我们为训练的同学们打分，每天定时坐在教室里，完成着手抄报和采访的工作。物资来了，我们去分发；票券来了，我们给它盖上红色的印章；道具搬来了，我们轮流在活动室里审核查找；同学们训练前后，都有文宣中队的同学将服装和道具收拾整齐。每个人都有自己的工作，这些事总有人去做，文宣中队的同学们协助全校千余人的后勤保障，每次有任务，不管什么时候，是否在校内，文宣中队的同学们都主动、积极地参与，协助后勤保障工作的完成。虽然我们不能站在天安门前的大舞台上，但我们心系祖国，渴望着为 70 周年献一分力量，能多为训练的同学们做一些事，我们又何尝不骄傲。

“我和我的祖国，一刻也不能分割。无论我走到哪里，都流出一首赞歌！”每当听到《我和我的祖国》这首歌，总有一种激情在心中澎湃：对祖国的深情，对祖国的爱化作流淌的旋律，言之不足，歌以咏之。无论我们身在何种岗位，又以何种形式为家国努力，都值得被铭记与传唱；960 万平方公里的国土面积，无论我们走到哪里，都有为国家建设与国家未来做贡献的力量，哪怕沧海一粟，星辰一粒，涓涓细流汇聚泱泱大国。70 载风雨兼程，凝聚数代国人之心血，中国在世界列一席之位，

---

① 文宣中队第一组全体成员包括：英语学院张天容、黄靖仪、李家奇、顾赵婉郁；马克思主义学院李茜；日语学院周婉婷、刘莹；旅游科学学院秦邦汉。

以中国话语彰显大国精神，同时，激励其他发展中国家在机遇与挑战中激流勇进，无畏强权，无畏霸主，永不言退。无论我们走到哪里，生而为中国人，中国永是我的骄傲！

老师评语：

整理物资、印发票券、收发道具，大量的体力活需要22中队去完成，让每一个文宣人都知道原来幕后的工作也这么重要。你们虽然没有走过长安街，但是身边的同学们是身着你们整理清点的服装、道具向祖国报到，你们深夜的每一次送行都给予了他们温暖，展现着我们二外人一起拼搏的奋斗精神。台前幕后，都是一份荣耀，为自己而自豪！

青春无悔，祖国万岁

文宣中队第一组全体成员[①]

2019年是中华人民共和国成立70周年。为了以实际行动庆祝中华人民共和国成立70年，我们积极报名参加了“十一”游行庆祝活动。

为了更好地展现我们当代大学生的风采，从暑假开始，我们就放弃了休假，伴随着游行队伍训练。虽然被分配在文宣中队，但我们仍旧和训练的同学们一样，每天坚持到校，从训练开始到结束，没有一天休息。我们积极参加文宣中队的工作—在黎明，受训同学们开始训练之前，我们为他们准备好水和食物；尽管文宣中队的成员大部分是女孩子，但我们手提肩扛，将一箱箱水和食物搬运到指定地点，确保了受训同学能够顺利完成训练；在炎热的午后，我们还会采访受训的同学，并及时写出采访稿件。

训练之始，我们文宣中队为了鼓舞同学们训练的士气，也是各展风采，制作出精美的海报，从精神上鼓励参与训练的同学们克服困难，坚持训练。作为文宣中队的队员，我们深知自己的工作虽然是后勤保障，但我们是“幕后英雄”。我们做得好，前方训练的同学们才能有保障。

参加国庆阅兵，是我们一致认为成长到现在做出的最明智的决定，为此我们真的深感荣幸，而进入文宣中队，是一个让我们对这次活动难以忘怀的原因。文宣中队的同学们都身怀绝技，每个文宣中队的队员都能在他们的队友身上学到很多东西。随着时间一天天过去，同学们之间的感情也越来越深，久而久之，一个具有强大凝聚力的文宣中队就这样形成了，直到现在，我们中队内、小组内都时常聚餐。回忆起当时大家合作完成的一张张画报，一篇篇采访稿，真的很感动，也很怀念。时间过得太快，希望在庆祝中华人民共和国80周年90周年甚至100周年生日的时候，我们还能为祖国做出贡献，还能投入到这么有意义的活动中去！

这两个月，我们一直陪伴着在操场上参加早晚训练的同学，参与我们的“训练”。一遍又一遍响起的《我和我的祖国》，成了文宣队员们在教室里赶制手抄报和编辑文章的背景音乐。最令我们高兴的是，虽然我们没有站在太阳下挥洒汗水，

① 文宣中队第一组全体成员包括：英语学院张天容、黄靖仪、李家奇、顾赵婉郁；马克思主义学院李茜；日语学院周婉婷、刘莹；旅游科学学院秦邦汉。

但是我们制作的手抄报能在求是楼展出给参训师生参观。令我们记忆最深刻的是，每当傍晚，我们为优秀中队的队员们派发奖品时，每位同学从我们手里接过奖品时的一句“谢谢”，让我们觉得，即便是最平凡普通的工作，也是有意义的。

作为文宣中队的一员，我们见过凌晨三点半的二外；在众人集结于操场、老师在高台上讲话之时，我们手里托着学校为过集体生日的同学准备的蛋糕。我们站在餐包派发点，目送所有参训人员走出凌晨的学校南门，我们也和他们一样，感到无比自豪！

我们为自己是文宣中队的队员而骄傲，为能够在“十一”庆祝活动中贡献自己的一分力量而自豪。

老师评语：

青春是一道亮丽的风景线，这个夏天，你们是操场最靓丽的仔！感谢你们共同遵守了与老师的承诺，不管是文宣工作还是保障工作，你们的坚守让老师感动，你们不仅让老师看到了你们的成长，也让老师重新认识了当代大学生身上所体现的责任与担当。

为祖国骄傲，为自己自豪

旅游科学学院　张淼

我有幸参与了2019年“十一”国庆群众游行活动，感慨万千、收获颇丰。我们二外有的同学手持花束，用脚步丈量了长安街；有的同学一展歌喉，为祖国献上了一首首赞歌；有的同学穿着轮滑鞋，身披红旗，留下了潇洒又富有活力的背影；还有的同学协助老师工作，为刻苦训练的同学们服务。所有人各司其职，但又团结一心，为新中国诞辰70周年贡献自己的力量。

我被大家的付出所感染。暑假期间，早上6点钟，天蒙蒙亮，大家就在为校内的训练做准备。晚上8点钟，夜幕降临，他们从操场离开。我站在操场门口，作为一个负责后勤保障的文宣中队成员，就这样看着他们，清晨从树荫跨入烈日的骄阳，夜晚匆匆奔向宿舍，冲向澡堂，涌入便利店。大家都在谈笑夹杂着匆忙中走进去，再雀跃鲜活地走出来。及至后来，每一次与其他学校以及群众的大方阵合练，所有人顶着凌晨上空中朦胧的月亮出发，傍晚在大巴车上就着鲜橙色的云霞吃饼干，回来之后，我采访的每一个人都不谈辛苦，面带喜悦地分享收获。他们非常伟大，我这样想着。

我被学校与老师对同学们的关心所感动。同学们反映饭票补贴方式不便利，学校一周之内立即调整。同学们反映食堂档口营业少，饮食不丰富，学校增开档口，水吧也开始营业。同学们想吃水果，食堂档口引进水果商贩，后续合练，餐包中也包含苹果橘子。诸如此类，还有许多，而这背后少不了老师们的努力。老师们主动询问学生感想，时刻掌握同学们的心理状态，乐于接受同学们的意见和建议，并不断积极向校方反映。有学校与老师的关心与保障，我们都非常安心，并且感激所有人的付出。

在大多数时间里，文宣中队的成员更像一个“旁观者”。我们总是手握纸笔，不论是在教室中写稿、记录参训同学的事迹感想，写写画画描摹祖国风光和校园面貌，还是在操场上巡视，在记录板上为同学们的精神面貌打分，我们没有像他们那样站在日光下挥洒汗水，他们也不知道我们被画笔油墨染脏的手，在赶制大批量饭票、搬运分发物资时肌肉产生的难以消解的水杨酸。但有些时候，我们参加这一次活动的所有人都感同身受。

那是凌晨4点钟，紫色的天空，恍惚的月光下，阵雨骤降。我们负责物资保障，搬运了山一样高装着矿泉水的袋子以及一箱箱的餐包。训练的同学们穿着幽蓝的雨衣一列列走过来，喧嚣声划破了夜的寂静。他们很多人双手接住我们递过去的物资，亲切地说着谢谢。我们都穿着同样的雨衣，而同样的雨衣外是雨，内是汗。看着他们排队走远，我的心不由自主地变得柔软，并觉得他们是我们的英雄，而我们期待着他们的凯旋。真正到来的那一天是“十一”当天，他们就像田野里美好的花朵，我们也都为自己自豪，为对方自豪。

老师评语：

老师为你们的坚持而感动，被你们团结协作的精神感染。这个夏天，一群本是陌生的人组成了一个强大的物资保障队伍，你们以自己的视角注视着每一个人为祖国而奋斗，以自己的责任护卫着每一个人圆满完成任务。相信在队伍中的每一名师生都记得有这样一个团体曾经为他们服务，为你们骄傲！

我与祖国共成长

旅游科学学院　张翊轩

“伟大的中华民族万岁！”“伟大的中国共产党万岁！”“伟大的中国人民万岁！”听完了习总书记的讲话，阅兵终于落下序幕，我们训练了近两个月的时间，现在是时候接受检阅了。看着士兵们迈着整齐的步伐走来，看着拥有先进的装备和武器的三军方阵接受检阅，多么令人自豪！再到群众游行，看到属于我们的表演，“祖国万岁”方阵，伴随着《我和我的祖国》乐声，我们在习总书记的注视下欢呼，庆祝中华人民共和国成立 70 周年，我的心中产生了一种从未有过的感觉，既有些遗憾，也有些激动，但更多的是释然。虽然我没能亲身去现场感受，但我发自内心地为我的战友能走在长安街上而激动。

正所谓“台上十分钟，台下十年功”。台下，我的战友们在训练场上流了多少汗水，忍受着酷暑的考验，为的是能完成组织交代给我们的任务。把群众游行这个任务完成，这是我们共同的目标，不光是在场上游行的队员们，还有“照顾”他们的我们，就像运动员的医疗师、保障人员，领奖台上没有他们的身影，但是你能否认他们的付出吗？经过这次活动，我明白了什么是“幕后英雄”，也当了一回“幕后英雄”，陪幕前的他们度过了许多个日日夜夜，盖过上万次章，搬过上千瓶水，分发过上千份餐包。在北京的凌晨，依旧有我们的身影，服装与道具的分发和归还，都与我们息息相关。有了我们，他们在训练场上才能更好地展示自己。我们是绿叶，衬托着花儿，花儿怎么能不美呢？二外给了我机会，去燃烧自己，实现自己的价值。身为大学生，身为二外人，祖国复兴的重任在我们肩上，这是一个很好的展现我们大学生风采的平台。周总理的塑像在明德楼前格外庄严神圣，一想到周总理，就想到 70 年前，在新中国成立的开国大典上，由于参阅的飞机太少，仅仅 17 架，为了让场面看起来更壮观一些，周总理下令安排第一排的飞机飞两遍，让飞机在通过天安门后，再掉头迅速回到东门，紧接着后面的一组，再一次进入受阅航线。而如今，我们国富民强！受检阅的飞机从空中划过，气势如虹，让无数中国人的心激动起来，飞机的轰鸣声更代表了国家的力量，力量的声音，因为我们的飞机现在要多少有多少，再也不用飞两遍了！一个国家的复兴之路，里面真的有太多的艰辛和不易。我们有幸生在盛世，这是我们的福气。

70年新中国的风雨历程，成就了一个伟大的中国。今年的阅兵部队由徒步方队、装备方队和空中梯队这三部分组成，其中空中梯队展示空中作战新能力和强大实力。我国的空军战鹰列阵在空中，中国的航空武器装备在这70年来所获得的成就是有目共睹的，这体现的是我国综合国力的增强。

而在朋友圈中，我又看到了一张图，1949车牌的车驶在最后，上面载着英雄。当年送走周总理的十里长安街，如今已是十分繁荣。多么希望您能看到这一切，让您知道我与祖国共同成长。海棠花开赴征程，七十华诞献国礼！

老师评语：

这个假期，你们以自己独特的方式表达了对祖国的爱，你们是幕后的英雄。你们见证了祖国70年的光辉历程，为祖国而自豪；祖国也见证了你们的成长，为你们而骄傲。你们与祖国共成长，相信未来前行的道路上，你们能秉持家国情怀，砥砺前行，超越自我。

团结就是力量

欧洲学院　侯宇骋

此次参训的感想包括两方面，一方面是在训练中的感想，一方面是观看阅兵时的感想。

在这火热的三个月中，我作为一名保障人员，虽然没能最终亲自走上广场，目睹这盛举，但是我真的是感觉到了“团结就是力量”这句简单、朴实而沉重的话——如果不是真的参与到集体当中，这永远是一句空话。

我们这个集体冒着朝阳、迎着酷暑、顶着雨露、身披夜色。虽然是一些微不足道的工作，但让我们依然充满了获得感和存在感。如果把我们的队伍比作一支军队，那么优良的作风背后，一定离不开有力的保障。餐包虽小，但是却凝结着我们所有人对祖国别样的爱和对出征的师生的祝福。在宣传战线上，尽管我们的作品因为保密原因并不能立即发表，但是我看到的是，大家都拿出了火一般的热情，好像作品马上就能见报一般。在这炎热的盛夏，尽管我们坐在教室里吹着凉风，但是我们在每一道笔脚中都深埋了无限的激情和默默的支持。我们文宣中队队员彼此之间都是很好的朋友，在非训练时间，我们一起出街吃火锅，在群里侃大山，看起来就像是一家人，这三个月看似严肃正经，但青春之花、友情之花又何尝没有开在这个火热的夏天呢?

这，就是我们团结的结晶。

如果说这三个月我们的有力保障就是为了“十一”这一天的绽放，那么这场绽放一定是苦尽甘来后的盛放。

《左传》有云:“国之大事，在祀与戎。”在国庆之日举行阅兵，是新中国成立之后的国之大典。10 月 1 日上午的长安大街，旌旗飘展，三军雄列；战车浩荡，飞机翱翔…… 14 亿中国人目睹了自新中国成立以来规模最大、受检阅人数最多的一次阅兵，这是在天安门广场举行的第 15 次阅兵。阅兵过程中，每一位国人感动于中国人民解放军英姿飒爽、整齐划一的步伐，感动于科技进步、威力十足的武器装备，感动于群众激情澎湃的游行……在声声呐喊中，我感受到了作为中国人的自豪与骄傲。尤其在我校参加的方阵出场的时候，大家的那种兴奋让我们欣慰，辛苦耕耘后的收获，又让我们心酸；对这个大家庭的不舍和在这次活动中收获的一次又一次感动，溢于言表又难以言说。

70年一路走来，新中国从一个胜利走向另一个胜利。这次阅兵，机械化、信息化已经武装到位，高空高速无人机首次露面，天空卫士、防空反导等多款先进防空导弹呈现在世界面前。在武器、装备现代化的背后，代表的是整个国家综合国力、国际地位的提升以及人民收入和生活水平的提升。各型飞机160余架、装备580台（套）亮相阅兵场，史上规模最大；40多型、300多台（套）装备首次在天安门地区参阅，首次亮相的新型武器装备比重较高。这些数据折射出新中国成立70年来国防和军队建设的发展变化，彰显了我国军队维护祖国领土完整和领土安全的坚定信心。

70年前的天安门，共和国从这里走来，4亿国人真正拥有了主权独立的民族尊严；70年后的天安门，14亿国人在“富强中国、安乐中国”的幸福生活中激情澎湃、热血沸腾、壮怀激烈。让我们勿忘历史、珍惜现在，不忘初心、砥砺前行，通过自己的努力促进国家向前发展。也只有国家不断发展壮大，我们才能拥有更多的获得感和幸福感。

总之，无论是从哪个角度，如果十年之后能让我们这群人再聚首，献身十月，我的答案仍是“愿意”！

老师评语：

作为一名大四毕业生，在毕业前夕能够参与到这样一场国之盛事中，值得你们每一个人骄傲与自豪。看到你们白天实习，晚上按时到岗值班，周末休息加班加点把平时落下的任务完成，不给自己的小组拖后腿，我想，这个夏天对你们来说值了。阅兵展现了祖国强大的国力，展现了国家是你们最坚强的后盾，希望你们以国家为盾，以个人为矛，不断前行！

做一个努力的人

欧洲学院　冉梓涵

有幸以文宣后勤工作者的身份参与到了2019年新中国成立70周年群众游行的活动。本次活动历时相对长久，从2019年7月24日持续至2019年10月1日凌晨。

我在活动前期参与海报和手抄报制作，分发物资，评选优秀中队，操场执勤，以及MV拍摄等相关工作。

8月下旬开始，学校的方队逐渐开始合练模式，我也参与了每次餐包的发送。与此同时，我与文宣后勤中队的同学，特别是我的小队同学建立了深厚的感情。这次活动中让我印象非常深刻的就是MV的拍摄以及餐包派发。

在8月初，学校进行了MV的拍摄，在拍摄前期的准备阶段，由于人手不足以及分配原因，我试过一个人从学生活动中心将20余根旗杆扛到操场西门，其他道具的发放也显得一时局促。不过随着活动的进行，一切都变得顺利。MV的拍摄也碰到了很多的困难，比如天气，比如导演的失误。但是我们共同克服，完成了MV的拍摄任务。由于学校决定MV拍摄完之后给大家放假，因此MV拍摄完的当晚，道具回收工作变得格外困难，我，李茜，薛有成老师，还有其他几名不太相熟的男生，将所有道具再回收到了学生活动中心。虽然MV的拍摄已经结束，但是我们的故事，与70周年大庆，才刚刚开始。

随着时间的推移，离大庆已经越来越近，合练也变得逐渐频繁了起来，分发餐包，确保参训师生们的后勤工作，便成为最重要的事情。8月20日，是我印象很深的一夜。因为这是第一次大型发放餐包的活动，大家准备都有些不足，当夜，我们在西门发放餐包与水的时候，南北两侧人手不均，导致最后没有餐包可以发，最后不得不紧急穿过人群去搬运，但是当时人手不多，我几乎搬了一半多北侧少的餐包与水，当夜分发完餐包之后，我到了宿舍甚至连衣服都没有力气换就睡着了。但是我仍然觉得这是值得的，因为我是在为我的祖国做事情，我所做的一切，尽管不会被记录下来，但是我很满足。虽然这一夜我们有很多失误与问题，但是在这之后大家吸取教训，逐渐改进，使我们的后勤保障工作逐渐步入正轨。

随着9月的到来，训练与上课开始同步，让我印象特别深的是9月4日的餐包发放。9月4日是一个星期三，当天我2点30分起床，2点45分就位，餐包发放完毕再回到宿舍入睡已经是5点；由于当日课程的原因，我需要6点40分起床，8点上课，直到下午3点下课我才能再次调整我的作息，但我认为我的青春应该是这样的，为祖国挥洒汗水。

我认为参加这次活动可能是我整个大学生涯中最值得也最应当的一次活动，1000余名师生为祖国一起在烈日下训练，在黑夜中演习，最后走在天安门前，所有这一切都是值得的。

老师评语：

冉梓涵是一个性子有些急，但是非常认真负责的同学。苦活儿累活儿，很多事情都自己默默地做了，却不张扬。眼里有活儿，脚下有行动，虽然没有机会在训练场上与自己的同班同学一起奋战，但是作为一名小组长，他带领着文宣第三小组全体成员，为祖国挥洒了汗水，为自己赢得了掌声。

一颗红心向祖国

商学院　韩雅楠

三个月，结束了。

七月，学校动员国庆游行方阵活动报名开始，一颗颗心，躁动的、摇摆的，终于，一些人下定了决心，接住了这一根橄榄枝。可是没人想到，这三个月的故事竟像是三年一样轰轰烈烈，就这样，毛毛躁躁又井然有序地拉开了序幕。

作为文宣中队的一员，我想，既然参加了活动，就要做好这一颗螺丝钉，而我却误打误撞，成了站在高处的那枚螺丝钉。文宣中队没有机会参与最后的群众游行，是我从始至终的遗憾。但是这也给了我机会，从更高的角度，去俯瞰这几个月来，这一千多号人，是如何一步一步踏着酸甜苦辣，踏着最真实的自己向前方走去。游行方阵里，人群中，大家看到的是身边或陌生或熟悉的伙伴；而我可以站在队伍外，去感受所有人的变化、坚持、努力和爱，最艰苦的环境总是能建立最深厚、最真实的感情。这些时刻，我突然醒悟为什么，退伍的军人抱头痛哭，我理解了为什么，几十年前的老战友，是父亲一生最难以割舍的感情。我们同甘共苦的，是我们共同的荣誉。

我走在他们身旁，听着他们或在休息间歇嬉笑怒骂，或看着他们在训练之中目光如炬。这一张张熟悉又陌生的面孔，他们不是昨天呆坐在明亮教室里的少年老成，也不是为未来而苦恼焦虑的行路人，在这个地方聚集的人们，仿佛仅仅是一群该有青春朝气的意气少年，热血、活力，穿上统一的训练服，没有老师和学生，阳光下，他们都是青春的颜色。每天迎着朝阳而起，直到烈日灼灼，伴着余曦而作直到汗水连连。这其中师生有过矛盾，同学有过抱怨，轮滑队的大小伤员更是屡见不鲜，可是，在这所学校的所有参训人员里，没有一个人，没有一个人因此而退缩，身在二外，披着周恩来爷爷和王毅部长的荣宠，他们自豪；生在中国，享受祖国发展带来的美好生活，他们骄傲。从一次次训练、彩排，《我和我的祖国》这首歌从陌生到熟悉，到听腻再到每当萦绕耳旁都心潮澎湃，几万人的呐喊欢呼，使每一个人都清晰、透彻地感受到中国的振兴、民族的振兴。到最后，当我们观看自己的彩排片段，整个礼堂的振臂高呼，是最真实的情感表露，是最热烈的呼唤。

我，是一个记录者，我羡慕他们，也羡慕自己。我羡慕大家可以每天抱怨骄阳下的汗水又咸又涩，同时也拥有最亲密、同甘共苦的战友和兄弟姐妹，切身体会最热烈的情感共鸣；我羡慕自己，有机会成为这些最热烈、最真实的情感和故事的忠实记录者，我为二外的参与者见证了他们的青春热血，我为周总理见证了今天这繁荣盛世，我为我的祖国见证了 70 年的风雨兼程！

三个月过去了，是结束也是开始，收拾好澎湃的热血和激动的心情，重整旗鼓，80 年的胜利篇章正该由我们谱写。我们不忘初心，牢记使命，二外的学子们必将砥砺奋进，整装待发。

老师评语：

三个月的时光，我们不仅见证了游行方阵中每个人的变化与坚持、努力和爱，也见证了自己的成长。你们从彼此陌生，到团结协作站好每一班岗；你们用自己的笔尖，记录了最真实的故事。或许你们没有经历走过长安街的激动之情，但是你们对祖国的爱融入了每一次日常工作之中。七月流火，见证的是我们彼此的成长。

以我青春之名，贺您七十华诞

文化与传播学院　陈宇霏

2019 年 7 月 6 日，随着期末考试周进入尾声，偌大的校园逐渐变得空空荡荡，不少同学早早收拾好了行囊，满载一个学年的收获与成长踏上回家的路。但还有一群人，他们穿着各色衣裳，操着各地口音，怀着同样坚定的信念和美好的梦想，不约而同地去往明德厅，参加"海棠花开赴征程"70 周年国庆群众游行活动启动仪式。很荣幸，作为二外大家庭的一分子，我也有幸成为这光荣伟大队伍中平凡的一个分母。

对于我来说，2019 年可以称得上是我人生中一个小的转折点，除了自身变得更加成熟，肩负的责任也愈发光荣且沉重。2019 年的夏天，我平凡的人生中多了两个新身份：文化与传播学院中文专业本科生党支部的一名预备党员，国庆训练方阵第 22 中队的一名参训队员。

结合自身实际情况，我选择加入文宣中队，成为训练队伍中一颗"哪里有需要，哪里就有我"的螺丝钉。虽然无缘跟随 900 多名日夜陪伴的战友一同在举国欢庆的日子用自己的脚步丈量长安街的十里繁华，但我也依旧倍感幸运。在我短暂的 20 年人生里，已是第二次参与到国庆庆祝活动中，用我自己的方式为祖国母亲庆生。十年前的国庆日，小学 4 年级的我参加了行进管乐方阵，在天安门广场上用三音鼓的鼓点述说着我对祖国母亲的爱和祝福。十年后，我以文宣中队一员的身份全程参与了国庆参训队伍的后勤保障与日常训练宣传工作，在凌晨顶着微凉的秋风，送二外 900 多名参训师生出发去往长安街，接受国家和人民的检阅；又在国庆节当天以一名预备党员的身份在校参与主题教育活动，观看国庆 70 周年阅兵式，亲眼见证祖国的飞速发展、繁荣昌盛。如果说让我赋予 2019 年的国庆一个最直观的标签，那么我的标签就是"骄傲"：为那些可以走上长安街参与群众游行的训练队员感到骄傲，为自己能成为一名光荣的预备党员感到骄傲，为我的学校、家乡、祖国感到骄傲，当然，也为一直做着默默无闻的训练保障工作的自己感到骄傲。

不管是代表二外师生走上长安街，一展新世纪青年良好风貌，还是默默无闻地做好每一个保障工作的细节，无论身处哪个位置，回忆都同样美好。暑假训练时感枯燥，我也曾不切实际地幻想：如果时间能够倒流，我要怎样支配自己 2019 年的暑假。直到国庆当天观看了阅兵式，我找到了最坚定的、最无悔的答案：如果时间能够倒流，我还是会在报名时毫不犹豫地将自己的名字写在报名表上，与其他900多个名字一样，随时准备接受党和国家的检阅。对于我们这群从小接受着爱国主义教育的90后来说，我们的青春天生就是红色的。功成不必在我，功成必定有我！

无论是在训练期间我亲眼所见、亲耳所闻国家为这次庆祝活动建立的完善的调度保障体系，还是在“十一”当天观看阅兵式带给我的震撼与自豪，我愈发能感受到我们的国家日益强大，而作为中华儿女的我们，定当努力学习、潜心钻研，在不远的将来报效祖国，时刻准备好向党和人民交上一份满意的成长答卷。我，准备好了！

老师评语：

“哪里有需要，哪里就有我”“功成不必在我，功成必定有我”。这是每一个文宣人的精神。这场庆典不仅是一场爱国主义教育的生动课堂，也是时代对当代青年学子的考验。他们从未如此深刻地贴近祖国，感受祖国前进的步伐；他们从未如此坚韧地全程参与到一场重大活动的准备之中，感受时代所赋予他们的使命担当。我们见证了他们的成长！